Henri Tollin

Geschichte der französischen Colonie von Magdeburg

Jubiläumsschrift

Henri Tollin

Geschichte der französischen Colonie von Magdeburg
Jubiläumsschrift

ISBN/EAN: 9783743657007

Hergestellt in Europa, USA, Kanada, Australien, Japan

Cover: Foto ©ninafisch / pixelio.de

Weitere Bücher finden Sie auf www.hansebooks.com

Geschichte

der

Französischen Colonie von Magdeburg.

Jubiläumsschrift

von

Henri Tollin.

Band III.
Abtheilung 2.

Verlag von Max Niemeyer, Halle a. d. S.
1889.

Dem

Hochwürdigen

Königlichen Consistorium

der

Provinz Sachsen.

Vorrede.

Unsere ebenso kritische wie vielgeschäftige Zeit pflegt an Geschichtswerke einen doppelten Anspruch zu erheben. Einmal: sie müssen kurz sein. Und dann: der Leser soll nicht bevormundet werden. Beides ist schwer zu vereinigen. Denn je mehr man dem Leser überlassen will, die Wahrheit sich selber zu finden, um so mehr muss man die Urkunde reden lassen in ihrer ganzen Breite. Je mehr man hingegen den Gesammtstoff zusammendrängt in einen kurzen Inbegriff, um so mehr wird man individuell vorgehen und daher den Leser gewissermassen bevormunden.

Nun ist sowohl von Kritikern als auch aus der Gemeinde selbst der Wunsch mir mehrfach geäussert worden, einen kurzen Inbegriff der Geschichte der französischen Colonie von Magdeburg zu besitzen. Dem entspricht der Vortrag, den ich s. Z. zum Besten des Gustav-Adolph-Vereins im Rathhaussaale gehalten habe. Im Montagsblatt der Magdeburgischen Zeitung zuerst abgedruckt,[1]) erscheint er hier in verbesserter Auflage.

Die in den beiden ersten Bänden beigebrachten Urkunden hingegen vervollständigen sich in diesem Band. Wer unabhängig von fremder Leitung ein Bild vom Leben, Freuden und Leiden der zweitgrössten französischen Gemeinde Preussens gewinnen will, der kann es sich nun zusammenstellen. Für die Kenner brauche ich nicht hinzuzufügen, dass diese Urkunden einen sehr geringen Theil bilden von dem Quellenstoff, der mir

---

[1]) No. 23. 24. 25. 1888. S. 180 fg. 187 fg. 197 fg.

vorlag, und der, gedruckt, eine Bibliothek für sich ausmachen würde. Ich habe den Urkundenband auch deshalb vorausgeschickt, um mehr Raum zu gewinnen für die Darstellung der zugesagten Geschichte.

Uebrigens muss ich für Diejenigen, welche echten, unversehrten, amtlichen Urkunden, wie sie hier veröffentlicht werden, blindes Vertrauen schenken, einige kritische Bemerkungen voranschicken.

Was Herr Amtsgerichtsrath Kuchenbuch[1]) in den Gerichtsakten der französischen Kolonie von Müncheberg bei Frankfurt a. d. Oder beklagt, dass nämlich „die **Eigennamen** dort fast durchgängig anders geschrieben sind, als die von den Genannten herrührenden Unterschriften," das ist keine Müncheberger Eigenart, sondern Regel in sämmtlichen öffentlichen Urkunden der älteren Zeit. Man schrieb, wie man hörte. Und von den Namensträgern machte ein gut Theil drei Kreuze. Von ihnen konnte man also nicht einmal erfahren, wie sie sich schrieben? Kein Wunder, dass die deutschen Behörden die französischen Namen verhunzten, wie uns das schon in den beiden ersten Bänden öfter entgegentrat. Allein selbst die französischen Gerichts-, Notariats-, Hypotheken-, Inspectorats-, Presbyterial- und Kirchenakten schreiben die Namen **nicht** wie der Träger sie schreibt, sondern nach dem Gehör. Daher sobald ein neuer Schreiber kommt, ein und dieselbe Person oft plötzlich einen ganz andern Namen führt; abgesehen noch davon, dass sich die Hugenottennamen im Lauf der Jahrzehnte verdeutschen, ja geradezu, wie z. B. Jaques Malin, genannt Böse, übersetzen.

Wie schnell sich die **Namen** verändern, darüber liessen sich auch in der Magdeburger Kolonie urkundlich durch die **eigene Unterschrift** der Träger zahlreiche Beispiele anführen: Denn im Lauf der Jahrhunderte können ja doch die meisten wenigstens ihren Namen schreiben.

Der bekannte Marquis noble Paul Rivarola schrieb sich auch Riverola, Riverole, Riverol; ja in ein und derselben Urkunde schreiben er und seine beiden Söhne den eigenen Namen dreifach verschieden. Der bekannte Major Isaac Dollé

---

[1]) Kolonie 1889 S. 89.

wird bald so, bald Dolé, bald Dolet, bald Dollet, bald Daulède, ja selbst d'Aulède geschrieben; Aiguin ebenso oft Eguin; Béranger Béringuier, Bringuier. Die Granier heissen in den älteren Urkunden abwechselnd bald Grenier, bald Granier, bald Garnier. Hinwiederum die beiden Leineweber Abraham und Henry Garnieux aus Burbach, Grafschaft Nassau, sind urkundlich erwiesenermassen Söhne des Esaïe Jornieux. Couriol schrieb sich 1697 Courriaul; Cabrol auch Cabrolle, Cabrolles; Charpinel oft Cherpinel; Claparède häufig Clapparède. In den Urkunden heisst ein und derselbe Ursprungsort einer bestimmten Familie bald Bruniquel, bald Bourniquel; Gardonnesque, Gardonnenques, auch Gardeningues etc. Im Jahre 1744 unterzeichnet sich in ein und derselben Urkunde die Wittwe Douillac veuve Doulihac, ihr Sohn Jean Jaques Douilhac, ihre Enkelin Douillac; in derselben Zeit der Bäcker auf der Franzoseninsel Pierre Henri Berte - Lamotte eigenhändig Berd dit Lamot. Des Verfassers Urahn unterschrieb sich Thoulain, dessen Sohn Tholain, der eine Enkel Tolain, der andere Tollin, daneben kam die Form Tolin noch 1771 vor, bei einer im Ursprungsort der Familie Helmoru in der Champagne geborenen Grosstante. Der Ort selber, aus dem meine Vorfahren nach Berlin einwanderten, près de Vitry en Champagne, wird in den Berliner Urkunden bald Helmoru, bald Helmorue,[1]) bald Elmauru, jetzt Heilz - le - Maurupt[2]) genannt.

Es liegt die Versuchung nahe, diejenigen Familien, deren eigene sich gleich bleibende Unterschrift man aus den Urkunden kennt, immer mit dem gleichen Namen zu bezeichnen. Ich habe das nicht gethan, weder in den referirenden Bänden, noch in diesem Urkundenband. Ich habe immer diejenigen Formen wiedergegeben, welche die Urkunde bringt. Es schien mir dies die historische Treue zu erfordern. Nur wo ich die Namen unabhängig von einer bestimmten Urkunde nenne, folge ich stets der eigenen Unterschrift des Trägers.

Andererseits sehe ich es nicht als die Aufgabe der Geschichte an, gleichgültige oder offenbare Fehler der echten,

---

[1]) Béringuier, Kolonie-Liste von 1699 S. 203. 67.
[2]) France protestante ed. 1. Tom. IX. 389.

unanfechtbaren Original-Urkunden zu verewigen. Das ist meines Erachtens nicht der Weg zur Erforschung und Feststellung der geschichtlichen Wahrheit, wenn es auch keinen einzig unfehlbaren Weg dahin giebt und man verschiedenen Methoden folgen kann.

So habe ich jene Urkunde, aus der nicht die französisch-reformirte Gemeinde, sondern die deutsch-itatienisch-englisch-lutherisch-katholisch-reformirte Bürgerliche französische Kolonie von Magdeburg uns entgegentritt, hier anders als im II. Bande behandelt. Ich habe dies Mal nicht überall die fehlerhafte Orthographie noch auch sämmtliche grammatische Fehler der alten **Bürgerrolle** beibehalten, um so weniger, als mit der wachsenden Unkenntniss des Französischen auch hier die orthographischen und grammatischen Fehler in erschreckendem Masse zunehmen Statt la comtée z. B. setze ich deshalb jetzt stets le comté; statt Chrétien Frédéric (und andrer Mannesnamen), née: né. So oft il à quitté geschrieben wurde, habe ich das a ohne Accent hergestellt; umgekehrt, wenn es heisst: Lecture du serment a lui fait den Accent auf dem à gesetzt, wo er im Originale fehlte. So oft es heisst il a preté serment et reçu bourgeois de la Colonie, habe ich diesen logisch-grammatischen Fehler geändert in: et a été reçu. Bei den offenbar unrichtig geschriebenen Namen habe ich mich ausdrücklich auf folgende Aenderungen beschränkt:

Im October 1738 begegnete dem protokollirenden Greffier ein seltsamer Schnitzer, der es verdient, hervorgehoben zu werden. Bekanntlich nahm man nur eheliche Kinder in die Bürgerschaft auf. Uneheliche Geburt galt als Schande. Eine Ausnahme kommt nicht vor. Nun wird im October hier aufgenommen als Koloniebürger Barthélemy B a r d i n, dreiundzwanzig Jahr alt, aus Halberstadt gebürtig. Es liegt auf der Hand und wird durch das Kirchenbuch von Halberstadt bestätigt, dass sein Vater, der den Vornamen Paul führt, Bardin geheissen hat. Barthélemi Bardin, fils de Paul B a r d i n, maître cordonnier, natif de Châtillon sur Loire en Berris et de Glaudine T o u l i e r, native de Bauchatel en Vivares, mariés. So im Kirchenbuch pag. 77 laut Mittheilung des Halberstädter

Hofpredigers D. Goebel. Barthélemy Bardin ist geboren 23. November 1714. Was geschieht? Bei dem Namen Bardin denkt der Magdeburger Greffier an den damaligen Magdeburger Kolonie-Pastor Pierre Bardin (1729—1746). Der Name eines Pastors ist ihm in den Ohren. Der erste Pastor damals ist aber Paul Jordan (1707—1741). Und statt nun zu schreiben Paul Bardin, protokollirt der greffier Paul Jordan. Das habe ich auf Grund des Halberstädter Kirchenbuchs richtig gestellt. War dies ein Gedankenfehler, so ist das folgende ein Schreibfehler des Greffier: Den Bürger vom 20. April 1761 Jean Jaques Clemen nennt er Sohn des George Cleven, statt Clemen. Am 3. März 1786 steht Marie Françoise La Paune, Schreibfehler für La Paume, eine hier wohlbekannte Familie.

Ein anderer Gedächtnissfehler des Greffier ist mir bei der Korrektur entgangen. Ich bessere ihn hier. Am 14. März 1763 protokollirt der Greffier den Wollarbeiter Ernst Gotthard aus Erfurt als Bürger. Er hat behalten, dass der Vatersname ein Vorname ist mit o und a. Statt aber zu protokolliren, fils de feu Johann Gotthard, Erfurt, schreibt er fils de feu Johann Conrad. Diesen Fehler bitte ich vor dem Lesen zu verbessern. Endlich führe ich an, dass der Schreiber den Vornamen Benjamin bisweilen so protokollirt hat, wie man ihn in Frankreich ausspricht: Binjamin, statt ihn zu protokolliren, wie man ihn in Frankreich schreibt, mit e.

Auch an den Zahlenangaben der Magdeburger amtlichen **Bürgerrolle** ist mancherlei auszusetzen. Der am 25. Januar 1791 in's Bürgerrecht aufgenommene Jean Rudolph Henri Roger ist 26 Jahr damals alt und 28. October 1763 geboren. Da sonst selten das Geburtsdatum, meist aber das Lebensalter angegeben wird, die 3 aber mit der Tinte jener Zeit aus einer Null gemacht worden ist, so habe ich die sicher falsche Rechnung dahin corrigirt, dass ich 1765 schrieb. Allein das Kirchenbuch von St. Stephan in **Helmstedt** beweist, dass Johann Rudolph Heinrich Roger, Sohn des Tanzmeisters Joseph Roger, am 28. October 1763 geboren, also die Zahl 26 der Urkunde eine falsche Rechnung ist. Und gleich darauf stimmt die Rechnung wieder nicht. Jean Roger, der am 15. Februar 1791

Bürger wurde, soll 23 Jahr alt, aber im April 1766 geboren sein. Hier wiederum sollte die 23 in 25, der April in den 26. März verwandelt, der Jean Chrétien in Jean Chrétien Antoine vervollständigt werden, da der Jahrgang 1766 des **Kirchenbuchs** Hillersleben einen andern Geburtsfall in einer Familie „Roger", laut Angabe des Herrn Pastor Klaunig, Hillersleben bei Neuhaldensleben, nicht nachweist, den Johann Christian Anton Ruchier aber als „eines Tanzmeisters aus Helmstedt, Nahmens Ruchier Söhnlein" bezeichnet. Wie man sieht, ist wieder im Hillerslebener Kirchenbuch der Helmstädter Tanzmeister Joseph Roger irrthümlich in Ruchier verwandelt worden. Hier liegen also drei verschiedene amtliche Urkunden vor, welche über ein und dieselbe Person drei verschiedene Angaben machen! Selbstredend kann ich nicht dafür stehen, dass ausser diesen mir gerade aufgefallenen offenbaren Fehlern der amtlichen Magdeburger Französischen Bürgerrolle nicht auch noch sonstige Namen-, Orts-, Zahlen- oder andere Fehler dem Greffier, unter Aufsicht des Juge-Direkteur, begegnet sind. Eine ganze Anzahl orthographischer Fehler, die den Sinn nicht entstellen, habe ich, zur Kennzeichnung der Urkunde, absichtlich stehen lassen.

Anders liegt die Sache bei denjenigen Kolonie-Listen, welche in den Geschichtsblättern für Magdeburg durch Herrn Professor Dr. Ludwig Götze veröffentlicht worden sind. Diese habe ich auf Grund der mir vorliegenden anderweitigen Urkunden vervollständigt und offenbare Fehler nicht erst wieder aufgenommen.

Die alphabetischen **Namensverzeichnisse** habe ich den Listen immer sogleich beigefügt, einerseits um das Auffinden zu erleichtern, andererseits um das am Schluss des Ganzen folgende **Register** nicht gar zu umfangreich und nicht dadurch weniger handlich zu machen.

Bei weitem die grösste Zahl der hier gebrachten Urkunden sind noch nie gedruckt worden. Der Fundort wird immer links oben angegeben, rechts oben das Datum. Von gedruckten Urkunden sind nur solche neu aufgenommen, welche entweder massgebend sind für jede preussische und so auch für unsere Kolonie, oder solche, die für uns ein ganz besonderes Interesse haben.

Befriedigt dieser Band, soweit es angeht, das Familien-Interesse der Gemeindeglieder nach der Seite des Ursprungsortes, Namen und Stand des Ahnherrn, so wird, so Gott will, der folgende Band Leben und Sitten der Altvodern bringen, sowohl in der Gemeinde als kirchlichem, bürgerlichen, socialen und topographischen Ganzen, als auch in Einzelzügen aus der Familiengeschichte selbst. Meines Wissens existirt ein solches Werk, wie der folgende Band bringen soll, noch über keine einzige französische Kolonie irgend eines Staates. Um so mehr muss ich für meine Arbeit um Nachsicht bitten und um Geduld.

Magdeburg, den 27. Juni 1889.

Der Verfasser.

Die Hugenotten in Magdeburg.

Vortrag, gehalten im hiesigen Rathhause den 28. Februar 1888
zum Besten des Gustav-Adolph-Vereins
von Pastor Dr. Henri Tollin.

Wer die hugenottische Colonisation in Deutschland aus den Quellen studirt, der findet ein und dieselbe wirksam bittende, heilsam ordnende, schützend sammelnde Hand in ganz Deutschland; der hört schlagen ein und dasselbe grosse deutsche Herz, an das die Bedrängten und Verjagten appelliren in Bremen, Lübeck, Hamburg, Stettin; in Frankfurt a. M., Braunschweig, Hannover; in Sachsen, Hessen, der Pfalz; in Franken, Anspach und Würtemberg: das ist **Hand und Herz des grossen Kurfürsten Friedrich Wilhelm von Brandenburg.** Ein Herz, das warm schlägt für seine Freunde und Glaubensgenossen; aber auch den Anderen, wo sie fehlen, freudig vergeben kann; eine Hand, die durch ein paar Zeilen „an den Ehrliebden Vetter" zu Bayreuth, an den „Ehrenfesten und weisen Senat" zu Hamburg, an die hoch würdige Akademie von Genf mehr ausrichtet, als jahrelange Fürsprachen der eigenen Minister, Günstlinge, Generale, Syndici und Professoren.

Des grossen Kurfürsten feinhörige, bibelgläubige **Toleranz** und energisch umfassende **Barmherzigkeit** war wie eine prophetische **Vorwegnahme der Einigung Deutschlands unter dem evangelischen Scepter der Hohenzollern.**

Sein ganzes Thun gegenüber den Hugenotten gemahnt an das alte deutsche Sprüchwort: „Greif nicht in ein Wespennest; Musst Du's aber, — dann, halt fest!" Die Verjagung der hugenottischen Pastoren aus Frankreich war vielleicht die verhängnissvollste Massregel und der schwerste Selbstbetrug des sonst gegen Europa mehr als ein Mal siegreichen vierzehnten Ludwig. Die gastliche Aufnahme der verjagten hugenottischen Pastoren und der ihnen von selbst folgenden Gemeinden in die brandenburgisch - preussischen Staaten ist vielleicht die frömmste, barmherzigste, aber auch die staatspolitisch einsichtsvollste That Friedrich Wilhelms und nach dessen schnellem Tode die glorreichste That seines Sohnes Kurfürst Friedrich III. gewesen.

Am 22. October 1685 hatte der vierzehnte Ludwig das heuchlerische Toleranzedict von Nantes widerrufen. Am 29. October 1685 lud der grosse Kurfürst Friedrich Wilhelm die in Frankreich verfolgten Glaubensgenossen in seine Staaten ein. Am 23. November 1685 ging durch die Magdeburgisch - Halberstädter Lande der Aufruf zu einer allgemeinen Landescollecte für die aller Mittel beraubten Flüchtlinge.

„Ein fürnehmer Theil der christlichen Kirche", so heisst es in dem Aufruf, „leidet in Frankreich grosse Noth und Verfolgung, indem die evangelischen Christen durch alle ersinnlichen Mittel und gewaltsamen Verfahrungen zur Ableugnung ihres Glaubens und Annehmung der papistischen Satzungen gezwungen werden. Gestalt sie dann zu dem Ende dem Muthwillen der Soldaten untergeben und mit Weib und Kindern ins Elend vertrieben werden.

Wenn sie sich aber aus dem Lande begeben wollen, werden sie auf die Galeeren und Ruderschiffe gebracht und als Sklaven angefesselt und gequält. Wodurch dann die Aeltern von den Kindern und die Kinder von ihren Aeltern und nächsten Anverwandten gerissen und mit Hinterlassung ihrer Habseligkeit, Standes- und Ehrenämter in die Nachbarlande zu flüchten genöthigt werden.

Weil nun die christliche Liebe von einem jeden erfordert, dergleichen um Christi Ehre und Lehre willen Vertriebenen nach dem Vermögen, das Gott darreichet, Gutes zu thun, so hat auch kurfürstliche Durchlaucht Befehl gegeben, zum Trost und Unterhaltung derselben durch das ganze Land von Haus zu Haus eine christliche Beisteuer zu erheben, auf dass, wenn einmal uns oder unsere Nachkommen dergleichen Jammer und Verfolgungen betreffen sollte, auch wir oder sie bei unseren Nebenchristen Mitleiden finden möchten."

Der kurfürstliche Appell an die freiwillige Barmherzigkeit fruchtete bei den Landeseingesessenen, arm und andersgläubig wie sie waren, gar wenig. Da sieht der Kurfürst sich genöthigt, eine Landes-Zwangscollecte von 8 Gr. bis 1 Thlr. auf die Person auszuschreiben. Seit dem 22. Januar 1686 wird sie im Magdeburg-Halberstädtischen, ja auch in der blutarmen Harzgrafschaft Hohenstein mit eiserner Strenge eingetrieben, besonders streng unter den katholischen Klöstern, Stiftern und Privaten. So zur Liebe gedrangsalt, brachte das gesammte Herzogthum Magdeburg für die verfolgten Glaubensgenossen des Kurfürsten 1718 Thlr. 6 Gr. auf, die gesammten brandenburg-preussischen Staaten im Laufe von **vier Jahren** 13,980 Thlr. 22 Gr. 5 Pf., während die eine niederländische Stadt Leyden an Einem Tage, dem 5. December 1682, für denselben Zweck 19,789 Gulden gab. Zur Ehre der Hohenzollern sei es gesagt, neben den noch nicht 14,000 Thlr. Hugenottensteuer aus dem gesammten Volke stehen 15,000 Thlr. freiwillige Hugenottengabe aus dem kurfürstlichen Hause: der Glaube der Hohenzollern ist die Religion der Barmherzigkeit.

Dem späten Appell des bedächtigen Brandenburgers folgten von den etwa 600,000 auswandernden Hugenotten nicht ganz 20,000, also etwa der 30. Theil. Von diesen kam die grosse Mehrzahl über Frankfurt a. M. Die eine wallonische Gemeinde von Frankfurt a. M. hat 125,798 flüchtige Hugenotten auf der Durchreise nach Deutschland, Polen, Russland beherbergt. Etwa 15,000 gingen, mit Pässen des kurbrandenburgischen Residenten Mérian ausgerüstet, zu Gottes Ehren, Unseres gnädigsten Kurfürsten sonderbaren Gefallen, denen armen vertriebenen Christen aber zum Troste, den Rhein hinab bis Kleve, zu Schiff; dann die Kranken, Weiber und Kinder zu Wagen, die Gesunden zu Fuss, über Minden, Halberstadt, Wanzleben nach Magdeburg. Am Rhein, wo viele Reformirte lebten, hatte man ein Verständniss dafür, dass Reformirte um Gottes willen leiden mussten. Nicht so im Magdeburgischen. Unsere guten Lutheraner sahen in dem Leiden der Hugenotten Strafgerichte des gerechten Gottes. Sie weigerten ihnen nicht nur jegliches Obdach, sondern auch die Fuhren. Der Weg von Minden bis Berlin war mit hülflosen Hugenotten gezeichnet, die siech, krank und sterbend liegen blieben, weil Niemand sie fortschaffen wollte. Auch die Amtleute von Wanzleben und Dreileben waren weder durch Güte noch durch Drohung zu bewegen, für die Irrgläubigen die kurfürstlich befohlenen Wagen zu stellen. Da mehr als einmal kein Heller für die Hugenotten in den Kassen der Behörden war, so drohte die Einwanderung, ehe sie Magdeburg erreichte, ins Stocken zu gerathen, hätte nicht der grosse Kurfürst, auf Vorschlag der Halberstädter Regierung, die Fuhren für Kriegsfuhren erklärt und, mitten im Frieden, aus der Kriegskasse erstattet. So kam der Zug in Fluss. Immer noch blieb die Unordnung gross. Die Mehrzahl der Einwanderer wurde von ihrem Gepäck getrennt, zum Theil auf Nimmerwiedersehen. Aber auch lange Listen von abhanden gekommenen Hugenotten wurden nach Berlin geschickt, darunter Officiere, Pastoren, Kaufleute und Adlige. Ein gut Theil hatte sich auf dem Fussmarsch, der Landessprache unkundig und feindlichen Wegweisern überlassen, verirrt. Ein Theil tauchte in England, Holland, der Schweiz auf. Einige aber blieben verschollen. Die Mehrzahl kam verspätet und einzeln in Berlin an, in Lumpen gehüllt und fusskrank.

Nach Berlin zog Alles. Auch die etwa 15,000, welche seit Mitte November 1685 durch Magdeburg pilgerten. Es waren Bilder des Elends. Am dritten Weihnachtstage z. B. wanderten beinahe 50 Franzosen, „fast nackend und bloss", durch die Strassen. Die Altbürger weideten sich an ihrem Elend. Das Volk höhnte.

Was gingen denn die fremden, „schwarzen Kerls" und die unverständlichen „dunklen Mamsells" die Alt-Magdeburger an, die ja selber erst seit fünf Jahren Brandenburger geworden waren? Jene Hugenotten, wie man sie nach einem Irrgeist schimpfte, jene Hugenotten mit ihren schwarzen, wild umherlodernden Augen schienen alles in Brand setzen zu wollen. Ihre vorzeitig alternden, schmerzgefurchten Züge versprachen keine heitere Gesellschaft. Der räthselhafte Glanz einer jenseitigen Verklärung, der sich über ihr Angesicht ausbreitete, schien dem Diesseits wenig materiellen Nutzen zu weissagen. Ihre edle, gerade, dem Himmel zugewandte, fast königliche Haltung contrastirte scharf mit den oft schmutzigen, verbrauchten, ja zerfetzten Lumpen, welche ihre Blösse spärlich einhüllten. Manche wankten so schattenhaft dahin, als hätten sie sich ihr Lebtag nie satt gegessen, oder wüssten wenigstens sich des Tages nicht mehr zu erinnern, wo das zum letzten Male geschehen war. Wenn es je Hungerleider gegeben hat, Hungerleider aus Grundsatz, so schienen es diese zu sein. Trügen sie ihre zarte, graziöse Gewandung nicht so nach der allerneuesten Pariser Mode, wuchs ihr Haupt nicht so in die Breite durch ganz untadelhafte, täglich neu gepuderte Allongenperrücken, hüllte die Reize der Damen nicht so zauberisch der feinste Schleier, der halb durchsichtige Fächer und die dünne gold- und silbergestickte Robe ein, zierte die Herren nicht der höfische Leibrock oder der elegante Frack mit silbernen Knöpfen und die verbrämten Beinkleider aux quatre epingles, man würde meinen, des Mittelalters Begharden und Beguinen seien aus dem Grabe erstanden, um ihr 1230 verlassenes Magdeburger Kloster in corpore wieder in Besitz zu nehmen.

Und nicht minder als das Auge wurde durch die Hugenotten das Ohr der Alt-Magdeburger verletzt, ja ihre gesammte Sitte und Lebensanschauung vor den Kopf gestossen. Wie widerlich klang dem in grobem Platt daher polternden Alt-Magdeburger jene fremde näselnde Sprache, mit der Geschwindigkeit des Sturmwindes und unter der heftigsten, fast leidenschaftlichen Gesticulation vom Sohn zum Vater, vom Gatten zur Ehefrau hinüber geschleudert, geziert, declamirt. Oft sah man sie den Kopf werfen, dass alle die Locken bebten, wie die Locken des Zeus, wenn er zürnt. Bald handtirten sie mit den Armen wie die Windmühle mit ihren Flügeln. Bald dienerten und knixten sie mit steifen Knien mitten im lebhaften Gespräch, jetzt nach dieser, jetzt nach jener Seite. Und begehrten die Durchzügler Nahrung, dann gebehrdeten sie sich gar, als stammten sie aus einer anderen Welt. Den Magdeburger Broihan und die Quedlinburger Gose verschmähten sie gerade wie das Zerbster Bier und die Braunschweiger Mumme. Hirse in Bier, Pökelfleisch und Sauerkohl, Mehlklump mit Bollentunke, kräftiges Schwarzbrot mit Kleie und Rettige brachten ihnen Magenschmerzen und Kolik. Beim edlen Naumburger und Kloster Bergischen Gewächs Sonnenseite fragten sie, wie viel Kramsvögel an solchen Beeren gestorben seien? Rothwein begehrten sie, der hier nicht wächst; Weissbrot, das Niemand buk; Wolldecken, unter denen hier Niemand schlief; Zahnbürsten, die Niemand kannte. Auch hatten sie kein richtiges Geld, ein deutsches Mittagsbrot von Hausmannskost zu bezahlen. Was sollten Magdeburger Hausfrauen mit livres tournois, écus soleil, sous de Paris und deniers des pauvres? Die Französinnen bereiteten sich Brühsuppen von Sperlingen, Gemüse aus Pilzen und Schwämmen, Dessert von Froschkeulen. Die Männer waren froh, wenn sie von einem fetten Hunde für Kind und Ingesind, Gesellen und Lehrlinge einen Familienbraten anrichten konnten. Zigeunerfrass schalten das die Deutschen und dünkten sich erhaben über diese Thoren. Dazu lehrten und predigten die guten Magdeburger Lutheraner von den Kanzeln, dass jene Wilden unter Allongenperrücken, die Gott zur Verdammniss prädestinirt habe, Höllenbrände seien, Satansschergen, welche durch ihre schreckliche Lehre von der Gnadenwahl dem Christenmenschen jeglichen Trost rauben. Das Magdeburger Volk sah in diesen Gottgestraften einen leibhaftigen „Gott sei bei uns!"

Gewiss ging ein freudiges Aufseufzen durch die lutherische Altbürgerschaft, als sie sich überführt hatten, dass jene 15,000 Durchzügler nicht gekommen seien, ihnen ihre Stadt von damals 5200 Seelen über den Kopf wegzunehmen, sondern insgesammt über Dreileben nach Ziesar verschwanden, wie sie von Halberstadt über Wanzleben gekommen waren. Alles sprach von Berlin.

Bisher kannten die Magdeburger nur zwei französische Mitbürger, einen Tanzmeister und einen Obersten. Der Oberst war jener kurfürstliche Commandant von Magdeburg, den der Kurfürst auf seinem berühmten Zuge vom Rhein bis an den Rhin zum Commandanten eingesetzt und der dann so wesentlich beigetragen hat, die Schlacht von Fehrbellin zu gewinnen, Isaac Du Plessis Gouret. Der Tanz-, Fecht- und Sprachmeister war jener ehrenfeste, gottesfürchtige Charles des Hayes aus Tour, welcher 1681 für Junker und Edelfräulein neben der alten Post ein französisches Collegium gestiftet hatte, das sich gar leicht, ähnlich wie das Millié La Fleur'sche, hätte zu einer Universität erweitern lassen, hätten nicht eine sehr zahlreiche Familie und noch zahlreichere Schulden ihn gezwungen, Ostern 1687 nach Berlin überzusiedeln und seine Akadémie dorthin zu verlegen. Du Plessis Gouret gerade wie Charles des Hayes waren zwar auch de la religion, d. h. reformirt. Indessen Gouret hatte erst eine von Götze und dann eine von Lommitz zur Frau, und Charles des Hayes hatte in seinem männlich-weiblichen Collegium, in dem allabendlich nach dem Gebet getanzt und im Sommer paarweise auf dem Domplatz bei Mondschein züchtiglich promenirt und parlirt wurde, auch deutsche Informatoren. Ganz anders jene tiefernsten Glaubensflüchtlinge, die nach dem Widerruf des Edicts von Nantes, der deutschen Sprache völlig unkundig, von Berlin plötzlich nach Magdeburg truppweise zurückkehrten. Gehörte doch Magdeburg zu den im Gnadenedict von Potsdam zur französischen Ansiedelung besonders warm empfohlenen Städten. Hier durften sie nicht bleiben; auf keinen Fall. Darüber war man einig; der Plan machte sich von selbst. Man wusste, dass nur allein um des öffentlichen evangelischen Gottesdienstes willen jene 600,000 hugenottischen Laien Reichthümer, Ehrenstellen, Häuser, Rittergüter, Weib, Kind und Vaterland aufgegeben hatten und ihren verbannten Pastoren nach ins Elend gezogen waren. Bewilligte man also in Magdeburg den Hugenotten keine Kirche, kein Haus, keinen Betsaal, dann hatten die französisch predigenden reformirten Pastoren hier nichts zu thun, und eine Colonie kam hier ebenso wenig zu Stande, wie in Werben, Rathenow, Aschersleben und an anderen vom Kurfürsten warm empfohlenen wüsten Orten. Zwar standen viele Kirchen und Capellen leer: St. Nicolai, St. Gangolphi, St. Augustini, St. Pauli, Dominikaner, Beatae Mariae Magdalenae, St. Gertraudi, Liebfrauen u. a. Der Kurfürst fragte, welche Kirche man seinen flüchtigen Glaubensgenossen anweisen würde? Aber auf alle Anfragen durfte der Magistrat und die Stifter antworten, die betreffende Kirche oder Capelle sei so vollständig wüst und zerfallen, dass ohne einen auf viele Tausend Thaler sich belaufenden Umbau sie sich für einen Gottesdienst nicht brauchen lasse. Unermessliche Morgen besten Landes lagen wüste, deren grosser Theil den Klöstern Berge, Unserer lieben Frauen, dem Domcapitel, den Stiftern St. Sebastian, St. Gangolphi, St. Nicolai, St. Petri Pauli, St. Agneten gehörten. Sobald aber behufs Verpachtung an die Hugenotten der Kurfürst um Specification der Intraden anhielt, antworteten die Stifter, es sei nichts Gewisses vorhanden, auch hätten sie ihren ganzen Acker schon verpachtet. Von der Zerstörung her lagen ferner wüste viele Häuser und ganze Strassen. Am 23. Februar 1686 ordnete der Grosse Kurfürst eine Specialisirung an, wie viel Häuser, Stuben und Kammern für die Réfugiés zu vermieten seien; wie viel zu verkaufen; wie viel wohnlich umzubauen; wie viel Stätten wüste lägen? Der Magistrat gab keine Antwort. Und sobald der kurfürstliche Hofrath Steinhäuser solch eine herrenlose wüste Stätte selber aufgefunden hatte, meldeten sich Eigenthümer, kramten Servituten aus, die auf dem Grundstück hafteten, und forderten für den Verkauf einen unerschwinglichen Preis. Berief man sich auf irgend eine Wohlthat, die den Einwanderern durch das Edict von Potsdam versprochen war, so antwortete die Domainenkammer: Das träfe gerade in dem vorliegenden Falle nicht zu.

Angesichts solcher allgemeinen Schwierigkeiten würde jeder andere den Colonisationsversuch aufgegeben haben. Die eiserne

Energie des Grossen Kurfürsten führte den Plan durch und gesellte den 5155 Magdeburger Seelen 1500 Hugenotten, 2000 Wallonen und 400 Pfälzer hinzu, also etwa 4000 Zuzügler zu den alten Einwohnern unserer guten Stadt.

Diese zahlreichen Zuzügler gaben der alten Stadt ein neues Gepräge. Jeder Hugenott war Missionar, Apostel, Märtyrer. Ernst, streng, hart, fast grausam gewissenhaft gegen sich selbst; Johannes der Täufer-Figuren in Kameelsharen mit ledernem Gürtel, von Heuschrecken sich nährend und wildem Honig; heldenmüthig, la poitrine nue et en chemise mit einer Schleuder und einem Hirtenstab sich dem Heere entgegenwerfend, das so oft Europa besiegt hatte; unter allen Arten von Foltern ohne Murren Gott ergeben, unter der Steinigung den Himmel offen sehend wie Stephanus; im Tode Psalmen singend und für die Feinde betend: immer bereit, für den König, das Vaterland, für die Familie, für alle Brüder im Herrn, für den evangelischen Glauben zu sterben; aber nicht gerade liebenswürdig, linde noch nachgiebig gegen irgendwen. Felsennaturen wie Petrus, Feuergeister wie Elias; eiserne Charaktere, verehrungswürdig und heilig: so stehen unsere Väter vor uns, die Hugenotten von Magdeburg. Es sind Franzosen: aber Franzosen vom Typus eines Farel und Calvin, eines Anne du Bourg und Mornay, eines Antoine Court und Paul Rabaut, eines Admiral Coligny, des Ahnherrn unserer Hohenzollern.

Wo kamen sie her, diese Bilder des Grams, die sich ein Dornennest zu bauen versuchten auf den Trümmern von Magdeburg? Die Einen kamen von den Galeeren aus Marseille und Toulon, wo sie, an 10, 12 Verbrecher geschmiedet, unter schwerer Kette bisweilen Jahrzehnte hatten rudern müssen. Die Anderen hatten lange Zeit in dem dumpfen Kerker der Pariser Bastille modern müssen, bis zufällig die Fürsprache katholischer Damen aus der Umgebung der Maintenon sie befreite. Einige Frauen hatten durch 30, 40 Jahre bei Wasser und Brot, kaum dürftig gekleidet, im Burgverliess der Tour de Constance vor Nismes zusammengepfercht, auf Schmutz und Unrath gelegen. Dreissig hugenottische Frauen und Jung-

Frauen waren mit 70 protestantischen Männern und 100 schweren Missethätern auf einem Verbrecherschiffe im Zwischendeck nach Canada unterwegs gewesen, als das Schiff strandete, der grösste Theil in den Wellen unterging, ein Theil auf Umwegen sich in der Welt zerstreute, einige nach Magdeburg. Der Oberst Chenu de Chalesac hatte auf seiner Flucht aus Frankreich, an die afrikanische Küste verschlagen, unter Kaffern, Tigern und Hyänen Abenteuer genug erlebt, ehe er über Holland hierher kam. Ein Vorfahre der Labordes schlug sich auf der schnellen nächtlichen Flucht durch den französischen Grenzwald mit dem Zacken eines entgegenstehenden Busches das linke Auge aus. Ein Vorfahre der Graniers, Bouzanquet, wurde in Montpellier durch das Scheusal Baville um des evangelischen Glaubens willen lebendig in Stücke zerbrochen. Der mütterliche Urgrossvater eines jüngst verstorbenen Presbyters, Malhiautier, setzte die Flucht mit den Seinen in der Nacht fort, am Tage sich im Gebüsch versteckt haltend. Das kleine Kind trugen sie durch Sturm und Nacht auf den Armen ins Elend. Ihr Vermögen, das sie in Edelsteine verwandelt hatten, war mehrmals in Gefahr, ihnen geraubt zu werden. Sieben Mal hatte da auf der Reise der Vater die Edelsteine verschluckt, ehe man mit der Habe Magdeburg erreichte. Die Villains führten ihre Habseligkeiten über England und Holland in einer Tonne mit sich. Der Urgrossvater unserer Jordans wurde in einer Heukiepe über die Grenze getragen. Der Grenzwärter stach mit einer Waffe in das Heu. Die Aeltern wagten kaum zu athmen. Sobald sie sich in Sicherheit wussten, öffneten sie die Kiepe und fanden das Kind schlafend, unverletzt. Jean Meffre, tapfer sich durchschlagend, war unterwegs bei einem Ueberfall durch die Dragoner von seiner Ehefrau getrennt worden. Die Frau entkam in der Montirung eines Erschlagenen. Nach monatelangen Abenteuern gelangte sie bis Genf, von wo der Schwager sie abholte. Ihre Schätze hatte die Familie unter einer Grenzbrücke vergraben und den Grenzwächter für Behütung und Uebersendung derselben reichlich bezahlt. Der Mann nahm das Geld, die Schätze sind hier nie angekommen. Allein aus den drei Städten, die unter den Dragonnaden am stärksten geblutet hatten, aus Montpellier, Nismes und Uzès, stammten 250 Neu-Magdeburger!

Dass Familien, welche um ihrer verjagten Pastoren willen so viel gelitten hatten, ohne hugenottische Pastoren auch nicht Eine Woche in dem lutherischen Magdeburg geblieben wären, liegt auf der Hand. An hugenottischen Pastoren war ja kein Mangel. Im Laufe der ersten beiden Wochen nach dem Widerruf des Edicts von Nantes waren 800 über die Grenze gezogen. Im Jahre 1697, wo die Gemeinde 1087 Seelen zählte, unterhielt der Kurfürst für die Magdeburger Hugenotten fünf Pastoren, für die 700 Magdeburger Wallonen drei, also für 1700 Seelen acht Pastoren.

Die Pastoren konnten sie trösten, lehren, ermahnen, konnten ihre Kinder taufen, ihre Paare trauen, ihre Todten bestatten. Aber durften sie auch öffentlich predigen? Die Hugenotten waren fest davon überzeugt, dass das Evangelium die einzige und alleinige Wahrheit, alles andere Irrthümer, Lüge und Wahn sei. Zum reinen Evangelium wollten sie die Welt bekehren. Auch in Frankreich sollte jede Stadt, jedes Dorf, jedes Haus reformirt werden. Und gerade deswegen war der lutherische Rath, die lutherischen Zünfte und die lutherischen Altbürger einig, diesen Muhamedanern keine Kirche, keine Capelle, keinen Zollbreit von einem Kirchhof zu geben.

Der grosse Kurfürst hatte kämpfend es durchgesetzt, dass der seit 1666 hier bestehenden deutsch-reformirten Gemeinde hinter der Wohnung des Gouverneurs, Herzog August zu Holstein, der jetzigen königlichen Regierung, die dachlose fensterlose und bodenlose Gangolphi-Capelle, — vom Volke Kaldaunencapelle genannt, weil dort die Eingeweide der Erzbischöfe beigesetzt zu werden pflegten — 1681 eingeräumt wurde. So bestimmte er im Frühsommer 1686 für die französisch-reformirte Gemeinde, die noch 1681 als Pestlazareth dienende, seit Jahrzehnten zu Gottesdiensten unbenutzte Gertraudenkirche — Eselskirche beim Volke genannt. Der Magistrat gab schliesslich den Drohungen des Fürsten nach, er erklärte sich bereit, die Schlüssel auszuliefern. Da protestirten die Aeltesten und Kirchenväter der

Kirche St. Johannis Evangelistae, als Vorsteher des Hospitals St. Gertraud, welches der Hauptkirchen St. Johannis Evangelistae mit einverleibet sei. Zur Abtrennung des Filials von der Mutter seien keine dergleichen pressante Ursachen obhanden, da ohnedem von ferne keine Hoffnung für die Hugenotten ad celebranda divina anscheinen wolle und es auch dazu nicht bedürfe, einer Kirche der Gemeinde und der Armuth abzuziehen. Der Magistrat, muthig jetzt wieder und doch demüthig, sentirt, der Kurfürst würde die gesammte Stadt und Geistlichkeit sonderlich erfreuen, wenn er den Hugenotten nicht diesen, sondern irgend einen anderen bequemen Ort anweisen wollte. Wussten sie doch längst, dass bei jeder anderen der vacanten Kirchen unvergleichlich grössere Hindernisse im Wege lagen!

Der Kurfürst vernimmt mit höchstem Missfallen, dass, ob Wir euch schon hiebevor alles Ernstes anbefohlen, denen dortigen Reformirten Französischen Leuten, zu Uebung ihres Gottesdienstes, eine von denen daselbst in grosser Anzahl wüste stehenden Kirchen einzuräumen, solches gleichwohl, wider alles Vermuthen, bishero im geringsten nicht geschehen, noch einige Anstalt dazu gemachet worden. Wann Wir aber diesen euren Ungehorsam dergestalt weiter nicht nachsehen, sondern Unserem diesfalls an euch ergangenen Befehl genau und schleunigst nachgelebet wissen wollen, als habt ihr euch gehorsamst danach zu achten und, alsofort nach Einlieferung dieses, besagten französischen Leuten dergleichen Kirche anzuweisen, mit der ausdrücklichen Verwarnung, im Fall ihr euch noch ferner säumig oder widerspänstig darunter erweisen solltet, dass Wir alsdann schon Mittel zu finden wissen werden, auch ohne euer Zuthun Unsere gnädigste Willensmeinung hierunter zum Effect zu bringen. Seind euch mit Gnaden gewogen."

Elf Monate (!) nach dem an den Gouverneur von Magdeburg, Generalmajor von Börstel, ergangenen Ultimatbefehl, konnte den armen Hugenotten die Pest- oder Eselskirche eingeräumt werden, die noch immer nicht regelrecht desinficirt worden war. Die unter den hiesigen Hugenotten anfangs so furchtbare Sterblichkeit schreiben wir nächst den Strapazen der Flucht dem Umstande zu, dass die Gemeinde Mann an Mann zusammengedrängt in diesem engen ungesunden Pestraum nicht nur Predigt, Betstunde, Katechismus und Abendmahl hielt, sondern — man höre! — wenig Fuss unter dem aufgehobenen Pflaster der Kirche ihre Todten bestatten musste, weil die Intoleranz ihnen jeden Gottesacker verschloss. Erst zwei Jahre später wurde ihnen von dem deutsch-reformirten Kirchhof hinter dem Augustiner Kloster jener kleine Theil abgezweigt, der jetzt auf dem Wallonerberg den Garten des französischen Hospitals bildet. Und doch machte der interimistische Niessnutz von St. Gertraud, bis die verfallene Magdalenen-Capelle restaurirt sein würde, die Hugenotten in Magdeburg unbeschreiblich glücklich, so dass ihre Briefe nach der Schweiz, Holland und Frankreich davon jubelnd widerhallten.

Kirchliches Leben galt den Hugenotten als ein Himmel auf Erden. Auch war in den ersten fünfzig Jahren der Andrang zum hugenottischen Gottesdienste gross. Die Mütter brachten ihre Säuglinge jeden Sonntag mit in den Tempel. Im Tempel machte jeder in Magdeburg geborene Hugenott seine ersten Gehversuche. Die Psalmen waren das erste Lied, was ein Hugenottenkind singen, die Bibel das Buch, woraus es lesen lernte. Es galt als die grösste Schande, wenn, nachdem man am Vormittag die Kirche besucht, man den Nachmittagsgottesdienst, eine der beiden Wochenbetstunden, oder gar eine der acht angesetzten Communionen versäumte. Solch einer wurde im Presbyterium gerügt und verfiel, falls er nicht Busse that, in Kirchenstrafe, bis zum öffentlichen Ausschluss vom Abendmahl, unter Namennennung von der Kanzel. Der von heisser Liebe zu den Brüdern in Christo eingegebene Kirchenbann, auch gegen die reichsten und vornehmsten Gemeindeglieder gerichtet, zog sich bisweilen durch drei, vier Jahre hin. Hatte wer die Kirche öffentlich geärgert, musste er auch öffentlich Busse thun. Diese öffentliche Kirchenzucht war nicht Strafe, sondern Sühne, Heilmittel, Medicin; eine Genugthuung, nach der diejenigen am heissesten verlangten, welche ihre Sünde am aufrichtigsten bereuten. In

den ersten Jahrzehnten verging kein Monat, bisweilen keine
Woche, in der nicht bald vor versammeltem Presbyterium,
häufiger vor gesammter Gemeinde, ein Mann oder eine Frau,
mit Bussthränen über Abfall unter der Verfolgung, die römische
Abgötterei und alle Irrthümer des Papstthums öffentlich ab-
schwur und gelobte, an dem reinen Evangelium bis zum Tode
festzuhalten. Die Gemeinde begleitete solche Bussacte mit
ihrer aufrichtigen Fürbitte, ja mit so lautem Schluchzen und
Weinen, dass man merkte, jeder Einzelne stand in der Er-
innerung an des Büssenden Stelle. Gab es doch kaum einen
französisch Reformirten, der unter den Dragonnaden und den
Bestechungen der Jesuiten nicht entweder als Märtyrer gestorben
wäre, oder aber abgefallen, eine Schwäche, die den Hugenotten, bis er in den Frieden der Kirche aufgenommen
worden war, mehr geschmerzt hatte, als alle Wunden und
Entbehrungen zusammen.

Besonders glücklich fühlten sich die Magdeburger Hugenotten durch ihre grosse Anzahl ausgezeichneter Pastoren.
Sie sahen in den Predigern die Offenbarer und Vertreter des
göttlichen Willens. Und sie waren es werth. Denn der
Predigerstand der Hugenotten ist das in höchstem Masse, was
auch sonst vom evangelischen Prediger gilt: unerschrockener
Wahrheitszeuge, unermüdlicher Seelsorger, unüberwindlicher
Held im Dulden, rastloser, gebetsfroher Vermittler der christ-
lichen Barmherzigkeit. Darum unterwarfen sich ihrem Urtheils-
spruch ohne Weigern hugenottische Fürsten und Herzöge.
Darum zogen gegen das eiserne Gebot des Königs selbst die
reichsten hugenottischen Gemeinden ihren verbannten Predigern
nach. Ja so übermässig zeigte sich die Verehrung gegen den
Vertreter der Gottheit, dass die französischen Colonisten in
Waldenburg einst einmal drauf und dran waren, einen
Menschen an einem Baum aufzuhängen, weil er von diesem
Baum Pflaumen gestohlen hatte. Pflaumen, man sage, aus des
Herrn Pfarrers Garten!

Der Höhepunkt des Gottesdienstes ist das heilige Abendmahl. Als 1690 die Gemeinde 395 Seelen zählte, treffen wir
hier 1819 Communicanten, darunter neben 791 Frauen 1028

Männer. Männer bilden stets die Mehrzehl bei der Communion, theils weil ihnen der politische Kampf für den Glauben oblag und sie dazu der Wegestärkung am meisten bedurften; theils weil im Refuge und insbesondere in Magdeburg weit mehr Männer angetroffen werden als Frauen. Im Jahre 1717 hat die Verhältnisszahl der Communicanten schon abgenommen, der alte Eifer ist erloschen, der hier regierende König franzosenfeindlich. Allein die Realzahl ist grösser. Denn unsere kleine Gemeinde von kaum 2000, wahrscheinlich nur 1500 Seelen, zählte 4452 Abendmahlgäste. Auch die Kirchenbesucheranzahl ist an manchem Sonntage grösser als die Summe der sämmtlichen Gemeindeglieder, ein Zeichen, dass auch Fremde hinzuströmten. Es waren das theils auswärtige Hugenotten aus der Provinz, theils nicht französische Reformirte aus Magdeburg. Unter Friedrich I. war die französische Kirche auch hier Modekirche, zu der sich auch der meist reformirte Adel hielt und die Officiers réformés. Besonders stark war eine Zeit lang der Zulauf, ja der förmliche gerichtlich-kirchliche Uebertritt aus den Wallonen.

Die französischen Flüchtlinge in Magdeburg gruppirten sich nämlich in zwei geschlossene Gemeinden, welche beide französisch redeten, französisch beteten, französisch communicirten: die eigentlichen Hugenotten und die Wallonen. Die eigentlichen Hugenotten kamen in kleinen Trupps. Bis Ende October 1686 sind es 84 Personen. 1687 kommen 118 dazu, 1688 109, 1689 43, 1690 31 Seelen. Im Jahre 1699 kommen 155 von solchen Hugenotten an, die zuerst in der gastlichen Schweiz Aufnahme gefunden hatten und die nun, um das Alpenland vom Hungertode zu erretten, durch Deutschland, Dänemark, Schweden, Russland sich zerstreuten. Seit 1704 kommen grössere Trupps aus der Principauté d'Orange, brandenburgische Unterthanen mitten aus Frankreich von jenem Fürstenthum, das die Hohenzollern geerbt, aber niemals angetreten haben. Nach 1706 tritt nur noch selten einmal ein direct aus Frankreich kommender Hugenott zur hiesigen französischen Gemeinde.

Anders die Wallonen. Sie wanderten als geschlossene Gemeinde mit Pastor, Küster, Cantor, Presbyterium, Bürgermeister, Richter, Arzt, Kirchenbüchern, Abendmahls- und Taufgeräthen aus Mannheim aus und in Magdeburg ein; drei Jahre nach den Hugenotten, in den ersten Tagen des Juli 1689. Zuerst kamen in langem Zuge hier die (wallonischen) Wagen an mit den Frauen, Greisen, Kindern, Kranken und dem Gepäck. Dann folgten die Männer zu Fuss. Bekanntlich hatte es zu Mannheim in der Pfalz drei reformirte Gemeinden gegeben: die deutsche, die flämische und die wallonische. Beide letzteren Mannheimer Colonien stammten aus den Niederlanden. Zu den Wallonen hatten sich im Lauf des Jahrhunderts schon zu Mannheim Hugenotten gesellt, ganz besonders aus Frankreichs Norden, so viele, das in den Urkunden der Zeit die wallonische Gemeinde von Mannheim ebenso oft die französische heisst. Als ohne Kriegserklärung Ludwig XIV. sich auf die Pfalz warf als auf sein Erbe durch Lise-Lotte, die Herzogin von Orléans, zog Péricard, der noch am 2. März 1689 in der unterminirten Kirche gepredigt hatte, mit seiner gesammten Gemeinde nach Hanau, schloss dann mit dem Grossen Kurfürsten einen äusserst günstigen Vertrag in Osterwieck und führte nun, Gesetzgeber, Diplomat, Regent und Prediger in einer Person, die gesammte wallonischfranzösische Gemeinde von Mannheim nach Magdeburg. Wie die Mannheimer drei reformirten Colonien für die Pfalz, für Gesammtdeutschland und auch für die Colonisationsgrundsätze des Grossen Kurfürsten die Mustergemeinde waren, nach deren Privilegien der Pfälzer Spanheim das Edict von Potsdam ausgearbeitet hatte, so wurden auch in Preussen die Magdeburger Wallonen die eigentliche Mustercolonie: die einzige, die schon nach 10 Jahren glänzend für die Staatskasse rentirt hat; die einzige, die in Preussen neben der französischen und der deutsch-reformirten eine Sondercolonie geblieben ist; die einzige städtische preussische Colonie, welche heut zu Tage wächst, statt abzunehmen. Und diese glücklichen Gesetze, Einrichtungen und Privilegien verdankt sie, nächst dem brandenburgischen Kurfürsten Friedrich III., ihrem Prediger Salomon de Péricard aus Sedan, dem Vater des nicht minder ausgezeichneten Bürgermeisters von Frankfurt an der Oder, jenem Manne, der den wallonischen Häuserbauern ausser freiem Grund und Boden 45 pCt. der Baukosten aus der kurfürstlichen Kasse, und den Mannheimer Tabakspflanzern in Magdeburg erb- und eigenthümlich den vortrefflichen Pfälzeracker verschaffte, dazu drei eigene Pfarrstellen, einen eigenen Magistrat, ein eigenes Gericht, ein eigenes Presbyterium, einen eigenen Betsaal bei den Tuchmachern auf dem Alten Markt, dann die Mitbenutzung der Liebfrauenkirche und endlich nach deren baulichen Fertigstellung die herrliche Augustiner-Kirche als Eigenthum.

Als jüngst die monumentale Zollbrücke in Magdeburg vollendet war, jene geschichtlich einzigartige Brücke Deutschlands, durch welche das germanische Christenthum hinüberdrang in die slawischen Heidenländer und die durch Jahrhunderte die Grenzmarke bildete zwischen Deutschland und Slawenland, Christenthum und heidnischem Aberglauben; eine Grenzmarke, über die siegverheissend der alte Dom und seine Schwesterthürme hinüberlugten in das für die christliche Bildung neu zu erobernde Land, da wollte man anfangs auf die sechs Sockel die sechs besten Männer setzen, welche sich um Magdeburg Bürgerkronen verdient gemacht haben. Man ist davon abgestanden, weil man nur vier Magdeburger für Bürgerkronen würdig fand. Da hätte man als fünften Salomon de Péricard wählen sollen, den Wallonen, der durch den Tabakhandel Millionen in die Stadt geführt hat, und als sechsten den Hugenotten François Charles Achard, den eigentlichen Erfinder des Rübenzuckers, von dem Du Bois Reymond sagt, dieser eine französische Akademiker Achard, dessen Denkmal jeder rauchende Schlot unserer Rübenzuckerfabriken sei, habe durch seine wissenschaftliche Thätigkeit alle die Auslagen reichlich erstattet, welche der brandenburgisch-preussische Staat auf die Aufnahme der Hugenotten verwandt habe. . . .

Während die wallonische Gemeinde von Mannheim in Magdeburg meist Ackerbauer und Tabakpflanzer lieferte und, ihrem hugenottischen Theile nach, aus Nordfrankreich stammte, kamen die Magdeburger eigentlichen Hugenotten meist aus Südfrankreich, besonders von dem Schauplatz der Kamisardenkrieges, dem Langued'oc. Allein aus dem Langued'oc stammten 679 Personen: unter Anderen die du Vignau, Audemar, Coccu, Costes, Coulom, Delon, Sarran. Dem Beruf nach aber wogen die Fabrikanten vor: unter ihnen die Strumpfweber. Labry, ein Magdeburger Hugenott, war der erste Mann in Brandenburg-Preussen, welcher Strumpfwebestühle verfertigte. Im Jahre 1709 zählt die hiesige Colonie 770 Webestühle, 1714 864, 1734 1000, während in den Residenzen von Berlin im Jahre 1724 nur 876 Webestühle in Thätigkeit waren. Das erste Paar im Lande gewebter Seidenstrümpfe hatte der Grosse Kurfürst mit 100 Thlr. bezahlt. Im Jahre 1709 wurden in der hiesigen französischen Colonie 18,000 Paar Strümpfe gewebt. Als die Strumpfweberei durch die schlesischen Kriege zurückging, erklärte das hiesige hugenottische Gericht, die Colonie stände im Begriff sich aufzulösen. Neben den 220 selbstständigen Strumpfwirkern treffen wir 1703 an Bekleidungshandwerkern in der hiesigen französischen Colonie sonst noch 51 andere; ferner an Bauhandwerkern 12, an Feuerarbeitern 13, im Kunstgewerbe 11; dazu 25 Kaufleute, neun französische Bäcker, vier Kunstgärtner, einen französischen Koch und einen feinen Restaurant.

Psalmen singend, Bibel lesend, Predigten vorlesen hörend, waren diese Fremdlinge in Magdeburgs Wüste und Schutt eingezogen. Nach zwanzig Jahren schon gab es darunter lustige Gesellen, die sich im Rathhauskeller Spukgeschichten erzählten von den französischen Prügelgeistern, welche parteiische Richter durchbläuen; Modedamen, die in Gold- und Silber-Brokatarbeit, koketter Verschleierung und Schminke den Pariserinnen nichts nachgaben; Weintrinker, die bei Würfel-, Karten- und Billardspiel, bei Kaffee, Chocolade und parfümirtem Tabak, bei Zeitungslesen und geistreicher Unterhaltung sich auf der Magdeburger Messe, bei Piélat und Langlade so gut zu amüsiren wussten, wie die Cavaliere am Hofe von Versailles.

Als die Kronprinzessin Sophie Dorothea von Hannover am 22. November 1706 in Magdeburg ihren Einzug hielt, hatte die Gemeinde als französische Bürgerwehr vier Compagnien Spalier bilden lassen vom Domplatz, entlang des Breitenweges, bis zum alten Ulrichsthor. Ausgesucht hatte man die schönsten Männer der Gemeinde, als Mohren verkleidet, auf dem Haupt ein Turban mit Reiherfedern, am Leibe angethan mit rother Weste, weitem orangefarbenem Gewande, blauem Bandulier und ausgerüstet mit Säbeln. Eine fünfte hugenottische Compagnie bestand aus den schönsten Jünglingen. Der Intendant des Herzogs von Barby, Mr. Thorel, commandirte. Der Gerichtsdirector Mr. Pellet hielt die französische Ansprache im Namen der Colonie. Die Enkelin jener schönen Eleonore d'Olbreuse, von der vier Königsgeschlechter abstammen, liess ihre Antwort überströmen von Güte, Zartsinn, Wohlwollen und ehrender Anerkennung für die Magdeburger Colonie.

Haben die Hugenotten in Magdeburg sich schnell acclimatisirt? Ja und nein.

Nein. Denn ihre Herzen blieben lange in Frankreich. Zur französischen Nation zählen sich die hiesigen Colonisten bis zu den Siegen des siebenjährigen Krieges. Noch unter dem ersten Preussenkönig hofften, beteten, unterhandelten die Magdeburger Hugenotten durch königliche Abgesandte auf glorreiche, glaubensfreie Rückkehr in la belle France. Drüben, jenseits der Grenze, hatten sie ja ihr Geld, drüben ihre Häuser, ihren Acker und Garten, ihre Rittergüter; nur zu oft auch drüben ihr Weib, ihre Kinder, gar liebe Anverwandte und Freunde. Freier öffentlicher Glaube im schönen Frankreich, das war ihr Ideal. Das verwüstete Magdeburg ohne Comfort, ohne Luxus, ohne Freiheitssinn, erschien ihnen lange als der Ort der Verbannung. Das Magdeburger Volk — merkwürdig genug! — galt ihnen als unmanierlich, unfein, ja grob. Wegen eines vergessenen s'il vous plaît, Monsieur, entspann sich hier ein Process, der vier Jahre lang die Colonie mit Untergang bedrohte. Bis 1740 blieb man in steter Verbindung mit dem schönen Frankreich. Man wusste nach und nach sein Haus und Hof drüben zu verkaufen. Man erbte in Frankreich und setzte französische Verwandte, falls sie dem protestantischen

Glauben treu geblieben waren und nach Magdeburg übersiedelten, als Erben ein. Beim Hauskauf und Verkauf in Magdeburg zahlte und rechnete man hier immer nach französischen Münzen (argent de France). Die Ecus soleils, livres tournois, sous parisiens wurden gern genommen noch unter Friedrich dem Grossen. Ja die Presbyterialprotokolle wurden bis 1822 in französischer Sprache geführt und bis 1877, länger als fast in irgend einer anderen Colonie ausser Berlin, wurde hier wenigstens vier mal im Jahre französisch gepredigt. An der kirchlichen, bürgerlichen, polizeilichen und gesellschaftlichen Absonderung hielt die Magdeburger Colonie als Ganzes bis in die Napoleonischen Zeiten fest.

Gegenüber dieser ausserordentlich langsamen Acclimatisation der Masse, langsamer als in den meisten französischen Colonien der Welt, steht in Magdeburg eine unerhört schnelle Acclimatisation einzelner Hugenotten. Es ist ohne Beispiel in der Geschichte des Refuge, dass, wie hier, gleich die allererste Hugenottentrauung vollzogen wurde mit einer Altbürgerin — Anne Lisbeth Fuchs; dass unter den vier ersten Hugenottentrauungen drei mit Altbürgerinnen geschlossen werden; dass der allererste hiesige hugenottische Officier und der erste Soldat wieder eine Deutsche heirathet. Die sprüchwörtliche Schönheit und der gefeierte Liebreiz der Magdeburger Jungfrauen reicht zur Erklärung nicht aus. Die Magdeburger Hugenotten stammten aus dem Süden, wo die Louvois'schen Dragoner Wunder gethan hatten an den Männern; die Jesuiten und Ursulinerinnen grössere Wunder an den Frauen und Kindern. Den weiten Weg von Nismes, Montpellier, Uzès bis Magdeburg konnten nur wenige Mädchen und Frauen zurücklegen. Die meisten Ehemänner kamen ohne Gattin noch Tochter an. Um so denkwürdiger ist es aber, dass des ersten hiesigen französischen Coloniebürgers sämmtliche drei Töchter Deutsche geheirathet haben. Der grosse Mangel an französisch redenden Frauen wird nun seit 1689 durch die Walloninnen ausgefüllt aus Mannheim, welche Franzosen heirathen, während höchst selten ein hiesiger Wallone eine Hugenottin heimführen konnte. Später, als hier auch den

Hugenotten Töchter geboren wurden, kommen Mischehen selten mehr vor, bis unter Friedrich dem Grossen sie wieder häufiger werden. Deutsche Taufpathen trifft man in den ersten vier Jahren niemals an; seit 1690 hier und da einzelne der auf die Colonieverhältnisse einflussreichsten Honoratioren. Langsam genug acclimatisirten sich die Leiber. Unser Hospital wimmelte von Kranken. Unter den anfangs kaum tausend Colonisten fanden ein französischer und zwei wallonische studirte Aerzte, fünf hugenottische Wundärzte und ein Apotheker reichlich zu thun. Besonders gross war die Sterblichkeit bei den Südfranzosen und Waldensern, ehe sie sich an Klima, Nahrung und Kleidung des deutschen Nordens gewöhnten. Die gesichtete Auslese aber hatte sich zähe und standhaft erwiesen.

Seit 1703 zähle ich in der kleinen Gemeinde 16 Personen, welche die 90 Jahre überschritten hatten; eine, Katherine Laurens, ging über die 100 hinaus. Die zweisprachigen Hugenotten wurden überall bevorzugt. Wie sehr man zweisprachig dachte, zeigt der Mischmasch in der Unterhaltung schon zu Friedrich's I. Zeit. Die Kaufleute warnte man vor les soldats de la Landmiliz. Beim Commandanten klagte man über die Nichtrespectirung de l'exemption de la Einquartierung. Beim Richter beschwerte man sich, man habe à la Kämmerei de la ville pour le Wassergeld zu viel bezahlt et pour les frais du Wachtdienst. Die in der Sudenburg Wohnenden hatten zu schaffen mit Mr. le Müllenfox. Im Hause sprach man von les fenêtres du Flor, von trois Winspel de Malz, von trente deux Grosche et vingt Dreyer, von den balques de la gallerie, von dem prix du Sackband pour lier les matelats neuf, von dem feu dans le Waschhaus. Friedrich Wilhelm I. konnte auch Magdeburger mit einbegreifen, wenn er von den uckermärker Colonisten sagte: Es sind teutsche Franzosen. Unter Friedrich dem Grossen schon übersetzten Einige ihre Namen. Es wurden die Moinier Sperling, die Malin Böse, die Laforge Schmidt, die St. Antoine Tönnies, die Sauvage Wild. Und wer denkt heute daran, dass die Camirarden-Kämpfer Audemar und Duvigneau, dass die Defoy und Dulon, dass die

Gruson und Maquet, dass die Humbert und Laborde, dass die Blell und die de la Croix und die Granier nach Magdeburg blutarm geflüchtete Hugenotten gewesen sind; grade wie die Cuny's, von denen unser Cultusminister stammt, die Chevalleries und die Champagne's, welche in königlichen höheren Beamtenfamilien, die Châlons, Balan und Reclam's, die in Officierkreisen unserer Stadt hervorragen?

Einzelne Fabrikanten acclimatisirten sich noch früher. Schon 1687 schreibt ein hiesiger Fabrikant in die Heimat, nach Uzès im Langued'oc, woher so viele Magdeburger stammen, an die zur Herkunft sich rüstenden Vettern: „Ihr werdet hier **das schönste Land der Welt** erblicken, so wahr ich selig werden will. **Gebe Gott uns die Gnade, dass wir uns nie unwerth erweisen der Wohlthaten, die wir von unserem gütigen Fürsten und dem Magistrat empfangen.** Erde und Gewässer eignen sich besser zum Walken als in Uzès. Die Mühlen liegen in der Stadt. Unsere 125 Spinnerinnen spinnen weit besser als die in Uzès. Im Garten reifen die Aprikosen, Pfirsiche, Pflaumen, Aepfel und Weintrauben. Unsere zwei Prediger stammen auch aus unserm Langued'oc. **Mit Gottes Hülfe werden wir hübsch vorwärts kommen!"**

Und Einzelne sind hübsch vorwärts gekommen von diesen Magdeburger Hugenotten! Pierre Dubosc und Pierre Rafinesque in der Fabrik von Sarges de Nismes auf dem Thränsberg, Pierre Gandil am Fischerufer in der Goldstickerei und Färberei, die Gebrüder Antoine Charles aus Montauban in der Strumpffabrik beschäftigten jeder 200 Menschen und darüber. Auf der Franzoseninsel, dem jetzigen Georgenplatz, beschäftigte in drei Hauptgebäuden und 15 kleinen Häusern die erste Gross-Manufactur Preussens, die gelbe kurfürstliche Strumpf-, Wolltücher-, Bänder- und Seiden-Manufactur unter André, Pierre Valentin und Claparède 500 Menschen. Pierre Valentin meldet 1690 an den Hof, das Woll- und Strumpfgeschäft habe in sechs Jahren sich in Magdeburg so entwickelt, dass heute **in Frankreich keine Stadt mehr Manufacturen hätte als Magdeburg.**

Die Magdeburger Seidenstrümpfe gingen nach Polen, Schweden, Dänemark, Russland, Ungarn, über Amsterdam nach Portugal und Indien. Auch der erste Fabrikant von Strumpfwebestühlen in Preussen, Pierre Labry, machte ein Weltgeschäft. Es sind 65, sage 65 verschiedene, den Deutschen bis 1686 unbekannte neue Industrien, welche die Refugiés in die brandenburgisch-preussischen Staaten eingeführt haben, ungezählt dabei die Seidenzucht, sowie der pfälzer Tabaksbau und die pfälzer Bierbrauerei, durch welche die hiesigen Wallonen so schnell wohlhabend geworden sind.

Den Magdeburger Wallonen, die gleich bei der Einwanderung eine festgeschlossene Gemeinde bilden mit fest verbürgten Privilegien, fiel Glück und Wohlhabenheit in den Schooss. Jeder einzelne Hugenott hingegen musste sich seine Privilegien erst erkämpfen. Presbyterium und Gericht blieben in 126jährigem Kriege gegen die Altbürgerschaft. Mit Klugheit und Energie haben sie Vieles errungen. Sie haben 20 Freijahre genossen, kurfürstliche Vorschüsse erhalten, dazu zerfallene Häuser bald zur Miete, bald zum Eigenthum, Exemption vom Zunftzwang, von den Wachten und von der Einquartierung; beim Neubau, wenn auch nicht 45 pCt. wie die Wallonen, so doch 15 pCt. Ersatz aus der Serviskasse. Sie hatten französische Zünfte und maîtres privilegiés auf Lebzeit. Man erhielt ihnen aus fürstlicher Kasse zwei, drei, vier, dann drei, zwei, einen französischen Prediger, einen Cantor, drei Schulmeister, einen Arzt, einen Gerichtsdirector oder Bürgermeister, einen Richter, vier Gerichtsassessoren, vier Polizeiassessoren, einen Manufactur-Inspector, einen Seidenbau-Inspector, einen Fiscal, drei bis vier Notare, einen Bürgerwehrhauptmann und vier Bürgerofficiere. Als 1699 durch den Zufluss der Schweizer und Orangeois die alte Gertraudenkirche sich zu eng erwies, hat man ihnen im Lande und ausser Landes eine Collecte bewilligt und sie haben zu Rohden im Sack (auf dem jetzigen Grundstück, wo das von Huttensche Brauhaus lag) sich nach dem Muster des berühmten Tempel zu Montauban im Achteck eine eigene

Kirche erbaut, mit Dachreiter in Zwiebelform, mit Glocken und Orgel, Säulen und Emporen, bunten Farben, bunten Fenstern, goldenen Bibelsprüchen an den Chören, an der Decke den preussischen Adler. Die Kirche wurde 1710 geweiht. Sie haben als Gemeinde in der Münzstrasse neben der Bank ein Gerichtshaus besessen, ein Gerichtsdienerhaus dazu; ferner in der Prälatenstrasse mit Durchgang nach der jetzigen Bau- und Creditbank die sogenannte französische Kaserne für 38 beweibte Soldaten; auf dem Vossloch 7 und 8, jetzigen Fasslochsberg, die Maison de charité, in eins Armenhaus, Krankenhaus, Hospital und Waisenhaus; die französische Schule Petersstrasse 11; dazu 4 bis 5 der Gemeinde vermachte Häuser. Sie besitzt jetzt noch die Kirche, das Pfarrhaus, die Küsterei und das französische Hospital, jetzt Wallonerberg 5. Durch die ganze Stadt zerstreut, auch in der Sudenburg, auf der Thurmschanze und in der Neustadt, hatten Hugenotten Häuser im Besitz. Es sind 1791 noch 120 Französenhäuser. 1790 gilt Samuel Bouviers Haus 5000 Thaler, 1795 Gedéon Bontes Haus 6200 Thaler, 1800 La Paumes Haus am Breiten Weg 7900 Thaler, 1810 Jean Jaques Cunys Haus 10,800 Thaler. Aber die Häuser waren hoch verschuldet. Fast alle reichsten Hugenotten Magdeburgs, fast alle Gross-Manufacturen sind bankrott geworden, weil sie, ohne Vermögen angelegt, nach Beendigung der fünfzehn Freijahre den fürstlichen Vorschuss von 5 — 10 — 26,252 Thaler zurückzuzahlen ausser Stande waren. Von 15,000 Hugenotten brachten bei der Einwanderung in Preussen nur 44 Vermögen mit, das sie dem Kurfürsten zu 6 pCt. übergaben. Darunter vier Magdeburger. Prediger Rally übergab 2000 Thaler, Major Isaac Dollé desgleichen, der Rath Abel de Chadirac 8000 Thaler, desgleichen Isaac Mesmyn. Als er aber das Capital wieder haben wollte, war kein Geld in der Kasse. Dafür wurde er Fabrikinspector und nach ihm sein Sohn und Duvigneau, sein Schwiegersohn. In der Blütezeit der Colonie unter Kurfürst Friedrich III. schreiben sämmtliche Coloniebehörden die enorme Sterblichkeit dem Umstande zu, dass fast die ganze Gemeinde aus Fabrikarbeitern bestehe, die von dem elenden Tagelohn sich nicht satt essen, geschweige ihre Familien ernähren könnten. Fünf Sechstel der Gemeinde fiele der Kirchenkasse zur Last. Durch eine Lotterie musste die arme Gemeinde sich das Durchgangshaus von ihrer Kirche nach der Petersstrasse kaufen, durch eine Lotterie das Gerichtshaus, durch eine Lotterie die französische Kaserne.

Kein Wunder, dass dieser ungesunde Zustand zusammenbrach. Die Gemeinde zerstreute sich. Die Hungerleider und Bankrotteure wanderten aus nach Kursachsen, Weimar, Hildburghausen, Mecklenburg, Dänemark, Amerika. Einzelne gingen auch nach Frankreich zurück. Sehr viele zogen nach Berlin.

Zu diesem äusseren Abfall kam der innere Zerfall in Folge der Regierungsgrundsätze Friedrichs des Grossen. Durch das berüchtigte Populationscircular vom 7. Juli 1772 führte er der reformirten Gemeinde französischer Glaubensflüchtlinge in Massen deutsche Lutheraner, französische katholische Deserteure, Mönche, Nonnen und Jesuiten zu: französische Bürger, die mit der Kirchengemeinde nicht das Geringste gemein hatten. Zugleich stumpfte er die Kirchenzucht ab, nach seinem berühmten Grundsatze: „Allezeit König, niemals Priester": ein Grundsatz, der in der Anwendung auf Magdeburg lautete: „Das Consistorium seind Essels"! und der die Gemeinde von Grund aus demoralisirte und auseinandertrieb. Die Excommunicirten traten einfach aus zu anderen Gemeinden. Den excommunicirenden Prediger und die excommunicirenden Presbyter, welche auf die Disciplin eidlich verpflichtet waren und sind, verklagten sie und erhielten Recht.

Als 1804 durch die Unvorsichtigkeit des Küsters die Kirche von 1710, welche die Hugenotten für die schönste Kirche der Stadt hielten, niederbrannte und nur durch Collectiren in Berlin, Königsberg, Hamburg und Leipzig ein Neubau möglich war, galt es nicht mehr für 5000 Communicanten Raum zu schaffen, sondern für 150. War doch die Gemeinde, statt im Laufe von 120 Jahren sich zu verzwölffachen, von

2000 auf kaum 300 Seelen zusammengeschmolzen. So wurde an Stelle der grossen Kirche, welche den ganzen Hofraum ausfüllte, eine kleine, billige Capelle errichtet, ohne Glocken noch Thurm. Am 28. August 1806 hat sie Commandant du Trossel einweihen helfen. Seit 1807 hatte die Gemeinde nur noch zwei Geistliche gehabt, seit 1816 einen.

Hat der Gemeinde der französischschreibende grosse Preussenkönig deutschen Patriotismus eingeflösst und deutsches Nationalgefühl, neben dem royalistischen Sinn, der allen preussischen Colonien eigen ist, so hat ihr die Franzosenherrschaft des Korsen das Franzosenwesen zum Ekel gemacht und ihr patriotisch-protestantisches Herz in jeder Faser deutsch gemacht. Wir französische Colonisten Preussens sehen es als eine Beleidigung an, wollte irgend ein Preusse behaupten deutscher zu sein als wir, irgend ein Patriot wähnen, dass er die Hohenzollern lieber hätte als wir Hugenotten. Als der Grosse Kurfürst starb, hinterliess er seinem Sohne die Hugenotten mit der warmen Empfehlung: „Sorge für sie, das ist meine andere Familie!" In einem Staate, der die Vorfahren „mit so edlen Gesinnungen" aufnahm, „können und werden auch ihre Nachkommen nichts Anderes sein wollen als preussische Unterthanen."

Als die Cabinetsordre vom 30. October 1809 und die Declaration vom 3. Februar 1812 die bürgerliche Selbstständigkeit der Gesammtcolonie Preussens aufhob, übergab dem hiesigen Magistrat, unter der Bedingung, dass nun er voll und ganz für die französischen Armen zu sorgen habe, das königlich preussische französische Gericht zu Magdeburg seine Acten und Siegel, seine Gerichtskassen, sein Gerichtshaus, sein Gerichtsdienerhaus und seine sog. französische Kaserne.

Die Magdeburger französische Colonie ist die zahlreichste gewesen nach der Berliner. Sie war unter den vielen noch weit ärmeren preussischen Colonien die wohlhabendste. Aber sie ist auch von allen die unruhigste, zänkischste gewesen. Den Ruf hatte sie sprüchwörtlich in Berlin. Nirgend sind mehr Processe geführt, nirgend leidenschaftlicher. Man biss sich die Nase und die Ohren ab. Da war kaum ein Richter, Assessor, Fiscal oder Notar, kaum ein Prediger, Presbyter oder Fabrikinspector, der, trotz musterhafter Bravheit, nicht von seinen Feinden durch alle Instanzen als der schlimmste Verbrecher, der muthwillige und systematische Zerstörer der Colonie gebrandmarkt worden wäre. Ja 5. Februar 1693 wurde unmittelbar nach dem Schluss des französischen Gottesdienstes dicht vor der St. Gertraudkirche der Ueberfall des hugenottischen Majors Isaac Dollé de Norville durch den Director der grossen Manufactur Pierre Valentin zu einem offenen Strassenkampfe der hugenottischen Kirchenbesucher untereinander, an dem sich ein beträchtlicher Theil der Gemeinde betheiligte und der einen mehrjährigen Monstreprocess zur Folge hatte. Schlimmer noch als dieser Process, der die ganze Colonie an den Rand des Abgrundes stellte und den kurfürstlichen Commissaren das Wort in den Mund gab: „die grössten Feinde der Colonie sind ihre eigenen Beamten!" schlimmer noch, sage ich, war der andere Monstreprocess um den Bau der Kirche und des Pfarrhauses, der sich von 1705 hinzog bis 1717, alle Oberbehörden 12 Jahre in Athem erhielt und den gichtischen Commandanten von Börstel an den Minister Bartholdy schreiben liess: „Hugenotten können nur durch Dragonaden regiert werden!" Es ist das hier so stark vorwiegende südfranzösische Element, welches der Gemeinde allerdings die allerstrengste Kirchenzucht sicherte und die daraus folgende herbe Heiligkeit der Sitten, welches aber auch jede Rücksicht bei Seite stellte, wo es den Glauben galt und die kirchliche Ordnung. Die Südfranzosen sind nun einmal Fanatiker als Dragoner und Inquisitoren, wie als Kamisarden und Märtyrer.

Dass zu Gunsten so wenig liebenswürdiger und doch so anspruchsvoller Fremdlinge, die in der ganzen reformirten Welt als „die Geladenen Gottes" aufgenommen wurden, in dem gutlutherischen Magdeburg die beschworene Stadtverfassung, das zu Recht bestehende Gerichtsverfahren, ja sämmtliche Zunftprivilegien geändert werden sollten und mussten, konnte den Altbürgern nicht gefallen. Schelten sie auch mehr noch auf die Wallonen als die reicher privilegirten, so verbergen sie doch auch ihren Neid und Ingrimm gegen die Hugenotten bei keiner passenden Gelegenheit. Als auf dem alten Markt drei Hugenottenhäuser in Flammen standen und Einige von der deutschen Feuerwehr zur Hülfe eilen wollten, lautete die volksthümliche Ordre: „Lasset die Franzosen brennen!" Wollte irgend ein französischer Handwerker, der in seinem Vaterlande den Segen der industriellen Freiheit gekostet hatte, zunftfrei bleiben, unter Verzicht auf Lehrling und Gesellen, so schrieen die Bäcker, die Schmiede, die Tuchmacher, die Gewandschneider, die Brauer: „die französischen Pfudscher machen uns todt! Wir sind insgemein ruiniret und in kurzer Zeit werden die mehresten an den Bettelstab gebracht sein!" Beanspruchte irgend ein Colonist, gleichviel, ob Marquis, Oberst, Richter oder Tagelöhner, irgend eine durch das Gnadenedict von Potsdam heilig zugesagte Exemption, so beschwerte sich der Magistrat bei der Domänenkammer und bis nach Berlin bei dem General-Ober-Finanz-Kriegs- und Domänen-Directorium, das verstosse gegen die 1680 doch so ernstlich beschworene und von jedem Fürsten feierlich bestätigte Generalverfassung der Stadt. Erhielt dennoch in irgend einem Falle die hiesige Colonie oder der einzelne Magdeburger Hugenott in Berlin Recht, dann wusste das Generaldirectorium alle Beschlüsse wieder umzuwerfen und das Consistoire supérieur, die Justice supérieure und der Conseil français, der Colonieminister an der Spitze, zitterten vor dem generaldirectorialen Zorn. So gingen alle Privilegien nach einander verloren, wenn auch langsamer hier wie in irgend einer anderen Colonie Preussens, Dank dem zähen Festhalten der klugen kampfgerüsteten Coloniebehörden von Magdeburg. Selbst die Berliner Colonie hatte längst ihre polizeiliche Selbstständigkeit eingebüsst, als die Magdeburger Colonie noch durch ihren französischen Director nebst den vier französischen Polizeiassessoren regiert wurde.

Die stärkste und beste Seite der Magdeburger Colonie war ihre Armenpflege, die Werke der Barmherzigkeit. Die ersten hundert Jahre hat es in ihr nie einen Bettler gegeben. Das Almosen wurde individualisirt. Bequemlichkeit, Mechanik, Härte, blinde Weichherzigkeit, blosses Thränentrocknen existirte nicht. Man gab schnell, reichlich, zart, geheim. Man änderte wöchentlich, täglich, je nach den Umständen des Bedürftigen. Vor allen Dingen unterstützte man durch Arbeit, die das Presbyterium vermittelte und das Adressbureau. Man erzog das Volk zur Selbstbeherrschung und Sparsamkeit, zu Gottvertrauen und Fleiss, zum Patriotismus und zur Zufriedenheit. Es ist kaum zu beschreiben, mit wie Wenigem der Magdeburger Hugenott auskam und wie sein sprüchwörtlicher Fleiss ihn befähigte, immer noch reichlich zu geben. Für die in die Hände algerischer Seeräuber gefallenen Hugenotten brachte die hiesige arme Gemeinde am 13. Januar 1689 bei der Kirchencollecte 206 Livres 7 Sols, 2 Deniers; 1699 für die Ankömmlinge aus der Schweiz 147 Thlr., für die hugenottischen Galeerensträflinge kamen ein 197 Thlr. Für den Bau einer eigenen Kirche sammelte man 2426 Thlr. Die Seele der hugenottischen Barmherzigkeit war aber die unübertrefflich zarte Unterstützung aller Art von verschämten Armen, insbesondere durch das sog. prêt de charité. Indem die Armen für die ärmeren Nachbarn sorgten, hat sich die Gemeinde 200 Jahre erhalten, während die meisten anderen Colonien Preussens längst untergegangen sind.

Aber auch der Stadt Magdeburg und dem ganzen Staate haben die Hugenotten hier Nutzen gebracht. Sie sind es gewesen, die ganze Strassen — insbesondere die Franzoseninsel, die Petersstrasse, die Kesselbeisserstrasse, den Drähnsberg — aus dem Schutt wieder aufgebaut, elende Lehm- und Strohhütten in zierliche Wohnhäuser mit zwei Stockwerken umgewandelt, kunstvolle Gärten, Färbepflanzen- und Maulbeerplantagen angelegt, feines französisches Brot, feine französische Küche, Billard, Karten, das sogenannte Berliner Weissbier, Kaffee und Tabak eingeführt, Wassermühlen, holländische Windmühlen, Oel- und Färbemühlen errichtet, Grossmanufactur und Grosshandel hier eingeführt, ein Arbeitsvermittlungsbureau in Verbindung mit Halle, Halberstadt, Berlin und Königsberg organisirt, zahlreiche neue Industriezweige neu gepflanzt, insbesondere die Woll- und Seidenstrumpfweberei zu einer nie geahnten Blüte erhoben haben.

Und dem Staat haben sie brauchbare wackere Männer gegeben: den Gründer des grossartig angelegten französischen Collegiums neben der alten Post, Charles des Hayes, den apostolisch verehrten Pastor Louis du Cros und die hochgelehrten Schriftsteller und späteren Oberconsistorialräthe Alphonse des Vignolles und Simon Pelloutier, den Cantor David Angély, Verfasser einer noch heute sehr brauchbaren französischen Geschichte von Magdeburg, die berühmten Juristen und späteren Berliner Obergerichtsräthe André de Persode und Paul Lugandi, den ausgezeichneten Kunstschlosser Pierre Labry, den erfinderischen Uhrmacher Charles, den äusserst fruchtbaren Ingenieur Gruson, den unternehmenden Seidenwirker und Stadtrath Jean Jacques Cuny, von dem der Geheime Ministerialrath stammt und mütterlicherseits unser jetziger Cultusminister von Gossler. Und neben diesen wackeren Civilisten, darf ich da in der hiesigen Colonie die tapferen Officiere vergessen? Zur französischen Kirche hier hielt sich des Generalissimus grosser Sohn, Gouverneur Charles de Schomberg, dem in der gemüthlichen alten Zeit der hochlöbliche Magistrat den Lachs, Stör und Broyhan in die gräfliche Küche lieferte, und die fünf Stadtcommandanten Du Plessis Gouret, der Held von Fehrbellin, Jacques de Bèchefer, der Ritter des Schwarzen Adlerordens, Erneste Auguste de la Chevallerie, der Held von Hohenfriedberg, Maurice Drouart und du Trossel. In Magdeburg garnisonirten zeitweise und besuchten unsere Andachten die unsterblichen Generale Varennes, Cournuaud, Du Moulin, Graf Dorthe, de Béquignolles, Chalmot du Portail, Rouvillac de Veine; auch Quirin de Forcade, der Liebling des Tabakscollegiums und Chef des Conseil français; Pierre de Pennavaire, Rollaz du Rosey, der Führer der Schweizergarde, und der Pariser Jean de Bodt, mit Schlüter Erbauer des Zeughauses. Ich geschweige von Ali Pascha, sowie von dem

Grossvater und Vater des jetzigen Präsidenten der französischen Republik, Carnot; denn Charles Détroit wurde Muhamedaner, Carnot blieb Katholik.

Die Hugenotten verdankten Alles, was sie in Magdeburg besassen, den Hohenzollern. Ohne sie wären sie verloren gewesen mitten im fremden Volke, das sie nicht verstand. Aber was haben nun die Magdeburger den Hugenotten geleistet? Die Acten schweigen. Es findet sich dort nichts. Die Acten sind mangelhaft. Ist es nicht eine Freude, eine Ehre, ein Hochgenuss, in einer Stadt leben zu dürfen wie Magdeburg, auf altklassischem Boden, in fruchtbarer Landschaft, in protestantischer Umgebung einem Gemeinwesen als Bürger angehören zu dürfen, das sich nach allen Richtungen hin so reich, so normal, so glänzend entwickelt hat? Aber noch mehr: die Magdeburger gaben seit zwei Generationen den Hugenotten den Stolz ihres Hauses, ihr ganzes Erdenglück, ihre besseren Hälften, die wackern **deutschen Jungfrauen** zur Ehe, welche bei den Balans, den Bertins, den Chevaliers, den Costes, den de la Croix, den Détroits, den Dihms, den Graniers, den Humberts, den Labordes, den Maquets, den Pourroys, den de Rêges echte Colonistinnen geworden und doch echte deutsche Hausfrauen geblieben sind.

Und wenn nun, wie in den letzten Jahrzehnten, drei Landtagsabgeordnete durch Wahl des öffentlichen Vertrauens ihrer Mitbürger aus meiner kleinen Gemeinde hervorgingen, dazu der Wallone Duvigneau für den Reichstag; wenn wie jüngst in ein und derselben Stadtverordnetensitzung nacheinander drei Hugenotten: Blell, Laborde, Maquet, das Referat haben über die Angelegenheiten unserer guten alten Stadt; wenn der Name Gruson als eine Weltfirma aufleuchtet, wenn in unserer kleinen Kirche, wie gestern vor einem Jahr, der Oberpräsident und der Polizeipräsident und der Oberbürgermeister und verschiedene Stadträthe und die Spitzen des Königlichen Consistoriums unserem altroyalistischen Grundsatz ihren Beifall schenken: Mes enfants, n'oubliez jamais l'evangile et le Roi: wenn seit der Auswanderung der

Armuth unsere Gemeinde wohlhabend, unsere Kirchenkasse alle Zeit hülfsbereit dasteht mit reichen Gaben für jede Art von Noth nach innen und nach aussen, dann freue ich mich, dass auch in Magdeburg wie einst am Hofe des Grossen Kurfürsten, es als Empfehlung gilt: es ist ein **Hugenott**, und wünsche von Herzen, dass jedes Mitglied meiner Gemeinde sich alle Zeit würdig erweisen möge der Wohlthaten, die wir von unserem gütigen erlauchten Fürsten empfangen haben und vom edlen Magistrat, wir — die Hugenotten in Magdeburg.

I.

Mylius, Beheim, Muret cet. 29. October 1685.

Einladungs-Edict aus Potsdam.

Frideric Guillaume par la grace de Dieu Marggrave de Brandebourg, Archi-Chambellan & Prince Electeur du St. Empire; Duc de Prusse, de Magdebourg, de Juliers, de Cleves, de Bergues, de Stetin, de Pomeranie, de Cassubie, de Vandalie, de Silesie, de Crossen & de Jägerndorff; Burggrave de Nuremberg, Prince de Halberstad, de Minde & de Camin: Comte de Hohenzollern, de la Marck, & de Ravensberg; Seigneur de Ravenstein, & des Pais de Lavvenbourg, & de Butov. A tous ceux qui ces presentes verront, Salut.

Comme les persecutions & les rigoureuses procedures, qu'on exerce depuis quelque temps en France contre ceux de la Religion Reformée, ont obligé plusieurs familles de sortir de ce Royaume, & de chercher à s'establir dans

Wir Friedrich Wilhelm, von Gottes Gnaden, Markgraf zu Brandenburg, des heil. Römischen Reichs Erzkämmerer und Churfürst, in Preussen, zu Magdeburg, Jülich, Cleve, Berge, Stettin, Pommern, der Kassuben und Wenden, auch in Schlesien, zu Krossen und Jägerndorf Herzog, Burggraf zu Nürnberg, Fürst zu Halberstadt, Minden, Camin, Graf zu Hohenzollern, der Mark und Ravensberg, Herr zu Ravenstein, und der Lande Lauenburg und Bütow etc. etc.

Thun kund und geben männiglichen hiermit zu wissen, nachdem die harten Verfolgungen und rigoureusen procuren, womit man eine Zeithero in dem Königreich Frankreich wider Unsere der Evangelisch-Reformierten Religion zugethane

les Pais etrangers, Nous avons bien voulu, touchés de la juste compassion que Nous devons avoir pour ceux qui souffrent malheureusement pour l'Evangile, & pour la pureté de la foy que Nous confessons avec eux, par le present Edit signé de nostre main, offrir aus dits François une retraite seure & libre dans toutes les Terres & Provinces de nostre Domination, & leur declarer en mesme temps de quels droits, franchises & avantages Nous pretendons de les y faire jouir, pour les soulager, & pour subvenir en quelque maniere aux calamités avec lesquelles la Providence divine a trouvé bon de frapper une partie si considerable de son Eglise.

1. Afin que tous ceux qui prendront la resolution de venir s'habituer dans nos Etats puissent trouver d'autant plus de facilité pour s'y transporter,

Glaubens-Genossen verfahren, viel Familien veranlasset, ihren Stab zu versetzen, und aus selbigem Königreiche hinweg in andere Lande sich zu begeben, dass Wir dannenher aus gerechtem Mitleiden, welches Wir mit solchen Unsern, wegen des heiligen Evangelii und dessen reiner Lehre angefochtenen und bedrengten Glaubens-Genossen billig haben müssen, bewogen werden, mittels dieses von Uns eigenhändig unterschriebenen Edicts denenselben eine sichere und freye retraite in alle Unsere Lande und Provincien in Gnaden zu offeriren, und ihnen dahneben Kund zu thun, was für Gerechtigkeiten, Freyheiten und Praerogativen Wir ihnen zu concediren gnädigst gesonnen seyen, und dadurch die grosse Noth und Trübsal, womit es dem Allerhöchsten nach seinem allein weisen und unerforschlichen Rath gefallen, einen so ansehnlichen Theil seiner Kirche heimzusuchen, auf einige Weise zu subleviren und erträglicher zu machen.

1. Damit alle diejenigen, welche sich in Unseren Landen niederzulassen resolviren werden, desto mehrere Bequemlichkeit haben mögen, umb

Nous avons donné ordre à nostre Envoyé extraord. auprés de Messieurs les Etats Generaux des Provinces unies le Sr. Diest, & a nostre Commissaire dans la Ville d'Amsterdam le Sr. Romsvvinckel, de fournir à nos depens, a tous ceux de la dite Religion qui s'adresseront à eux, les bastimens & vivres dont ils auront besoin pour faire le transport de leurs personnes, biens & familles, depuis la Hollande jusques dans la Ville de Hambourg, dans laquelle ensuite nostre Cons. d'Etat & Resident au Cercle de la basse Saxe, le Sr. de Guerique, leur fera fournir toutes les commodités, dont ils auront besoin pour se venir rendre dans telle Ville & Province de nos Etats qu'ils trouveront bon de choisir pour le lieu de leur demeure.

2. Ceux qui seront sortis de France du costé de Sedan, Champagne, Lorraine, Bourgogne ou des Provinces Meridionales de ce Royaume, & qui ne trouveront pas à propos de passer par la Hollande, n'auront qu'à se rendre a Francfort sur le Mein, & s'y adresser au Sr. Merian nostre Cons. & Resident dans la dite Ville, ou

dahin zu gelangen und überzukommen, so haben Wir Unsere Envoyé extraordinaire bei denen Herren General-Staten der vereinigten Niederlande, dem von Diest, und Unserm Commissario Romswinkel in Amsterdam anbefohlen, allen denen Frantzösischen Leuten, von der Religion, welche sich bey ihnen angeben werden, Schiffe und andere Nothwendigkeiten zu verschaffen, umb sie und die ihrige aus Holland biss nach Hamburg zu transportiren, allwo Unser Hoffrath und Resident im Nieder-Sächsischen Kräyse, der von Gericken, ihnen ferner alle facilität und gute Gelegenheit an Hand geben wird, deren sie werden benöthigt seyn, umb an Ort und Stelle, welche sie in Unsern Landen zu ihren Etablissement erwählen werden, zu gelangen.

2. So viel diejenige anbetrifft, welche über Sedan, aus Champagnen, Lothringen, Burgundien, und aus denen nach Mittag gelegenen Frantzösischen Provincien, ohne durch Holland zu gehen, nach Unseren Landen sich werden begeben wollen, selbige haben ihren Weg auf Frankfurt am Mayn zu nehmen, und sich daselbst

dans la Ville de Cologne au Sr. Leli nostre Agent, ausquels Nous avons commandé aussi de les assister d'argent, de passeports & de batteaux pour les faire descendre la Riviere du Rhin jusques dans nostre Duché de Cleves, ou nostre Regence prendra soin de les faire etablir dans les Pais de Cleves & de la Marck, ou en cas qu'ils voulussent passer plus avant dans nos Etats, la dite Regence leur donnera les adresses & les commodités requises pour cela.

bei Unserm Rath und Residenten Merian, oder auch zu Cölln an Rhein, bei Unserm Agenten Lely, anzugeben, gestalt wir denn denenselben beyderseits anbefohlen, ihnen mit Gelde, Passeporten und Schiffen beförderlich zu seyn, und sie den Rhein hinunter bifs in Unser Herzogthum Cleve fortzuschaffen, woselbst unsere Regierung Sorge tragen wird, damit sie entweder in Unserm Clev- und Märkischen Landen etablirt, oder, da sie weiter in andere Unsere Provincien zu gehen willens, mit aller desfalls erforderten Nothdurfft versehen werden mögen.

3. Comme nos dites Provinces, se trouvent pourveues de toute sorte de commodités, non seulement pour les necessités de la vie, mais encore pour les manufactures, pour le commerce & pour le negoce par mer & par terre; ceux qui se voudront établir dans nos dites Provinces, pourront choisir tel lieu pour leur établissement qu'ils jugeront le plus propre pour leur profession, soit dans les Pais de Cleves, de Marck, de Ravensberg & de Minde, ou dans ceux de Magdebourg, de Halberstad, de Brandebourg, de Pomeranie

3. Weilen Unsere Lande nicht allein mit allen zu des Lebens Unterhalt erforderten Nothwendigkeiten wol und reichlich versehen, sonderlich zu Etablirung allerhand manufacturen, Handel und Wandels zu Wasser und zu Lande sehr bequem, als stellen Wir denen, die darinn sich werden setzen wollen, allerdings frey, denjenigen Ort, welchen sie in Unserm Hertzogthum Cleve, der Grafschaften Mark und Ravensberg, Fürstenthümer Halberstadt und Minden, oder auch in dem Hertzogthum Magdeburg, Chur-Mark-Bran-

& de Prusse; & comme Nous croyons que dans la Marche Electorale les Villes de Stendel, Werbe, Rathenovv, Brandebourg & Francfort, & dans le Pais de Magdebourg, les Villes de Magdebourg, Halle & Calbe, comme aussi dans la Prusse la Ville de Königsberg leur seront les plus commodes, soit pour la facilité de s'y nourrir, vivre & subsister à vil prix, soit pour celle d'y établir le negoce; Nous avons ordonné, qu'aussi tost que quelque uns des dits François y arriveront, ils y soyent bien receus, & que l'on convienne avec eux de tout ce qui sera necessaire pour leur établissement, leur donnant au reste une liberté entiere, et mettant à leur propre gré & plaisir de se determiner pour telle Ville & Province de nos Etats qu'ils jugeront leur convenir le plus.

denburg und Hertzogthümern Pommern und Preussen zu ihrer Profession und Lebensart am bequemsten finden werden, zu erwählen; Und gleichwie Wir dafür halten, dass in gedachter Unserer Chur-Mark-Brandenburg die Städte Stendal, Werben, Rathenow, Brandenburg und Frankfurt, und in dem Herzogthum Magdeburg die Städte Magdeburg, Halle und Calbe, wie auch in Preussen die Stadt Königsberg, sowohl desshalb weil daselbst sehr wolfeil zu leben, als auch, wegen der allda sich befindenden facilität zur Nährung und Gewerb vor sie am bequemsten seyn werden, Als haben Wir die Anstalt machen lassen, befehlen auch hiermit und Krafft dieses, sobald einige von erwehnten Evangelisch Reformierten Frantzösischen Leuten daselbst ankommen werden, dass alsdann dieselben wohl aufgenommen, und zu allen dem zu, so ihren etablissement nöthig, ihnen aller Möglichkeit nach verholffen werden soll. Wobey Wir gleich wohl ihrer freyen Wahl anheim geben, auch sonsten ausser oberwehnten Städten alle und jede Orte in unsern Provincien zu ihrem

4. Les biens, meubles, marchandises & denrées qu'ils aporteront avec eux en venant, ne seront sujettes à payer aucuns droits, ny peages, mais seront exemtes de toutes les charges & impositions de quelque nom & nature qu'elles soient.

5. Au cas que dans les Villes, Bourgs & Villages, ou les dits de la Religion iront s'establir, il se trouve des maisons ruinées, vuides, ou abandonnées de leurs possesseurs, & lesquelles les proprietaires ne seront pas capables de remettre en bon estat, Nous les leur ferons assigner & donner en pleine proprieté pour eux & leurs heretiers, tacherons de contenter les dits proprietaires selon la valeur des dites maisons, & les ferons degager de toutes les charges dont elles pourroient encore estre redevables soit pour hypotheques, debtes, contributions ou autres droits qui y estoient auparavant affectés. Voulons aussi

etablissement zu erwählen, welche sie in Ansehung ihrer profession und Handthierung vor sich am bequemsten erachten werden.

4. Diejenigen Mobilien, auch Kauffmanns und andere Waaren, welche sie bey ihrer Ankunft mit sich bringen werden, sollen von allen Aufflagen, Zoll, Licenten und dergleichen imposten, sie mögen Nahmen haben wie sie wollen, gäntzlich befreyet seyn und damit in keinerley Weise beleget werden.

5. Daferne in den Städten, Flecken und Dörffern, wo mehr gedachte Leute von der Religion sich niederlassen, und ihr domicilium constituiren werden, einige verfallene, wüste und ruinirte Häuser vorhanden, deren Proprietarii nicht des Vermögens wären dieselbe wieder aufzurichten, und in guten erbaulichen Stand zu setzen, so wollen Wir selbige gedachten Unsern Frantzösischen Glaubens-Genossen, für sie, ihre Erben und Erbens-Erben eigenthümlich anweisen und eingeben, dabey auch dahin sehen lassen, dass die vorigen Proprietarii wegen des Werthes sothaner Häuser befriedigt, und selbige von allen

faire fournir du bois, de la chaux, des pierres, des briques & d'autres materiaux dont ils auront besoin pour raccommoder ce qu'ils trouveront de ruiné & de defait dans les dites maisons, lesquelles seront libres & exemtes 6. ans durant de toute sorte d'impositions, gardes, logements de soldats, & autres charges, & ne payeront pendant le dit temps de franchise que les seuls droits de consomption.

6. Dans les Villes ou autres endroits ou il se trouve des places propres pour y bastir des maisons, ceux de la Religion qui se retirent dans nos Etats seront authorisés d'en prendre possession pour eux & leurs heritiers, comme aussi de tous les jardins, prairies & pasturages qui y appartiendront, sans estre obligés, de payer les droits et autres charges dont les dites places & leurs dependances pourroient estre

oneribus, hypothequen, Contributions - Resten und allen andern dergleichen Schulden, welche vorhin darauff gehaftet, gäntzlich liberiret und frey gemacht werden sollen. Gestalt Wir ihnen denn auch Holtz, Kalck und andere Materialien, deren sie zur reparirung dergleichen wüsten Häuser benöthigt, unentgeltlich anschaffen lassen, und ihnen eine Sechs-Jährige immunität von allen Aufflagen, Einquartierungen und anderen oneribus publicis, wie selbige Nahmen haben mögen, verstatten, auch die Verfügung machen wollen, dass deren Einwohner nichts als die blosse Consumptions-Accise währender solchen Sechs-Jährigen Freyheit davon abzutragen haben sollen.

6. In diejenigen Städten und anderen Orten, woselbst sich einige wüste Plätze und Stellen befinden, wollen Wir gleicher Gestalt die Vorsehung thun, dass dieselbe samt allen dazu gehörigen Gärten, Wiesen, Aeckern, und Weyden gedachten Unsern Evangelisch-Reformirten Glaubensgenossen Frantzösischer Nation nicht allein erb- und eigenthümlich eingeräumet, sondern auch, dass dieselbe von allen oneribus

affectées; & pour faciliter d'autant plus la construction des maisons qu'ils voudront bastir, Nous leur ferons fournir tous les materiaux dont ils auront besoin, & leur accorderons 10. ans de franchise, pendant lesquels ils ne seront sujets à aucunes autres charges, hormis aux susdits droits de consomption. Et comme nostre intention est, de rendre l'établissement qu'ils voudront faire dans nos Provinces le plus aisé qu'il sera possible; Nous avons commandé aux Magistrats & à nos autres Officiers aus dites Provinces, de chercher dans chaque Ville des maisons à louer, dans lesquelles ils puissent estre logés lors qu'ils arriveront, & promettons de faire payer pour eux & pour leurs familles 4. ans durant le louage des dites maisons, pourveu qu'ils s'engagent de bastir avec le tems sur les places qu'on leur assignera aux conditions susmentionnées.

und beschwerden, welche sonst darauff gehafftet, gäntzlich liberiret und lofs gemacht werden sollen, gestalt Wir denn auch diejenigen materialien, deren gedachte Leute zu Bebauung dieser Plätze bedürffen werden, ihnen ohnentgeltlich anschaffen und die von ihnen neuerbaute Häufser samt deren Einwohnern in denen ersten zehn Jahren mit keinen oneribus ausser der oben angeregten Consumptions-Accise belegen lassen wollen. Und weilen Wir auch gnädigst gemeinet seyn, alle mögliche facilität beyzutragen, damit gedachte Unsere Glaubens-Genossen im Unsern Lande untergebracht und etabliret werden mögen, Als haben Wir denen Magistraten und andern Bedienten in erwehnten Unsern Provincien gnädigsten befehl ertheilen lassen, in einer ieden Stadt gewisse Häuser zu miethen, worin gedachte Frantzösische Leute bey ihrer Ankunft aufgenommen, auch die Haufsmiethe davon für sie und ihre Familien 4 Jahr lang bezahlet werden soll, Jedoch mit der Bedingung, dass sie diejenigen Plätze, welche ihnen auff obberührte conditiones werden, mit der Zeit

7. D'abord qu'ils auront fixé leur demeure dans quelque Ville ou Bourg de nos Etats, ils seront receus au droit de bourgeoisie, & aux Corps de mestiers, dans lesquels ils seront propres d'entrer, & jouiront des mesmes droits & privileges que ceux qui sont nés ou domiciliés de tout temps ausdites Villes & Bourgs, sans qu'ils soyent obligés de payer quoy que ce soit pour cela, & sans estre sujets au droit d'Aubaine, ou autres de quelque nature qu'ils soyent pratiqués dans d'autres Pais & Etats contre les Etrangers, mais seront considerés & traités en tout & par tout de la mesme maniere que nos sujets naturels.

7. Sobald sich obgedachte Unsere Evangelisch-Reformirte Glaubens-Genossen Frantzösischer Nation in einiger Stadt oder Flecken niedergelassen, soll ihnen daselbst hergebrachte jura civitatis et opificiorum ohn entgeltlich und ohne Erlegung einiger Ungelder concediret, und eben die beneficia, Rechte und Gerechtigkeiten verstattet und eingeräumt werden, deren andere Unsere an solchen Orten wohnende und gebohrene Unterthanen geniefsen und fähig seyn. Allermafsen Wir sie denn auch von dem so genannten Droit d'Aubaine und anderen dergleichen Beschwerden, womit die Fremde in andern Königreichen, Landen und republiquen belegt zu werden pflegen, gäntzlich befreyet, auch durchgehends auf gleiche Art und Weise, wie Unsere eigene angehörige Unterthanen, gehalten und tractiret wissen wollen.

8. Tous ceux qui voudront entreprendre quelque Manufacture & fabrique soit de draps, etoffes, chapeaux, ou de telle autre sorte de marchandises qu'il leur plaira, ne seront pas

8. Diejenige welche einige Manufacturen von Tuch, Stoffen, Hüten oder was sonsten ihre Profession mit sich bringet, anzurichten willens seyn, wollen Wir nicht allein mit allen des-

seulement pourveus de tous les privileges, octroys & franchises qu'ils pourront souhaiter; mais Nous ferons encore en sorte qu'ils soient aidés d'argent, & de telles autres provisions & fournitures qu'il sera jugé necessaire pour faire reussir leur dessein.

9. Aux Paisans & autres qui se voudront mettre a la Campagne, Nous ferons assigner une certaine étendue de pais pour la rendre cultivée, et les ferons secourir de toutes les necessités requises pour les faire subsister dans le commencement, de la mesme maniere que Nous avons fait à un nombre considerable de familles Suisses qui sont venues habiter dans nos Estats.

10. A l'égard de la jurisdiction & maniere de juger les differens qui pourront survenir ausdits François de la Religion Reformée, Nous permettrons que dans les Villes ou il y aura plusieurs de leurs familles établies, ils puissent choisir quelqu'un entre eux, qui ait droit de terminer les dits differents

falls verlangten Freyheiten, Privilegiis und Begnadigungen versehen, sondern auch dahin bedacht seyn und die Anstalt machen, dass ihnen auch mit Gelde und andern Nothwendigkeiten, deren sie zu Fortsetzung ihres Vorhabens bedürffen werden, so viel möglich assistiret und an Hand gegangen werden soll.

9. Denen so sich auff dem Lande setzen, und mit dem Ackerbau werden ernähren wollen, soll ein gewiss Stück Land uhrbar zu machen angewiesen, und ihnen alles dasjenige, so sie im Anfang zu ihrer Einrichtung werden nöthig haben, gereichet, auch sonst überall ebener gestalt begegnet und fortgeholfen werden, wie es mit verschiedenen Familien, so sich aus der Schweiz in Unsere Lande begeben und darinnen niedergelassen, bifs anhero gehalten worden.

10. So viel die Jurisdiction und Entscheidung der zwischen offt gedachten Frantzösischen Familien sich ereignenden Irrungen und Streitigkeiten betrifft, da sind wir gnädigst zufrieden, und bewilligen hiermit, dass in denen Städten, woselbst verschiedene Frantzösische Familien vorhanden, dieselbe

a l'amiable, sans aucune formalité de procés; & si ces differents arrivent entre des Allemands et des François, ils seront jugés conjointement par les Magistrats du lieu & par celuy qui aura été choisi pour cela parmi ceux de la Nation Françoise; Ce qui aura lieu aussi lors que les differens qui arrivent entre des François seulement ne pourront pas estre vuidés par la voye d'un accord amiable dont il est parlé ci dessus.

jemand ihres Mittels erwählen mögen, welcher bemächtiget sein soll, dergleichen differentien ohne einige Weitläuftigkeit, in aller Güte zu vergleichen und abzuthun. Daferne aber solche Irrungen unter Teutschen an einer, und Frantzösischen Leuten anderer Seite sich ereugnen, so sollen selbige durch den Magistrat eines ieden Orts und diejenigen welche die Frantzösische Nation zu ihrem Schieds-Richter erwählen wird, zugleich und gesamter Hand untersuchet, und summariter zu Recht entschieden und erhöret werden, welches denn auch als dann statt haben soll, wann die unter Frantzosen allein vorfallende differentien, dergestalt wie oben erwehnet, in der Güte nicht beygeleget und verglichen werden können.

11. Nous entretiendrons un Ministre dans chaque Ville & ferons assigner un lieu propre pour y faire l'exercice de la Religion en françois selon les coutumes, & avec les mesmes ceremonies qui se sont pratiquées jusques à present parmi eux en France. .

11. In einer jeden Stadt wollen wir gedachten Unsern Frantzösischen Glaubens-Genossen einen besonderen Prediger halten, auch einen bequemen Ort anweisen lassen, woselbst das exercitium Religionis Reformatae in Frantzösischer Sprache, und der Gottesdienst mit eben denen Gebräuchen und Ceremonien gehalten werden soll, wie es bifs

12. Comme ceux de la Noblesse françoise qui ont voulu se mettre sous nostre Protection, & entrer en nostre service, y jouissent actuellement des mesmes honneurs, dignités, & avantages que ceux du Pais, & qu'il s'en trouve mesme plusieurs parmi eux elevez aux premieres charges de nostre Cour, & au commandement de nos Troupes : Nous voulons bien continuer les mesmes graces à ceux de la dite Noblesse qui se viendront établir à l'avenir dans nos Etats, leur donnant les charges, honneurs, & dignités dont ils seront trouvés capables, & lors qu'ils acheteront des fiefs, ou autres biens, & terres nobles, ils les possederont avec tous les droits, libertés, & prerogatives dont la Noblesse du Pais est en droit de jouir.

12. Gleichwie auch diejenigen von der Frantzösischen Noblesse, welche sich bifs anhero unter Unsere protection und Unsere Dienste begeben, eben der Ehre, dignitäten, praerogativen, als andere Unsere Adeliche Unterthanen geniessen, Wir auch deren verschiedene zu den vornehmsten Chargen und Ehren-Aemptern an Unserem Hoffe, wie auch bey Unserer Miliz würcklich employret, also sind Wir gnädigst geneigt, ebenmässige Gnade und Beforderung denen Frantzösischen vom Adel, so sich ins künftige in Unsern Landen werden setzen wollen, zu erweisen, und sie zu allen Chargen, Bedienungen und dignitäten, wozu sie capabel werden befunden werden, zu admittiren, gestalt denn auch dieselbe, wann sie einige Lehen- und andere Adeliche Güter in Unsern Landen erkauffen und an sich bringen, dabey eben der Rechte, Gerechtigkeiten, Freyheiten und Immunitäten, deren andre Unsere angebohrne Unterthan geniessen, sich gleichergestalt in allewege zu erfreuen haben sollen.

anhero beyden Evangelisch Reformirten Kirchen in Franckreich bräuchlich gewesen.

13. Tous les privileges & autres droits dont il est parlé ci dessus, auront lieu non seulement à l'égard de ceux de la Nation françoise qui arriveront dans nos Estats après la date du present Edit, mais encore à l'égard de ceux qui s'y sont venu establir auparavant, pourveu qu'ils soient exilés de France à cause de la Religion Reformée, ceux qui font profession de la Romaine n'y pouvant pretendre en aucune maniere.

14. Nous établirons des Commissaires, dans chacune de nos Provinces, Duchés & Principautés, ausquels les François de la Religion Reformée pourront avoir recours dans les besoins qui leur arriveront, non seulement au commencement de leur etablissement, mais encore dans la suite, & tous nos Gouverneurs, & les Regences de nos Provinces, & Etats auront ordre en vertu des presentes, & par des commandemens particuliers que Nous leurs enverrons, de prendre les dits de la Religion sous leur protection, de les maintenir dans tous les Privileges mar-

13. Alle Rechte, Privilegia und andere Wohlthaten deren in obstehenden Puncten und Articulen erwehnet worden, sollen nicht allein denen so von nun an ins Künfftige in Unsern Landen anlangen werden, sondern auch denjenigen zu gut kommen, welche vor Publication dieses Edicts der bifsherigen Religions-Verfolgungen halber aus Franckreich entwichen und in gedachte Unsere Lande sich retiriret haben, die aber so der Römisch-Katholischen Religion zugethan, haben sich derer in keinerley weyse anzumafsen.

14. In allen und ieden Unsern Landen und Provincien wollen wir gewisse Commissarien bestellen lassen, zu welchen offt gedachte Frantzösische Leute so wol bey ihrer Ankunfft als auch nachgehends ihre Zuflucht nehmen, und bey denenselben Rath und beystandes sich erhohlen sollen, Inmafsen wir denn auch allen Unsern Stadthaltern, Regierungen auch andern Bedienten und Befehlshabern, in Städten und auf dem Lande, in allen Unsern provincien, so wol vermittels dieses Unseres offenen Edicts, als auch durch absonderliche Verordnungen, gnädigst und

qués ci-dessus, & de ne pas soufrir qu'il leur soit fait aucun tort ou injustice, mais plustost toute sorte de faveur, aide & assistence.

Donné a Potsdam le 29. Octobre 1685.

signé
Friderich Wilhelm.
(L. S.)

ernstlich anbefehlen wollen, dass sie offterwehnte, Unsere Evangelisch-Reformirte Glaubens-Genossen, Frantzösischer Nation, so viel sich derer in Unsern Landen einfinden werden, samt und sonders unter ihren absonderlichen Schutz und protection nehmen, bey allen oberwehnten ihnen gnädigst concedirten Privilegiis sie nachdrücklich manteniren und handhaben, auch keinesweges zugeben sollen, dass ihnen das geringste Übel, Unrecht oder Verdruſs zugefügt, sondern vielmehr im Gegentheil alle Hülfe, Freundschaft, Liebes und Gutes erwiesen werden. Urkundlich haben wir dieses Edict eigenhändig unterschrieben, und mit Unserm Gnaden-Siegel bedrucken lassen.

So geschehen zu Potſtam, den 29. Octobr. 1685.
Friedrich Wilhelm
Churfürst.

II.

Geheimes Staats-Archiv Berlin.
Rep. 52. No. 95.

27. Nov. 1684.

Gnaden - Privilegium
für **Charles de Hayes**, Exercitienmeister.

Demnach Sr. Chf. Durchl. zu Br. Unsern gnädigsten Herren Charles de Hayes untertest. zu erkennen gegeben, wassmassen dero Gouverneur von Magdeburg p. der von Börstel nebst denen dortigen Thum Capitulars und der benachbahrten Ritterschafft Ihn umb die Jugend alda in der frantzöschen sprache, tantzen, und andern exercitien zu informiren und anzuführen erwehlet, mitt demüthigster Bitte Sie wolten geruhen Ihn mitt einem Privilegio zu begnadigen dass so lange er solche exercitia zu Magdeburg lehrete und dirigirte niemand anders dergleichen zu thun vergönnet seyn solte: Und dan Sr. Chf. Durchl. solchem petito aus bewegenden ursachen gdst. statt gegeben und Ihn hiemitt und Krafft dieses obgebethener massen in gnaden privilegiret Alss befehlen Sie dero p. Gouverneur wie auch Stadt Praesidi und Magistrat der Stadt Magdeburg sich hiernach gehorsambst zu achten, und den Supplicanten bey sothanem Privilegio nachtrücklich zu schützen. Uhrkündlich p.

Geben Potstam, d. 27. Nov. 1684.

(gez.) P. Fuchs.

III.

1684.

(gedruckt.)
Nachricht
wegen des
Frantzösischen Collegii in Magdeburg.
Magdeburg/ mit Müllerischen Schrifften.

Nachdem Se. Churfürstl. Durchlaucht von Brandenburg dem Exercitien-Meister M. Deshayes ein Privilegium/ die Frantzösische Sprache und das Tantzen in der Stadt Magdeburg allein zu unterweisen und dessfalls Adeliche und sonst vornehme Jugend in sein Haus und an seinen Tisch auf- und anzunehmen gnädigst ertheilet; Als hat sich gedachter M. Deshayes aufs höchste angelegen sein lassen solche Anstalt zu machen/ damit die Ihm anvertrauete Kinder in allen Tugenden und erspriesslichen Wissenschaften mögen erzogen werden. Weil aber viele seiner vornehmsten Patronen Ihm zu verstehen gegeben/ dass solches heilsame Werk dem Land-Adel/ Land-Beambten/ und sonst auswärtigen Leuten/ denen es am angenehm- und nöthigsten/ entweder wenig oder gar nicht bekandt sey; Als hat gedachter M. Deshayes allen Liebhabern der Adelichen Jugend-Zucht hiemit einige Nachricht seines Beginnens ertheilen wollen/ damit die Eltern/ so ihren Kindern alles was ihrem Stande gemäss/ in einem Hause und ohne herumblauffen gerne wolten lehren lassen/ wo solches anzutreffen/ hieraus erfahren mögen.

1. Weil nun von dem Segen Gottes alles zu erwarten/ und selbiger/ ohne fleissigem Gebete nechst frommen Leben nicht kan erhalten werden; Als müssen alle/ des gedachten M. Deshayes Untergebene/ wess Alters oder Geschlechts sie immer seyn/ nicht allein denen Morgen- Abend- und Tisch-

gebethen und Gesängen unausbleiblich beywohnen; Sondern auch alle Sonn- und Feyertage mit ihrem Informatore/ so ein teutscher und Evangelischer Religion ist/ ungesäumt in die Kirche gehen/ daselbst die Predigt mit Fleiss anhören/ mit Andacht beten/ und sich für Geschwätz gäntzlich hüten.

2. Ihren Principal/ dessen Liebste und erwachsene Töchter müssen Sie mit gebührlicher Höffligkeit begegnen/ und so Ihnen etwas nöthig/ mit bescheidenen Worten/ und nicht, wie die Gäste im Wirthshause/ fodern/ vielweniger die Kinder und das Gesind mit Schelt- und Dräuworten anfahren.

3. Die Herren Informatores/ so ihnen fürgestellt werden/ müssen sie ehren/ ihnen gehorsam seyn/ sonderlich in denen Information-Stunden/ welche weder zu verändern/ noch zu versäumen/ es sey vor- oder Nachmittag/ keinem frey stehen soll/ damit die Informatores ihre abgetheilte Classes ohne Hinderung und mit Fortgang abwarten können: Und sind die tägliche occupationes folgender Gestalt abgetheilet:

Es müssen alle die Kostgänger/ durchgehendes/ beydes Geschlechts/ praecise umb 6 Uhr des Morgens/ wo sonst keine wichtige Ursache dawieder läufft/ auffstehen/ sich geschwind anziehen/ damit sie dem Gebethe/ so in M. Deshayes Stube offentlich geschicht/ und vor sieben verrichtet muss werden, beywohnen mögen; Darauff verfügen sich die studierende Knaben nach ihrer Studier-Stube/ allwo sie biss 11 mit Lernung der Lateinischen Sprache/ historiae/ geographiae e. c. mit schreiben und rechnen/ mit der Vocal-Music/ und dergleichen Wissenschaften/ nach Tagen und Stunden-Wechsel/ zu bringen. Unterdessen werden diejenige/ so nicht studieren sollen/ in der Übung einen guten Stylum zu formiren/ wie auch im fechten/ voltisiren e. c. von denen Exercitien-Meistern/ die M. Deshayes in sein Haus/ in selbigen Stunden bestellt/ und auf derer Fleiss Er ein wachsames Auge hat/ täglich unterwiesen. Das Frauenzimmer aber übet sich den ganzen Morgen mit allerhand zierlicher Hand-Arbeit/ sonderlich alles/ was zu dero Kleidern und Haupt-Zierrath dient/ zu verfertigen/ worinnen sie M. Deshayes älteste Tochter/ so zugleich dero Hoffmeisterinn ist, und von Haarkrausen/ Damen auf allerley Art aufzubinden/

allerhand Coiffures zu verfertigen/ sonderliche Profession allzeit gemacht/ angeführt werden; Wobey sie die schönste Gelegenheit haben sich in der Frantzösischen Sprach zu üben. Puncto 11 wird gespeiset/ und biss 1 Nachmittag mit allem Lernen inngehalten/ ausgenommen dass ein jeder seine lection/ die Er in der Frantzösischen Stunde/ so darauf folget/ auffsagen soll/ zu besserer Fertigkeit übersiehet. In derselben werden sie von M. Deshayes selbst mit allem Fleiss und sonderlichem Nachdruck unterwiesen; Worauf die studierende Knaben wieder dem Latein/ biss Glock 4/ so ihnen eine Uhrlaub-Stunde ist/ die andere denen Exercitiis und das Frauenzimmer ihrem Nähen biss Glock 5 obliegen. Folgends gehen sie sämmtlich aufm Tanz-Saal/ allwo sie von M. Deshayes aus allen Kräfften unterwiesen werden.

Wenn dieses verrichtet/ geschicht die Abendmahlzeit/ nach derselben das Behten und Singen; Die übrige Zeit bringt man biss zur Schlaffstund/ umb halb 10/ des Sommers mit Spatzieren/ entweder aufm Thum-Platze/ oder in dem Garten/ und des Winters mit allerhand geziemenden Kurzweil/ auch wohl mit Tantzen zu. Morgen- und Vesper-Brodt wird einem jeglichen/ wie auch so viel Bier/ als Er für den Durst bedarff/ täglich gereichet. Von der Art zu tractiren über die Mahlzeit wil man allhie nicht reden/ man muss entweder M. Deshayes Kostgänger darinnen glauben/ oder selbst einen Versuch davon thun.

4. Über die Mahlzeit ist/ denen die ein Viertel Jahr bey M. Deshayes gewesen ¼ Stunde/ denen die ½ Jahr/ eine ½ Stunde/ denen die ¾ Jahr/ ¾ Stunden/ und denen die ein gantzes Jahr/ die gantze Zeit über teutsch zu reden/ verboten: Der da wieder handelt/ muss zur Straff für jedes mahl 1 Pf. bezahlen. Ausser dem/ dürffen auch die/ welche ¼ Jahr bey M. Deshayes gewesen/ weder mit Ihme/ seiner Liebsten/ seinen Kindern/ noch unter sich selbst/ in gewissen Stunden/ teutsch reden.

5. Ein jeder muss seine eigene Bücher/ Schreibzeug und andere Geräthe/ und keines andern Sachen gebrauchen/ sich auch in der Studier-Stube/ unter dem Vorwand der Wärme/ sonderlich in den Studierstunden/ unangezogen/ ungewaschen/ oder ungekämmt niemahls finden lassen; Hierbey kan man die liederliche von den rechtschaffenen Knaben unterscheiden.

6. Bey Tage darff keiner ohne Urlaub aus dem Hause gehen/ vielweniger in gemeinen Wirths-Häusern/ Schencken/ und dergleichen/ da gesoffen/ geschmäuchet oder gespielet wird/ sich finden lassen; Es sey dann/ dass einer daselbst jemanden zu sprechen/ oder wegen andern unaussetzlichen Geschäfften ein und auszugehen benöthiget würde. Dahero es folget/ dass jedermann so bald das Licht des Abends angezündet/ zu Hause müsse seyn/ und biss den folgenden Tag auszugehen nicht gedencken; Ausgenommen/ wann einige etwa zu ihren Eltern gefodert/ oder von jemand Vornehmes zu Gaste gebeten worden/ in welchem Fall sie M. Deshayes umb Uhrlaub begrüssen/ der sie denn alsobald mit der Laterne hinbegleiten/ und praecise umb 9 wieder abholen lässt.

7. Unter sich müssen sie fried- freund- und ehrerbietlich leben/ die Jüngste den Aeltesten in gewissen Dingen den Vorzug lassen/ die Aelteste hinwiederumb den Jüngsten keinen Überlast thun: Und wiederfähret jemande etwas wiedriges/ muss Er es M. Deshayes/ dessen Liebsten/ oder den Herrn Informatoribus klagen/ so wird ihm satisfaction geschafft; denn/ der sich mit Schlägen/ Beschimpffungen und dergleichen Thätlichkeiten eigen Recht schaffet wird für schuldig erkandt/ und an Stadt des andern/ oder mit ihm zugleich gestrafft.

8. Damit auch diese gute Anstalt/ auff welche M. Deshayes sehr scharff hält/ ungeschwächet möge bleiben/ als bittet er die Eltern/ welche ihre Kinder solcher Zucht nicht unterwerffen wollen/ ihn mit selbigen zu verschonen; Weil ihm der geringe Gewinn/ so dabey zu hoffen/ nicht so lieb' dass er umb dessen halben seine ganze oeconomie verändern; seine wohlerlangte reputation verschertzen/ und was höher denn alles ist/ seine Seligkeit/ wegen der schweren Verantwortung/ in Gefahr bringen wolle. Er hat/ Gott Lob/ bisshero/ durch des höchsten Segen und zwar in kurtzer Zeit/ allhier zu Magdeburg/ so viel Beweiss seines unverdrossenen Fleisses erwiesen/ dass der/ so ihn kennt/ weder an seinen Ernst/ noch an seine Erfahrenheit zweiffeln wird.

IV.

Französisches Consistoire Berlin.
Abschrift Muret.

26. Mai 1686.

Nous Pasteurs du Languedoc, exilés de France par la volonté du Roy et réfugiés en Suisse par la grâce de Dieu, certifions à tous ceux qu'il apartiendra que Noble Henri de Baudan notre très honoré frère, natif de la ville de Nismes, fils du noble Maurice de Baudan, Seigneur de Vestric, conseiller au Présidial de la dite ville et de Dame Gabrielle de Montcalm de St. Véran, âgé de soixante et huit ans a fidèlement exercé son ministère dans les villes d'Anduze et de Nismes et autres des plus considérables Églises des Cévennes et du Bas-Languedoc, l'espace de quarante-quatre ans, que pendant tout ce temps là, soit qu'il ait vaqué à paître et conduire les troupeaux qui leur ont été commis ou à gérer et à conduire les affaires de nos Colloques et de nos Synodes, il a toujours fait paraître tant de pénétration, de solidité, de prudence, de zèle et de probité qu'il en a remporté une glorieuse réputation parmi nous, et qu'en dernier lieu n'ayant pu resister non plus que nous aux derniers efforts de la persecution de France, il a été aussi contraint de sortir du royaume et de se réfugier en Suisse, emmenant avec soi toute sa belle et florissante famille, savoir le sieur Jean Henry de Baudan, son fils ainé, ministre de l'Eglise de Bagars, âgé de 33 ans, le Sr. Henry de Baudan, son 4me fils, ministre de Moissac, âgé de 26 ans, le Sr. Louis de Baudan son 2me fils, Lieutenant de Cavalerie dans le régiment royal étranger âgé de 31 ans, avec Dame Susanne de Mirmand sa femme, heureusement accouchée d'une fille nommée Madelaine de Baudan, dès son arrivée à Morges; le Sr. François de Baudan, son 3me fils, Lieutenant de Cavalerie dans le même régiment, âgé de 30 ans et le Sr. Maurice de Baudan son cadet de la Compagnie des jeunes Gentilhommes établie à Busac (?) âgé de 17 ans. Et parce que Dieu a mis au Coeur de Sr. Henry de Baudan Père de sa famille d'aller chercher un plus ample et plus long asyle et à employer leurs divers talents dans les contrées de Brandebourg au service et sous la protection de Dieu et de son Altesse Electorale, il nous a requis de leur vouloir accorder Certificat de ce que nous savons de leurs personnes et de leur Etat, pour s'en servir où besoin sera. Ce que nous avons cru devoir faire de la manière que nous fesons ici; priant tous nos frères auxquels il sera exhibé tant dans leurs passages que dans leur sejour d'y vouloir ajouter foi comme à la pure vérité. Nous les supplions aussi de tout notre coeur de les vouloir faire participer de leur Bienveillance et affection Chretienne, et de leurs secours dans toutes les occasions qui pourront se présenter. C'est pourquoi nous les recommandons surtout à la Sainte sauvegarde et à la bonne Providence de notre Père céleste.

Fait à Lausanne ce 5me Avril 1686.

D. de Abrenethée pasteur de l'Eglise de Coilac près de Nismes.
Mejanes de Banes pasteur de l'Eglise de St. Candiac près de Nismes.
Corde ex-pasteur de l'Eglise de St. Ambroise au Bas-Languedoc.
Bueros Min. de Sommière au Bas-Languedoc.
Peyrol Past. de l'Eglise de Nismes.
Delars ex-ministre du Bas Languedoc.
Brun Past. de l'Eglise de Pignan en Bas-Languedoc.
Combel Past. de l'Eglise de Quissac en Cévennes.
Portal Min. de la Sale des Cévennes.
de Laborie Past. de l'Eglise d'Usez en Bas-Languedoc.
Brun Min. de Sommière au Bas-Languedoc.
La Roquette Past. des Cévennes.
Vincent Past. de l'Eglise d'Anduse en Cévennes.
de Vignoles Min. du Bas Languedoc.

Je sousigné connois les signes de ces Messieurs les pasteurs qui ont signé se certificat.

le 26. Mai 1686.

Jaques Combe pasteur de Lausanne.

V.

Livre des Actes de l'Eglise
françoise de Magdebourg,
commencé le 27. Juin 1686.
pag. 13 sv.

19. Januar 1690.

La compagnie du Consistoire Voyant avec une tres Sensible douleur le peu d'effect que produisent pour la correction des moeurs et l'amendement de la Vie les exhortations et les Censures dont ce temple retentit tous les jours, et ne pouvant pas douter que ce ne Soit principalement à cause de cela que Dieu paroit toujours irrité contre nous, et que Sa verge, apres nous avoir chassés de nôtre patrie continue encore à fraper Sur nous des coups extremement rudes et pesans: Elle a cru qu'il étoit egalement de Son devoir et de Sa charité, de faire encore un nouvel effort pour reveiller les pecheurs du profond Sommeil ou ils semblent être ensevelis et les ramener dans leurs devoirs, ou pour reprimer du moins par l'authorité, que Dieu lui a donnée, les Vices et les desordres qui regnent dans cette Eglise. Et pour réussir plus heureusement, Elle a fait dresser les reglemens suivans.

1. Que, la piété étant l'ame du Christianisme et le fondement de toutes les Societés religieuses, chacun aporte un soin extraordinaire à en remplir exactement tous les devoirs; et pour cet effect que l'on soit à l'advenir plus assidu que l'on n'a été par le passé aux assemblées de l'Eglise et aux exercices de devotion qui se font ordinairement dans les temples pour rendre à Dieu tous ensemble dans la communion des fideles le service public qui est dû à sa Souveraine Majesté.

2. Que l'on soit diligent à se trouver dans la Maison de Dieu avant que le Ministre soit monté en chaire, pour faire

tous à Dieu l'nanimement et en commun la confession de nos péchés, et en obtenir le pardon de sa misericorde: Et que personne n'en sorte qu'apres que le Ministre aura donné la benediction.

3. Que, quand le Ministre prechera, tout le monde soit attentif pour pouvoir profiter de ses Enseignemens et de ses exhortations sans s'amuser à discourir avec personne, et sans s'occuper à d'autres choses qu'à celles qui regardent la pieté et le service de Dieu, et que l'on ne Voye plus dans le temple ces distractions, ces conversations à contre-temps et ces irreverences scandaleuses que l'on y a remarqué jusqu'à present.

4. Que ceux qui par la necessité indispensable de leurs affaires n'auront pu venir dans le temple avant que le Ministre ait commencé la predication, ayent la discretion de prendre places le plus pres de la porte qu'il leur sera possible, pour ne troubler ni le Predicateur ni l'assemblée en traversant le temple ou en allant chercher place d'un banc à l'autre, comme il arrive tous les jours presque à plusieurs.

5. Que, les femmes qui ne pourront pas venir à la dévotion sans y porter ceux de leurs enfants à qui elles donnent du laict, ayent aussi la precaution de ne pas s'avancer beaucoup dans le temple afin que lors que leurs Enfans viendront à incommoder l'assemblée par leurs cris, Elles se puissent plus facilement tirer à l'écart pour les appaiser; apres quoi elles pourront venir reprendre leurs places. Et que celles dont les enfans commencent à marcher, ayent soin de les faire assoir aupres d'elles pour les former à bonne-heure au respect que nous devons tous aporter dans la maison de Dieu, et pour les empecher aussi par ce moyen de se promener par le temple et de causer du trouble dans l'assemblée.

6. Que, chacun réveille d'une façon extraordinaire son zele et sa pieté et principalement dans le temps de Communion, pour n'en laisser passer aucune sans venir avec des dispositions saintes et chrétiennes recevoir à la table du Seigneur les sceaux de son alliance et les autres temoignages de son amour. Et que ceux qui ne pourront ni communier

eux-memes ni assister à la communion des autres pour quelque raison legitime, ne sortent du moins qu'apres que le Ministre aura beni la table, de peur que, pendant la plus Sainte et la plus Venerable de toutes ceremonies de la Religion, l'on ne voye de la confusion dans l'assemblée comme cela n'est déja arrivé que trop souvent.

7. Que celui des Ministres qui sera en exercice dans ces occasions importantes tiendra la main à l'exacte observation de tous ces reglemens, et qu'il reprimera tous ceux qui les violeront comme il le jugera à propos, afin qu'à l'avenir nos assemblées soyent mieux reglées, et qu'il y paroisse plus d'ordre, plus de respect et plus de gravité et de bienseance qu'il n'y en a eu par le passé.

8. Et parce qu'il ne suffit pas que nous nous acquitions exactement de notre devoir dans la maison de Dieu, et que nous sommes aussi obligés, à le faire dans nos maisons particulieres et partout ailleurs, la Compagnie a aussi trouvé à propos d'adjouter à tous ces reglemens, qui regardent l'ordre ecclesiastique, ceux qui suivent pour la conduite de chacun :

9. Que les Ministres, les Anciens et le Peuple, les hommes et les femmes, et generalement tous ceux qui composent notre troupeau sans distinction ni exception de personne de quelque ordre et de quelque condition qu'ils soyent, apportent tout le soin dont ils seront capables à regler leur vie d'une maniere si sage et si chrétienne que l'on n'y puisse rien remarquer qui choque la pureté de notre foy et la Sainteté de notre religion.

10. Que tous les chefs de famille fassent regner la pieté et la crainte de Dieu dans leurs maisons, en y chantant ses louanges, en y lisant et meditant sa parole, et principalement en y presentant soir et matin à sa Majesté Sainte leurs voeux et leurs prieres pour attirer par ce moyen sur leurs personnes et sur leurs affaires ses plus precieuses benedictions.

11. Que les Peres et les Meres forment à bonne-heure leurs enfans à tous saincts exercices, qu'ils leur apprennent à aymer Dieu, à l'honorer, à le craindre, et à le servir avec

le zele, l'attachement et la pureté qu'il demande de nous dans sa parole; qu'ils les instruisent et les elevent dans la connoissance des mistères de la Religion, et qu'ils ne négligent rien pour les former à la pieté, à la vertu et aux bonnes mœurs, afin qu'ils puissent voir un jour la consolation, en les lui presentant, de lui pouvoir dire avec une sainte liberté; Nous voicy, Seigneur, avec les Enfans, que tu nous a donnés.

12. Qu'il ne paroisse rien du tout ni dans nos personnes, ni dans nos habits, ni dans notre conduite qui sente le luxe, la vanité, la mondanité, l'amour du present siecle et l'attachement aux choses de la terre; nous souvenant tous que Dieu nous a separés du monde par une sainte vocation, non seulement afin que nous ne soyons pas infestés de ses vices, mais aussi afin que nous ne portions pas meme ses marques et ses enseignes: Que nous sommes les disciples d'un Maistre qui a été attaché sur la croix avec une couronne d'épines sur la tête, et les sujets d'un Prince dont le regne n'est pas de ce monde: Que toutes ces affectations, ces ajustemens et ces recherches curieuses de ce qui a un peu trop de l'air et des manieres du monde, ne peuvent être que ridicules et peu convenables à l'état où nous nous trouvons: et que la modestie et l'humilité doivent être le vray et le seul ornement des affligés et des miserables.

13. Que le jeu, le libertinage, l'ivrognerie et la debauche soit à l'advenir bannie du milieu de nous, et pour cet effet que chacun ait soin de fuir l'oisiveté et de s'occuper aux choses de sa profession avec un entier attachement: Que personne ne fréquente les Cabarets, et principalement le dimanche, que ceux qui n'ont point de domicile, ou qui ne peuvent pas faire leur dépense chez eux; que dans les lieux où l'on donne à manger on ne souffre pas que l'on commette aucun excès, et que l'on donne aucun scandale au prochain, soit par des jeux et des divertissemens criminels, soit par des disputes et des querelles, soit par des medisances et des paroles sales et mal honnêtes, soit par des chansons profanes, soit par des impiétés, des sermens, des blasphemes et semblables autres dereglemens, qui sont les suites ordinaires et inévitables de la débauche.

14. Que l'on évite comme des choses opposées à l'esprit de l'évangile et à la charité chrétienne, les divisions et les procès qui ne servent qu'à ruiner les familles, et qu'à nous rendre egalement odieux à ceux dedans, et à ceux de dehors: Que ceux qui auront entre eux quelques affaires d'honneur ou d'interets à demeler, choisissent quelques uns de leurs amis communs pour les regler amiablement, comme St. Paul y exhortoit autres fois les fideles de son temps: et que de quelque nature que soyent leurs affaires qu'ils auront avec leurs prochains ils n'en prennent pas pretexte de noircir leur reputation, ni de rien faire contre eux, qui soit indigne des personnes qui portent le nom et la livrée du Seigneur Jésus, afin que nos divisions et nos différents venant à cesser, nous ayons la consolation de voir l'ordre et la paix se retablir au milieu de nous.

15. Enfin, que parce que l'union que nous devons avoir entre nous dans la Societé religieuse, est le meilleur moyen que nous puissions employer pour la conservation et l'affermissement de celle que nous devons entretenir dans le commerce de la Vie civile, personne n'abandonne nos mutuelles assemblées, et moins encore nos saintes communions sous quelque pretexte que ce soit, et que bien loin de rompre soit directement, soit indirectement l'unité de cette Eglise, nous temoignions à l'envie par notre bonne intelligence, que nous ne sommes qu'un même coeur et une même âme et que nous nous considerons comme les membres d'un même corps et les Enfans d'une même famille, pour obliger par ce moyen celui, qui s'apelle dans nos escritures le Dieu de la paix, à habiter au milieu de nous, et à nous combler tous en public et en particulier des plus cheres et des plus précieuses benedictions de son amour, à sa gloire et à nôtre Salut. Amen.

La compagnie étant complete a deliberé ce Jeudy matin apres la predication seizieme de Janvier 1690, Monsieur Valentin moderant, que tous ces reglemens seront leus en chaire par trois dimanches consecutifs et que l'on exercera la discipline contre ceux qui les violeront.

La lecture des susd. articles a été faite suivant la délibération de la Compagnie par trois dimanches consécutifs, Sçavoir la premiere fois le 19. de Janvier 1690, la deuzieme le 26., Et la derniere le 2. febvrier de lad. année.

A. a. O. p. 22 sv. 27. Mai 1670.

Reglement touchant la modestie avec laquele on se doit aprocher de la table du Seigneur.

La compagnie des Pasteur et des anciens considérant que, Dieu depuis longtemps nous ayant apelés au sac et à la cendre par divers chatimens, dont il nous a visités et dont il nous visite encore tous les jours, nous ne laissons pas de vivre comme nous faisions auparavant dans notre plus grande prosperité; et ayant remarqué, qu'au lieu de nous humilier sous les coups de sa main, nous faisions paroitre des marques de notre mondanité, non seulement dans sa maison sainte, mais encore devant sa table sacrée, à laquelle nous ne devons nous présenter qu'avec un profond respect, Exhorte tout le monde par ce present reglement à s'en aprocher avec modestie, et déclare aux femmes et aux filles que si elles y viennent avec des coëffures scandaleuses, de la poudre aux cheveux, des rubans de couleur, et telles autres choses qui sentent le luxe: Comme aussi elle déclare aux hommes qui s'aprocheront de ce St. Sacrement sans garder la modestie qui y est requise, comme font ceux qui, ne servant point le Prince dans ses armées y viennent avec l'espée; La Compagnie, dis-je, declare à toutes ses sortes de personnes qu'elles seront renvoyées honteusement de la table du Seigneur, et qu'on n'y recevra que celles qui y feront paroitre une humilité véritablement chrétienne.

De plus la compagnie ayant été avertie que plusieurs personnes nonobstant les defences qu'elle a faites par ses prudens reglemens n'ont pas laissé de vaquer au travail de leur vocation ordinaire les jours de dimanche, déclare à tous ceux qui en seront convaincus à l'avenir qu'on procedera contre eux selon toute la rigueur de la discipline.

La Compagnie étant complète a delibere ce jeudy matin apres la predication vingtneufuieme de May 1690, Monsieur Ducros moderant, que ces reglemens seroyent leus en chaire par trois dimanches consecutifs.

La lecture des susdits articles a été faite suivant la deliberation de la Compagnie par trois dimanches consecutifs, scavoir la premiere fois le 1. de Juin 1690, la deuxième le 8. et la derniere le 15. du même mois.

VI.

Geh. Staats-Archiv Rep. 122. 18a. Vor 14. Juni 1687.
Generalia.

Kirchhofs-Petition.

A Son Altesse
Electorale de Brandebourg.

Supplient humblement les Ministres et Anciens de l'église françoise de Magdebourg, disant que le nombre des François réfugiés augmente de jour en jour, et que n'ayant pas de cimetière ni la liberté d'enterrer leurs morts dans les cimetières de la dite ville, à cause des frais qu'il faut faire pour acheter des places. Ils ont été obligés, jusques à présent, d'enterrer leurs morts dans l'église française, qui est un petit lieu. Comme cela leur apporte beaucoup d'incommodités, pour l'infection et le mauvais aire que cela produit, et qu'il faut défaire tout le pavé de la dite église. Les Requérants supplient très humblement Votre Altesse Electorale d'avoir la bonté de leur donner une mazure ou place vacante, qui est joignante l'église françoise pour servir de cimetière.

Persode, Ancien de l'Eglise françoise
de Magdebourg.

VII.

Geh. Staats-Archiv Rep. 122. 18a.
Generalia.

17. Februar 1690.

Unterthaneneid.

Je promets et jure de vouloir être loyal et fidèle à Sa Sérénité Electorale de Brandebourg et à la maison électorale, obéissant à tous ses commandemens et de vouloir aider de tous mes soins à ce qui pourrait être à son avantage, comme pareillement de vouloir détourner et empêcher tout ce qui pourrait être à son préjudice, et enfin de me vouloir comporter en tout tellement comme il convient et appartient à un fidèle sujet, ainsi que Dieu me soit en aide par Jésus-Christ, son fils, notre sauveur. Amen.

VIII.

Gemeindearchiv C. 1
de 1691.

Bückeburg, 18. September 1695.

Messieurs et très-honorés frères!

On nous on conseillé d'établir en cette ville une colonie française, tant pour servir de retraite à quelques uns de nos frères de France, que pour fortifier l'église Réformée Allemande qui était en danger de périr et qui n'est composée que de neuf ou dix pauvres familles, toutes les autres de ce pays étant Luthériens. Il a plu à Dieu de bénir nos soins. Car nos manufactures réussissent très-bien, et chacun commence de gagner sa vie. S. E. Monseigneur le Comte de Schaumbourg-Lippe et Staremberg (sic) nous a permis de bâtir un temple et d'acheter un cimitière pour l'usage des deux églises, Allemande et Française. Et il a eu la charité de nous donner trois cens écus. Avec quoi et quelque autre argent que nous avons ramassé dans notre voisinage Nous avons commencé de bâtir ledit Temple. Si nous avions le moyen de l'achever par nos propres forces, nous ferions conscience de recourir à la charité de nos frères, surtout dans ce misérable temps, où la présente guerre et la dernière persécution de France ont rempli l'Allemagne de mendians. Mais dans une église naissante comme la notre tout ce que nous pouvons faire par notre travail, est de gagner notre vie et de nourir nos pauvres. Et si nous ne recevions point d'assistance, il nous serait impossible d'avoir jamais la consolation d'achever le bâtiment dudit Temple et d'acheter un cimetière qui nous est nécessaire pour nous exempter des droits et des sommes très-considérables, que Messieurs les Luthériens exigent de nous, quand nous voulons enterrer nos morts parmi eux. Nous sommes donc contraints d'implorer le secours de Votre charité chrétienne etc. etc. etc.

Vos très-humbles et très-obéissans serviteurs, les conducteurs des Eglises Réformées allemande et française de la ville de Buckebourg

Crégut, Ministre de la Cour de S. E. Monseigneur le Comte de Schaumbourg, Lippe et Stremberg (sic).

Johannes Valentinus Niesig, Pastor Ecclesiae ref. Germ. ejusdemque scholae Rector.

J. Chenat, diacre. Merlat, Proviseur
Reymondon. de la Maison des orphelins.

P. S. Si vous avez la charité de donner quelque chose à notre église, nous vous prions de le bailler à Mr. Vignoles qui aura soin de nous l'envoyer.

Das beigefügte Privilegium des Friedrich Christian Grafen von Schaumburg-Lippe und Sternberg (sic), in französischer und deutscher Sprache und in 8 Paragraphen abgefasst, datirt Hagenburg, den 24. December 1692. §. 1 verbürgt l'exercice de la Discipline ecclesiastique des Eglises réformées de France. §. 2 die Abgabenfreiheit des zu kaufenden Kirchhofs. §. 3. In dem daneben zu erbauenden Tempel dürfen sie ihre Predigten und ihre Leichenreden halten. §. 4. Als Prediger wird ihnen unentgeltlich Unser Hofprediger dienen. §. 5. In allen Freiheiten, Rechten und Vortheilen sollen sie den natürlichen Landeskindern ganz gleich stehen. §. 6. Dazu 10 Jahre frei sein von Einquartirung, Bürger- und Meister-Geld, Zoll, Schatzungen, Contributionen und Auflagen, „wasserlei Namen die auch haben mögen". §. 7. Rechtlich sollen sie unmittelbar unter dem Grafen stehen. §. 8. Dazu eine Dotation von 100 Thaler jährlich auf sieben Jahre für ihre Manufakturen, zur Disposition des Herrn Crégut haben. — Abraham Hareng, Régistrateur de la chancellerie attestirt die Conformität mit dem Original.

IX.

Königl. Reg.-Archiv M.:
Magdeb. Kriegs- u. Domänen-
Kammer M. 108. F.

25. Dec. 1695.

Edikt Friedrich III.

Frédéric III. Electeur de Brandebourg.

Nous etc. Vous verrez par cette incluse que les députés de la Colonie française et la Colonie palatine nous ont très-humblement représenté et sollicité au sujet de quelques terres qui sont situées aux environs de la ville de Magdebourg. Et comme nous sommes absolument dans la résolution d'aider les Colonies des terres nécessaires, afin qu'ils puissent planter du tabac et du pastel, il s'agit de savoir en quoi consistent la plupart des terres, que possèdent les chanoines de la ville de Magdebourg, qu'ils louent aux paysans à un certain prix et en excluent par ce moyen injustement les habitans de ladite ville de Magdebourg, quand bien même ils voudraient en donner autant que lesdits paysans. De là s'ensuit que non seulement la plupart des terres demeurent sans être défrichées ni cultivées; mais aussi que les Français et les Palatinois, lorsqu'ils ne veulent louer lesdites terres des paysans qu'à un prix exorbitant, ils sont contraints de discontinuer le plantage du tabac et de chercher à gagner leur vie ailleurs. Mais comme nous ne voulons pas souffrir d'avantage un si grand abus, au grand dommage du commerce de la ville de Magdebourg: nous vous commandons gracieusement par ces présentes, de vous assembler au plûtôt, et de tirer exactement des Régistres de la ville de Magdebourg un état des terres qui en dépendent. etc. —

Lorsque vous aurez expédié et examiné cette affaire, vous nous enverrez une ample et fidèle désignation après quoi nous en disposerons comme prince du pays selon la nécessité et requête. etc.

A Cologne sur la Sprée, le 25. December 1695.

  Aux Conseillers
 Stenhauser, Stissier et Duerfeveld.
= Steinheuser = Steisser = Duerfeld.

X.

Königl. Geh. Staats-Archiv
zu Berlin
Rep. 122. 18a.

Vor 2. Januar 1698.

Mémoire

que le Procureur fiscal de Sa Sérénité Electorale pour la Colonie française de Magdebourg présente à Son Excellence Monseigneur le Commissaire général de Dankelman ministre du Conseil d'état privé de Sadite A. E. — pour le bien et conservation de la dite colonie.

Cette Colonie, après celle de Berlin la plus considérable, est composée de personnes de différents états et professions, parmi lesquelles les manufacturies de plusieurs sortes font le plus grand nombre.

Pour faire rouler ces manufactures, il y a un grand nombre d'ouvriers de toutes sortes de professions, comme cardeurs, peigneurs et bateurs de laine, tisserands, apprêteurs, serruriers et faiseur d'éguilles, presque tous personnes mariées qui ont famille et fait bâtir maisons; des fileuses qui sont aussi en très grand nombre.

La plus grande partie de ces manufactures se sont formées d'ouvriers, qui ont profité par leur épargne, en travaillant pour autrui.

D'autres pour la pluspart se sont faites des apprentifs qui ont acheté de leurs maîtres à la fin de leur apprentissage des métiers à faire des bas, pour les payer en long termes, en déduisant seulement une grosche sur chacune paire de bas de la façon de leur travail, s'obligeant de travailler continuellement pour eux, jusqu'à ce qu'ils s'en fussent acquis la propriété.

Il s'en est beaucoup établi d'autres, qui, après leur temps d'apprentissage fini, ont aussi fait faire des métiers à bas aux serruriers français qui sont établis audit Magdebourg et à Halle, de qui ils les ont eus de même à crédit pour les payer en des termes différents et sous d'autres conditions.

Ces apprentifs étant devenus bons maîtres, en ont fait d'autres qui se sont servi des mêmes moyens pour s'établir. Et c'est ainsi qu'il s'est formé un si grand nombre de manufactures de toutes sortes audit Magdebourg; lesquelles jusques àprésent ont parfaitement bien réussi et demeureront permanentes, si Votre Excellence continue à cette colonie l'honneur de sa bienveillance et de sa puissante protection.

Voilà, Monseigneur! le véritable état de ladite colonie, en y comprenant quelques marchands, les artisans et gens de métiers de toutes sortes, n'y ayant que très peu d'autres personnes qui y vivent de leurs rentes.

Par cette seule idée je m'assure que Votre Excellence se persuadera d'abord fort facilement que ce n'a pas été sans peine qu'il se soit établi un si grand nombre de manufactures, mais, surtout reconnaissant que la plus grande partie d'icelles se sont formées de personnes qui n'ont eu aucun fonds capital; encore moins si elles se sont maintenues jusqu'à présent, que ce n'a pas été sans avoir essuyé de très grandes incommodités.

La pluspart de ces personnes étant mariées et la plus grande partie ayant famille, n'étant pas en état de faire quelques provisions à l'avance pour vivre d'économie, sont obligées de les faire au marché public, ce qui se doit principalement entendre de la farine pour faire eux-mêmes le pain qui leur est propre, soit afin de le manger à quelque chose de meilleur marché, que parce que la pluspart ne peuvent s'accoutumer au pain allemand.

Le refus ordinaire, que font les meuniers Allemands de leur moudre une petite quantité d'un ou de deux Cheffels de blé, les réduit aussi le plus souvent à cette extrémité, ce qui leur cause une cherté presque du double; et s'il arrive que quelquefois aucun d'eux leur moule du blé, il rend le plus souvent la farine mal conditionnée. Mais non content de cela, il prend une moulure excessive pour son salaire (Mahlgeld), se prévalant de ce qu'ils n'entendent point la langue, et lorsqu'il est arrivé qu'ils s'en sont plaints au juge allemand, on ne leur a rendu aucune justice.

Cette extrémité à laquelle ils sont réduits d'acheter la farine au marché est si véritable, que le Magistrat de ceux de la Colonie Palatine habitant au même lieu, ayant reconnu qu'ils étaient exposés aux mêmes inconvéniens, bien qu'ils entendent presque tous la langue allemande, parce que la pluspart sont Allemands de nation, aurait depuis plusieurs années fait construire deux moulins pour le seul usage de leur colonie, dont l'un est à vent et l'autre sur la rivière de l'Elbe (geschrieben: Lelben).

Si le Magistrat de la Colonie française avait eu de même que celui de la Palatine quelque fonds pour être employée à l'utilité publique, il y a longtemps qu'il y aurait pourvu de même qu'eux. Et il est très-certain que par ce moyen non seulement les manufacturiers auraient reçu un grand avantage, que le nombre même en serait augmenté: mais aussi par ce moyen on aurait sans doute prévenu une mortalité presque générale, arrivée depuis longtemps, des enfans aussitôt qu'ils ont atteint l'âge d'un ou de deux ans, et dont les médecins et chirurgiens ont cherché depuis longtemps la véritable origine, afin de pouvoir y apporter les remèdes nécessaires: ce qu'ils n'ont reconnu que depuis peu de temps provenir de ce que les pères et mères se sont nourris d'un pain, dont la farine est mêlée de plusieurs autres, comme celle de poix, de celle d'orge et d'autres mechantes légumes, telle qu'ils sont contraints d'acheter au marché, pour ne pouvoir obliger les meuniers Allemands à leur moudre une petite quantité de blé, n'ayant pas le moyen, comme il est dit ci-dessus, d'acheter un ou deux cheffels de blé à une fois.

Je me persuade, Monseigneur! que cette dernière considération jointe aux précédantes serviront d'un puissant motif à V. E., pour l'obliger d'accorder un lieu audit Magdebourg propre à y faire construire un moulin à vent propre pour l'usage de ladite colonie française. Celui qui veut l'entreprendre promet de le faire d'une forme toute différente de ceux du pays, et qui seul suffira pour toute la colonie. Dans icelui il y aura une machine pour gruer l'orge, l'avoine et toute sorte d'autres légumes, laquelle sera propre aussi à battre le chanvre ou le lin suivant l'usage pratiqué en France. Il y aura aussi un pressoir à huile, et, si l'on veut, une scie à scier le bois. Mais le principal et le plus utile à la colonie sera le moulin à moudre le blé, dont la farine sortira belle et parfaite dès la première fois; au lieu que dans les moulins soit à vent ou à eau de ce pays il faut la passer jusques à cinq ou six fois avant qu'elle sorte de la qualité requise. La raison de cela vient de ce que la circonférence des meules et le travail en sera différent de celles, dont on se sert en ce pays. Et en cas qu'il n'en puisse trouver d'assez grandes, il est capable d'en faire lui-même de plusieurs pièces.

Si ladite Colonie des Français de Magdebourg se trouvait en état de se pouvoir soutenir pour sa subsistance par d'autres voies ou de son chef, sans le secours ou assistance de Son Altesse Electorale à cet effet, elle n'aurait pas son recours à Sa charité et bienveillance, dont elle a toujours éprouvée les effets jusques à présent. Mais l'état où elle se rencontre a réduit les plus avisés d'entre eux à implorer le secours de Son Altesse pour cet effet.

L'Entrepreneur, qui en a fait de semblables en Suisse et qui ont parfaitement réussi, est réfugié de la province de Bourgogne, habitant depuis cinq ans audit Magdebourg, habile et expert charpentier de son métier, d'ailleurs en bonne odeur à sa nation, qui ayant fait un modèle de son dessein et icelui montré à Mons. le Conseiller Steinhäuser (Steineuzer, geschrieben), qui l'a gracieusement approuvé, lui a conseillé de l'envoyer ici (nach Berlin?) pour le faire voir à Votre Excellence, afin qu'après son approbation, il lui plaise en grâce, lui ouvrir les moyens pour les assistances nécessaires à ce sujet, afin de mettre à exécution son dessein, qui ne pourra qu'être avantageux au bien du public, de l'état et en particulier de la Colonie française audit Magdebourg par les raisons prédites.

Mucel.

XI.

Geh. Staats-Archiv.
Rep. 9 D. 8. 18c.
Vol. VII.

1. Juli 1698.

Hochgeborner Herr Burggraf!
Gnädiger Herr!

Euer Hochgräflichen Gnaden wird vorhin bereits bekannt sein, dass auf Sr. Churfürstl. Durchl. gnädigsten Verordnung der hiesigen französischen Colonie vorm Jahre 10 Hufen Landes gegen der gewöhnlichen Pension ausgefunden worden, damit sie dadurch in ihrer Nahrung fortkommen möchte; welches Land ihr auch damalen von der dazu geordneten Commission übergeben gewesen. Nachdem aber gleich darauf aus erheblichen Considerationen 48 Morgen von diesem Acker, theils dem Kloster St. Agneten hier vor Magdeburg, theils anderen privatis zuständig, davon wieder abgenommen und denen Proprietariis überlassen sind, so hat hergegen die Commission andere 48 nahe an dieser Stadt gelegene und dem Kloster Berge zustehende Morgen, mit Einstimmung der Herren Stände, an dessen Stelle der gedachten Colonie angewiesen, die auch itzo die dazu gehörende Pension und

Besamungskosten dem gedachten Kloster Berge voraus erlegen wollen. Nachdem aber der Herr Abt*) sothanes Geld anzunehmen verweigert, und sich hergegen verlauten lassen, den Einschnitt der Colonie nicht zu verstatten, so hat dieselbe durch gegenwärtiges unterthänigstes Memorial sich an Sr. Churfürstl. Durchl. gewendet, damit sie dabei gnädigst geschützt werden möchte, zumalen der Herr Abt gedachten Klosters Berge vielen Acker an andere bisher ausgethan und es ihm gleich gelten kann, an wen solche locatio geschiehet, wann er nur die Pacht davon bekommet, zumal auch andere Klöster und Stifter und diese Stadt, ja auch das Dom-Capitul selbst sich nicht entzogen, von ihrem Acker dazu etwas herzugeben. Euer Hochgräfliche Gnaden wollen demnach gnädig geruhen, dahin cooperiren zu helfen, damit dem mehrgedachten Abt injungirt werde, diese 48 Morgen der französischen Colonie gegen der **Pension geruhig auf drei Jahre** zu lassen. Die **Kopfsteuer** ist bis dato von dieser französischen Colonie noch nicht entrichtet, man hat derselben aber nochmalen intimiren lassen, dass solches würde geschehen müssen, und hoffe ich es werden die meisten, obschon ein wiederholter churfstl. gnädigster Befehl noch nicht eingelaufen, sich endlich accomodiren, wiewohl auch **einige Widerspänstige** sich dawider setzen dörften, die bereits gewohnet sind, den schuldigen Respekt und Gehorsam den ihnen Vorgesetzten zu denegiren, welche aber durch zugängliche Mittel mit der Zeit dazu anzuhalten sein werden, damit es nicht weiter einreissen und Verwirrung nach sich ziehen möge; ich verharre in tiefster Devotion lebenslang,

  Hochgeborner Herr Burggraf, Gnädiger Herr
   Euer Hochgräflichen Gnaden
     gehorsamster und devotester Diener
Magdeburg,   Steinhäuser.
den 1. Juli 1698.

---

*) Es war Simon Friedrich Wolfhardt, 1688 — 1708.

XII.

Geh. Staats-Archiv.   Juli 1698.
Rep. 9 D. 8. 18c.
Vol. VIII.

A Sa Sérénité électorale.

Monseigneur,

Les pasteurs et les anciens de l'église Françoise de votre ville de Magdebourg représentent avec un profond respect à Votre Sérénité Electorale, que Marie Rousselle habitante de la même ville, s'étant heureusement sauvée, il y a trois ou quatre ans, d'entre les mains de ceux qui la détenoient captive dans l'Amérique, pour n'avoir pas voulu abjurer la Religion Réformée, Et s'en venant dans ce païs-ci dans un des vaisseaux de Votre Sérénité Electorale, où l'on eut la charité de la recevoir, David Malzac, un de ceux qui étoient dans le même vaisseau, lui bailla en dépot un billet de 59 Thaler payables à Emden, et la chargea expressément de remettre cet argent-là, en cas qu'il vint à mourir de la maladie, dont il étoit alors détenu, à une de ses nièces, sa filleule et fille de son frère, laquelle étoit encore en France, à condition qu'elle le vint recevoir ou ici ou dans quelque autre endroit, où elle peut faire profession de la Religion Réformée avec une pleine liberté. David Malzac étant mort, Marie Rousselle ne l'eust pas plutot appris qu'elle écrivit incontinent à Jaques Carnoule son mari, qui étoit encore en France, d'avertir la personne, à qui l'argent, qu'elle avait en depot était destiné qu'elle étoit en état de le lui remettre. Mais ni la filleule de David Malzac ni aucun de ses parens pour elle, ne se sont présentés depuis près de quatre ans pour réclamer ledit dépot: Jaques Carnoule, mari de la Depositaire, n'ayant même jamais pu apprendre des nouvelles de celle qui le devoit recevoir, quelque soin qu'il ait pris pendant plus de deux ou trois ans de s'en informer. Ce qui fait croire qu'elle est morte, depuis que David Malzac, son parrain, avait été conduit en Amérique pour cause de religion. C'est aussi, Monseigneur, ce qui a donné lieu à Mademoiselle Madelaine du Soulier de Perjurade (sonst immer: Per-

jurade, qui est Réfugiée dans votre ville de Berlin, et qui
se dit parente de David Malzac, de former une instance contre
Marie Rousselle, dépositaire des 59 Thaler, pour la faire
condamner à les lui remettre. Mais les Juges ordinaires de
Magdebourg n'ayant pas eu égard à sa demande, pour être
destituée d'un fondement solide ; elle en a relevé appel à la
Justice Supérieure de Berlin, où elle a assigné ladite Marie
Rousselle et Jaques Carnoule son mari. Ce qui a obligé ledit
Carnoule de consigner en qualité de mari de ladite Rousselle
la somme, dont il est question, entre les mains de la Compagnie
des Pasteurs et Anciens de l'Eglise Françoise de Magdebourg,
en la personne du Sr. Auban Malhiautier, ancien de la
dite Compagnie et receveur des deniers des pauvres. Et il
l'a fait sans doute pour éviter la longueur et les suites fâcheuses
d'un procès, qui ne pourroit que les détourner lui et sa femme
de leurs occupations ordinaires et leur causer beaucoup de
dépens. Car, comme il y a apparance, que, si la fillcule de
David Malzac est ou morte ou dans le dessein de ne pas
sortir de France, pour venir receuillir les 59 Thaler, qui
lui ont eté destinés, cette somme tombera infailliblement dans
le Fisc de Votre Sérénité Electorale, Les supplians souhaite-
raient, qu'en cas que cela arrive, il plût à Votre Sérénité
Electorale d'ordonner, qu'elle demeurera entre les mains dudit
Sr. Malhiautier, pour être employée à la subsistance
des pauvres. Et les supplians sont d'autant plus obligés à
faire cette humble requisition à Votre Sérénité Electorale,
qu'ils se voient tous les jours accablés d'une grande quantité
de malheureux, qui viennent en foule les uns de France
et les autres de Hollande ou d'Angleterre, et qui
croient tous pouvoir trouver plus facilement à gagner
leur vie dans les Etats de Votre Sérénité Electorale que nulle part ailleurs. L'extrémité, où lesdits
Pasteurs et Anciens sont réduits, est si grande, que le fonds
destiné à secourir les pauvres est entièrement épuisé et
qu'ils sont hors d'état, si Votre Sérénité Electorale, n'a la
charité d'y pourvoir, de donner quelque soulagement à ceux,
qui viennent incessamment leur en demander et dont le nombre

grossit tous les jours, en étant même arrivé la semaine passée une vingtaine tout à la fois, auxquels ils ne peuvent pas donner tout le secours, dont ils avoient besoin. C'est aussi, Monseigneur, ce qui fait espérer aux Supplians, que Votre Sérénité Electorale aura la bonté de réprondre favorablement à la très-humble requête, qu'ils lui présentent sur ce sujet, et ils ne cesseront d'offrir leurs prières à Dieu pour la santé de Votre personne sacrée et pour la prosperité et la gloire de votre auguste maison.

(Am 27. Juli 1698 ergeht die Antwort.)

XIII.

Gemeinde - Archiv,   7. März 1699.
Lit. K. No. 1
de 1699.

Nous soussignés Commissaires establis par Sa Sérénité Electorale pour la Recepte Generalle des Collectes qui se font en faveur des Refugiez qui doivent venir de Suisse au primtemps prochain, Reconnoissons avoir receu par la Poste d'envoy de Messieurs du Consistoire de l'Eglise reformée françoise recueillie a Magdebourg la somme de Cent quarante sept escus dix neuf groschs et demy argent courant provenant de la Collecte de ladite Colonie françoise.

Fait à Berlin, le 7. Mars 1699.

(untz.) D. W. Carges. Maillette de Buy.

147 Thlr. 19 gr. 6 ₰.

Gemeinde-Archiv
Lit. K. No. 3
de 1692.

13. April 1699.

Requête
présentée à Sa Sérénité Electorale
au sujet d'un temple.

Monseigneur,

La Colonie française recueillie à Magdebourg rémontre bien humblement et avec un très-profond respect à Votre S. E. que depuis une année qu'elle a beaucoup augmenté, on n'a pu se passer qu'avec incommodité d'avoir un plus grand Temple pour contenir tous ceux qui la composent. Depuis peu de temps même elle a si fort accru, qu'on a remarqué, qu'à ces dernières Communions de Pacques plusieurs personnes ont été obligées de se tenir debout à la porte et d'autres étrangers contraints d'en sortir pour n'y avoir pu trouver place. Ces considérations, Monseigneur, jointes à celles d'un assez grand nombre de familles qui doivent venir de plusieurs endroits de Suisse pour s'établir audit Magdebourg, obligent ladite Colonie française de recourir à la bonté paternelle de V. A. E., qu'elle supplie avec beaucoup de soumission et un profond respect, qu'il lui plaise de faire agrandir ledit temple, dans lequel elle a toujours fait ses exercices sacrés, s'y trouvant dans l'enceinte suffisamment de la place pour cet agrandissement, et d'avoir la charité de fournir le Fonds nécessaire pour cette réparation.

Mais si V. A. E. ne trouve pas à propos de lui accorder cette demande, Elle est très-humblement suppliée de lui faire assigner une place ou masure de plusieurs qu'il y en a dans ladite ville également propres pour y bâtir un Temple de telle grandeur qu'il le faut et de fournir le Fonds qu'il conviendra faire pour la construction d'un tel Edifice.

La Colonie française, Monseigneur, qui a éprouvé en tant d'occasions différentes les effets de l'immense charité de V. S. E., soit à l'égard presque de tous les membres qui la composent, qu'à celui de sa conservation en général, ose espérer que dans celle-ci, où sa charité éclatera d'une manière tout-à-fait digne de sa gloire, l'une ou l'autre de ces demandes lui sera accordée. Et elle aura d'autant plus de sureté aussi de continuer les voeux et les prières les plus ardentes à Dieu pour la conservation de la personne sacrée et pour celle de toute l'Auguste maison de Brandebourg, de laquelle elle se dira toute la vie avec une très-profonde soumission et respect

de Sa Sérénité Electorale

Monseigneur,

Les très-humbles, très-soumis, très-fidèles et très obéissans serviteurs

Les habitans de la Colonie française de Magdebourg.

(gez.) Flavard et Mucel ayant charge de ladite Colonie.

XV.

Gemeinde-Archiv C. 1 de 1691 fg.   Marseille, 28. Avril 1699.

Godt boven all.

Messieurs nos tres venerables pasteurs, anciens et diacres de l'Eglise de notre Seigneur Jesus Christ qui se receuille heureusement a Magdebourg. Salut et Benediction.

Messieurs.

L'agreable lettre de Messieurs nos chers freres Sauvets*) pere et fils, adressée a Mr. notre cher compagnon de souffrances, nous rejouit tous en ce qu'elle nous apprend, que par la grace de l'Eternel notre Dieu Vous estes heureusement assembles en joye, santé et prosperite. Veuille ce divin Sauveur et maitre Vous y conserver cherement et longuement avec toutes Vos cheres familles et Vous combler de ses saintes graces.

---

*) In der Beringuier'schen Liste von 1699 No. 2959: Charles Sauvet, Maître Boutonnier, du Daufiné, sa femme et deux enfans à Magdebourg p. 133.

Nul de ceux d'entre nous qui n'ont pas pris la marque de la Bête**) ou qui l'ont renoncée heureusement à haute voix, n'ont plus aucune permission de vendre ni d'acheter et paraissent extremement génés, ne pouvant avoir des livres ni ancre ni papier, ni enfin aucune permission salutaire pour tous ceux qui sont sur des galeres, dans lesquelles les S p r i n c k - h a n e r v a n d e h e e l***) ne s'appliquent qu'a la cruelle persecution. Dieu permet qu'il y en a tousjours quelqu'un qui peut un peu agir pour le soulagement des autres; mais avec bien des mesures. Car quand on en decouvre un qui se mesle des autres, on lui redouble ses chaines et les tourments. Bref, cest illustre ami de nostre Seigneur Jesus Christ qui a esté fait mourir et dont Mr. S a u v e t nous parle dans sa chere lettre, ce tres fidele témoin de la verité nous a beaucoup edifiés et nous sommes prets de suivre son exemple pour nostre foi. Et afinque nous ne defaillons point en icelle, nous Vous supplions et à toute votre sainte assemblée de prier nostre grand Dieu qu'il nous l'augmente de plus en plus, afinque nous y perseverions de plus en plus jusques aux derniers soupirs de nos vies. Nous ne manquons pas de prier pour toutes les Eglises et nous nous souviendrons toujours particulierement de la Vostre, a laquelle nous nous recommandons dans nos pressentes necessités.

Nous nous sommes donné l'honneur de Vous escrire par une autre voye, qui est par Mr. l e M a i t r e d e l a p o s t e d e W e s e l. Cette lettre Vous parle des rudes tourments qui se vont preparer a la cruelle et incomparable peine et maltraitement de Campagne sur mer. Nous Vous prions tres humblement, Messieurs nos tres venerables pasteurs, de recevoir les actes de reconnaissances que plusieurs de nos freres (qui s'etaient laisses gaigner aux esprits abuseurs) ont faits, puisqu'ils nous donnent des bonnes marques de leur repentance, et de joindre Vos prieres aux nostres, afinque le Seigneur les releve entierement par sa divine misericorde.

**) Apoc. 14,11 = Die Messe.
***) „Heuschrecken" ein Folterinstrument.

Messieurs,

Comme nous avons a cœur les poures Allemands et autres estrangers tant Luthériens que les nostres et qu'il y en a assez bon nombre sur les galeres, qui, ayant esté faits prisonniers de guere et ensuite forcés a servir, qui ont esté pris et condamnés pour deserteurs, en voulant retourner en leur patrie, qui sont tres dignes de compassion: Nous Vous prions bien humblement de representer leurs miseres a Messieurs leurs Pasteurs et autres Directeurs de leurs eglises. Nous regardons plusieurs de ces Messieurs comme nos propres freres, scavoir ceux qui ont du merite par leur perseverance. Et leur faisons part du peu que nous recevons. Ces Messieurs devraient estre liberés en vertu des Traictés de paix de Resvich (Ryswik) en Hollande. L'on en a delivrés quelques uns veritablement, mais environ trois par cent d'un tres grand nombre qu'il y en a tant des Estats de S. A. E. de Brandebourg que Denemarck, Hambourgois, Suedois, Lunebourgois et des autres (!) estats de l'Empire chrestien. S'il plait a ces Messieurs (d. h. den lutherischen deutschen Pastoren) de contribuer en quelque chose pour le soulagement de ces poures gens la, nous ferons conscientieusement ni plus ni moins que comme les notres qui sont ici pour la foy. Mais nous vous prions d'avoir s'il vous plait la bonté de bien menager les Regles de la lettre et ordre, afin que les marchands ne courent aucun risque et qu'il n'y arrive aucun trouble, parce que nul marchand estranger de la religion ne peut et n'oserait se mesler aucunement de nous. Et les non suspects sont obligés de faire voir leur ordre aux puissances d'ici. C'est un grand crime ici (also in Marseille) de se mesler d'une communauté (d. h. an einer reformirten Gemeinde Theil nehmen); et par consequent il faut que ce qu'on nous envoie, vienne a un particulier, comme si cela venait de la part d'un pere ou d'une mere ou d'une femme espouse de la personne qui reçoit la lettre d'advis, afin qu'en cas qu'elle fusse interceptée ou que le marchand fusse obligé de la montrer avant que de la livrer, tout aille d'une maniere sure. Et comme sur le livre du Roy et de la Chiourme (Galcerenbank) il est marqué que le Sr. Jean Richard de Conques No. 9886, sur la Galere l'atronne*) de la R. P. R. [Religion Pretendue Reformée, comme ils nous traitent], il est marqué condamné pour avoir fait embarquer et conduit des sujets du Roy hors du Royaume, ayant sa femme et ses enfans en Hollande: s'il vous plait de lui adresser quelques lettres et autres choses, vous pourrez lui envoyer le tout au nom de sa femme qui se nomme Susanne Maubailly,**) parlant de ses enfants, et parce que cela se trouve de meme sur les dits livres et qu'ils ne peuvent contredire: d'ou vient que vous recevez de l'argent des pays estrangers?***) Nous finissons, en vous souhaitant le comble des graces celestes, et vous prions de ne pas oublier ceux qui vous embrassons tous en esprit et avons communié en esprit avec vous et sommes tous generalement a Vous Messieurs et a toutes Vos saintes assemblées de tout notre coeur et avec un profond respect, Messieurs

   Vos tres humbles et tres obeissants serviteurs et
   freres en notre Seigneur Jesus Christ
    De Armen Gereformeerde
    die op de galeere legen in de kettinge
Cito!   vor het gelooft.

A Messieurs du tres venerable Consistoire Ministres, Anciens et Diacres de l'Eglise Reformée qui se recueille dans la bonne ville de Magdebourg dans le pays de S. A. E. de Brandebourg
   a Magdebourg
Recommandée à Mr. le maitre de la poste de la ville de Cleve, auquel on se donne l'honneur de l'adresser sous enveloppe.
   1 Thaler 2½ Gr.

(Aufschrift der Empfänger).
Galerien
Lettre touchante des

---

 *) In der Liste vom März 1695 findet sich auf der Patronne dieser Sklave noch nicht, überhaupt damals dort nur zwei Hugenotten.
 **) Sie ist bonne amie des marchands de Hambourg.
 ***) Doch soll man Quittung erbitten.

In einer Nachschrift auf einem besonderen Zettel heisst es: La patronne est une grande galere commandante. Tout le monde y entre plus librement tant pour la curiosité de la voir qu'autrement, ce qui facilite un peu. Desqu'on voudra spalmer (theeren) les galeres, on tachera de voir tous les freres et leur faire part de ce que nous aurons, et verrons s'il sera necessaire d'ecrire particulierement aux Srs. Sauvets: alors l'on a un peu de permission; ou bien adresser la lettre a Mr.*) Dubosc marchand, jadis a St. Ambroix. Lesquels nous saluons humblement et le remercions de son cher souvenir et des prieres qu'il a jointes aux votres pour nous. Nous vous prions tres humblement de les redoubler et de faire chanter les Pseaumes 6: Ne veuille pas, o Sire, Et: Misericorde au pour vicieux. Et tout ce que jugerez à propos.

---

*) Pierre Dubosc aus St. Ambroix, Leiter einer grossen Fabrik von Sarges de Nismes in Magdeburg, ein Mann von weiten Gesichtspunkten, vom grossen Kurfürsten mit 4000 Thlr. beschenkt, war der erste Schatzmeister der hiesigen Gemeinde. S. hier oben Bd. II. 292. 412 fg. 474 fg.

Fortsetzung von Band II,
S. 455—471.

Rolle general des Bourgeois de la Colonie françoise de Magdebourg.

Janvier 1700.
Daniel Labobey, peigneur de laine.
Louis Teolet, chirurgien, originaire de Lezan en Languedoc. a quitté.

Fevrier 1700.
Jacob Lebeau, Serger, originaire de Guise en Picardie. Est decedé.

Mars 1700.
Claude Caubourg, Tisserant. originaire de pres de Nimes en Languedoc. Est decedé.

Avril 1700.
Jean Rapin, menusier, originaire de pres de Die en Dauphiné. Est decedé.

May 1700.
Etienne Beranger, Cardeur de laine, originaire, de Roman en Dauphiné. Est decedé.

Aout 1700.
Philipe Villaret, serrurier, originaire de Montpelier en Languedoc.
David Nicolet. charpentier, originaire de Neufchatel. a quitté.
Pierre Dupau. fondeur, originaire de Chambon en Vivarets.

Septembre 1700.
Jean Aubert, facturier en bas, originaire d'Embrun en Dauphiné. a quitté.

Octobre 1700.
Antoine Niel, facturier en bas, originaire en Nouesan en Dauphiné.
Daniel Martin, facturier en bas, originaire de la Valée de Queiras. Est decedé.
Jaques Ris, boulanger, originaire d'Anduze en Sevenes. Est decedé.
Pierre Ris, peigneur de laine, originaire d'Anduze en Sevenes. Est decedé.

Avril 1701.

David Motton, facturier en bas, originaire de Roman en Dauphiné.

Septembre 1701.

Olivier Vanmalette, facturier, originaire du Colle de Deze en Sevenes. a quitté.

Pierre Faubert, facturier, originaire de . a quitté.

Novembre 1701.

Paul Mathieu, jardinier, originaire de Metz.

Decembre 1701.

Le sieur Charles Huguet, marchand manufacturier, originaire de Nimes en Languedoc. Il a été fait Assesseur de Justice.

Jaques Girardin, cordonnier, originaire de Paris. a quitté.

Mars 1702.

Honoré Gras, facturier, originaire de Toulon en Provence. a quitté.

Avril 1702.

Etienne Perrenet, chapelier, originaire de en Bourgogne. a quitté.

May 1702.

Daniel Robert, peigneur de laine, originaire de Gordes en Provence. Est decedé.

Antoine Robert, facturier en bas, originaire de Gordes en Provence.

Pierre Melon, faiseur de bas, originaire d'Aiguevives en Languedoc.

Antoine Melon, faiseur de bas, originaire d'Aiguevives en Languedoc. a quitté.

Andre Monmejan, cordonnier, originaire de Negrepelisse. Est decedé.

Simon Honoré, peigneur de laine, originaire de Rozan en Dauphiné.

Simon Honoré fils, peigneur de laine, natif à Magdebourg.

Antoine Charles, lainé, originaire de Montauban. Est decedé.

Juin 1702.

Jean Roux, facturier en bas, originaire de Lormarin en Provence.

Etienne Arene, peigneur de laine, originaire d'Usez en Languedoc. a quitté.

Juillet 1702.

François Ledran, Cardeur de laine, originaire de Laquise en Picardie. a quitté.

Septembre 1702.

Pierre Martin, faiseur de bas, a quitté.

Pierre Braconnier, Bourgeois, originaire de Montauban, a quitté.

Etienne Baldi, facturier en bas, originaire d'Usez en Languedoc.

Paul Bernard, facturier, originaire d'Usez en Languedoc, a quitté, est à Halle.

David Carriere, peigneur de laine, originaire d'Usez en Languedoc.

Octobre 1702.

Etienne Rey, facturier en bas, originaire de Montauban, a quitté, pour aller en Suisse.

Decembre 1702.

Philipe Boinier, gantier, originaire de Niort en Poitou. Est decedé.

Isaac Munier, faiseur de Bas, originaire, de Saint Marcelin en Dauphiné, a quitté.

Isaac Cabanis, ouvrier en bas, originaire de St. Cosme en Languedoc. Est decedé.

Pierre Verdeti, facturier, originaire de Lachaux en Dauphiné. Est decedé.

Pierre Foul, facturier en bas, originaire de pres de Nimes en Languedoc, a quitté.

Janvier 1703.

Antonio Barez, tailleur d'habits, originaire, de Poussin en Vinarets.

Isaac Brunel, facturier en bas, originaire, de Millau en Languedoc. Est decedé.

Fevrier 1703.

Elie Serviere, facturier en bas, originaire de de Caveirac en Languedoc. Est decedé.

Antoin Perrin, facturier, originaire de Lormarin en Provence. Est decedé.

David Perrin, facturier, originaire de Lormarin en Provence.

Mars 1703.

Jean Gervais, peigneur de laine, a quitté.

Monsieur Ruynat, Pasteur de l'Eglise françoise. Est à Halberstadt.

Thomas Guiot, facturier, originaire de Grange Valee de Pragelas. Est decedé.

Avril 1703.

Guillaume Peiric, facturier en bas, originaire de Saint Ambrois en Languedoc. Est decedé.

Antoine Faucher, ouvrier en bas, originaire de Martre en Auvergne. Est decedé.

Jean Jaubert, facturier, originaire de Massiliargues en Languedoc. Est decedé.

May 1703.

Jean Nicolas, Aubergiste, originaire d'Anduze en Sevenes.

Jean Gabriel Nicolas fils, Aubergiste.

Jean Vassar, serrurier, originaire de Metz. Est decedé.

Juin 1703.

Denis Toussias, peigneur de laine, originaire de Montcarré en Perigord. Est decedé.

Jaques Martin, peigneur de laine, originaire d'Albrie en Dauphiné. a quitté.

Jean Ode, peigneur de laine, originaire d'Usez en Languedoc.

Adam Mainadie, perruquier, originaire de Saint André en Sevenes. Est decedé.

Paul Breton, ouvrier en assier, originaire de Die en Dauphiné. Est decedé en 1724.

Paul Drouin, facturier en bas, originaire de Sedan. Est decedé en 1732.

Juillet 1703.

Nicolaus L'hermet, manufacturier en bas.

Aout 1703.

Paul Marmier, tondeur de draps, originaire de Montauban. Est decedé.

Paul Dindre, chapellier, a quitté.

Moyse Belier, faiseur de bas, originaire de Saint Vinçent en Dauphiné.

Septembre 1703.

Michel Droume, marchand, originaire de Guillestre en Dauphiné. a quitté.

Jaques Le Jeune, peigneur de laine, originaire de Blicourt dependances de Beauvais. a quitté.

Octobre 1703.

Joseph Almerus, tailleur d'habits, originaire d'Hieres en Provence. Est decedé.

Pierre Vigne, ouvrier en bas, originaire du Vigan en Sevenes. a quitté.

Pierre Mazel, facturier. Est decedé.

Jacob Cossiau, faiseur de bas.

Antoine Deylau, facturier en bas. originaire.

Pierre Foustele. peigneur de laine, originaire de Frezelan en Sevenes. a quitté, est à Calbe.

Mars 1704.

David Serre, facturier, originaire de Bedarieux en Languedoc.

Daniel Bertrand, tailleur d'habits, originaire de Metz. Est decedé.

Daniel Bertrand, fils, fondeur.

Juin 1704.

Pierre Dufour. faiseur de bas, originaire de Sauve en Languedoc. Est decedé.

Jean Gay, peigneur de laine, originaire de Sevignan en Languedoc. a quitté.

Toussain Norman, peigneur de laine. Est decedé.

Juillet 1704.

Simon Rolin, appreteur de bas. a quitté.

Jaques Lamenes, peigneur de laine, originaire de Coulorgues en Languedoc.

François Anguivielle. serrurier originaire de Valerogues en Sevenes.

Aout 1704.

Etienne Faucher. peigneur de laine. a quitté.

Maurice Ducros, peigneur de laine.

Paul Murier, facturier, originaire de Saint Corme en Languedoc.

Jean Teste. maitre d'ecole. a quitté en 1722.

Simon Roussel, peigneur de laine.

Jerome Durant, facturier en bas, originaire d'Usez en Languedoc. a quitté.

Septembre 1704.

Pierre Garcin, Serger, originaire de Chatillon en Dauphine. Est decedé en 1715.

Jean Souchon, facturier en bas.

Abraham Renaud, fondeur. originaire de Metz. a quitté.

Pierre Douzel, facturier en bas. Est decedé.

Jaques Valette, facturier en bas, originaire d'Orange, à été pourvu de patentes de notaire et procureur. a quitté, est à Berlin.

Pierre Ripert, facturier en bas. Est decedé.

Jean Laurens, facturier, est decedé.

Thomas Ponge, peigneur de laine. a quitté en 1720.

Guy Buisson, cordonnier, originaire d'Orange. a quitté.

Guillaume Gardiol, bateur de laine. a quitté en 1720, est de la colonie Palatine.

Michel Roussière, facturier de bas. a quitté, est à Neuhaldensleben.

Etienne Guillaume, peigneur de laine. a quitté.

Jean Lachaux, peigneur de laine. a quitté.

Jean Vien, cordonnier. a quitté en 1724.

Joseph Vien, cardier.

Andre Carles, cordonnier. Est decedé.

Jaques Vales, Serger, a quitté. Est à Berlin.

Isaac Faure, peigneur de laine. a quitté.

Pierre Castel, facturier en bas. Est decedé.

Jaques Couderc, peigneur de laine.

Pierre Boudon, cardeur. a quitté.

Jean Louis de Ville, peigneur de laine.

Claude Gilles, peigneur de laine.

Simon Savoye, facturier.

Michel Faure, peigneur de laine. a quitté.

Jean Faure, peigneur de laine. a quitté.

Paul Chauvet, peigneur de laine.

Jean Martin pére et fils, appreteurs de bas. Ont quitté, pour aller à Bourg.

Monsieur Andre Pelet, Directeur de la colonie.

Jean Croze, peigneur de laine. Est decedé.

Pierre Croze, menusier.

Frederic Moran, peigneur de laine. a quitté.

Gaspar Laurion, peigneur de laine. a quitté.

Gabriel Bourguet, peigneur de laine. a quitté.

Antoine Labouvier, aiguiseur. a quitté.

Louis Caualier, tisserand. a quitté.

Pierre Seidier, facturier en bas, originaire de Saint Hypolite. a quitté.

Octobre 1704.

Jean Quet, peigneur de laine, originaire du Pont de Montvert en Sevenes. a quitté.

Abraham Jean Pierre, couteiller, originaire de Metz. a quitté.

Thomas Hugues, facturier en bas, originaire de Guilestre en Dauphiné. Est decedé.

May 1705.

Antoine Cayla, peigneur de laine. originaire de Brignon en Languedoc.

Pierre Saint Martin. facturier. originaire de Paillargues en Languedoc. a quitté.

Barthelemi Leorat, cartier. a quitté en 1715.

Juin 1705.

Antoine Ricard, faiseur de bas, originaire de Saint Hypolite en Languedoc. a quitté.

Octobre 1705.

Antoine Faugere, peigneur de laine. a quitté.

Guillaume Menard, facturier en bas. originaire de Saint Cormes en Languedoc.

Manuel Aubanel, faiseur d'eguilles, pour les metiers à bas.

Pierre Olivier, tailleur d'habits, a quitté.

Scipion Deleuze, serrurier, originaire de Lepinace en Sevenes.

Avril 1706.

Jaques Serville, Tapissier.

May 1706.

Simon Hillard, drapier, originaire de Bicheville en Alsace. a quitté.

Jean Therond, faiseur de bas, originaire de Calvison en Languedoc. a quitté.

Juin 1706.

Fulcran Valette. faiseur de bas, originaire de Vigan. a quitté.

Jean Garach, peigneur de laine. originaire de Brusque en Rouvergue. Decedé en 1722.

Juillet 1706.

Pierre Sapin, peigneur de laine. Decedé en 1721.

Aout 1706.

David Carriere, peigneur de laine, originaire de Guarrigues en Languedoc.

Septembre 1706.

Antoin Caluas, faiseur de bas. originaire de Saint Corbe en Dauphiné. Est decedé.

Novembre 1706.

Jean Lausire, gantier, originaire de Montpellier. a quitté en 1724.

Pierre Chaman, peigneur de laine. originaire d'Usez en Languedoc. Est decedé.

Jaques Sens, peigneur de laine. Decedé en 1725.

Decembre 1706.

Thomas Prevost, marchand, originaire de Montauban. Est decedé.

Louis Roure, peigneur de laine. Est decedé.

Abraham Faurost, Brandevinier, originaire de Beauvoir en Picardie. Est decedé.

Mars 1707.

Henri Girard, facturier de bas, originaire de La Pierre en Dauphiné. a quitté en 1718.

May 1707.

Gabriel Couricu, peigneur de laine, originaire de Valence en Dauphiné. a quitté.

Antoine Julien, facturier, originaire de Nismes. Est decedé.

Pierre Thorel, Intendant au Service du Duc de Barbi, originaire du Pont de Camarès en Rouvergue. a quitté en 1730.

Theodore Benoit, chapellier, originaire de Lamothe Chalençon en Dauphiné. a quitté.

Jean Gandil, tanneur, originaire de Montauban. a quitté.

Baltezar Arnal, marchand.

Juin 1707.

Benjamin Dinant, perruquier, originaire de Metz.

Jean François de Richaud, maitre d'ecole. a quitté en 1715.

Juillet 1707.

Antoine Montet, faiseur de bas, de Montauban. Est decedé.

Jean Paquin, cordonnier, de Metz.

Septembre 1707.

Jaques Roussac, facturier en bas, originaire du Pont de Camarez, en Rouvergue. a quitté.

Antoine Deylau, facturier en bas.

Octobre 1707.

Daniel Schwob, ouvrier en assier, de Metz. Decedé en 1725.

Jaques Anquet, peigneur de laine, de Calais. a quitté.

Jaques Garrigues, jouailler, de Mazamet. Est decedé.

Moyse Garrigues, jouailler fils, natif à Magdeburg, a été reçu Bourgeois de la Colonie, a preté serment de fidelité le 11. Septembre 1730.

Daniel Deimier, bonnetier, originaire de Xainte en Saintonge. Est decedé.

Novembre 1707.

Pierre Joly, tailleur d'habits. a quitté.

Jaques Jamar, faiseur de bas. a quitté.

Guillaume Autier, cardeur de laine, originaire de la Roque, dans le Compte de Foix. Est decedé.

David Jodri, chapelier, de Montbiliar, a quitté.

Simon Brifonton, cardeur. a quitté.

Jaques Roux, ouvrier en fillet. venu, de Berlin en May 1715.

Janvier 1708.

Isaac Merlat. marchand, a quitté.

Jean Chaumon, faiseur de bas. a quitté.

Jacob Labarre, jardinier. de Metz. a quitté.

Philipe Bastian, serger, de Liege. a quitté.

Fevrier 1708.

Paul Rampan, faiseur de bas, originaire de Ganges en Languedoc. a quitté.

Avril 1708.

Charles Rancuré. peigneur de laine. Est decedé.

May 1708.

Jean Maigre, faiseur de bas. Est decedé.

Juin 1708.

Gilles Bruel. appreteur de Bas, d'Orleans, a été pourvu de patentes de notaire Royal.

Jean Pansu, faiseur de bas. a quitté pour aller à Calbe.

Jean Renaud, tisserand. a quitté.

Jaques Chaffal, cardeur de laine, originaire de Chatillon en Dauphiné. a quitté.

Etienne Fregier. peigneur de laine, originaire· de Saint Hypolite. a quitté.

Gabriel Boyer, peigneur de laine.

Aout 1708.

Charles Prin, faiseur de bas. a quitté.

François Guiot, faiseur de bas. a quitté en 1726.

Philipe Bastian, serger.

Septembre 1708.

Jean Masson, appreteur de bas. a quitté.

David Charpentier, cordonnier de Cassel.

Decembre 1708.

Louis et Germain Castels freres, blanchers, d'Orange. Ont quitté.

Louis et Isaac Voysin freres, faiseurs de bas, originaire de Quchery en Picardie. Ont quitté.

Isaac Phlipponnat, menusier, originaire de Hay en Champagne. a quitté est à Berlin.

Janvier 1709.

Simon Roussel, peigneur de laine, originaire de Saint Victor du Malin en Languedoc.

Pierre Françon, faiseur d'eguilles. a quitté est à Berlin.

Fevrier 1709.

Daniel Mangeot, jardinier, de Metz. a quitté.

François Cassagnol, foulonnier, de Montauban. a quitté.

Philipe Galoi, menusier. a quitté, est à Berlin.

Mars 1709.

Charles Noir, facturier en bas, originaire de Borne en Normandie. a quitté clandestinement en 1728.

Vincent Lambert, boulanger, originaire de Tours en Touraine. a quitté.

Jaques Bovin, cardeur, a quitté.

Jaques Sauari, ouvrier en laine, originaire de Saint Denis en Brie. Est decedé.

Henri Daufez, chapelier, originaire de pres de Nismes en Languedoc. a quitté.

Simon Lafont, faiseur de bas. Est decedé.

Octobre 1709.

Arnault Delmas, teinturier.

Delmas fils, teinturier natif à Magdebourg.

Baltezar Arman, faiseur de bas, originaire d'Orange. a quitté.

Juillet 1709.

Jean Philipe Valbert, cordonnier. a quitté.

Daniel Achenot, faiseur de bas, originaire de Franckendal. Est decedé.

Pierre Sujol, faiseur de bas, originaire des Sevenes. Decedé, sa veuve continue à faire la facture.

Aout 1709.

Jean Huguet, peigneur de laine. Est decedé.

Louis Chazelon, gantier, d'Auvergne. Decedé, sa veuve continue la profession.

Jean Chazelon, faiseur de bas, d'Auvergne, a quitté par faillite.

Janvier 1710.

Jean Pallein, faiseur de bas.

André Valeton, faiseur de bas.

Septembre 1710.

Pierre Barratier, confiseur.

Paul Pradain, faiseur de bas. a quitté.

Pierre Huguet, manufacturier, originaire de Nimes en Languedoc.

Pierre Ris, peigneur de laine, originaire d'Anduze en Sevenes. Est decedé.

Pierre Robert, tailleur d'habits, originaire de Neufchatel.

La Dame veuve de Mr. Forestier, Capitaine. Decedée.

1711.

Jaques Goubert, facturier. a quitté.

Gaspar Jaquier, ouvrier en laine. a quitté.

Jean Coqu, faiseur de bas.

Octobre 1711.

Elie Aron Constant, faiseur, d'Eguilles, a quitté, est à Neuhaldensleben.

Louis Fort, peigneur de laine.

Huguet Dorgueil, jardinier, de Larsat en Perigord.

Novembre 1711.

Jsaac Pellier, peigneur de laine. a quitté.

Decembre 1711.

Jaques Guiraud, marchand, originaire de Nimes en Languedoc, a quitté, est à Hambourg.

Gabriel Pestel, marchand, originaire de Nimes en Languedoc. a quitté.

Janvier 1712.

Jaques Lafon, Serger.

Fevrier 1712.

Antoine Sabatier, facturier en Bas, originaire de Montpelier.

Barthelemi Plan, Blancher, originaire d'Annonai en Vivarez. Est decedé.

Jean René Gachet, chirurgien. Decedé, sa veuve est ici.

Mars 1712.

Noé Huc, facturier, originaire d'Anduze en Sevenes est decedé.

Jaques Noé Huc. manufacturier en bas, natif à Breme. Est decedé, sa veuve est remariee avec le sieur Lodeging alleman.

Pierre Barbier, charpentier, Suisse. a quitté.

Avril 1712.

Claude Morel, tonnelier, Suisse. a quitté.

Jean Escoffier. facturier en bas. a quitté, est à Berlin.

May 1712.

Jean Perrin, faiseur de bas.

Pierre Renaud, charpentier, Suisse, a quitté.'

Isaac Coqu, menusier. Est decedé.

Juin 1712.

Louis Leclair, serrurier. Decedé.

Aout 1712.

Rene Dan, marchand peletier. Decedé.

Octobre 1712.

Louis Cotereau. de Champagne, a quitté.

Mr. Mesmyn, conseiller du Roy. Est decedé.

Mr. Michel Isaac Mesmyn fils. conseiller de cour, inspecteur des manufactures.

Elie Lafargue, faiseur de bas, a quitté.

Samuel Monmejan, cordonnier, originaire de Negrepelisse. Decedé.

Decembre 1712.

Antoine Etienne, manufacturier. Est decedé.

Jean Greue, blancher. Decedé.

Fevrier 1713.

Pierre Brouet, boulanger, originaire de Saint Gilles en Languedoc.

Juin 1713.

David Combier, faiseur de bas.

Daniel Massart, tailleur d'habits. a quitté.

Juillet 1713.

Paul Galefres, peigneur de laine.

Jean Martineau, peigneur de laine.

Jean Mathieu Bernard, serrurier. Decedé.

Septembre 1713.

Pierre Serre, peigneur de laine. Decedé.
Louis Martin, jardinier. Decedé.
Jean Rodolphe Sebille, couteiller. Decedé.
Nicolas Louvet, peigneur de laine, originaire de Lisi en Normandie.

Octobre 1713.

Paul Bertrand, fondeur, originaire de Metz.
Jean Cabrol, faiseur de bas.
Charles Sautel, blancher, originaire de Poussin en Vivarets. Decedé.
Julien Rallion, cardeur de laine, originaire de Die en Dauphiné.
Mathieu Courde, peigneur de laine.

Janvier 1714.

Antoine Arman, armurier. a quitté.

Fevrier 1714.

Jean Douilhac, chapelier, originaire de Reuel en Languedoc.
Henri Fine, faiseur de bas.
Daniel Chayer, potier d'etain. a quitté.
Jean Anezi, tigreur de laine. a quitté.

Mars 1714.

Simon Bauquier, manufacturier.
Jaques Bauquier, facturier. Decedé.
Jean Cottel, sculpteur. a quitté.
Jean Bruguier, faiseur de bas. a quitté.

Avril 1714.

Jean Avare, Serger. a quitté.
Isaac Roussel, peigneur de laine.
Jean Fransson, cardeur. Decedé.

May 1714.

Desiré Ruzé, fondeur. de Metz. Decedé.
Jean Paladan, peigneur de laine.
Manuel Cornier, faiseur de bas. a quitté.

Juillet 1714.

Joseph Dessié, faiseur de bas. a quitté.

Jaques Jean, peigneur de laine, etabli à Berlin en 1714. Venu ici en 1726.

Jean Jaques Monmari, maitre de Langue. a quitté en 1732.

Septembre 1714.

Dominique Maniglier, serrurier.

Octobre 1714.

Pierre Amalric, tapissier, originaire de Castres en Languedoc.

Novembre 1714.

Claude Paradis, ouvrier en étoffe, de Netencour en Champagne.

Janvier 1715.

André Counort, boulanger.

Mars 1715.

Vincent Chambeau, faiseur de bas.
Louis Thevenot, jardinier, a quitté.

Avril 1715.

Joseph Vien, cardier, originaire d'Orange.
Daniel Geloin, peigneur de laine, Decedé.
Jean Julien, cabaretier, a quitté.

May 1715.

Joseph Roumane, peigneur de laine. Decedé.
Pierre Petit, peigneur de laine, a quitté.
Charles Dumas, peigneur de laine.

Juin 1715.

Jean Pierre Nieson, peigneur de laine.
Daniel Zacharie Champion, gantier, decedé.
Andre Robert, facturier en bas, a quitté.

Septembre 1715.

Charles Gautrec, faiseur de formes.
Jaques Guiminel, gantier a quitté.
Pierre Menard, teinturier, natif à Magdebourg, a quitté.

Octobre 1715.

Jaques Tristan Galefres, teinturier, originaire de Nimes en Languedoc. Decedé.

Fevrier 1716.

Jaques Portes, Cardeur de laine, originaire d'Anduze en Sevenes. Decedé.

May 1716.
Charles Couriol, manufacturier.

Aout 1716.
Jean Garrigues, orphevre et Jouailler. de Mazamet. Decedé.

Antoine Laroque, marchand, originaire de Montauban.

Septembre 1716.
Louis Royer, faiseur d'eguilles pour le metier à bas, originaire de Phalsbourg, en Alsace.

Joseph Carron, cardeur, originaire de la Farié en Picardie. Decedé.

Janvier 1717.
Jean Arnaudon. peigneur de laine. originaire de Veine en Dauphiné a quitté.

François Tourtre. cordonnier. a quitté.

Juin 1717.
Jean Bonnet, teinturier.

Mars 1717.
Jean Dusarat, marchand libraire, originaire de Bayonne. Decedé.

May 1717.
Paul Jouvancel, gantier. natif à Turin. a quitté.

Juin 1717.
Jean Henri Berth Lamothe, boulanger, originaire de Courceles pays Messin.

Pierre Olivier, faiseur de bas, de Dufort, dioceze d'Ales en Languedoc, a quitté.

Monsieur Scipion Le Jeune Montaut, conseiller de cour, Directeur de la colonie françoise. Decedé.

Septembre 1717.
Jaques De Larche, perruquier. natif à Halle, fils de feu Jaques De Larche et de Laurianne Guiraude de Giniac en Languedoc.

Le sieur Henri Pelet. marchand originaire d'Orange.

Janvier 1718.
Jaques Cabrieres, peigneur de laine, originaire d'Ales en Languedoc, a quitté.

Mars 1718.
David Maquet, marchand, natif à Leyden.

May 1718.
Henri Guillaume, compagnon chapellier, originaire de Jouy aux Arches pays Messin.

David Cassan, cordonnier, originaire de Montagnac. a quitté.

Septembre 1718.
Manuel Ageron, confiseur, natif à Morges en Suisse. a quitté.

Octobre 1718.
Isaac Philipon, horloger. Decedé.

Janvier 1719.
Antoine Charles, horloger, originaire de la ville Montauban.

Avril 1719.
Samuel Welmet, tourneur, originaire de Sedan. a quitté.

Monsieur Simon Pelloutier, Pasteur, a quitté en Juin 1725, pour aller à Berlin.

May 1719.
Jean Brocas, peigneur de laine, originaire de Nerac en Guienne. a quitté.

Jean Boinier, gantier, originaire de Niort en Poitou. Decedé.

Juin 1719.
Jean Berth, dit Lamothe, appreteur de bas, originaire de Sedan. a quitté en 1720.

David Benazech, horloger, originaire de Mazamet. Decedé en 1732.

Noé Barthelemi, orphevre, natif à Orange. a quitté.

Jean Deleuze, facturier, originaire de Lepinase en Cevenes.

Aout 1719.
Jean Lasale, peigneur de laine, originaire du Vigan.

Septembre 1719.
Louis Croze, menusier, d'Orange.

Louis Septsols, couteiller, de Metz. Decedé.

Janvier 1720.
Etienne Peloux, chapelier, originaire de Roman. a quitté.

Avril 1720.

Andre Gaspar, serger, originaire de Risele en Guiene.

May 1720.

Jean Guillaume Meiran, boulanger, natif à Vevaye en Suisse. Decedé.

Juillet 1720.

Daniel Remy, orphevre, originaire de la Province de Champagne. a quitté.

Novembre 1720.

Le 28. Novembre. Abraham Bonte, savonier et chandelier, a été reçû Bourgeois de la colonie, en vertu d'un decret du Roy du 20. Novembre 1720. Decedé.

Mars 1721.

Le sieur Andre Pelet, procureur du Roy.

Jean Lagarde, boulanger, originaire de Saint Siphorien en Vivarets. a quitté.

Louis Gimel, orphevre, natif à Berlin, fils de Jacob Gimel et d'Anne Peques, a preté serment de Bourgeoisie le 20. Novembre 1724.

Aout 1721.

Le 21. Aout. Daniel Goguelin, marchand, a été reçû Bourgeois de la Colonie en vertu d'un decret du Roy, du 17. Juillet dernier.

Septembre 1721.

Daniel Martin, faiseur de bas, natif de Wilhelmsdorff, pays de Bareith. Decedé.

Le 20. September. Le sieur George Marot, maitre fourbisseur, s'est rangé de la colonie françoise en vertu d'un decret du Roy du 15. Septembre 1721.

Nicolas Rignol, blancher, originaire d'Annonai en Vivarets; a été reçû Bourgeois le 9. Novembre 1724. a quitté.

Le 30. Septembre. François Herlan, maitre cordonnier, s'est rangé de la colonie françoise en vertu d'un decret de Sa Majesté, du 18. Septembre 1721.

Octobre 1721.

Le 6. Octobre. Le sieur Martin Dubois, mard., Brasseur, demeurant à la ville neuve, s'est rangé de la Colonie françoise en vertu d'un decret de Sa Majesté, du 27. Septembre 1721. Decedé en 1722.

Pierre Borne, Megissier, originaire d'Usez en Languedoc.

Decembre 1721.

Jean Assier, chapellier, originaire de Montauban, a quitté sa femme.

Janvier 1722.

Le 7. Janvier. Pierre Pelet, Tapissier, a été reçû Bourgeois de la Colonie, par un decret du Roy du 17. October 1721. Decedé.

Le 7. Janvier. Pierre Soyeaux, faiseur de bas, demeurant à la ville neuve, a été reçû Bourgeois de la Colonie françoise, par un decret du Roy du 17. Octobre 1721. Decedé.

Le 7. Janvier. Jean Conrad Salomé, chirurgien, demeurant à la ville neuve, a été reçû Bourgeois de la colonie, en vertu d'un decret du Roy du 17. Octobre 1721. Decedé en 1725.

Fevrier 1722.

Antoine Comte, chapelier, originaire du lieu d'Avejan dioceze d'Usez en Languedoc, a quitté en 1725.

Mars 1722.

Moyse Tribou, faiseur de bas, natif à Magdebourg, a quitté, est à Neuhaldensleben.

Daniel Girard, maitre faiseur de bas, originaire a été reçû Bourgeois de la colonie et a preté le serment de fidelité ce 20. Mars 1722.

Juin 1722.

Jean Henri Gundlach, faiseur de bas, originaire de Langenselboldt, a été reçû Bourgeois de la colonie, et a preté serment de fidélité.

Juillet 1722.

Louis Payan, marchand, natif à Bourg, a été reçû Bourgeois de la colonie, et preté serment de fidelité. Decedé en 1725.

Septembre 1722.

Esaye Horio, serger, originaire de la Ferté, arrivé en cette ville, en 'année 1712 et a été reçû Bourgeois le 3. September 1722, et preté serment de fidelité. a quitté.

Juillet 1722.

Le 11. Juillet. Le sieur Pierre Dubois, brasseur natif à la ville neuve, a été reçû Bourgeois de la colonie, et preté serment de fidelité. Decedé.

Septembre 1722.

Le 20. Septembre. Vincent Bauquier, boulanger, a été reçû Bourgeois de la colonie, et a preté serment de fidelité.

Janvier 1723.

Le 5. Janvier. Jean Roure, faiseur de bas, natif à Magdebourg, a été reçû Bourgeois de la colonie et a preté serment de fidelité.

May 1723.

Jean Baptiste Desmons, tailleur d'habits, natif à Lyon, a été reçû Bourgeois de la Colonie, a quitté en 1725.

Juin 1723.

Antoine Perrin, agé de 22 ans, gantier de sa profession, natif à Magdebourg, a été reçû Bourgeois de la colonie et a preté serment de fidelité.

Jaques Bouzige, faiseur de bas, né à Magdebourg, a été reçû Bourgeois de la colonie, et à preté serment, a quitté.

Juillet 1723.

Daniel Esperendieu, faiseur de bas, originaire d'Usez en Languedoc, agé de 23 ans, a été reçû Bourgeois de la colonie et a preté serment de fidelité.

Decembre 1723.

Antoine André, faiseur de bas, né à Magdebourg, agé de 21 ans, a été reçû Bourgeois de la colonie.

Jean Moyse Blanquet, menusier, agé de 31 ans, natif à Holzappel, a été reçû Bourgeois de la colonie.

Fevrier 1724.

Jaques Martin Causse, couteiller, natif à Berlin, a été reçû Bourgeois de la colonie, a quitté en 1725.

Septembre 1724.

Le 19. Septembre. Pierre Labri, né à Magdebourg, agé de 28 ans, a été reçû Bourgeois de la colonie, et a preté serment.

Daniel Durant, gantier, agé de 46 ans, originaire de Valence en Dauphiné, a été reçû Bourgeois de la colonie et à preté serment.

Octobre 1724.

Le 2. Octobre. Pierre Pluquet, serrurier, natif à Magdebourg, agé de 26 ans, apres avoir été absent pendant 8 ans pour se perfectionner dans sa profession a été reçû Bourgeois de la colonie et a preté serment.

Jean Renaud, taneur et megissier, agé de 27 ans, originaire de Elmauru pres de Vitri, a été reçu Bourgeois de la colonie et a preté serment de fidelité.

Dominique Coste, teinturier, agé de 25 ans, originaire de Saint Antonin, a été reçu Bourgeois de la colonie et preté serment de fidelité.

Fevrier 1725.

Salomon Coqu, menusier, agé de 30 ans, originaire de Sedan, a été reçû Bourgeois de la Colonie et preté serment. a quitté en 1727.

Andre Marmet, manoeuvre, agé de 39 ans, originaire de Moran Baillage de Lausane, a été reçû Bourgeois de le colonie et preté serment.

May 1725.

Pierre Discours, faiseur de bas, né à Magdebourg, a été reçû Bourgeois de la colonie et preté serment.

Juin 1725.

Monsieur Jean Peguilhèn, conseiller de Cour, Directeur adjoint de la colonie et justice françoise.

Septembre 1725.

Guillaume Dubois, masson, agé de 34 ans, originaire de Buttes dans la principaute de Neufchatel, a été reçû Bourgeois de la colonie et preté serment de fidelité. En suitte a été fait Marguiller de l'eglise.

Pierre Bouffart, facturier en laine, agé de 25 ans, natif à Hameln, a été reçû Bourgeois de la colonie. a quitté.

Octobre 1725.

Jaques Bouzanquet, marchand, né à Magdebourg, a été reçû Bourgeois de la colonie, et preté serment. Decedé.

Novembre 1725.

Jean Baptiste Pelet, orphevre, agé de 31 ans, originaire d'Orange, a été reçû Bourgeois de la colonie et preté serment de fidelité.

Avril 1726.

Pierre Laurens, faiseur de bas, né à Magdebourg, agé de 26 ans, a été reçû Bourgeois de la colonie. Decedé.

Jaques Roux, faiseur de bas, né à Magdebourg, agé de 23 ans, a été reçû Bourgeois de la colonie et preté serment de fidelité.

Jaques Couriol, ouvrier en laine, agé de 22 ans, né à Magdebourg, fils de Gabriel Couriol, a été reçû Bourgeois de la colonie et preté serment de fidelité.

Pierre Lafon, faiseur de bas, agé de 20 ans, natif à Cassel a été reçû Bourgeois de la colonie et preté serment de fidelité.

Etienne Lapeine, chapellier, agé de 30 ans, originaire de Lamothe Chalençon en Dauphiné, a été reçû Bourgeois. Decedé.

Juin 1726.

Etienne Bontous, faiseur de bas, né à Cassel, agé de 26 ans, a été reçû Bourgeois, de la colonie et preté serment de fidelité.

Juillet 1726.

Hercule Roux, facturier en bas, agé de 26 ans, né à Magdebourg, fils de Jaques Roux, a été reçû Bourgeois de la colonie, et preté serment de fidelité.

Jacob Girard, faiseur de bas, agé de 22 ans, né à Magdebourg, fils de Jean Girard, a été reçû Bourgeois de la colonie et preté serment de fidelité.

Pierre Claparede, faiseur de bas, agé de 24 ans, né à Magdebourg, a été reçû Bourgeois de la colonie, a quitté.

Aout 1726.

Pierre Fontanieu, faiseur de bas, né à Magdebourg, agé de 29 ans, fils de Pierre Fontanieu, a été reçû Bourgeois de la colonie et preté serment de fidelité.

Jacob Arlaud, facturier en bas, né à Magdebourg, agé de 17 ans, a été reçû Bourgeois de la colonie et preté serment de fidelité.

Elie Chimbert, informateur de la Langue françoise, né à Berlin, agé de 24 ans a été reçû Bourgeois de la colonie et preté serment de fidelité.

Octobre 1726.

Antoine Bonnet, faiseur de bas, né à Magdebourg, agé de 20 ans, a été reçû Bourgeois de la colonie et preté serment de fidelité. a quitté.

Novembre 1726.

David Cassagne, faiseur de bas, né à Magdebourg, agé de 26 ans, a été reçû Bourgeois de la colonie et preté serment de fidelité.

André Maquet, faiseur de bas, a été reçû Bourgeois de la colonie.

Etienne Basadoi, faiseur de bas, agé de 32 ans, originaire de Jendun en Champagne, a preté le serment de fidelité et a été reçu Bourgeois de la colonie.

Janvier 1727.

Jean Mathieu Rouviere, orphevre et Jouailler, agé de 25 ans natif à Munickenberg, a été reçû Bourgeois de la colonie et preté serment de fidelité. Il doit jouir de 8 années de franchise, qui finiront en 1734.

Jaques Couriol, faiseur de bas, agé de 25 ans, né à Magdebourg, fils de feu Etienne Couriol, a été reçû Bourgeois de la colonie et preté serment de fidelité.

Nicolas Pascal, faiseur de bas, né à Magdebourg, agé de 24 ans, a été reçû Bourgeois de la colonie et preté serment de fidelité.

Jacob Fouquignon, faiseur de bas, né à Magdebourg agé de 23 ans, a été reçu Bourgeois de la colonie et preté serment de fidelité.

Pierre Souvaradel, facturier en bas, né à Magdebourg, agé de 18 ans, a été reçu Bourgeois de la colonie et preté serment de fidelité.

Esaye Mainaud, faiseur de bas, né à Magdebourg, agé de 21 ans, a été reçû Bourgeois de la colonie et preté serment de fidelité.

Pierre Brun, jardinier, né à Magdebourg, agé de 24 ans, a été reçû Bourgeois de la colonie et preté serment.

Fevrier 1727.

Pierre Barthelot, faiseur de bas, agé de 29 ans, originaire de Pratmol dans la Valee de Pragelas, a été reçû Bourgeois de la colonie, et preté serment de fidelité, a commencé ses franchises en Juillet 1725.

Louis Falou, compagnon serrurier, né à Berlin, agé de 33 ans, a été reçû Bourgeois de la colonie et preté serment de fidelité.

Gedeon Chambeau, faiseur de bas, agé de 28 ans, originaire d'Orange, est habitant en cette ville, depuis 5 ans, a été reçû Bourgeois de la colonie et preté serment de fidelité le 12. Fevrier 1727. a quitté.

Mars 1727.

Barthelemi Charton, marchand, né à Magdebourg, agé de 25 ans, a été reçû Bourgeois de la colonie et preté serment de fidelité.

Juin 1727.

Pierre Robert, tailleur d'habits, agé de 38 ans, originaire de Chaudefon, Comté de Valengin dans la principaute de Neufchatel, a été reçû Bourgeois de la colonie, et preté serment de fidelité.

Aout 1727.

François Herlan, cordonnier, né à Magdebourg, agé de 26 ans, a été reçû Bourgeois de la colonie et preté serment de fidelité.

Decembre 1727.

Christian Pierson, facturier en bas, agé de 30 ans, né à Hoffgeissemar au pays de Cassel, a été reçû Bourgeois de la colonie et preté serment de fidelité. Decedé.

Janvier 1728.

Samuel Maniglier, garçon serrurier, natif à Halle, agé de 17 ans, fils de Dominique Maniglier, a été reçû Bourgeois de la colonie et preté serment.

May 1728.

Daniel Pignan, faiseur de bas, natif à Magdebourg, agé de 25 ans, a été reçû Bourgeois de la colonie et preté serment de fidelité.

Pierre Guiraud, compagnon faiseur de bas, né à Magdebourg, agé de 21 ans, a été reçu Bourgeois de la colonie, et preté serment de fidelité. a quitté.

Guillaume Laplante, tailleur d'habits, agé de 28 ans, originaire du Belués en Perigord, a été reçû Bourgeois de la colonie, et preté serment. a quitté.

Juin 1728.

Antoine Barez, tailleur d'habits, né à Magdebourg, agé de 28 ans, fils d'Antoine Barez, a été reçû Bourgeois de la colonie, et preté serment de fidelité.

Jean Pourroi, gantier, né à Magdebourg, agé de 26 ans, fils d'Antoine Pourroi, a été reçû Bourgeois de la colonie, et preté serment de fidelité.

Antoine Peire, faiseur de bas, né à Magdebourg, agé de 20 ans, a été reçû Bourgeois de la colonie et preté serment de fidelité.

Juillet 1728.

Martin Lagnac, peigneur de laine, originaire de Meudon en Suisse, a été reçû Bourgeois de la colonie et preté serment de fidelité.

Septembre 1728.

Pierre L'hermet, faiseur de bas, natif à Traize pays de Cassel, agé de 29 ans, a été reçû Bourgeois de la colonie et preté serment de fidelité.

Benjamin Perrin, orphevre de sa profession, né à Magdebourg, fils de Pierre Perrin, a été reçû Bourgeois de la colonie et preté serment de fidelité.

Janvier 1729.

Jean Goudin, faiseur de bas, originaire de Nimes, agé de 28 ans, a été reçû Bourgeois de la colonie et preté serment de fidelité.

Fevrier 1729.

Isaac Bonte, Savonier, né à Magdebourg, agé 26 ans, a été reçû Bourgeois de la colonie, et preté serment de fidelité.

Mars 1729.

Antoine Fauas, perruquier, né à Berlin, agé de 30 ans, a été reçû Bourgeois de la colonie, et preté serment de fidelité.

Daniel Brouet, boulanger, né à Magdebourg, agé de 20 ans, fils de Felix Brouet, a été reçû Bourgeois de la colonie et preté serment de fidelité, 24. Mars 1729.

Juin 1729.

François Riviere, facturier en bas, né à Magdebourg, agé de 29 ans, a été reçû Bourgeois de la colonie et preté serment de fidelité.

Jaques Moulier, megissier, agé de 30 ans, originaire de Langogne en Vivarets, a preté serment de fidelité et a été reçû Bourgeois de la colonie.

Juillet 1729.

Daniel Gros, faiseur de bas, natif à Bourg, agé de 32 ans, a été reçû Bourgeois de la colonie, et preté serment de fidelité, a quitté.

Jaques Douzal, facturier en bas, agé de 21 ans, originaire de Roquecourbe en Languedoc, a été reçû Bourgeois de la colonie, et preté serment de fidelité.

Jeanhenri Chartier, fileur de laine, agé de 30 ans, natif à Magdebourg, a été reçû Bourgeois de la colonie et preté sermens de fidelité.

Jeremie Convert, cordonnier, agé de 25 ans, natif à Berlin, a preté serment de fidelité et a été reçû Bourgeois de la colonie le 19. Septembre 1729, a quitté.

Septembre 1729.

Raimond Rafet, gantier, né à Magdebourg, agé de 26 ans, a été reçû Bourgeois de la colonie et preté serment de fidelité.

Novembre 1729.

Claude Ivolas, faiseur de bas, agé de 27 ans, originaire de Soumiéres en Languedoc, a été reçû Bourgeois de la colonie et preté serment de fidelité, a quitté.

Decembre 1729.

Jean Deylau, facturier en bas, agé de 26 ans, originaire de Nismes en Languedoc, a été reçû Bourgeois de la colonie et preté serment de fidelité.

Bernard Buisson, faiseur de bas, agé de 45 ans, originaire de Nanci en Loraine, a été reçû Bourgeois de la colonie et preté serment de fidelité, ce 19. Decembre 1729.

1730.

Jean Coin, marchand, agé de 28 ans, natif à Bourg, a preté serment de fidelité et a été reçû Bourgeois de la colonie, le 4. Aout 1730.

Jean Jacob Suisse, compagnon serrurier, agé de 32 ans, natif de Grounat au Palatinat, a preté serment de fidelité et a été reçû Bourgeois de la colonie le 18. Aout 1730.

Juin 1730.

Mathieu Tournier, ramoleur, agé de 36 ans, originaire du Bourg de Versoy pays de Gey, a été reçû Bourgeois de la colonie et a preté serment de fidelité, le 19. Juin 1730. NB. étant catholique Romain, ne doit jouir d'ancune franchise. Decedé.

Aout 1730.

Arman Poiret, bijoutier, agé de 25 ans, natif à Berlin, a preté serment de fidelité et a été reçû Bourgeois de la colonie le 3. Aout 1730.

Fevrier 1731.

Jean Jordan, faiseur de bas, agé de 23 ans, natif à Hofgeismar pays de Hesse Casel, a été reçû Bourgeois de la colonie et preté serment de fidelité, ce 5. Fevrier 1731.

Mars 1731.

Isaac Coin, perruquier, agé de 36 ans, natif à Bourg, a été reçû Bourgeois de la colonie et preté serment de fidelité, le 5. Mars 1731.

Avril 1731.

David Macaire, faiseur de bas, natif a Magdebourg, agé d'environ 27 ans, a preté serment de fidelité et a été reçû Bourgeois de la colonie le 9. Avril 1731.

François Pathé, peigneur de laine, natif à Bourg, agé d'environ 25 ans, a preté serment de fidelité, et a été reçû Bourgeois de la colonie, le 9. Avril 1732.

May 1731.

Jean Guillaume Solcourt, cordonnier, natif à Strasbourg le 23. Septembre 1691, etabli ci devant à Cassel depuis 13 ans, a preté serment de fidelité et a été reçû Bourgeois de la colonie, le 22. May 1731.

Juin 1731.

Daniel Roux, peigneur de laine, natif à Munickenberg, etabli en cette ville au mois de Juin 1727, a preté serment de fidelité, et a été reçû Bourgeois de la colonie le 25. Juin 1731.

Jean Malpel, compagnon chapelier, originaire de Villemour dans le haut Languedoc, est venu en cette ville au mois d'avril 1729, a preté serment de fidelité, été reçû Bourgeois de la colonie le 25. Juin 1731.

Foucaran Nissar, peigneur de laine, originaire de Vauvert, diocèze de Nismes, établi en cette ville, au mois de Juin 1730, a preté serment de fidelité et a été reçû Bourgeois de la colonie le 25. Juin 1731.

Claude Roussel, peigneur de laine, originaire de Sauvoye, diocèze Dupui en Auvergne, établi en cette ville au mois de Juin 1730, a preté serment de fidelité et a été reçû Bourgeois de la colonie le 25. Juin 1731.

Jean Bonnin, peigneur de laine, natif à Bourg, établi en cette ville au mois d'avril dernier, a preté serment de fidelité et a été reçu Bourgeois de la colonie ce 25. Juin 1731.

Pierre Pathé, peigneur de laine, natif à Bourg, établi en cette ville au mois d'avril dernier, a preté serment de fidelité et a été reçû Bourgeois de la colonie, le 25. Juin 1731.

Jeanne Laborde, megissier, originaire du Mas Datil dans le Comté de Foix haut Languedoc, établi en cette ville au mois de mars dernier, a preté serment de fidelité et a été reçû Bourgeois de la colonie, le 25. Juin 1731.

Jaques Caluet, ouvrier en laine, originaire de Montauban, établi en cette ville au mois de mars dernier, a preté serment de fidelité et a été reçû Bourgeois de la colonie le 25. Juin 1731.

Mathieu Malric, facturier, originaire de Nimes, établi en cette ville au mois de Janvier dernier, a preté serment de fidelité et a été reçû Bourgeois de la colonie le 25. Juin 1731.

Jaques Gibal, cardeur, originaire de Saumane dioceze d'Alis en Languedoc, établi en cette ville au mois de Janvier dernier a preté serment de fidelité et a été reçû Bourgeois de la colonie le 25. Juin 1731.

Louis Crouzet, peigneur de laine, originaire de Lusan dioceze d'Usez, établi en cette ville au mois de Janvier dernier, a preté serment de fidelité et a été reçû Bourgeois de la colonie le 25. Juin 1731.

Juillet 1731.

David Jordan, gantier, agé de 25 ans, fils de Pierre Jordan, établi en cette ville au mois de Juin dernier, a preté serment de fidelité et a été reçu Bourgeois de la colonie le 2. Juillet 1731.

Pierre Odol, peigneur de laine, natif à Magdebourg, agé de 19 ans, a preté serment de fidelité et a été reçû Bourgeois de la Colonie le 16. Juillet 1731.

Pierre Besson, tapissier, originaire de Lion, a preté serment de fidelité et a été reçû Bourgeois de la colonie au mois de Juillet 1731.

Septembre 1731.

Julien Roux, tailleur, agé de 47 ans, originaire de Nimes, établi en cette ville depuis un an et demi, a preté serment de fidelité et a été reçû Bourgeois de la colonie le 17. Septembre 1731.

Octobre 1731.

David Mainadie, horloger, originaire de Negrin pres de Mazamet dioceze de Lauaur, a preté serment de fidelité et a été reçû Bourgeois de la colonie le 1. Octobre 1731.

Antoine Borde, marchand, agé de 57 ans, originaire de Montpelier, établi en cette ville depuis deux ans, a preté serment de fidelité et a été reçû Bourgeois de la colonie le 1. Octobre 1731.

Adam Mack, boulanger, agé de 40 ans, originaire de Magdebourg, ayant obtenu de Sa Majesté, la permission de se ranger sous la Jurisdiction de la colonie françoise, en acquerant la Boulangerie d'André Connort a preté serment de fidelité et a été reçû Bourgeois de la colonie le 22. Octobre 1731.

Jean Marechal, couteiller, agé de 42 ans, originaire de Chalons en Champagne, habitant en ce pays depuis environ 30 ans, mais n'exerçant sa profession que depuis 12 ans, a preté serment de fidelité et a été reçû Bourgeois de la colonie le 13. Octobre 1731.

Jean Adam Escher, faiseur de bas, demeurant à la ville neuve, agé de 30 ans, originaire de Friderich Thale pays d'Amspach a demeuré à Halle ou en cette ville 12 ans, a preté serment de fidelité et a été reçû Bourgeois de la colonie le 30. Octobre 1731.

Novembre 1731.

Paul Girou, gantier, natif de Gimelhause pays de Cassel, agé de 31 ans, fils de Jaques Giron et de Judith Retourla, a preté serment de fidelité et a été reçû Bourgeois de la colonie le 5. Novembre 1731, demeure à Berlin.

Jean Gautier, gantier, natif de Remond Moutier dans le pays de Berne en Suisse agé de 30 ans, fils de feu Jean Gautier, a travaillé en cette ville depuis 4 ans, a été reçû Bourgeois de la colonie et preté serment de fidelité le 5. Novembre 1731.

Etienne Mainadie, horloger, agé de 30 ans, natif de Mazamet en Languedoc, a preté serment de fidelité et a été reçû Bourgeois de la colonie ce 10. Novembre 1731. Decedé en 1732.

Decembre 1731.

Jaques Borel, faiseur de bas, natif à Sarnés pays des Grisons, agé de 40 ans, fils de feu Jean Borel et de Marie Belonne, marié en cette ville le 2. Aout 1726, a preté serment de fidelité et a été reçû Bourgeois de la colonie le 18. Decembre 1731. Est decedé.

Mars 1732.

Jean Granier, en mars 1732.

Avril 1732.

Henri Aubanel, faiseur d'eguilles à metiers a bas, natif a Magdebourg, agé de 24 ans, fils de Manuel Aubanel et de Marie Passepin, a preté serment de fidelité et a été reçû Bourgeois de la colonie le 28. Avril 1732.

Aout 1732.

Daniel Perrin, gantier, natif à Magdebourg, agé de 23 ans, fils de Pierre Perrin et de Marie Eustache, a été reçû Bourgeois de la colonie, et preté serment, de fidelité le 11. Aout 1732.

Jacob Perrin, gantier, natif à Magdebourg, fils de Pierre Perrin et de Magdelaine Eustache, agé de 22 ans, a preté serment de fidelité et a été reçû Bourgeois de la colonie le 11. Aout 1732,

Jean Pierre Dumont, Jardinier, originaire de Bassa pres de Gap en Dauphiné, a preté serment de fidelité et a été reçû Bourgeois de la colonie le 25. Aout 1732. Est fugitif.

Jean Donzel, faiseur de bas, natif à Magdebourg, agé de 19 ans, fils de feu Pierre Donzel et de Françoise Arnoux, a preté serment de fidelité, et a été reçû Bourgeois de la colonie le 25. Aout 1732.

Septembre 1732.

Albert Dubois, brasseur, natif à Magdebourg, agé de 16 ans, fils de feu Martin Dubois et de Judith Salomé, a preté serment de fidelité et a été reçû Bourgeois de la colonie le 8. Septembre 1732.

Octobre 1732.

Louis La Pierre, faiseur de bas, natif à Northausen, fils de feu Pierre Lapierre et de Margueritte Retenhause, a preté serment de fidelité et a été reçû Bourgeois de la colonie le 1. Octobre 1732.

Novembre 1732.

Jaques Pascal, chapellier, natif à Magdebourg, agé de 26 ans, fils de feu Nicolas Pascal et de Anne Roland, ses père et mère, a preté serment de fidelité et a été reçû Bourgeois de la colonie le 14. Novembre 1732.

Fevrier 1733.

Pierre Delmas, teinturier de sa profession, natif à Magdebourg, agé de 23 ans, fils de sieur Arnauld Delmas et de defunte Marie Elisabeth Surmelde, ses père et mère, a preté serment de fidelité et a été reçû Bourgeois de la colonie le 18. Fevrier 1733.

Mars 1733.

Pierre Chartier, peigneur de laine, natif à Magdebourg, agé de 24 ans, fils de feu Jean Chartier, drapier, et de defunte Marie Elisabeth Veltin, ses père et mère, a preté serment de fidelité et a été reçû Bourgeois de la colonie ce 2. Mars 1733.

Guillaume Laurens, compagnon manufacturier en bas, natif à Magdebourg, agé d'environ dix huit ans, fils de feu le sieur Guillaume Laurens, et de demoiselle Marguerite Coutaud, ses père et mère, a preté serment de fidelité et a été reçû Bourgeois de la colonie, ce 27. Mars 1733. a quitté.

Avril 1733.

Jaques Combes, faiseur de bas, natif de Breou pres du Vigan en Sevenes Royaume de france, agé d'environ 33 ans, fils de feu Mathieu Combes et de Jeanne Guibal, ses père et mère, Refugié en cette ville depuis un an, a preté serment de fidelité ce jourd'hui 21. Avril 1733 et a été reçû Bourgeois de la colonie. Est decedé.

Pierre Antoine Gras, natif à Magdebourg, agé d'environ 24 ans, peigneur de laine, fils de feu David Gras, originaire de Generargues dioceze d'Anduse en Sevenes, et de Marie Palein de Mirendol en Provence, a preté serment de fidelité, le 28. Avril 1732, et a été reçû Bourgeois de la colonie, deliure ses lettres de Bourgeoisie ce 8. May 1733.

May 1733.

Jean Deleuze, natif à Magdebourg, agé de 22 ans, serrurier de sa profession, fils de Scipion Deleuze, maitre serrurier et de Alix Boudon, ses père et mère, a preté serment de fidelité et a été reçû Bourgeois de la colonie le 2. May 1733.

Avril 1733.

Jean Jaques Houbert, natif de la ville Stendal, marchand habitant en cette ville, agé de 25 ans, fils de feu Gaspar Houbert, Refugié de Suisse, et d'Anne Margueritte Mangelstorf, ses père et mère, a preté serment de fidelité et a été reçû Bourgeois de la colonie le premier avril 1733.

May 1733.

Jean Jaques Grizot, natif d'Halberstadt, marchand habitant en cette ville, agé d'environ 24 ans, fils de feu Paul Grizot et de defunte Maria Ponse, ses père et mère, a preté serment de fidelité, et a été reçû Bourgeois de la colonie ce 5. May 1733. Est decedé.

Le sieur Charles Gramont, Bourgeois et Brasseur à la ville de Magdebourg, ayant obtenu en grace de Sa Majesté notre souverain, par un rescript en datte du 10. Mars dernier, la permission de se ranger et dependre à l'avenir de la Justice françoise de cette ville, et Messieurs les commissaires de la colonie Palatine, lui ayant en vertu du dit Rescript accordé sa demission le 5. du courant, nous l'avons en vertu du dit Rescript et lettres demissoires, reçû au nombre de nos justiciables, sous la promesse qu'il à faite par le serment qu'il a cidevant preté d'être fidele à l'Auguste Maison Royale, et se conporter en bon et fidele Bourgeois et citoyen de cette ville et colonie françoise, à Magdebourg le 20. May 1733. Est decedé.

Daniel Tansard, agé d'environ 26 ans, natif à Magdebourg, marchand, fils de sieur Pierre Tansard et de Marie Mesnier, a preté serment de fidelité, et a été reçû Bourgeois de la colonie, ce 27. May 1733. Demeure à Berlin.

Abraham Toussain, natif à Magdebourg, horloger de sa profession, agé de 21 ans, fils de feu Pierre Toussain et de Marie Guiot, ses père et mère, a preté serment de fidelité et a été reçû Bourgeois de la colonie ce 21. May 1733.

Charles Robert Huguet, marchand manufacturier en bas de castor, natif à Magdebourg, agé d'environ 20 ans, fils du sieur Charles Huguet, assesseur en cette justice, et de defunte demoiselle Anna Muller, a preté serment de fidelité et a été reçû Bourgeois de la colonie ce 23. May 1733.

Juillet 1733.

Pierre Blanc, faiseur de bas de sa profession, natif à Magdebourg, agé de 23 ans, fils de Jaques Blanc et de Magdelaine Verdette, a preté serment de fidelité et a été reçû Bourgeois de la colonie, ce 13. Juillet 1733.

Antoine Perrin, faiseur de bas de sa profession, natif de Christian Erlang, agé de 34 ans, fils de David Perrin et d'Anne Brouet, habitants en cette ville, a preté serment de fidelité, et a été reçû Bourgeois de la colonie, ce 14. Juillet 1733. Demeure à Copenhagen.

Pierre Perrin, marchand Drogiste, natif à Magdebourg, agé de 23 ans, fils de David Perrin et d'Anne Brouet, a preté serment de fidelité et a été reçû Bourgeois de la colonie ce 14. Juillet 1733. Demeure ailleurs.

Guillaume Menard, faiseur de bas de sa profession, natif à Magdebourg, agé de 20 ans, fils de Paul Menard et d'Ester de Lagarde, a preté serment de fidelité et a été reçû Bourgeois de la colonie, ce 16. Juillet 1733. Exp. le 16. Sept. 1743.

Elie Melon, faiseur de bas de sa profession, natif à Magdebourg, agé de 19 ans, fils de Pierre Melon et de Marie Foul, a preté serment de fidelité et a été reçû Bourgeois de la colonie, ce 17. Juillet 1733.

Jean Puech, faiseur de bas de sa profession, natif à Magdebourg, agé de 21 ans, fils d'Antoine Puech et de Anna Eustache, a été reçû Bourgeois de la colonie et a preté serment de fidelité, ce 17. Juillet 1733. Est decedé.

Aout 1733.

Abraham Schloss, faiseurs de bas de sa profession, natif à Bourg, agé de 25 ans, fils de feu Abraham Schloss et de Marianne de Haye, a été reçu Bourgeois de la colonie et a preté serment de fidelité, ce 10. Aout 1733.

Jacob Eyraud, perruquier de sa profession, agé de 31 ans, natif à Berlin, fils de feu Etienne Eyraud et de Marie Boutel, a preté serment de fidelité en la forme ordinaire et a été reçû Bourgeois de la colonie ce 13. Aout 1733.

Octobre 1733.

Jean Cayla, marchand droguiste, agé de 21 ans, natif à Magdebourg, fils d'Antoine Cayla et de defunte Marie Jacobé, a preté serment de fidelité et a été reçû Bourgeois de la colonie ce 5. Octobre 1733.

Simon Pierre Bertrand, couteiller de sa profession, agé de 18 ans, natif à Magdebourg, fils de Paul Bertrand et de Marie Judith Rolar, a preté serment de fidelité et a été reçû Bourgeois de la colonie ce 12. Octobre 1733, expedié le 14. Aout 1738.

André Dubou, faiseur de bas de sa profession, agé de 45 ans, originaire de Meaux en Brie, fils de feu François Dubou, et de defunte Magdelaine Leiseman, a preté serment de fidelité et a été reçû Bourgeois de la colonie, ce 19. Octobre 1733.

Avril 1734.

Godefroi Odemar, natif en cette ville, agé d'environ vingtsept ans, boutonnier de sa profession, fils de Jaques Odemar et de defunte Magdelaine Bernbeaume, ses père et mère, a preté serment de fidelité en la forme ordinaire et a été reçu Bourgeois de la colonie ce 21. Avril 1734.

Pierre Griolet, natif à Magdebourg, agé d'environ 26 ans, ouvrier en camelot de soye, fils de feu Pierre Griolet et d'Elisabeth Aubertin, ses père et mère, a preté serment de fidelité en la forme ordinaire et a été reçû Bourgeois de la colonie, ce 28. Avril 1734.

Aout 1734.

Jean Henri Roger, natif à Leipzig, agé d'environ 24 ans, maitre de langue, fils de feu Jean Pierre Roger et de defunte Marie Le Goulon, a preté serment de fidelité en la forme ordinaire et a été reçû Bourgeois de la colonie, ce 23. Aout 1734.

Septembre 1734.

Joseph Fournier, originaire de Saint Roman en Dauphiné, peigneur de laine, a preté serment de fidelité, en la forme ordinaire, et a été reçû Bourgeois de la colonie ce 11. Septembre 1734.

Daniel Maitre, natif à Berlin, agé d'environ 28 ans, chapellier de sa profession, fils de Jean Philipe Maitre et de Marguerite Granjean, a preté serment de fidelité en la forme ordinaire et a été reçû Bourgeois de la colonie, ce 20. Septembre 1734.

Novembre 1734.

Jean Bernard, originaire de Ganges en Languedoc, agé d'environ 40 ans, faiseur de bas de sa profession, fils de Jean Bernard et de Jeanne Nouguier, a preté serment de fidelité en la forme ordinaire, et a été reçû Bourgeois de la colonie, ce 18. Novembre 1734.

Decembre 1734.

Pierre Puech, natif à Magdebourg, agé d'environ 30 ans, faiseur de bas de profession, fils d'Antoine Puech et de Anne Eustache, a preté serment de fidelité en la forme ordinaire, et a été reçu Bourgeois de la colonie, ce 3. Decembre 1734.

Aout 1735.

David Karrer, natif de Kostmanhoff, Principauté de Kempten dans la Suabe, agé d'environ 26 ans, cordonnier de sa profession, fils de Philipp Karrer, et de Catherine Hergerin, ses père et mère a preté serment de fidelité en la forme ordinaire et a été reçû Bourgeois de la colonie ce 15. Aout 1735.

Septembre 1735.

Jaques Ris, natif à Magdebourg, agé de 23 ans, faiseur de bas de sa profession, fils de feu Pierre Ris et de Marie Alexandre, ses père et mère, a preté serment de fidelité en la forme ordinaire et a été reçû Bourgeois de la colonie le 13. Septembre 1735. a quitté.

Le sieur Louis Bruguier, originaire de la ville de Nimes en Languedoc, agé d'environ 46 ans, marchand habitant en cette ville, depuis un an et demi, a ce jourd'hui preté serment de fidelité en la forme ordinaire et a été reçû Bourgeois de la colonie, le 14. Septembre 1735. Est decedé.

Octobre 1735.

Frideric Guillaume Gondrevil, natif à Berlin, agé de 26 ans, fondeur de sa profession, fils de Daniel Gondrevil et de Anne de Rochefort, a preté serment de fidelité en la forme ordinaire, et a été reçû Bourgeois de la colonie, ce 3. Octobre 1735.

Novembre 1735.

Charles Benjamin Lefeure, natif à Brandebourg, agé de 27 ans, orphevre de sa profession, fils du sieur Hubert Lefeure, a preté serment de de fidelité en la forme ordinaire, et a été reçû Bourgeois de la colonie ce 19. Novembre 1735. Demeure à Berlin.

Philipe Charpentier, natif à Magdebourg, cordonnier de sa profession, agé d'environ 23 ans, fils de David Charpentier et de Urselle Preizig, ses père mère, a preté serment de fidelité en la forme ordinaire et a été reçu Bourgeois de la colonie, ce 26. Novembre 1735.

May 1736.

Antoine Souchon, natif à Magdebourg, faiseur de bas de profession, agé d'environ dixhuit ans, fils de Jean Souchon et de Jeanne Marguerite Lione, ses père et mère, a preté serment de fidelité en la forme ordinaire et a été reçû Bourgeois de la colonie, ce 29. May 1736.

Octobre 1736.

Jaques Salomé, natif à la ville neuve de Magdebourg, tailleur d'habits de sa profession, agé de vingtun ans, fils de feu Conrad Salomé et de defunte Marie Catherine Hansen, se père et mère, a preté serment de fidelité en la forme ordinaire et a été reçû Bourgeois de la colonie, ce 9. Octobre 1736.

Pierre Dubaux, natif de la ville de Paris, tailleur d'habits de sa profession, agé de vingt neuf ans, fils de feu Pierre Dubaux et d'Anne Payon, ses père et mère, a preté serment de fidelité en la forme ordinaire et a été reçû au nombre des Bourgeois de la colonie, ce 2. Octobre 1736.

Etienne Boucairan, maitre facturier en bas, a été reçu Bourgeois de la colonie françoise et a preté serment en tel cas requis.

Novembre 1736.

Antoine Dupau, agé de 26 ans, fondeur de sa profession, natif de cette ville, fils de feu Pierre Dupau et d'Isabeau Demar, ses père et mère, a preté serment de fidelité en la forme ordinaire et a été reçû Bourgeois de la colonie le 26. Novembre 1736.

Octobre 1737.

David Carriere, natif à Magdebourg, agé d'environ 20 ans, faiseur de bas de sa profession, fils de David Carriere et de Magdelaine Odemar, ses père et mère, a preté serment en la forme ordinaire, et a été reçû Bourgeois de la colonie ce 8. Octobre 1737.

Janvier 1738.

François Christophle Charpentier, cordonnier de sa profession, natif en cette ville, agé d'environ 24 ans, fils de feu David Charpentier, et de Ursele Preyzig, ses père et mère, a preté serment de fidelité en la forme ordinaire et a été reçû Bourgeois de la colonie, ce 8. Fevrier 1738. Expedié le 28. Janvier 1741.

Octobre 1738.

Ernest Albert Trolier, agé de 25 ans, natif de Hilbourghausen en Saxe, fils de Jean Jaques Trolier et de Judith Fieret, ses père et mère, a preté serment de fidelité en la forme ordinaire et a été reçû Bourgeois de la colonie le 13. Octobre 1738.

François Astier, peigneur de laine, agé de 29 ans, natif de Lausanne, fils de feu François Astier et de Anne Brunel, ses père et mère, a preté serment de fidelité et a été reçû Bourgeois de la colonie le 13. Octobre 1738.

Novembre 1738.

Jean Dorgeuil, jardinier, natif en cette ville, agé d'environ 22 ans, fils d'Huguet Dorgeuil, jardinier, et de Marie Kranckman, ses père et mère, a preté serment de fidelité et a été reçû au Nombre des Bourgeois de la colonie le 20. Novembre 1738.

Octobre 1738.

Barthelemi Bardin, cordonnier, agé d'environ 23 ans, natif à Halberstadt, fils de feu Paul Bardin et de defunte Claudine Taulieu, sa femme, ses pére et mère, etablis audit Halberstadt en 1728 et decedés quelque année après, n'ayant joui des franchises que cinq ans, ainsi ledit Barthelemi Bardin en doit encore jouir de 10. a preté serment de fidelité et a été reçû Bourgeois ce 20.Octobre 1738.

Le sieur Jaques Pascal, marchand, agé d'environ. 23 ans, natif d'Stendal, fils du sieur Paul Pascal et d'Elisabeth Charpillon, ses père et mère, a preté serment de fidelité et a été reçû au nombre des Bourgeois de cette colonie, ce 20. Octobre 1738.

May 1739.

Le sieur Pierre Garrigues, maitre perruquier, agé d'environ 41 ans, originaire de Mazamet dans le haut Languedoc, a preté serment de fidelité et a été reçû au nombre des Bourgeois de la colonie, ce 30. May 1739.

Septembre 1739.

Abel Chambion, ouvrier en laine, agé d'environ vingt trois ans, natif à Cassel, fils de Simon Chambion et de Marguerite Marseille, ses père et mère, a preté serment de fidelité et a été reçû au Nombre des Bourgeois de cette colonie le 27. Septembre 1739.

Fevrier 1740.

Daniel Giloin, natif à Magdebourg, agé d'environ 25 ans, gantier de sa profession, fils de feu Daniel Giloin et de Anne Fort, ses père et mère, a preté serment de fidelité et a été reçû au nombre des Bourgeois de la colonie ; le premier Fevrier 1740.

Moyse Fleureton, agé d'environ 43 ans, maitre de langue, natif de Prentzlau, fils de Feu François Fleureton, et de Marie Nicolas, ses père et mère, a preté serment de fidelité et a été reçû au nombre des Bourgeois de la colonie le 8. Fevrier 1740.

Louis Domerguer, cardeur de laine, agé de 25 ans, originaire de Saint Hypolite, a preté serment de fidelité et a été reçû au nombre des Bourgeois de la colonie le 8. Fevrier 1740.

Etienne Guiot, cordonnier, originaire de Sansere en Beri, a preté serment de fidelité et a été reçû au nombre des Bourgeois de la colonie le 8. Fevrier 1740.

Samuel Labrume, compagnon chapellier, originaire de Tonnains en Angenois, a preté serment de fidelité et a été reçû au nombre des Bourgeois de la colonie le 8. Fevrier 1740.

Jean Dumont, faiseur de bas, natif à Magdebourg, a preté serment de fidelité et a été reçû au nombre des Bourgeois de la colonie le 8. Fevrier 1740.

Jean Goudin, peigneur de laine, originaire de Nimes en Languedoc, a preté serment de fidelité et a été reçû au nombre des Bourgeois de la colonie le 8. Fevrier 1740.

François Rigau, cardeur de laine, originaire d'Anger, a preté serment de fidelité et a été reçu au nombre des Bourgeois de la colonie le 8. Fevrier 1740.

François Guaidan, peigneur de laine, natif à Magdebourg, a preté serment de fidelité et a été reçû au nombre des Bourgeois de la colonie le 8. Fevrier 1740.

Honoré Simeon, cardeur de laine, natif à Magdebourg, a preté serment de fidelité et a été reçû au nombre des Bourgeois de la colonie le 8. Fevrier 1740.

Thomas Barez, tailleur d'habits de sa profession, natif de cette ville, agé de 24 ans, fils d'Antoine Barez et de defunte Marie Decote, ses père et mère, a preté serment de fidelité et a été reçû au nombre des Bourgeois de la colonie ce 12. Fevrier 1740.

Mars 1740.

Nicolas Le Roi, masson de sa profession, agé de 25 ans, originaire de La ferté Milon en Valois, fils de feu Antoine Le Roi et de Margueritté Cureau, ses père et mère, a preté serment de fidelité et a été reçû au nombre des Bourgeois de la colonie ce 14. Mars 1740.

Avril 1740.

Louis Charpentier, cordonnier de sa profestion, natif en cette ville, agé de 23 ans, fils de feu David Charpentier et de Ursele Preitzig, ses père et mère, a preté serment et a été reçû au nombre des Bourgeois de la colonie ce 28. Avril 1740.

Septembre 1740.

Le sieur Jaques Garrigues, natif à Magdebourg, orphevre et joalier da sa profession, agé de 24 ans, fils de feu le sieur Jaques Garrigues, et de defunte demoiselle Marguerite Nicolas ses père et mère, a preté serment de fidelité, et a été reçû au nombre des Bourgeois de la colonie ce 13. Septembre 1740. Expedié.

Le sieur Jaques Guillaume Delarche, perruquier de sa profession, agé d'environ 24 ans, natif a Halle, fils de Jaques Delarche et de Magdelaine Houlmann, ses père et mère, a preté ce jourd'hui serment de fidelité et a été reçû au nombre des Bourgeois de la colonie ce 14. Septembre 1740. Expedié.

Pierre Thiers, agé d'environ 21 ans, gantier de sa profession, natif à Brandebourg, fils de feu Etienne Thiers et de defunte Marie Latelle, ses père et mère, a preté ce jourd'hui serment de fidelité et a été reçû au nombre des Bourgeois de la colonie ce 24. Octobre 1740. Expedié.

Daniel Couriol, natif à Magdebourg, agé de 19 ans, peigneur de laine, fils de feu Gabriel Couriol, et de Magdelaine Muller ses père et mère, a preté ce jourd'hui serment de fidelité et a été reçû au nombre des Bourgeois de la colonie ce 20. Sept 1740.

May 1741.

Pierre Deleuze, natif à Magdebourg, agé de 20 ans, serrurier de sa profession, fils de feu Scipion Deleuze et d'Alix Boudon ses père et mère, a preté ce jourd'hui serment de fidelité et a été reçû au nombre des Bourgeois de la colonie, ce 16. May 1741. Decedé.

Juin 1741.

En Juin, La demoiselle veuve Dufour, est venue de Leipzig, habiter avec sa famille, en cette ville. Decedé en Juillet 1741.

3. Juillet 1741.

Chretien Jules Heurtaux, Metteur en oeuvre, natif de Wolffenbüttel, fils de defunt Samuel Heurtaux et de feue Marie Elizabeth Heim, a preté serment à Sa Majesté et a été reçû Bourgeois de la colonie.

3. Juillet 1741.

Pierre Sautel, faiseur d'aiguilles, natif de cette ville, fils de defunt Charles Sautel et def. Marie Leist, a preté serment et a été reçû Bourgeois de la colonie.

5. Juillet 1741.

Pierre Dumas, natif de Brunniquel en Guienne, agé de 37 ans, fils de Jaques Dumas et defunte Marie Gandil, a preté serment de fidelité à Sa Majesté et a été reçû Bourgeois de la colonie. Est decedé.

Abraham Mommejan, fourbisseur, natif de cette ville, agé de 34 ans, fils de defunt Andre Mommejan et de Marie Coccu, ayant preté serment de fidelité à S. M., a été reçû Bourgeois de la colonie.

18. Juillet 1741.

Claude Délatte, agé de 31 ans, ouvrier en laine, natif de St. Quentin en Picardie, fils de feu Claude Délatte et de Catherine Françoise Brun, a preté serment de fidelité à S. M. et a été reçû Bourgeois de la colonie.

31. Juillet 1741.

Isaac Foucard, faiseur de bas, originaire de Nimes, a été établi à Berlin 10 ans et reçû Bourgeois de cette colonie.

Paul Menard, faiseurs de bas, natif de cette ville, fils de Paul Menard et d'Esther Delagarde, a preté serment et a été reçû Bourgeois.

Jaques Douzal, manufacturier, natif de Roquecourbe dans le haut Languedoc, agé de 33 ans, fils de defunt Jean Douzal et de Marthe Vialat, a preté serment et a été reçû Bourgeois. NB. non-etabli.

Pierre Garnier, marchand, natif de Schwobach, fils de feu Claude Garnier et de Marie Pelloutier, a preté serment et a été reçû Bourgeois. Decedé en avril 1743.

7. Aout 1741.

Etienne Rigoulet, natif de Nimes, agé de 28 ans, manufacturier en soye, fils de Jaques Rigoulet et de defunte Susanne Fabrot, a preté serment de fidelité et a été reçû Bourgeois de la colonie.

14. Aout 1741.

Pierre Baltazard Arnal, maitre de langue, natif de cette ville, agé d'environ 30 ans, fils de Baltazard Arnal et de Susanne Roure, a preté serment de fidelité et reçû Bourgeois de la colonie françoise.

21. Aout 1741.

Jean Macaire, faiseur de bas, agé d'environ 50 ans, natif de cette ville, fils de defunts Jean Macaire et Marie Courier, a preté serment de fidelité et a été reçû Bourgeois de la colonie.

26. Aout 1741.

Isaac Grammont, natif de cette ville, agé d'environ 18 ans, brasseur de profession, fils de feu le sieur Charles Grammont et de demoiselle Judith Salomé, a ce jourd'hui preté serment de fidelité à S. M. et a été reçû Bourgeois de la colonie. Exp.

28. Aout 1741.

Pierre Piquo, natif de Strasbourg, prés de Prentzlow, agé de 31 ans, menusier de Profession, fils de feu Isaac Piquo et de Jeanne Miché, a preté serment de fidelité, et a été reçû au nombre des Bourgeois de la colonie.

11. Septembre 1741.

Jean Peladan, ouvrier en laine, agé de 24 ans, natif de cette ville, fils de Jean Peladan et de Susanne Bontoux, a preté serment de fidelité et a été reçû Bourgeois de la colonie,

12. Septembre 1741.

Anthoine Bréton, agé de 32 ans, faiseur de bas, natif de Neuhaldensleben, fils de defunts Cephas Bréton et Marguerithe Vivier, a preté serment et a été reçû Bourgeois de la colonie.

4. Decembre 1741.

Guillaume Roy, agé de 28 ans, natif de cette ville, fils de feu Simon Pierre Roy et de Marie Richard, a preté serment et a été reçû Bourgeois de la colonie.

8. Janvier 1742.

Isaac Chay, serrurier, agé de 24 ans, et Scipion Chay, son frère, ouvrier en laine, agé de 18 ans, natifs de cette ville, fils de defunts Clement Chay et d'Elizabeth Odon, ont preté serment de fidelité et ont été reçûs Bourgeois de la colonie.

Jean Jaques Weiscop, ouvrier en laine, agé de 26 ans, natif d'Halberstadt, fils de defunts George Weiscop et Louise Bousige, a preté serment et à été reçu Bourgeois de la colonie.

15. Janvier 1742.

Daniel Horio, natif de cette ville, fils de defunt Esaye Horio a été reçû Bourgeois de la colonie, en prêtant le serment ordinaire.

9. Avril 1742.

Pierre Rippert, faiseur de bas, agé de 28 ans, natif de cette ville, fils de feu Pierre Rippert et de Marie Armand, a preté serment de fidelité et a été reçû Bourgeois de la colonie françoise.

8. May 1742.

Nathanaël-Abraham George, orfévre, natif de Berlin, agé de 25 ans, fils du sieur Louis George et de Susanne Robert, a été reçû Bourgeois et preté serment de fidelité. Exp.

18. Juin 1742.

Jaques Martineau, natif de cette ville, agé de 29 ans, joualler de profession, fils de Jaques Martineau et de Marguerithe Stickhausen, a preté serment de fidelité et a été reçû Bourgeois de la colonie. Exp.

9. Juillet 1742.

Jean Bâtiste d'Haynin, chirurgien, agé de 62 ans, natif de Valenciennes au païs de Haynaut, a été reçû Bourgeois de la colonie et preté serment. Il habite en cette Ville depuis St. Michel 1739. Decedé en Septembre 1742.

15. Aout 1742.

Jean Pascal, natif de Stendal, agé de 22 ans, marchand, fils de feu Paul Pascal et d'Elizabeth Charpillon, a preté serment de fidelité, et a été reçû au nombre des Bourgeois de la colonie. Exp.

18. Aout 1742.

Jean Guillaume Matthieu, jardinier, natif de cette ville, agé de 33 ans, fils de feu Paul Matthieu et d'Elizabeth Toussaint, a preté serment de fidelité à S. M. et a été reçû Bourgeois de la colonie.

5. Novembre 1742.

Jean Elie Chollet, ouvrier en laine, natif de cette ville, fils de Daniel Chollet et de Marthe Elizabeth Zimmermann, a preté serment et a été reçû Bourgeois de la colonie.

NB. Mr. Ruynat, pasteur de l'eglise fr., arrivé en Septembre 1742.

12. Novbre. 1742.

Jean Jaques Odemar, boutonnier, agé de 23 ans, natif de cette ville, fils du Sr. Jaques Odemar et de feue Magdeleine Birnbaum, a preté serment et a été reçû Bourgeois de la colonie.

12. Novembre 1742.

Anthoine Sollier, faiseur de bas en soye, natif de Saint Laurens, agé de 33 ans, établi en cette ville dep. trois mois, a preté serment et a été reçû Bourgeois de la colonie.

Jullien Mennigau, cordonnier, agé d'environ 60 ans, natif de Sanserre en Berry, a preté serment de Bourgeoisie, ne l'ayant fait dep. 18 ans qu'il habite en cette ville.

19. Novembre 1742.

Jean Girard, faiseur de bas, agé de 34 ans, natif de cette ville, fils de Jean Girard et de Susanne Bonnin, a preté serment de fidelité et a été reçû Bourgeois.

2. Janvier 1743.

Pierre Breton, tailleur d'habits, natif de cette ville, agé de 32 ans, fils de feu Paul Breton et de feue Marie Barez, a preté serment et a été reçû Bourgeois de la colonie. Exp.

Jean Chrétien Dechay, ouvrier en laine, natif de cette ville, agé de 24 ans, a preté serment de fidelité à Sa Majesté, et a été reçû Bourgeois de la colonie. Mort le 13. Juin 1791 à la ville neuve de Magdebourg.

20. Mars 1743.

David Baldy, faiseur de bas, natif de cette ville, fils d'Etienne Baldy et de Susanne Delarchet, a preté serment de fidelité à S. M. et a été reçû Bourgeois de la colonie. Exp.

2. Avril 1746.

Henri Jullien Mennigau, cordonnier, natif de cette ville, agé de 20 ans, fils de Jullien Mennigau et de Judith Darrest, a preté serment de fidelité et a été reçû Bourgeois de la colonie. Est decedé en 1782. Exp.

12. Avril 1743.

Jean Soullier, faiseur de bas, natif de cette ville, agé de 22 ans, fils de Charles Soullier et d'Anthoinete Soucal, a preté serment de fidelité et a été reçû Bourgeois de la colonie.

29. Aout 1743.

Joseph Vien, cardier, natif de cette ville, agé de 20 ans, fils de Joseph Vien et de Françoise Raffet, a preté serment de fidelité au roy, et a été reçû Bourgeois de la colonie.

30. Aout 1743.

Anthoine Martin, faiseur de bas, natif de cette ville, fils de Daniel Martin et d'Elizabeth Bouillon, a preté serment de fidelité et a été reçû Bourgeois de la colonie. Exp.

31. Aout 1743.

Pierre Henri Berth, dit Lamothe, natif de cette ville, agé de 18 ans, boulanger, fils de feu Henry Berth Lamothe et de Magdeleine Castang, a preté serment de fidelité et a été reçû Bourgeois de la colonie. Exp.

16. Septembre 1743.

Isaac Blancquez, menusier, natif de cette ville, fils de Jean Moïse Blancquez et de   , a ce jourd'hui preté serment de fidelité, et a été reçû Bourgeois de la colonie françoise. Exp.

Jean Pierre Bouvier, fabriquant, natif de cette ville, agé de 21 ans, fils de Sr. Jean Bouvier et de feue Marie Reneault, a preté serment de fidelité et à été reçû Bourgeois de la colonie françoise. Exp.

Gedeon Chevaube, couteiller, agé de 28 ans, natif de cette ville, fils de feu Daniel Chevaube et d'Anne Savary a preté serment de fidelité et a été reçû Bourgeois de la colonie. Exp.

Abraham Louïs Maquet, marchand, agé de 24 ans, natif de cette ville, fils de David Maquet et de Susanne Catherine Garnier à ce jour preté serment de fidelité et a été reçû Bourgeois de la colonie. Etabli dep. le mois d'aout 1749. Est decedé. Exp.

Gabriel Bouvier, marchand, natif de cette ville, agé de 21 ans, fils de Pierre Bouvier et de Marie Magdelaine Renault, a preté serment de fidelité et a été reçû Bourgeois de la colonie. Etabli depuis le 15. Avril 1751. Exp.

Anthoine Flamary, horloger, natif de Montauban, fils de feu Abraham Flamary et de feue Françoise Charles, agé de 29 ans, a preté serment de fidelité et a été reçû Bourgeois de la colonie. Est decedé. Exp.

Guillaume L'hermet, faiseur de bas, natif de cette ville, agé de 16 ans, fils de Nicolas L'hermet et de Marie Albos, a preté serment de fidelité et a été reçû Bourgeois de la colonie. Exp.

Albert Calvat, orfevre, natif de cette ville, agé de 21 ans, fils de feu Anth. Calvat et de Dorothée Pelot, a ce jour preté serment de fidelité et a été reçû Bourgeois de la colonie. Exp.

23. Septembre 1743.

Paul et Pierre Chazelon, gantiers, agé le prem. de 21 ans et le second de 22 ans, natifs de cette ville, fils de François Chazelon et de Jeanne Desmoulins, ont ce jour preté serment de fidelité et ont été reçûs Bourgeois de la colonie. Exp.

Pierre Chazelon est allé demeurer à Berlin.

2. Octobre 1743.

Jean Paquin, cordonnier, natif de cette ville, agé d'environ 30 ans, fils de Jean Paquin et de Marie Ardemon, a preté serment de fidelité et a été reçû Bourgeois de la colonie. Exp.

11. Novembre 1743.

Jacob Mallein, faiseur d'aiguilles, natif de cette ville, agé de 39 ans, fils de Jaques Mallein et de feue Marie Sophie   a preté serment de fidelité et a été reçû Bourgeois de la colonie.

18. Novembre 1743.

Etienne Ralion, ouvrier en laine, natif de Halle, agé de 44 ans, fils de feu Jullien Ralion et de feue Magdelaine Pradier, a preté serment de fidelité à S. M. et a été reçû Bourgeois de la colonie.

10. Decembre 1743.

Marc Grey, cuisinier, natif de Monbelliard, agé de 43 ans, fils de feu Jean Grey et de Susanne Catherine Pesant, a ce jourd'hui preté serment de fidelité et a été reçû Bourgeois de la colonie.

6. May 1744.

Jean Jaques Douilhac, chapellier, natif de cette ville, agé de 21 ans, fils de feu Jean Douilhac et de Françoise Guiraud, a preté serment de fidelité et a été reçû Bourgeois de la colonie.

14. Septembre 1744.

Anthoine Souchon, faiseur de bas, natif de cette ville, fils de Jean Souchon et de feue   , a preté serment de fidelité et a été reçû Bourgeois de la colonie.

5. Janvier 1745.

Jean Esaïe Cabrol, faiseur de bas, natif de cette ville, agé de 19 ans, fils de Jean Cabrol et de   Schwartzen, a ce jourd'hui preté serment de fidelité à S. M. et a été reçû Bourgeois de la colonie.

14. Juin 1745.

Guillaume Vien, gantier, natif de cette ville, agé de 23 ans, fils de Joseph Vien et de Françoise Raffel, a ce jourdh'hui preté serment de fidelité et a été reçû Bourgeois de la colonie. Decedé en 1782. Exp.

11. Octobre 1745.

Paul Menard, agé de 29 ans, faiseur de bas, fils de Guillaume Menard et de Marie Darrect, a preté serment de fidelité et a été reçû Bourgeois de la colonie.

6. Decembre 1746.

Jaques Palenc, faiseur de bas, natif de cette ville, fils de Jean Palenc et de Caterine Marguerithe Cury, a preté serment de fidelité, et a été reçû Bourgeois de la colonie. Est marié le 17. Nov. 1744.

Anthoine Bruguier, fabriquant, né à Nimes, fils de Louïs Bruguier et de   Rigoullet, a preté serment de fidelité, et a été reçû Bourgeois de la colonie. Etabli le 29. Sept. 1750.

2. Octobre 1747.

Etienne Fragouze, natif de cette ville, agé de 36 ans, faiseur de bas, a preté serment de fidelité et a été reçû Bourgeois de la colonie.

14. Octobre 1747.

Abraham François Chaton, perruquier, natif de cette ville, agé de 23 ans, fils de Gilles Chaton et de   a preté serment de fidelité et a été reçû Bourgeois de la colonie.

26. Aout 1748.

Jacob Louïs Kersten, blancher, originaire du Pays de Hesse-Cassel, a preté serment et a été reçû Bourgeois de la colonie françoise.

27. Fevrier 1749.

Jacob George, natif de Berlin, agé de 26 ans, potier d'etain, fils de Louis George et de Susanne Robert, a preté serment de fidelité et a été reçû Bourgeois de la colonie.

11. Aout 1749.

Pierre Barbut, faiseur de bas, agé de 37 ans, natif de Nimes, fils de feu Anthoine Barbut et de Marguerithe Goscinte, a preté serment et a été reçû Bourgeois de la colonie. Doit jouir de 15 ans de franchise à compter dep. son Mariage arrivé le 18. Mars a. c.

Jean Louïs Cuche de Dambresson, Bourgeois de Valengin, maitre d'architecture militaire et civile, fils d'Isaac Cuche, ancien conseiller de l'Honorable Bourgeoisie de Valengin. Etably à Magdebourg dep. le 25. May 1743. S'est soumis à la justice françoise.

18. Aout 1749.

Jean Guiraud, compagnon chapellier, natif à Calbe, fils de feu Jean Guiraud, et de feue Anne Barbe Brummern, a preté serment et a été reçû Bourgeois de la colonie. Etably en Decembre 1748.

25. Aout 1749.

Levi Roland, gantier, natif de Dettmold dans le comté de la Lippe, fils de feu Jaques Roland et de feue Marie Raymondon. Etabli depuis le 1. Janvier 1749, que ses 15. années de franchise courent. a preté serment et a été reçû Bourgeois de la colonie. Est decedé.

22. Septembre 1749.

Sulpice Evin, peigneur de laine, agé de 39 ans, originaire du lieu de Soudan dans le Dioceze de Nantes, catholique Romain, a preté serment de fidelité de S. M. et reçû Bourgeois de la colonie.

Jean Robert, peigneur de laine, agé de 34 ans, originaire de Chovigny en Lorraine, catholique romain, a preté serment de fidelité, et a été reçû Bourgeois de la colonie.

3. Novembre 1749.

Jaques Cury, natif de cette ville, fils de feu Jean Cury et de feue Catherine Bienemann, a preté serment de fidelité et a été reçû Bourgeois de la colonie. Est decedé.

Charles Palis, marchand, natif de Neuhaldenslebe, fils de Jean Anthoine Palis et de Anne Ursule Duvigneaud a preté serment de fidelité, et a été reçû Bourgeois de la colonie. Est decedé.

10. Novembre 1749.

Paul Fragouze, faiseur de bas, natif de cette ville, fils de feu Etienne Fragouze et de feue Marie Sigalon, a preté serment de fidelité et a été reçû Bourgeois de la colonie françoise.

Jean Henri Bouvier, marchand, fils de feu Mr. Jean Bouvier et de feue Dle. Marie Reneault, a preté serment de fidelité et a été reçû Bourgeois de la colonie françoise. Est decedé.

14. May 1750.

Jean Boissier, maitre tabatier, agé de 27 ans, natif de Ratenau, fils de feu Pierre Boissier et d'Elizabeth Leplat, a preté serment et a été reçû Bourgeois de la colonie. Exp.

9. Juin 1750.

Philippe Bertoulen, gantier, agé de — ans, natif de Perouze, prés de Stuttgard, fils de feu Philippe Bertoulen et de feue Marie Rivoi, établi depuis le 27. Juillet 1747, a preté serment et a été reçû Bourgeois de la colonie.

15. Juin 1750.

Jean Guillaume Theis, agé de 25 ans, tailleur d'habits, natif à Magdebourg, fils de defunt Jean Theis, vivant Bas-offizier dans le Regiment de Borck, originaire de Hanau et de feue Marie Elizabeth Kaltershausen, a preté serment de fidelité et a été reçû Bourgeois de la colonie. Exp.

20. Juillet 1750.

Jean Montel, ouvrier en bas de soye, agé de 27 ans, natif de St. Ambroix, catholique romain, fils de feu Constantin Montel et de feue Anne Desidere, a cejourd'hui preté serment de fidelité et a été reçû Bourgeois de la colonie. Exp.

30. Aout 1750.

Jean Henri Fournier, natif de Rolle canton de Berne en Suisse. S'est marié et établi au mois d'Octobre 1736, et a preté serment ce jourd'hui qu'il a été reçû Bourgeois de la colonie.

9. Novembre 1750.

Jean Patté, ouvrier en laine, natif de cette ville, fils de Pierre Patté et de Christine Sophie Joseoh, a preté serment de fidelité et a été reçû Bourgeois de la colonie, agé de 19 ans. Exp.

1. Mars 1751.

Manassé Palis, marchand, natif de Neuhaldensleben, fils de Jean Anthoine Palis et d'Ursule Duvigneaud, a preté serment de fidelité, et a été reçû Bourgeois de la colonie. agé de 27 ans. Est decedé à Luckenwalde.

3. May 1751.

Albert Henry Septsols, jardinier, agé de 45 ans, natif à Barby, fils de Pierre Septsols, originaire de Metz et de Marie Novel, du Palatinat, a preté serment de fidelité et a été reçû Bourgeois de la colonie. NB. Etabli dep. un an et demy.

16. May 1751.

Jaques Jullion, marchand, natif de Braunschweig, agé de 24 ans, fils de Jean Jullion, originaire de Sedan, et de feue Charlotte Hupay, native de Zell, a preté serment et a été reçû Bourgeois de la colonie.

9. Aout 1751.

David Enet, agé de 30 ans, natif à Gros-Zieten, gantier de sa profession, fils de feu Abraham Enet et d'Elizabeth Willmann, a preté serment de fidelité et a été reçû Bourgeois de la colonie. Etabli depuis un an.

Joseph Buisson, agé de 24 ans, natif de Grenoble, gantier de sa profession, catholique romain, fils de Clement Buisson, et de Jeanne Amard, a preté serment de fidelité, et a été reçû Bourgeois de la colonie. Etabli depuis 6 mois.

27. Septembre 1751.

Jean Pierre Maccaire, gantier, agé de 22 ans, natif à Bourg, fils de Jean Maccaire et de Magdeleine Patté, a preté serment de fidelité et a été reçû Bourgeois de la colonie. Etabli depuis le 1. Juin dernier.

25. Octobre 1751.

Guillaume Laurens, maitre tailleur d'habits, agé de 30 ans, natif à Neuhaldensleben, fils de Pierre Laurens et de Magdeleine Pradain, a preté serment de fidelité et a été reçû Bourgeois de la colonie. Exp.

1. Novembre 1751.

André Pelet, marchand, natif de cette ville, agé d'environ 26 ans, fils de feu le Sr. Henri Pelet et de Susanne Garnauldt, établi depuis le 19. Novembre 1750, apres lecture à luy faite du serment de fidelité, a stipulé par l'attouchement de la main de s'y conformer. Est decedé.

Samuel Bouvier junior, fabriquant de cette ville, agé d'environ — ans, fils de Sr. Pierre Bouvier et Dlle. Magdelaine Reneault, etabli depuis le 15. Avril a. c., aprés lecture à lui faite du serment de fidelité, a stipulé par l'attouchement de la main. de s'y conformer. Est decedé.

8. Novembre 1751.

Charles Nicolas, traiteur, agé d'environ 26 ans, natif de de cette ville, fils de feu Jean Gabriel Nicolas et de Jeanne Couriol, a stipulé aprés lecture du serment par l'attouchement de la main. de s'y conformer. Marié depuis le 3. Sept. 1749.

Pierre Bonte, marchand. agé d'environ 22½ ans. natif de cette ville. fils de feu ce Sr. Abraham Bonte et de Dll. Marie Sechehaye, établi depuis le 12. Juillet 1751. — aprés lecture à lui faite du serment a par l'attouchement de la main promis de s'y conformer, et a été reçu Bourgeois de la colonie.

Paul Lafont, natif de cette ville, agé de 32 ans, fils de feu Jaques Lafont et de feue Catherine Oden. aprés lecture à lui faite du serment a par l'attouchement de la main promis de s'y conformer, et a été reçû Bourgeois de la colonie. Marié dep. le mois de Sept. 1751.

15. Novembre 1751.

Samuel Bouvier l'ainé, marchand, natif de cette ville, fils de feu le Sr. Jean Bouvier et feue Dlle Marie Reneault. établi depuis le mois de Fevrier 1749, aprés lecture du serment de fidelité, a par l'attouchement de la main promis de s'y conformer, et a été reçû Bourgeois de la colonie.

Pierre Bonconseil, ouvrier en laine, agé d'environ 45 ans, natif de Sedan, fils de feu François Bonconseil, et de feue Susanne Bellomay. marié en cette ville le 3. Mars 1750, a preté serment de fidelité et a été reçû Bourgeois de la colonie.

22. Novembre 1751.

Pierre Grumeur, peigneur de laine, natif de Souin en Franche Comté. catholique romain, fils de feu Anthoine Grumeur et de Françoise Caillou, étably depuis 7 ans, a preté serment de fidelité. et a été reçû Bourgeois de la colonie.

20. Decembre 1751.

François Arnal, marchand, natif de cette ville, agé de 38 ans, fils du Sr. Balthazard Arnal et de defunte Susanne Roure. établi depuis le 12. Octobre 1750, aprés lecture à lui faite du serment, a par l'attouchement de la main promis de s'y conformer, et a été reçû Bourgeois de la colonie.

23. Decembre 1751.

James Stuart, natif à Londres, agé de 21 ans, ouvrier finisseur de Chapelerie, fils de feu Charles Stuart et d'Anne Caps. a preté serment de fidelité et a été reçû Bourgeois de la colonie. — Exped.

31. Janvier 1752.

Pierre Maujon, faiseur de bas, agé de 54 ans, natif de Haut Genevois sur Fontaine dans le Valangin, a preté serment de fidelité et a été reçû Bourgeois de la colonie, établi en cette ville depuis 15 mois.

21. Fevrier 1752.

Georg Isaac Mallein, dit Böhsen, natif de cette ville, agé d'environ 24 ans, faiseur d'aiguilles, fils de Jacob Mallein, dit Böhsen et d'Anne Catherine Lührs, aprés lecture à lui faite du serment de fidelité a par l'attouchement de la main promis de s'y conformer et a été reçû Bourgeois de la colonie.

8. May 1752.

François Jules Huguet, maitre de langue, natif de cette ville, fils de feu Francois Huguet et de Elizabeth Valat, a dit avoir en 1729 preté serment de fidelité et ne se trouvant couché au present registre, il en a été fait la presente note.

21. Aout 1752.

Johann Nicolas Jacob Schmidt, marchand de vin, natif à Cassell, fils de feu Walter Isaac Schmidt et de Johanne Behageln, a preté serment de fidelité et a été reçû Bourgeois de la colonie. Nota. Le 16. Juin 1749 il a été reçû Bourgeois de la colonie de Halberstadt. Exp.

28. Aout 1752.

David Soullier, cordonnier, natif de cette ville, agé d'environ 31 ans, fils de feu Jaques Soullier et de Sabine Steindeln, a par l'attouchement de la main été reçû Bourgeois de la colonie. Exp.

Jaques Noë Galafrez, maitre de langue, natif de cette ville, agé de 35 ans, fils de feu Paul Galafrez et de feue Judith Huc, aprés lecture faite du serment ordinaire et que par l'attouchement de la main il a promis de s'y conformer, a été reçû Bourgeois de la colonie.

2. Octobre 1752.

Gaspard Palay, faiseur de Boites pour montres, natif de Geneve, agé de 32 ans, fils de François Palay et de Parnette Pathey, a preté serment de fidelité et a été reçû Bourgeois de la colonie. Etably de ce jour. Exp.

6. Novembre 1752.

Dominique Pluquet, agé d'environ 25 ans, serrurier, natif de cette ville, fils de Pierre Pluquet et de Catherine Sophie Bussen, aprés lecture faite du serment ordinaire, et que par l'attouchement de la main il a promis de s'y conformer, a été reçû Bourgeois de la colonie. Est decedé.

15. Octobre 1753.

Remi Gervais, natif de Montpellier, agé de 47 ans, confiturier et parfumeur, a declaré avoir durant environ 6 ans, demeuré à Francfort sur l'Oder, a été reçû Bourgeois de la colonie, aprés lecture à lui faite du serment ordinaire, auquel il a promis de se conformer, par l'attouchement de la main. Mais ne s'est etabli que paques 1754.

5. Novembre 1753.

Jean Nouvel, agé de 21½ ans, natif de Bernau, teinturier de sa profession, fils de Jean Nouvel. dem. aud. Bernau, et de feue Marie Rouviere, a preté serment de fidelité à S. M. et a été reçû Bourgeois de la colonie.

11. Novembre 1754.

Charles Davoy, gantier, agé de 38 ans, natif de cette ville, fils de feu Pierre Davoy et de feue Marie Brunel, a aprés lecture faite du serment ordinaire, promis par l'attouchement de la main de s'y conformer, et a été reçû Bourgeois de la colonie. NB. a été durant 8 ans etabli à Halberstadt.

10. Mars 1755.

Samuel Lellair, gantier de sa profession, natif de Strassbourg dans l'Uckermarcht, agé d'environ 49 ans; a été étably à Halle dont il a produit un certificat, et en suite à Halberstadt où il a habité durant 7 ans. Lecture à lui faite du serment de Bourgeoisie, il a été reçû Bourgeois de la colonie.

23. Juin 1755.

Jeremie Garnier, marchand, natif de cette ville, fils du Sr. Abraham Garnier et de Dll. Louise Mariot, agé de 23 ans, a par l'attouchement de la main aprés la lecture du serment ordinaire, été reçû Bourgeois de la colonie.

1. Juillet 1755.

Jean Laurian, tricoteur de sa profession, natif d'ici, fils de Gaspar Laurian et de Sara Clement, agé de 30 ans, a aprés lecture à lui faite du serment ordinaire et que par l'attouchement de la main il a promis de s'y conformer, été reçû membre et Bourgeois de la colonie françoise d'ici, etant sur le point de s'établir ici et voulant demain se faire passer maitre. Exp.
    Bernard.   Jean Laurient.

8. Juillet 1755.

David Maquet, marchand, natif d'ici, fils de feu David Maquet et de Catherine Garnier, agé de 28 ans, a, aprés lecture du serment ordinaire et que par l'attouchement de la main il a promis de s'y conformer, été reçû membre et Bourgeois de la colonie françoise d'ici, établi et marié depuis le 16. Juillet 1754.
  Bernard.   David Maquet fils.

21. Juillet 1755.

Dominique Coste, teinturier, natif de cette ville, fils de Dominique Coste et de feue Marianne Coste, agé d'environ 29 ans, a aprés lecture du serment ordinaire et que par l'attouchement de la main, il a promis de s'y conformer, été reçû membre et Bourgeois de la colonie. Etably depuis ce jour.

Bernard.   Rouviere.   Dominique Coste.

6. Aout 1755.

Abraham Monier, graveur et ciseleur, natif de Geneve, fils d Theodore Monier et de Jeanne Françoise Bonneville, agé de 34 ans, a aprés la prestation du serment ordinaire, été reçû membre et Bourgeois de cette colonie. Etant établi depuis le — May 1755. Exped.

Bernard.   Abraham Monnier.

15. Septembre 1755.

Jaques Pourroy, gantier, natif de cette ville, agé de 34 ans, fils de feu Anthoine Pourroy et de feue Susanne Plan, a aprés lecture du serment ordinaire et que par l'attouchement de la main, il a promis de s'y conformer. eté reçû Bourgeois de la colonie, étably dep. St. Michel 1754.

Bernard.   Jcob Pouroy.

17. Novembre 1755.

Anthoine Larocque, marchand, natif de cette ville, agé de 26 ans, fils de feu Sr. Anth. Larocque et de Dlle. Susanne Girost, a aprés lecture du serment ordinaire et que par l'attouchement de la main, il a promis de s'y conformer, été reçû Bourgeois de la colonie. Etably depuis le 5. du couvrant. Est decedé.

Bernard.   Antoine La Rocque.

8. Mars 1756.

Pierre Siméon, agé de 24 ans, natif de cette ville, masson de sa profession, fils de feu Joseph Simeon et de Sara Brun, a aprés la lecture du serment ordinaire et que par l'attouchement de la main, il a promis de s'y conformer, été reçû Bourgeois de la colonie. Ayant declaré n'avoir été en rollé dans les troupes.

Bernard.   Charton.   Rouviere.

5. Avril 1756.

Johann Gottlieb Mack, natif de cette ville, fils de feu Adam Mack, vivant Bourgeois de la colonie françoise, et de Dorothée Sophie Moritzen, agé de 23 ans, boulanger de sa profession, a été reçû Bourgeois de la colonie, aprés avoir reçû sa demission d'enrollement du 24. Mars dernier signé par S. A. S. Msgr. le Duc gouverneur de cette ville, ayant preté le serment ordinaire en langue allemande. Est decedé.

Bernard.   Johann Gottlieb Mack.

5. Avril 1756.

Andreas Bauermeister, drapier de sa profession, agé de 49 ans, natif de Plaue dans le Mekelenbourg, a été reçû Bourgeois de la colonie en consequence du Rescript de la Chambre du 26. Fevrier a. c. ayant preté le serment ordinaire en langue allemande.

Bernard.

3. May 1756.

Charles David Krebss, agé de 23 ans, comp. gantier, natif de cette ville, fils de George Thomas Krebss, bas-officier dans le regiment de garnison d'ici et de Marguerithe Gras, eleve dans la communion reformée, a preté le serment ordinaire et a été reçu Bourgeois de la colonie, ayant declaré n'avoir pas été enrollé.

Bernard.

17. May 1756.

Jean Bontoux, agé de 20 ans, natif de cette ville, faiseur de bas, fils d'Etienne Bontoux et de Marguerithe Peyric, a été reçû Bourgeois de la colonie, aprésque lecture du serment ordinaire luy a été faite, ayant produit son congé d'enrollement de S. A. S. Msgr. le Duc Gouverneur du 8. Avril a. c. V. Actes des Enrollements.

Bernard.   Jean Bontou.

31. May 1756.

Isaac Bourset, natif de cette ville, agé de 24 ans, tourneur de sa profession, fils de feu Abraham Bourset et de feue Marie Servas, a été reçû Bourgeois de la colonie aprésque lecture du serment ordinaire luy a été faite, assurant n'avoir pas été enrollé, et que par l'attouchement de la main il a promis de se conformer au dit serment. — Exp.

Bernard.   Isaac Boursset.

20. Septembre 1756.

Gabriel Franjeu, natif de Geneve le 2. Mars 1714, selon le Baptistere produit, compagnon faiseur de bas, fils de Charles Maurice Franjeu et de Jeanne Binet, a preté le serment de fidelité à S. M. et a été reçû Bourgeois de la colonie. Etabli le 30. Janvier 1753.

Bernard.   Gabriel Franjeu.

1. Octobre 1756.

Jean Adolphe Laube, natif à Cassel, fils de Claude Laube et de feue Catherine Govran, agé de 25 ans, gantier de sa profession, a preté serment de fidelité à S. M. et a été reçû Bourgeois de la colonie. Etabli dep. le 12. Octobre 1756. Exp.

Bernard.   Jean Adolphe Laube.

22. Novembre 1756.

Simon Bauquier, boulanger de sa profession, agé de 26 ans, natif de cette ville, fils de Vincent Bauquier et de feue Catherine Fieret, à été reçû Bourgeois de la colonie après lecture du serment ordinaire à lui faite. V. protoc. de ce jour aux actes de l'enrollement et que par l'attouchement de la main il a promis de s'y conformer. — Exp.

Bernard.   Simon Bauquier.

13. Decembre 1756.

Pierre Louis Cavalier, orfevre, agé de 35 ans, né à Berlin, fils de feu François Cavalier et de feue Louise Hedler, a preté le serment de fidelité à S. M. et a été reçû Bourgeois de la colonie. Etabli depuis le mois de May 1756.

Bernard.

Louis Ino, reformé de religion, peigneur de laine, agé de 26 ans, natif de Montauban, fils de Guillaume Ino et de Jeanne Franselli, a preté serment de fidelité à S. M. et a été reçû Bourgeois de la colonie. Est en cette ville depuis 4. semaines.

Bernard.

20. Decembre 1756.

Abraham Louis Royer, couteiller, agé de 29 ans, natif de cette ville, fils de feu Louis Royer et de Jeanne Maquet, a été reçû Bourgeois de la colonie, après lecture du serment à lui faite. s'établira le 1. Janv. 1757 ayant par l'attouchement de la main promis de s'y conformer. Exp.

Bernard.   Abraham Louis Royer.

17. Janvier 1757.

Jean Samuel Palis, marchand, natif à Neuhaldensleben, agé de 26 ans, fils de Jean Marc Anthoine Palis et de Anne Ursule Duvigneaud, a preté serment de fidelité à S. M. et a été reçû Bourgeois de la colonie. Etant dans le dessein de s'établir en cette ville, et assurant n'être pas enrollé. Exp.

Bernard.   Jean Samuel Palis.

14. Fevrier 1757.

George Strecker, natif de Celle, jardinier, agé de 31 ans, fils de feu Jean Christian Strecker et de Marie Klein. Marié avec Catherine Marie Delagarde, a preté serment de fidelité en langue allemande à S. M. et a été reçû Bourgeois de la colonie. Est établi en cette ville depuis le 1. Janvier 1757. Est de religion reformée. Et a signé avec nous après due explication. Exp.

Bernard.   Georg Strecker.

21. Fevrier 1757.

Pierre Fouvreau, peigneur de laine, agé de 40 ans, natif de Metz, catholique de Religion a preté serment de fidelité à S. M. et a été reçû Bourgeois de la colonie. Etabli en cette ville depuis 12 ans.

          Bernard.   Pierre Fourot.

13. Juillet 1757.

Gedeon Bonte, agé de 24 ans, natif d'ici, fils du sieur Isaac Bonte et de Marie Charlotte Sechehay, membres de cette colonie et savonier de sa profession, a été reçû Bourgeois de la colonie, aprés que par l'attouchement de la main il a promis de se conformer en tout au serment à lui lû, declarant vouloir s'établir en entrant dans le negoce de son père et n'être enrollé. Exp.

          Bernard.   Gedéon Bonte.

18. Juillet 1757.

Sieur André Albert Dubois, natif de la ville neuve, agé de 19 ans, fils du sieur Albert Dubois et de Dlle. Marie Elizabeth Krafft, a été reçû Bourgeois de la colonie, aprés que par l'attouchement de la main, il a promis de se conformer en tout au serment, à luy lû declarant de même que son père n'être point enrollé, et vouloir entrer dans le negoce de son père. Exp.

          Bernard.   Charton.   André Alb. Dubois.

1. Aout 1757.

Nicolas Lafont, faiseur de bas, agé de 23 ans, natif de cette ville, fils de Pierre Lafont et de Françoise Souchon a été reçû Bourgeois de la colonie, aprés que par l'attouchement de la main, il a promis de se conformer en tout au serment à luy lû, declarant n'être point enrollé et vouloir dans peu s'établir. Exp.

          Bernard.   Charton.   Rouviere.   Nicola Lafon.

15. Aout 1757.

Louis Chambeau, gantier, né à Berlin, fils de feu Alexandre Chambeau et de feue Marguerithe Achard, a preté serment de fidelité à S. M. et a été reçû Bourgeois de la colonie, a été reçû Bourgeois à Berlin le 22. May 1742. Est établi en cette ville depuis 5/4 d'aout.

          Bernard.   Charton.   Rouviere.

23. Aout 1757.

Isaac Mennigô, cordonnier, natif de cette ville, fils de feu Julien Mennigô et de Judith Darrest, a par l'attouchement de la main promis de se conformer en tout au serment à lui lû et a été reçû Bourgeois de la colonie, declarant n'être point enrollé, et vouloir dans peu s'établir, et être agé de 24 ans. Exp.

          Bernard.   Isaac Menigo.

19. Septembre 1757.

Johann Kersten, jardinier, agé de 37 ans, natif d'Elberfeldt, fils de Conrad Kersten et de feue Christine Teschenmachern, marié avec Louise Maccaire, a preté serment de fidelité à S. M. en langue allemande et a été reçû Bourgeois de la colonie. Veut St. Michel prochain s'établir, est de religion reformée et a signé aprés due explication. Exp.

   Bernard. Rouviere. Johann Kersten.

13. Fevrier 1758.

Jean Enet, gantier de sa profession, né à Halle, agé de 26 ans, fils de feu Abraham Enet et de Elizabeth Willmann, a preté serment de fidelité à S. M. et a été reçû Bourgeois de la colonie. Etably en cette ville depuis le 1. Janv. 1758.

   Bernard. Rouviere. Jean Enet.

6. Mars 1758.

Gabriel Couriol, compagnon chapellier, natif de cette ville, agé de 28 ans, fils de feu Jaques Couriol et de Judith Ducros, a été reçû Bourgeois de la colonie, aprés que par l'attouchement de la main, il a promis de se conformer au serment ordinaire dont lecture luy a été faite. Est établi depuis le 2. May 1757.

   Bernard. Gabriel Couriol.

3. Avril 1758.

Nicolas Roux, marchand, natif de cette ville, agé de 22 ans, fils de feu Sr. Hercule Roux et d'Anne Pascal, a été reçû Bourgeois de la colonie, aprés que par l'attouchement de la main, il a promis de se conformer au serment ordinaire dont lecture luy a été faite. Non etably.

Exp. le 8. Sept. 1766.

   Bernard. Rouviere. Nicolas Roux.

Samuel Falou, perruquier, natif de cette ville, agé de 30 ans, fils de feu Louis Falou et d'Elizabeth Fromencourt, a été reçû Bourgeois de la colonie, apres que par l'attouchement de la main, il a promis de se conformer au serment ordinaire dont lecture luy a été faite. Non etabli et est illiteré. Exped.

   Bernard. Rouviere.

1. May 1758.

Jean Pierre Perrin, né à Berlin, agé de 29 ans, teinturier en soye de sa profession, fils de feu Josué Perrin et de Jeanne Parnajon, a preté serment de fidelité à S. M. et a été reçû Bourgeois de la colonie. Etabli depuis ce jour. — Est decedé.

   Bernard. Jean Pierre Perrin.

5. Juin 1758.

Isaac Charles Bonte, né en cette ville, agé de 26 ans, marchand, fils de feu sieur Abraham Bonte et de Dlle. Marie Sechehaye, a été reçû Bourgeois de la colonie, aprés que par l'attouchement de la main il a promis de se conformer au serment ordinaire dont lecture luy a été faite. — Est decedé.

      Bernard. Isaac Charles Bonte.

7. Aout 1758.

Charles Discours, natif de cette ville, agé d'environ 29 ans, marchand, fils de Pierre Discours et de Marie Anne Ducorbier, a été reçû Bourgeois de la colonie aprés que par l'attouchement de la main, il a promis de se conformer au serment ordinaire dont lecture luy a été faite. Icelui non encore etabli, assistant dans le negoce de son pere. — Exped.

      Bernard. Charl. Descours.

4. Septembre 1758.

Jacob Palis, natif de Neuhaldensleben, agé de 33 ans (prés), fils de Jean Anthoine Palis et de Anne Ursule Duvigneaud, chapellier de sa profession, a preté serment de fidelité de S. M. et a été reçû Bourgeois de la colonie. Declarant être etably ici depuis 6 mois et faisant Tabagie. Est évadé et a été déclaré mort. Exp.

      Bernard. Jacob Palis.

9. Octobre 1758.

Louis Arnac, natif de cette ville, agé de 29 ans, fils du Sr. Pierre Arnac et de Anne Seguin, teinturier de sa profession, a été reçû Bourgeois de la colonie aprés que par l'attouchement de la main, il a promis de se conformer au serment ordinaire dont lecture lui a été faite. Voulant dans environ six semaines s'etablir. Exp.

      Bernard. Louis Arnac.

15. Novembre 1758.

Nicolas Lasalle, peigneur de laine, natif de cette ville, agé de 26 ans, fils de feu Jean Lasalle et de Marie Bontoux, lequel apres lecture du serment ordinaire à lui faite, a par l'attouchement de la main promis de s'y conformer, et a été reçu Bourgeois de la colonie. Non etabli.

      Bernard. Nicolas Lassale.

15. Janvier 1759.

Jean François Girard, natif de cette ville, agé de 22 ans, fils de feu Daniel Girard et de   Villaret, faiseur de bas de sa profession, lequel aprés lecture du serment ordinaire à lui fait, a par l'attouchement de la main promis de s'y conformer, et a été reçû Bourgeois de la colonie, non etably. Exp.

      Bernard. Rossal. Charton.

Jean Pierre Blancquez, natif de cette ville, agé de 32 ans, fils de feu Jean Moise Blancqués et de Anne Marie Dumont, menusier de sa profession, lequel, aprés lecture du serment ordinaire à lui fait, a par l'attouchement de la main promis de s'y conformer, et a été reçû Bourgeois de la colonie, s'etablira le 1. Fevr. a. c. Exp.

Bernard.   Rossal.

10. Fevrier 1759.

Jean Jacob Odemar, boutonnier de profession, natif d'ici, agé de 25 ans, fils de Geofroi Odemar et Anne Marie Forbuss, ayant assuré n'être pas enrollé et promis par l'attouchement de la main de se conformer à la teneur du serment ordinaire dont lecture lui a été faite, a été reçû Bourgeois de la colonie, n'etant pas encore etabli, mais travaillant chez sa mère. — Expedié.

Bernard.   Johann Jacob Odemar.

5. Mars 1759.

Jean François Duplan, tailleur d'habits, natif de cette ville, agé de 28 ans, fils de feu Joseph Duplan et de Françoise Delarche, a promis par l'attouchement de la main de se conformer à la teneur du serment ordinaire dont lecture luy a été faite, a été reçu Bourgeois de la colonie. Etabli ce jour, assurant n'être point enrollé. Exp.

Bernard.   Rossal.   Charton.   Rouviere.
Jean François Duplan.

9. Avril 1759.

Moise Descours, marchand, natif de cette ville, agé de 30 ans, fils de Pierre Descours et d'Anne Ducorbier, a promis par l'attouchement de la main de se conformer à la teneur du serment ordinaire, dont lecture luy a été faite et a été reçû Bourgeois de la colonie. Veut s'etablir paques prochaine: assurant n'être point enrollé. — Exped.

Bernard.   Moise Descours.

23. Avril 1759.

Maurice Guibal, chapelier de sa profession, natif d'ici, agé de 26 ans, fils de feu Jaques Guibal et de Françoise Dumas, a, aprés lecture à lui faite du serment ordinaire et que par l'attouchement de la main il a promis de s'y conformer, été reçû Bourgeois de la colonie, assurant n'être pas enrollé et vouloir s'etablir à pentecote prochaine. — Expediatur.

Bernard.   Maurice Guibald.

7. May 1759.

David Henri, orfevre de sa profession, né à Berlin, agé de 23 ans, fils de feu Pierre Henry et de feue Elizabeth Four, a preté serment de fidelité, et a été reçû Bourgeois de la colonie; declarant n'être encore etably travaillant chés son beaupère Sr. Baptiste Pelet. — Exp.

Bernard.   Rossal.   Rouviere.

15. May 1750.

Joachim Valentin Schelle, agé de 55 ans. jardinier, natif d'Ingelstedt dans la principauté de Halberstadt, ayant durant 28 ans, été domestique de feu Mr. le major Lugandi et depuis son mariage en 1733. — été porté dans la liste de la colonie a preté serment de fidelité et a été reçû Bourgeois de la colonie. Sa femme est Marie Maynaud, et les enfans ont été bâtisés dans l'Eglize françoise et sont de la religion reformée.

Jean Pierre Rouvière, jouailler, natif de cette ville. agé de 29 ans. fils de Mr. l'assesseur Rouviere et de Dlle. Dorothée Elizabeth Menard, a, aprés lecture à lui faite du serment ordinaire, et que par l'attouchement de la main il a promis de s'y conformer, été reçû Bourgeois de la colonie, declarant n'être encore etably travaillant chés Mr. son pere.

11. Juin 1759.

Benjamin Menigô, cordonnier, natif de cette ville, agé de 22 ans, fils de feu Jullien Mennigô et de Judith Darrest, a, aprés lecture à lui faite du serment ordinaire et que par l'attouchement de la main il a promis de s'y conformer, été reçû Bourgeois de la colonie, declarant n'être encore etabli travaillant chés sa mère, ni être enrollé. — Exp.

   Bernard.   Rossal.   Charton.   Benjamin Menigo.

25. Juin 1759.

Herard Kooke, faiseur de bas, natif de Bremen, agé de 26 ans, fils de feu Weelke Kooke et de Adeleid Kooke, a preté serment de fidelité et a été reçû Bourgeois de la colonie, veut s'etablir à St. Michel prochain. Est de religion reformée. — Exp.

   Bernard.

13. Aout 1759.

Henri Matthieu Damié, faiseur de bas, natif de cette ville, agé de 29 ans, fils de feu Matthieu Damié et de Anne Marie Haumelken, a preté serment de fidelité et a été reçû Bourgeois de la colonie. S'est établi depuis 4 semaines. Le pere Matthieu Damié etait soldat dans la regiment presentement duc Ferdinand de Brunswig, etait François de nation et de la religion reformée, selon l'assurance de la mère ici presente, declare nêtre point enrollé. Exp.

   Bernard.   Rossal.

20. Aout 1759.

Barthelemi Labry, natif de cette ville, agé de 25 ans. chapellier, fils du sieur Annibal Labry, et de feue Marianne Danger, a, aprés lecture à lui faite du serment ordinaire, et que par l'attouchement de la main, il a promis de s'y conformer, été reçû Bourgeois de la colonie, etabli depuis le 1. May 1759 et assure n'être point enrollé.

   Bernard.   Rossal.   Charton.   Rouviere.   Barthelemi Labry.

— 104 —

22. Aout 1759.

Abraham Marin, natif de Geneve, agé de 60 ans, fils de feu Matthieu Marin et de feue Françoise Coreard, a preté serment de fidelité, et a été reçu Bourgeois de la colonie. Est ici depuis 8 mois, declarant vivre ici de ses rentes; a cidevant residé à Cöthen, savoir à Calbe un an et à Salze 10 mois où il enseignoit la langue françoise. Exped. le 4. Juillet 1761.

Bernard.   Abraham Marin.

27. Aout 1759.

Johann Christian Mallein dit Böse, natif de cette ville, agé de 25 ans, faiseur d'eiguilles pour les metiers à bas, fils de Jacob Mallein, dit Böse, et de Anne Luers, a, aprés lecture à lui faite du serment ordinaire et que par l'attouchement de la main il a promis de s'y conformer, été reçû Bourgeois de la colonie, travaille actuelement chés son pere, et declarera lors qu'il voudra s'etablir: declare n'être point enrollé.

Bernard.   Rossal.   Charton.

8. Octobre 1759.

Jean François L'hermet, fabricant, natif de cette ville, agé de 27 ans, fils de feu Nicolas L'hermet et de feue Marie Albos, a, aprés lecture du serment ordinaire et aprés que par l'attouchement de la main il a promis de s'y conforme, été reçû Bourgeois de la colonie.

Bernard.   Rossal.   Rouviere.   Jean François L'hermet.

29. Octobre 1759.

Jean Daniel Krebs, gantier, né en cette ville, agé de 20 ans, fils de feu Jean George Krebs et de Marguerite Gras, a preté serment de fidelité et a été reçû Bourgeois de la colonie. N'est pas encore établi.

Bernard.   Rouviere.   Jean Daniel Krebs.

5. Novembre 1759.

Joseph Dreifuss, natif de Berne, agé de 26 ans, boucher et maitre de danse, de religion reformée, fils de feu Michel Dreyfuss et de Catherine Duval, a preté serment de fidelité et a été reçû Bourgeois de la colonie. Exp.

Bernard.   Rossal.

Matthias Grune, natif de Kirchberg au pais de Baden, agé de 26 ans, masson, de religion catholique romaine, fils de Johann Peter Grune et de Anne Margareta Kuntzen, a preté en langue allemande serment de fidelité, et a été reçû Bourgeois de la colonie. Exp.

Bernard.   Rossal.

5. Novembre 1759.

Peter Materne, natif de Biele. seigneurie de Saarbrück en Alsace, agé de 20 ans, masson, de religion catholique, fils d'Anthoine Materne et de Catherine Bringolen, a preté serment de fidelité en langue allemande et a été reçû Bourgeois de la colonie.

Bernard.   Rossal.

Jacob Seydemann, natif de Westerhoffen dens la comté de Rothenfels, agé de 24 ans, masson et tailleur de pierre, de Religion catholique, fils de Joseph Seydemann et de Barbara Schmelzin, a preté serment de fidelité en langue allemande, et a été reçû Bourgeois de la colonie.

Bernard.   Rossal.

Nicolaus Rousseau, dit Sanssouci, natif de Pontoise, agé de 23 ans, blancher, de Religion catholique, fils de Nicolas Rousseau et de Marie Barbe Gausoin, a preté serment de fidelité et a été reçû Bourgeois de la colonie.

Bernard.   Rouviere.

7. Novembre 1759.

David Jullien, pôtiér d'etain, natif de cette ville, agé de 25 ans, fils de feu Pierre Jullien et de feue Marie Peyric, a preté serment de fidelité, et a été reçû Bourgeois de la colonie. Veut s'établir des qu'il aura gagné la capacité de Maitrise ici. Produit un certificat de la maitrise des pôtiers d'étain de Brandebourg du 30. Oct. d. selon lequel il a été reçû maitre le 16. May 1757. dans lad. maitrise. Exp.

Bernard.   David Jullien.

12. Novembre 1759.

Joseph Morel, dit Saint Joseph, natif de Bayonne, agé de 23 ans, tailleur d'habits, de Religion catholique, fils de feu Jean Morel et de Jeanne Laforce, a preté serment de fidelité et a été reçû Bourgeois de la colonie.

Anthoine Valon, dit Valon, natif de Monlouis en Roussillon, agé de 22 ans, ouvrier en laine, de religion catholique, fils de feu Jaques Valon et de Marguerite Bargueil, a preté serment de fidelité et a été reçû Bourgeois de la colonie.

12. Novembre 1759.

François Moquet. dit St. Illaire, natif de Naillé en Poitou, jurisdiction de Laçon, agé de 30 ans, drapier, catholique romain, fils de feu Jaques Moquet et de Jeanne Rigolet, a preté serment de fidelité et a été reçû Bourgeois de la colonie.

Nicolas Brion, dit la liberté, natif de Dombale en Verdonnois, agé de 26 ans, drapier, catholique romain. fils de feu Jean Brion et de Marianne Voland, a preté serment de fidelité, et a été reçû Bourgeois de la colonie.

12. Novembre 1759.

François Masau, dit bellefleur, natif de Vesine près de Tonnay en Bourgogne, agé de 35 ans, cardeur de laine, fils de Jean Masau et de Marie Defer, catholique romain, a preté serment de fidelité et a été reçû Bourgeois de la colonie.

Louis Chevalier, dit Jolicoeur, natif de Brie en Lorraine, agé de 23 ans, cardeur de laine, catholique romain, fils de Louis Chevalier et de Jeanne Terry, a preté serment de fidelité et a été reçû Bourgeois de la colonie. Le 6. Aout 1767 remis à Chevalier le certificat.

Louis Roger, dit belle garde, natif de Rouen, agé de 25 ans, cardeur de laine, catholique romain, fils de feu Louis Roger et de Caterine Roger, a preté serment de fidelité et a été reçû Bourgeois de la colonie.

Joseph Roger, dit brin d'amour, natif de Sechignan en Languedoc, agé de 25 ans, maitre à danser, catholique romain, fils de Jaques Roger et de Jeanne Colman, a preté serment de fidelité et a été reçû Bourgeois de la colonie.

François Boulanger, dit va de bonceur, natif de Beauvais en Picardie, agé de 40 ans, cardeur de laine, catholique romain, fils de feu Pierre Boulanger et de Marguerite Gogot, a preté serment de fidelité et a été reçû Bourgeois de la colonie.

19. Novembre 1759.

Joseph Girost, natif de Lyon, agé de 28 ans, chapellier, catholique romain, fils d'Anthoine Girost et de Claudine Vien, a preté serment de fidelité et a été reçû Bourgeois de la colonie.

26. Novembre 1759.

Charles Babô, dit branche d'or, agé de 24 ans, catholique romain, natif de Mezieres en Picardie, peigneur de laine, fils de François Babô et de Marie Jeanne Domée, a preté serment de fidelité et a été reçû Bourgeois de la colonie.

François Dumont, agé de 32 ans, natif de Dinant en Bretagne, faiseur de bas, de religion reformée, fils de Claude Dumont et de Reneé de Hoie, a preté serment de fidelité et a été reçû Bourgeois de la colonie.

Anthoine Bosc, dit la rose, natif de Lauvas en Rouergue, agé de 27 ans, ouvrier en laine, catholique romain, fils de Pierre Bosc et de Marie Jeanne Cornet, a preté serment de fidelité et a été reçû Bourgeois de la colonie.

3. Decembre 1759.

Gabriere Massoutre, dit la coûture, tailleur d'habits, natif du Bourg de Vijoie en Limosin, agé de 37 ans, catholique romain, fils de feu Jean Massoutre et de feue Jeanne Massoutre, a preté serment de fidelité et a été reçû Bourgeois de la colonie.

Jaques Bourçeau, dit Bourbonnois, natif de Chatillon dans le Bourbonnois, agé de 27 ans, chirurgien, reformé de religion, fils de Jean Bourceau et de Marie Pligôt, a preté serment de fidelité et a été reçû Bourgeois de la colonie. Exp. le 1. Dec. 1766 gratis, mais sur timbre de 4 gr.

7. Janvier 1760.

Jaques Couriol, gantier, natif de cette ville, agé de 23 ans, fils de feu Jaques Couriol et de Judith Ducros, a, après lecture à lui faite du serment ordinaire, et que par l'attouchement de la main, il a promis de s'y conformer, été reçû Bourgeois de la colonie, declarant n'être point enrollé et n'être encore etably, voulant s'etablir à paques prochain.

    Bernard.   Rossal.   Charton.   Jaque Couriol.

Bernard Mouillat, dit Sanschagrin, natif de Blanquefort, province d'Agén, agé de 21 ans, charpentier, a prete serment de fidelité et a été reçû Bourgeois de la colonie. il assure qu'il se fait instruire dans la religion reformée, pour l'embrasser.

    Bernard.   Rossal.   Charton.

14. Janvier 1760.

Jean Faucher, ouvrier en laine, natif de cette ville, agé de 24 ans, fils de Gaspar David Faucher, et d'Anne Marguerite Pfeiffern, a, après lecture du serment ordinaire et que par l'attouchement de la main il a promis de s'y conformer, été reçû Bourgeois de la colonie. — Exp.

11. Fevrier 1760.

Daniel Bouvier, marchand, natif de cette ville, agé de 25 ans, fils de feu Sieur Jean Bouvier, et de feue Marie Reneault, a. après lecture à lui faite du serment ordinaire, et que·par l'attouchement de la main il a promis de s'y conformer, été reçû Bourgeois de la colonie. (Est decedé).

    Bernard.   Daniel Bouvier.

10. Mars 1760.

Paul Louis Bertrand, marchand, natif de cette ville, agé de 36 ans, fils de feu Paul Bertrand et de feue Marie Judith Rolar, a, après lecture à lui faite du serment ordinaire, et que par l'attouchement de la main il a promis de s'y conformer, été reçû Bourgeois de la colonie. Veut se fixer depuis ce jour en cette ville, mais n'exercer commerce que dehors. — Exp.

    Bernard.   Rossal.   Charton.   Rouviere.
    Paul Louis Bertrand.

22. Mars 1760.

Louis Marlin, dit La Douceur, natif de Chauvan en la province de Comté jurisdiction de Dôle, agé de 30 ans, cuisinier, fils de feu Pierre Marlin et de feue Françoise Daniel, catholique romain, a preté serment de fidelité et a été reçû Bourgeois de la colonie.

          Bernard.   Louis Marlin.

24. Mars 1760.

Jean Bâtiste Debro, dit l'épine, agé de 36 ans, ouvrier en laine, natif de Vitri le François, fils de feu Pierre Debrô et de feue Marie Jeanne Fumet, catholique romain, a preté serment de fidelité et a été reçû Bourgeois de la colonie.

          Bernard.

14. Avril 1760.

Jaques Joseph Demarle, natif de St. Omer, agé de 38 ans, cordonnier, fils de Louis Joseph Demarle et de feue Marianne Periet, catholique romain, a preté serment de fidelité et a été reçû Bourgeois de la colonie.

Exp. le 9. Decembre 1765, sous la date du 14. April 1760 gratis.

          Bernard.   Rossal.

Barthelemi Pascal, gantier, agé de 48 ans, natif de cette ville, fils de feu Nicolas Pascal et de feue Anne Rolan, a, apres lecture à lui faite du serment ordinaire et que par l'attouchement de la main il a promis de s'y conformer, été reçu Bourgeois de la colonie.

          Bernard.   Rossal.

28. Avril 1760.

Claude Vincent, inspecteur des meuriers, agé de 51 ans, natif de Pelassin en Forets, diocese de Vienne en Dauphiné, a preté serment de fidelité à Sa Majesté et d'obeissance à cette Justice, il est en cette ville depuis le 15. May 1751 etabli Inspecteur des plantages de meuriers des villes de Magdebourg et de Neuhaldensleben.

          Bernard.   Rossal.   Vincent.

2. Juin 1760.

Blaise Bia, dit Saintamant, natif de St. Didier, diocese du Puy en Velai, agé de 22 ans, catholique romain, cordonnier, fils de feu Matthieu Bia et de Catherine Vocanson, a preté serment de fidelité et a été reçû Bourgeois de la colonie. Non marié et non établi.

          Bernard.   Rossal.   Rouviere.

16. Juin 1760.

Jaques Granier, marchand, natif de cette ville, agé de 21½ ans, fils de feu sieur Jean Granier et de feue Marie Assier, a, aprés lecture à lui faite du serment ordinaire, et que par l'attouchement de la main, il a promis de s'y conformer, été reçû Bourgeois de la colonie.

        Bernard.   Jaques Granier.

30. Juin 1760.

Samuel Cappe, faiseur de bas, natif de cette ville, agé de 25 ans, fils d'André Cappe et de Olimpe Gachés, a preté serment de fidelité à S. M. et a été reçû Bourgeois de la colonie: son père a été soldat et n'a jamais été reçû Bourgeois en cette ville devant aucun Magistrat, ils sont tous membres de l'Eglize françoise. — Exp.

        Bernard.   Rossal.   Charton.

Isaac Jordan, faiseur de bas, natif de cette ville, agé de 22 ans, fils de feu Jean Jordan et de feue Jeanne Carriere, a, aprés lecture à lui faite du serment ordinaire et que par l'attouchement de la main il a promis de s'y conformer, été reçû Bourgeois de la colonie. — Exp.

        Bernard.

7. Juillet 1760.

Daniel Dan, distilleur, natif de Halle, agé de 64 ans, fils de feu Herard Dan et de feue Uranie Artau, a, aprés lecture à lui faite du serment ordinaire, et que par l'attouchement de la main il a promis de s'y conformer, été reçû Bourgeois de la colonie, ayant cidevant été établi aud. Halle, et ici depuis pâques a. c.

        Bernard.   Rossal.   Daniel Dan.

4. Aout 1760.

Frederic Guillaume Mallein, dit Böse, natif de cette ville, agé de 22 ans, fils de Jacob Böse et d'Anne Pasche, a, aprés lecture à lui faite du serment ordinaire et que par l'attouchement de la main il a promis de s'y conformer, été reçû Bourgeois de la colonie. Etabli depuis ce jour declare n'être point enrollé.   Friedrich Wilhelm Böse.

        Bernard.   Rossal.   Charton.   Rouviere.

Jacob Hupert, natif de Ungersheim dans le complé Leien, agé de 43 ans, marechal ferrant de sa profession, fils de Nicolas Hupert et de Catherine Kühn, catholique romain, a preté serment de fidelité et a été reçû Bourgeois de la colonie.

        Bernard.   Rossal.   Charton.   Rouviere.

Johann Gottfried Odemar, natif de cette ville, agé de 22 ans, fils de Godefroi Odemar et de Anne Marie Pforbus, a, aprés lecture à lui faite du serment ordinaire et que par l'attouchement de la main il a promis de s'y conformer, eté reçû Bourgeois de la colonie: assure n'être point enrollé, ni établi, mais travaille actuellement chés sa mère.

Bernard. Rossal. Charton. Rouviere.

7. Octobre 1760.

Johann Gröschel, ouvrier en laine, natif de Bezenstein pays de Nurnberg, agé de 28 ans, fils de Johann Gröschel et de   , de religion Luthérienne, a preté serment de fidelité et a été reçû Bourgeois de la colonie. Est decedé. Exp.

Rossal.

13. Octobre 1760.

Jean Pierre Laurens, tailleur d'habits, natif de Neuhaldensleben, agé de 29 ans, fils de feu Pierre Laurens et de feue Marie Pradain, a preté serment de fidelité et a été reçû Bourgeois de la colonie. Veut s'établir cette semaine.

Rossal. Jean Pierre Laurens.

Etienne Cossonel, né à Hameln, gantier, fils de Etienne Cossonel et de Marie Regnol, a preté serment de fidelité et a été reçû Bourgeois de la colonie veut s'établir et se marier en cette ville.

10. Novembre 1760.

Jean Jaques Cuny, marchand, natif de cette ville, agé de 24 ans, fils de Sieur Jaques Cuny et de Dlle. Marie Sechehaye, a, aprés lecture à lui faite du serment ordinaire et que par l'attouchement de la main il a promis de s'y conformer, été reçû Bourgeois de la colonie.

Bernard. Rossal. Jean Jaques Cuny.

24. Novembre 1760.

Jaques Eyraud, perruquier, natif de cette ville, agé de 24 ans, fils de feu Jacob Eyraud et de feue Waltern, a, aprés lecture à lui faite en langue allemande du serment ordinaire, et que par l'attouchement de la main, il a promis de s'y conformer, été reçû Bourgeois de la colonie; declarant n'être point enrollé. Veut s'etablir pâques prochaine. Exp.

Bernard. Rossal. Jaque Erc.

Jean Zacharie Coste, teinturier, natif de cette ville, agé de 25 ans, fils de Dominique Coste et de feue Marianne Coste, a, aprés lecture à lui faite du serment ordinaire, et que par l'attouchement de la main, il a promis de s'y conformer, été reçu Bourgeois de la colonie. Exp.

Bernard. Rossal. Jean Zacharie Coste.

24. Novembre 1760.

Pierre Siméon, le 3. masson, natif a la ville neuve, agé de 24 ans, fils de feu Joseph Simeon et de Sara Brun, a, après lecture à lui faite en langue allemande du serment ordinaire et que par l'attouchement de la main il a promis de s'y conformer, été reçû Bourgeois de la colonie. Declarant n'être pas enrollé. — Exp.

                Bernard.   Rossal.

15. Decembre 1760.

Raimond Commerçon, perruquier, natif de Macon en Bourgogne. agé de 25 ans, catholique romain, fils de Emilian Guillaume Commerçon et de feue Françoise Bruye, a preté serment de fidelité et a été reçû Bourgeois de la colonie; declarant être ici depuis 8 mois, et veut s'etablir desqu'il aura reçû les lettres d'apprentissage de macon qu'il attend tous les jours.

          Bernard.   Rossal.   Rouviere.

19. Janvier **1761**.

Guillaume Joseph Ruël, natif de Brusselles, agé de 31 ans, peigneur de laine, fils de feu Nicolas Philippe Ruël et de feue Marie Therese Devilars, catholique romain, a preté serment de fidelité et a été reçû Bourgeois de la colonie.

                Bernard.   Charton.

23. Fevrier 1761.

Isaac Pluquet, natif de cette ville, agé d'environ 30 ans, serrurier, fils de feu Pierre Pluquet et de feue Catherine Bussen, a, après lecture à lui faite du serment ordinaire et que par l'attouchement de la main il a promis de s'y conformer, été reçû Bourgeois de la colonie, assurant n'être point enrollé. Exp.

      Bernard.   Charton.   Isaac Pluquet.

16. Mars 1761.

Heinrich Schüller, marchand, natif de Bernbourg, agé de 30 ans, fils de feu Heinrich Schüller et de Marguerite Warlichen, de religion Luthérienne, a preté serment de fidelité en langue françoise et a été reçû Bourgeois de la colonie. Veut s'établir a pâque prochaine. Exp.

        Bernard.   Rossal.   Henry Schuller.

Joseph Biancone, marchand, natif de Lugano, Canton de Lucerne en Suisse, agé de 30 ans, fils de Charles Biancone et de Barbara , catholique romain, a preté serment de fidelité en langue françoise et a été reçû Bourgeois de la colonie. Veut s'établir après la foire de Jubilate de Leipzig. Exp.

        Bernard.   Rossal.   Joseph Biancone.

Johann George Maybaum, faiseur d'aiguilles pour le metier à bas, natif de Berlin, fils de feu Jean George Maybaum et de Louize Charlotte Deesen, de religion Luthérienne, a en langue allemande preté serment de fidelité et a été reçû Bourgeois de la colonie, établi en cette ville depuis un an. Exp.

    Rossal.   Johann George Meybaum.

  George Christoph Paulus, faiseur de bas, natif de Marpurg, fils de feu Anthoine Paulus et de Sophie Marie Buchmann, de religion Luthérienne, a en langue allemande preté serment de fidelité et a été reçû Bourgeois de la colonie. Veut s'établir le 1. Janvier a. c. Exp.

    Rossal.   George Christoph Paulus.

30. Mars 1761.

  Andreas Lentz, natif de Zippel, fils de feu Caspar Lentz, qui demeuroit à Carith en Saxe, de religion Luthérienne, a preté serment de fidelité en langue allemande, et a été reçu Bourgeois de la colonie. Led. Lentz a servi en cette ville comme cocher durant 12 ans, assurant n'avoir été enrollé ni reçû aucun pass d'enrollement. — Exp.

    Bernard.   Rossal.

20. Avril 1761.

  Jean Jaques Clemen, natif de Beelitz, agé de 26 ans, cordonnier, fils de George Clemen et de Sophie Gesnern, de religion Luthérienne, a preté serment de fidelité, en langue allemande et a été reçû Bourgeois de la colonie, veut s'établir le plutôt possible. Exp.

  Johann Gottlob Koch, natif de Zittau, agé de 28 ans, orfevre, fils de feu Johann Martin Koch et de Marie Elizabeth Trenckler, a preté serment de fidelité en langue allemande, et a été reçû Bourgeois de la colonie. Est de religion Luthérienne, veut s'établir à St. Jean a. c. Exp.

    Bernard.   Charton.   Rouviere.

29. Juin 1761.

  Jean Paris, marchand, natif de cette ville, agé de 20 ans et demi, fils de feu Jaques Paris et de Marie Anne Vieux, a, après lecture à lui faite du serment ordinaire et que par l'attouchement de la main il a promis de s'y conformer, été reçû Bourgeois de la colonie, declarant n'être point enrollé, établi depuis ce jour. — Exped.

    Bernard.   Jean Paris.

27. Juillet 1761.

  Heinrich Werner, natif de Waldbrunshausen prés de Duderstadt, catholique romain, cidevant soldat au regiment de jung Stutterheim, aprés avoir preté serment en langue allemande, a été reçû Bourgeois de la colonie, icelluy étant a present invalide, et ayant par contrat du 25. du cour. acheté pour 1360 Thlr. la maison de Barthélemi Pascal.

    Bernard.   Charton.   Rouviere.

27. Juillet 1761.

Johann Conrad Fritsche, Luthérien, depuis environ 20 ans, maitre drapier incorporé dans le corps des drapiers, natif de Wallhausen près Sangerhausen en Thuringe, a habité ici à la Thurm-Schantze durant 20 ans, et s'est habitué en ville depuis trois semaines, a preté serment de fidelité à S. M. en langue allemande, et a été reçû Bourgeois de la colonie. — Exp.

  Bernard. Charton. Rouviere.

9. Novembre 1761.

Johann Daniel Kautsch, de religion Luthérienne, natif de Dresden, compagnon cordonnier, a preté serment de fidelité en langue allemande, et a été reçû Bourgeois de la colonie. V. actes au sujet des allemands reçûs Bourgeois de la colonie, fol. 33. — Exp.

  Bernard. Charton. Rouviere.

12. Novembre 1761.

Jean Frederic Chappe, tailleur d'habits, natif à Gransée dans la Mittelmarck, fils de Paul Chappe, cidevant chirurgien dans le Regiment du Prince de Prusse, àpresent Bourguemaitre et Cämmerer à Gransée, et de feue Catherine Elizabeth Walterstorff, sond. Père d'origine françoise et de religion reformée, de même que led. Jean Frederic Chappe, àpresent au service de l'envoyé de Hesse, Mr. de Hochstetter, a en consequence du consentement de ce dernier de ce jour, produit en original, voulant icelui s'établir ici, aprés la prestation du serment en langue allemande été reçû Bourgeois de la colonie.
— Exp. Bernard.

11. Janvier 1762.

Jean Lesage, natif de cette ville, agé de 25 ans, marchand, fils de feu George Urbain Lesage et de Marie Vieux a, aprés lecture à lui faite du serment ordinaire, et que par l'attouchement de la main il a promis de s'y conformer, été reçû Bourgeois de la colonie assurant n'être point enrollé. Exp.

  Bernard. Vierne. Charton. Rouviere.
  Jean Lesage.

Anthoine Dulac, natif de Villeneuve d'Agion en Guienne, agé de 25 ans, teinturier, fils de feu Pierre Dulac et de Marie Theoly, catholique romain, a été reçû Bourgeois de la colonie, aprés avoir preté le serment ordinaire.
  Bernard. Vierne. Charton.

Louis Berne, natif de Lion, agé de 32 ans, chapellier, fils de defunts Claude Berne et de Therese Gigniés, catholique romain, a été reçû Bourgeois de la colonie, aprés avoir preté le serment ordinaire.

  Bernard. Vierne. Charton.

Louis Claro, natif de Condé en Hainaut, agé de 28 ans, chirurgien, fils de Louis Claro et de Marie Françoise Ledur, catholique romain, a été reçû Bourgeois de la colonie, aprés avoir preté le serment ordinaire. Exp.
Bernard.　　　Vierne.　　　Louis Claro.

18. Janvier 1762.

Jacob Fournier, natif de Cassel en Hesse, agé de 25 ans, rubannier, fils de Joseph Fournier et de feue Elizabeth Berquin, a preté serment de fidelité et a été reçû Bourgeois de la colonie.
Le 22. Aout 1771 delivré certificat proper.
Bernard.　　　Vierne.

Jean Bâtiste Chausson, natif de Joulaville en Bourgogne, peigneur de laine, agé de 27 ans, fils de Jean Bâtiste Chausson et de feue Barbe Guigné, catholique romain, a preté serment de fidelité et a été reçû Bourgeois de la colonie. Exp. le 15. Novbr. 1769.
Bernard.　　　Vierne.

25. Janvier 1762.

Jean Bâtist Inet, natif de Paris, cardeur, agé de 30 ans, a dit être enfant trouvé, catholique romaine, a preté serment de fidelité et a été reçû Bourgeois de la colonie. Exp.
Bernard.　　　Charton.　　　Rouviere.

29. Mars 1762.

Frantz Kuba, natif de Buschtiarat dans la seigneurie de Tuschkeiler en Boheme, agé de 20 ans, fils de feu André Cuba et de Loude Milen, catholique romain, cidevant cannonier dans la compagnie du capitaine Theisinger, au service des Autrichiens, a preté serment de fidelité en langue allemande, et a été reçû Bourgeois de la colonie. Exp.
Bernard.　　　Vierne.

19. Avril 1762.

Martin Ruff, natif de Kirchdorff, seigneurie de Fürstemberg en Swabe, cordonnier, agé de 34 ans, fils de Joseph Ruff et de Catherine Wegengrün, catholique romain, a été reçû Bourgeois de la colonie, aprés avoir preté le serment ordinaire en langue allemande, en consequence de la permission du gouvernement. V. acte des pris. de guerre fol. 51. Exp.
Bernard.

Caspar Reiss, natif de Culmbach, peigneur de laine, agé de 24 ans, fils de feu Albrecht Reiss et de Marguerite Gertraudin, a été reçû Bourgeois de la colonie aprés avoir preté le serment ordinaire en langue allemande, en consequence de la permission du gouvernement. V. actes des pris. de guerre f. 54. De Religion Lutherienne. Exp.
Bernard.

23. May 1762.

Pierre Louis Lapierre, natif de Lion, cordonnier, agé de 22 ans, fils de Guillaume Lapierre et d'Elizabeth Marendel, catholique romain, a preté serment de fidelité et a été reçû Bourgeois de la colonie, a été cidevant Bourgeois de la colonie françoise de Neuhaldensleben depuis St. Michel 1761.

Bernard.

2. Aout 1762.

Johann Wildt, natif de Hassen, au Baillage de Pfaffenhoffen en Bavière, peigneur de laine, agé de 36 ans, fils de defunts Johann Wildt et de Kunigunde   , catholique romain, a été reçû Bourgeois de la colonie, aprés avoir preté serment ordinaire en langue allemande en consequence de la permission du gouvernement. V. acte de pris. de g., f. 5º. Exp.

Vierne.   Rouviere.

9. Aout 1752.

George Schwartz, natif de Fittersdorff en Moravie, meunier, agé de 38 ans, fils de defunts André Schwartz et d'Anne Tittmar, catholique romain, a été reçû Bourgeois de la colonie aprés avoir preté le serment ordinaire en langue allemande, en consequence de la permission du gouvernement. Aux actes des pris. de guerre, fol. 61. Exp.

Vierne.   Rouviere.

16. Aout 1762.

Pierre Eyraud, perruquier, natif de cette ville, agé de 25 ans, fils de feu Jacob Eyraud et de feue Dorothée Catherine Walckern, a preté le serment de fidelité et a été reçû Bourgeois de la colonie en consequence du Congé accordé par Mr. le colonel de Bonin du 11. d.— icelui voulant s'établir de sa profession de perruquier. Exp.

24. Septembre 1762.

Elie Palis, faiseur d'eguilles pour le metier en bas, natif de Neuhaldensleben, agé de 28 ans, fils de feu Charles Palis et de feue Clare Reinecken, a preté serment de fidelité, et a été reçû Bourgeois de la colonie, assurant n'avoir point de Pass d'enrollement voulant s'établir dans peu, et dont il fera alors sa declaration. Exp.

Bernard.   Vierne.   Elie Palis.

4. Octobre 1762.

Johann George Kurtz, tailleur d'habits, natif de Stuttgard, agé de 27 ans, de religion Luthérienne, fils de feu Thomas Kurtz et de feue Anne Marie   , a preté serment de fidelité et a été reçû Bourgeois de la colonie. Travaille encore comme compagnon et vouloit desqu'il lui sera possible devenir maitre. Exp.

Bernard.   Vierne.

25. Octobre 1762.

Joseph Messriegler, natif de Fulde, agé de 19 ans, catholique romain, savetier, fils de Balteser Messriegler et de feue Catherine Elizabeth Penz, a été reçû Bourgeois de la colonie, après avoir preté le serment ordinaire en langue allemande. V. acte des allem. reçûs Bourgeois f. 35.

29. Novembre 1762.

Pierre Sujol, faiseur de bas, natif d'Alais en Sevennes, agé de 30 ans, de religion reformée, fils de Michel Sujol et de Jeanne Sauge, a preté serment de fidelité et a été reçû Bourgeois de la colonie. Est établi depuis le 1. Octobre a. c. Exp.

Bernard.   Vierne.

13. Decembre 1762.

Johann Müller, boulanger, natif de Kirchenbach, prés de Forchheim dans le Bamberg, fils de feu Johann Müller et Barbara Ditthornin, de religion Luthérienne, a été reçû Bourgeois de la colonie, après avoir preté le serment ordinaire en langue allemande. V. acte des allem. reçûs Bourgeois f. 36. — Exp. le 4. Juillet 1770.

Bernard.

17. Janvier 1763.

George Schmücker, cuisinier, natif de Esricht prés d'Amberg au haut Palatinat, catholique romain, fils de feu Hans Schmücker et d'Eva, a été reçû Bourgeois de la colonie, après avoir preté serment en langue allemande. V. acte des pris. de g. f. 70. Exp.

Bernard.   Charton.

24. Janvier 1763.

Henry Pelet, marchand, fils de Henry Pelet et de Susanne Judit Pelet, née Garnault, agé de 32 ans, après lecture à lui faite du serment ordinaire par l'attouchement de la main a été reçû Bourgeois de la colonie et a promis de satisfaire.   Bernard.   Charton.   Henry Pelet.

14. Fevrier 1763.

Heinrich Beseke, cidevant soldat dans le regiment de Borck d'ici, natif de Wellen, de religion Luthérienne, agé de 44 ans, a été reçû Bourgeois de la colonie, après la prestation du serment ordinaire. Exp.

Bernard.   Charton.

22. Fevrier 1763.

Pierre Labry, marchand, natif de cette ville, agé de 26 ans, fils de feu Pierre Labry et de Anne Marie Bischoffen, après lecture à lui faite du serment ordinaire et par l'attouchement de la main a été reçû Bourgeois de la colonie.

Jean Jaques Coing, marchand, natif de cette ville, agé de 25¹/₂ ans, fils de feu Jean Coing et de feue Susanne Deleuze, aprés lecture à lui faite du serment ordinaire et par l'attouchement de la main a été reçû Bourgeois de la colonie.

                    Bernard.   Vierne.

          Pierre Labry.   Jean Jaques Coing.

3. Mars 1763.

Heinrich Wichmann, fripier, natif de Stralsund, agé de 32 ans, fils de feu Jacob Wichmann et d'Elisabeth Catherine Puschel, de la religion catholique romaine, a, aprés la prestation du serment ordinaire, été reçû Bourgeois de la colonie. Exp.

                    Bernard.

7. Mars 1763.

Erhard Just, cordonnier, natif de Custrin, agé de 27 ans, fils de feu Joh. Erhard Just et de Marie Elizabeth Küzen, de religion Luthérienne, a, aprés la prestation du serment ordinaire, été reçû Bourgeois de la colonie. Exp.

                    Bernard.

Ernst Gottlieb Schreiber, cordonnier, natif de Breslau, agé de 32 ans, fils de Johann Schreiber et de feue   , de religion Luthérienne, a, aprés la prestation du serment ordinaire, été reçû Bourgeois de la colonie. Exp.

Alexandre Eglize, dit Chiesa, ouvrier en laine, natif de Milan, agé de 28 ans, fils de feu Eugene Eglize, de religion catholique romaine, a, aprés la prestation du serment ordinaire, été reçû Bourgeois de la colonie.

14. Mars 1763.

Jean Bâtiste Lajoïe, ouvrier en laine, natif de Reims en Champagne, agé de 22 ans, fils de feu Nicolas Lajoïe et de Perette Marquet, catholique romain, a, aprés la prestation du serment ordinaire, été reçû Bourgeois de la colonie. Le 23. Fevrier 1767 en a été delivré certificat. Exp.

Andreas Lindenheim, negociant en galanterie, natif de Luxembourg, catholique romain, fils de feu Anthon Lindenheim et de feue Marguerite   , a, aprés la prestation du serment ordinaire, été reçû Bourgeois de la colonie. Le 3. Octobre 1774 en a été delivré certificat à Mr. le Major de Romberg. Exp.

Ernst Gotthard, ouvrier en laine, natif d'Erfurth, catholique romain, agé de 39 ans, fils de feu Johann Conrad. Erfurth, a, aprés la prestation du serment ordinaire, été reçû Bourgeois de la colonie. Exp.

21. Mars 1763.

Jaques Urbain, maître à danser, natif de Mons en Hainaut, âgé de 30 ans, de religion catholique romaine, fils de defunts Paul Urbain et de Florence Gossiau, a, après la prestation du serment ordinaire, été reçû Bourgeois de la colonie. Exp.
Bernard.

22. Mars 1763.

Johann Christian Just, jardinier, de religion Luthérienne, natif de Stöcke prés d'Ellrich, a, après la prestation du serment ordinaire en langue allemande, été reçû Bourgeois de la colonie. Exp.
Bernard.

29. Mars 1763.

Matthias Schwoboda, cuisinier, natif de la ville de Strebitsch en Moravie, âgé de 30 ans, catholique romain, fils de feu Martin Schwoboda et de Elizabeth   , a, après la prestation du serment ordinaire en langue allemande, été reçû Bourgeois de la colonie. Exp.
Bernard.

11. Avril 1763.

Benjamin Hentz, couteiller, natif de Berlin, âgé de 25 ans, fils de feu Samuel Hentz, natif de Berne, de religion reformée, decedé à Berlin, et de Anne Philippin, a preté serment de fidelité et a été reçû Bourgeois de la colonie. Exp.   Bernard.   Charton.   Rouviere.

25. Avril 1763.

Andreas Gissau, tailleur d'habits, de religion Luthérienne, natif de Sandau, fils de feu Andreas Gissau et de feue Catherine Damm a preté serment en langue allemande et a été reçû Bourgeois de la colonie. Exp.

Nicolaus Schreck, peigneur de laine, de religion catholique romaine, natif de Mayence, fils de Philipp Schreck et de Catherine   , a preté serment de fidelité en langue allemande et a été reçû Bourgeois de la colonie. Exp.   Bernard.

9. May 1763.

Bruno Pichot, natif de Pondevaux en Bresse, catholique romain, enseignant la langue françoise, fils de defunts Benoit Pichot et Marie Bussy, a preté serment de fidelité et a été reçû Bourgeois. Exp.
Bernard.

Johann Heinrich Strodtmann, natif de Munster, catholique romain, menusier, fils de feu Anthon Strodtmann et de feue Margarete Afibite, a preté serment de fidelité et a été reçû Bourgeois. Exp.

6. Juin 1763.

Johann August Rosenberg, natif de Hornburg, de religion Luthérienne, tailleur de sa profession, fils de Gottfried Rosenberg et de Hohtop. Exp.

Johann Heinrich Lohe, natif de Gröningen, de religion Luthérienne, tailleur d'habits de sa profession, fils de Johann Heinrich Lohe et de Johanne Sophie Hartmanns, ont preté serment de fidelité en langue allemande et été reçû Bourgeois de la colonie. Exp.

27. Juin 1763.

Johann Caspar Zimmermann, natif de la ville neuve dici, fils de Johann Joachim Zimmermann et de Marie Catherine Schmidt, de religion Luthérienne, faiseur de bas de sa profession, a preté serment de fidelité en langue allemande et a été reçû Bourgeois de la colonie françoise. Exp.

30. Juin 1763.

Eberhard Mengel, négociant, natif de Reich Sachsen au pais de Hesse-Darmstadt, de religion Luthérienne, fils de feu Johannes Mengel et de feue Christina Seyffeling, a preté serment en langue allemande et a été reçû Bourgeois de la colonie françoise. Exp.

6. Juillet 1763.

Charles Letellier, distillateur-parfumeur, natif de Luneville en Lorraine, de religion catholique romaine, fils de feu François Letellier et de feue Genevieve Roger, a preté serment de fidelité et a été reçû Bourgeois de la colonie françoise. Exp.

11. Juillet 1764.

Johann Gottfried Fromme, jouailler, natif d'ici, fils de feu le Cämmerer du Dhome Wilhelm Conrad Fromme et de feue Breinacker, a preté serment en langue allemande et a été reçû Bourgeois de la colonie françoise. — Mort. Exp.
Bernard.

31. Octobre 1763.

George Christoph Bosse, cordonnier, natif de Werben, dans la vielle marche, fils de feu George Christoph Bosse et de feue , de religion Luthérienne, a preté serment de fidelité et a été reçû Bourgeois de la colonie françoise. Exp.
Bernard.

21. Novembre 1763.

Johann Gottfried Heinecke, boulanger, natif de Mehring prés d'Aschersleben au pais d'Anhalt-Dessau, de religion reformée, fils de Johann Peter Heinecke et de feue Anne Elizabeth Nortmann, a preté serment de fidelité en langue allemande et a été reçû Bourgeois de la colonie. mort.
Bernard,   Charton.   Rouvicre.

13. Fevrier 1764.

Gottfried Engelmann, natif de Kiehl, ouvrier en laine, de religion reformée, fils de feu Michel Engelmann et de feue Clara Lüdecken, a preté serment de fidelité en langue allemande et a été reçû Bourgeois de la colonie. S'est établi il y a 15 mois. Exp.

20. Fevrier 1764.

Jean Jaques Drouin, natif de Halle, agé de 29 ans, gantier de sa profession, fils de feu Jean Jaques Drouin et de feue Eve Marie Sciurus, a preté serment de fidelité et a été reçû Bourgeois de la colonie. établi depuis le 1. du courant.

                    Bernard.   Charton.

25. Fevrier 1764.

Johann Jacob Volpert, tailleur d'habits, agé de 25 ans, fils de defunts Johann Baltazar Volpert et Anne Veronica Stutzin, natif de Ehringshausen au pais de Hesse-Darmstadt, a preté serment de fidelité en langue allemande et a été reçû Bourgeois de la colonie. Exp.

2. Avril 1764.

Pierre Arlaud, fabriquant en bas, natif de cette ville, agé de 26 ans, fils de Jacob Arlaud et de feue Jeanne Perrin, a, aprés lecture à lui faite du serment ordinaire et par l'attouchement de la main, été reçû Bourgeois de la colonie.

Antoine Ouas, faiseur de bas, natif de Mondidier en Picardie, agé de 33 ans, catholique romain, fils de feu Eloie Ouas et de Anne Davene, a preté serment de fidelité et a été reçû Bourgeois de la colonie. Exp.

                    Bernard.   Rouviere.

9. Avril 1764.

David André, cordonnier, natif de cette ville, agé de 32 ans, fils de feu Anth. André et de Anne Horn, a, aprés lecture à lui faite du serment ordinaire et par l'attouchement de la main, été reçû Bourgeois de la colonie. Exp.

14. May 1764.

Jean Guillaume Latelle, gantier, natif de Halberstadt, agé de 25 ans, fils de feu Henry Latelle et de defunte Charlotte Witten, a preté serment de fidelité et a été reçû Bourgeois de la colonie.

16. Juillet 1764.

Jean Jaques Roux, négociant en bois, natif de cette ville, fils de Jaques Roux et de Louise Roux, a, aprés lecture du serment ordinaire et par l'attouchement de la main, été reçû Bourgeois de la colonie. — Mort.

27. Aout 1764.

Marcian Coste, chapellier, natif de Tortonne en Piemont, agé de 26 ans, chapellier de sa profession, catholique romain, fils de Jean Bâtiste Coste et de Marthe Marie Moral, a preté serment de fidelité et a été reçû Bourgeois de la colonie. Le 15. Juillet 1767 delivré certificat. Mort.

3. Septembre 1764.

Anthoine Dumoulin, enseignant la langue françoise catholique romain, natif de Liege, agé de 33 ans, fils de feu Anthoine Dumoulin et de feue Gertrude Jamhoie, a preté serment de fidelité et a été reçû Bourgeois de la colonie.

5. Novembre 1764.

Jean Merckels, catholique romain, maître de langue Françoise, agé de 34 ans, natif de la ville de Luxembourg, fils de Jean Merckels et de Anne Meyer, a preté serment ordinaire et a été reçû Bourgeois de la colonie.
Bernard.

21. Janvier 1765.

Joachim Dietrich Lellich, de religion Luthérienne, agé de 26 ans, natif de Pankow dans le Prigniz, fils de feu Dietrich Lellig et de feue Eve Catherine Schmidten, a preté le serment ordinaire et a été reçû Bourgeois de la colonie. Mort.
Bernard.

11. Fevrier 1765.

Johann Heinrich Martin Hamann, natif de Dannekau au Baillage de Gommern, tailleur d'habits de sa profession, de religion Luthérienne, fils de feu Michel Hamann et de feue Susanne Pipern, a preté serment de fidelité et a été reçû Bourgeois de la colonie. Mort. Exp.
Bernard.

3. Juin 1765.

Christoph Isaac Odemar, natif d'ici, agé de 25 ans, boutonnier de sa profession, fils de Jean Godefroi Odemar et de feue Anne Marie Pforbus, a, aprés lecture du serment ordinaire et par l'attouchement de la main, été reçû Bourgeois de la colonie. Exp.

12. Aout 1765.

Johann Friedrich Weber, natif de Bourg, agé de 32 ans, meunier de sa profession, de religion Luthérienne, fils de feu Johann Friederich Wilhelm Weber et de Anne Marguerite Schwartzkopff, a preté serment de fidelité en langue allemande et a été reçû Bourgeois de la colonie.

Le 20. Septembre 1765 Weber a été decharge de son serment vû qu'il n'est etranger et que probablement le Mag. allem. porteroit plainte de sa reception.

Johann Gottfried Göbler, natif de Leipzig, agé de 36 ans, tisserand ou ouvrier travaillant à la navette, de religion Luthérienne, fils de feu Zacharée Göbler et d'Anne Rosine Petschin, a preté serment de fidelité et a été en consequence du Resc. de la Chambre du 22. Juillet a. c. eté reçû Bourgeois de la colonie.

1. Octobre 1765.

Christoph Friedrich Sudhoff, jardinier, natif de Helmstedt, agé de 42 ans, fils de feu Ernst Christoph Sudhoff et d'Anne Marie Lindemannen, a en langue allemande preté le serment ordinaire et a été reçû Bourgeois de la colonie.

21. Octobre 1765.

Johann Andreas Kermes, natif d'Apolda Saxe-Weymar, serrurier de sa profession, agé de 66 ans, de religion Luthericnne, et son fils (Exp.)

Johann Christian Matthias Kermes, natif du même lieu et de même profession, agé de 23 ans, ont aprés la prestation du serment ordinaire en langue allemande été reçus Bourgeois de la colonie. Exp.

25. Octobre 1765.

Anthoine Asman, natif de Clairmont de Lodeve en Languedoc, cardier de sa profession, agé de 35 ans, fils d'Antoine Asman et de Magdeleine L'hermet, catholique romain, a preté serment et a été reçû Bourgeois de la colonie.

9. Decembre 1765.

Jean Marc Pascal, clapelier, natif d'ici, agé de 26 ans, fils de sieur Jaques Pascal et de feue Marie Rachel Maquin, a, aprés lecture à lui faite du serment ordinaire par l'attouchement de la main, été reçû Bourgeois de la colonie.

Exp. certificat le 10. Oct. 1766. Mort.

16. Decembre 1765.

Abraham Schardt, natif de cette ville, faiseur de bas de sa profession, fils de feu George Philipe Schardt et de Susanne Marie Papin, a preté serment de fidelité et a été reçû Bourgeois de la colonie. Exped.

17. Fevrier 1766.

Denis Lemer, natif de Liege, cordonnier de sa profession, agé de 23 ans, fils de feu Lambert Lemer et de Jeanne Brassard, catholique romain, a preté serment de fidelité et a été reçû Bourgeois de la colonie. Mort.

28. Avril 1766.

Jaques Guibal, natif de cette ville, ouvrier en laine, fils de feu Jaques Guibal et de feue Rachel Dumas, a, aprés lecture à lui faite du serment ordinaire, par l'attouchement de la main été reçû Bourgeois de la colonie. Exp.   Vierne.   Rouviere.

12. May 1766.

Pierre Cuny, natif de cette ville, marchand, fils de sieur Jaques Cuny et de feue Dlle. Marie Girost, a, aprés lecture à lui faite du serment ordinaire, par l'attouchement de la main été reçû Bourgeois de la colonie. Exp.

29. Septembre 1766.

Frederic Samuel Weiskopff, peigneur de laine, agé de 21 ans, fils de Jean Jacob Weiskopff, aussi peigneur, et de Susanne Marie née Sperlingen, natif de Magdebourg, a preté le serment de fidelité et a été reçû Bourgeois de la colonie. Exp.

d'Ammon.

2. Mars 1767.

Barthelemi Birnau, meunier de sa profession, natif de Laude dans le Wurzburg, agé de 27 ans, fils de feu Ambroise Birnau et de Catherine , catholique romain, a été reçû Bourgeois de la colonie aprés avoir preté le serment ordinaire. Exp.

d'Ammon.   Rouviere.   Cuny.

9. Mars 1767.

Heirnich Werner, natif de Barby, agé de 24 ans, pôtier de sa proession, de religion Luthérienne, fils de Christian Werner et de feu Marie Elizabeth Schumann, a preté serment de fidelité et a été reçû Bourgeois de la colonie. Exp.

d'Ammon.   Rouviere.   Cuny.

16. Mars 1767.

Samuel Grunewitz, natif de Thorn, agé de 27 ans, de religion Luthérienne, menusier de sa profession, fils de Johann Grunewitz et de Marie Esther , a preté le serment ordinaire et a été reçû Bourgeois de la colonie.

d'Ammon.   Rouviere.   Cuny.

Grunewitz ayant declare, ne pouvoir ni monter, ni payer la garde, sa lettre de Bourgeoisie a été retirée et annullée le 28. Avril 1778.

Kessler.

13. Avril 1767.

Robert Guelleot, blancher de sa profession, agé de 30 ans, natif de Guingamp en basse Bretagne, fils de feu Pierre Guelleot et de Ivone Pressé, catholique romain, a preté serment de fidelité et a été reçû Bourgeois de la colonie françoise. Exp. gratis.

d'Ammon.   Rouviere.   Cuny.

11. May 1767.

Johann David Weber, cordonnier, agé de 46 ans, natif de Danzig, de religion Luthérienne, fils de feu Johann Friderich Weber et de feue Marie Elizabeth Tummeding, a preté serment de fidelité et a été reçû Bourgeois de la colonie françoise. Exp.

d'Ammon.

20. Juillet 1767.

Johann Gottlieb Polle, natif de Nordhausen, tonnelier de sa profession, agé de 36 ans, de religion Luthérienne, fils de feu Martin Christoph Polle, a preté serment en langue allemande et a été reçû Bourgeois de la colonie. Exp.

d'Ammon.

Mort le 8. Juillet 1785.

19. Octobre 1767.

François Thimoléon Lefevre, natif de Paris, traiteur, agé de 47 ans, de religion catholique romaine, fils de feu Johann Henri Lefevre et de feue Marguerite Lefrere, a preté serment de fidelité et a été reçû Bourgeois de la colonie françoise. Exp.

d'Ammon.

29. Fevrier 1768.

Pierre Descours, natif de cette ville, savonnier de sa profession, agé de 26 ans, fils de feu Pierre Descours et de feue Marie Du Corbier, a preté serment de fidelité et a été reçû Bourgeois de la colonie. Exp.

d'Ammon.   Vierne.   Rouviere.   Cuny.

11. Avril 1768.

Johann Christoph Wegmann, natif de Ulm, agé de 32 ans, de religion Lutherienne, fils de feu Johann Christoph Wegmann et de Marie Dorothee Schmaltzigern, a en langue allemande preté le serment ordinaire et a été reçû Bourgeois de la colonie françoise d'ici. Exp.

d'Ammon.   Rouviere.   Cuny.

Loge chez le Sr. Vien.

15. Avril 1768.

Heinrich Andreas Stöter, natif de Heyersdorff au Duché de Brunswig, agé de 49 ans, fils de feu Heinrich Stöter, et de feue   Funcken, à en langue allemande preté le serment ordinaire et a été reçû Bourgeois de la colonie françoire d'ici.

d'Ammon.   Vierne.   Cuny.

Loge dans la Kleine Petersstrasse dans la maison Rohr. néant.

25. Avril 1768.

Paul Ansalmy, natif de Parme, agé de 30 ans, ouvrier en Plâtre, de religion catholique romaine, fils de Barthelemy Ansalmy et de Pauline Barbiery, a en langue françoise preté le serment ordinaire et a été reçû Bourgeois de la colonie françoise d'ici. Exp.

d'Ammon.   Rouviere.   Cuny.

Loge au Griffon.

14. Novembre 1768.

Johann Meyer, Journalier, natif de Walwitz au Baillage de Gommern. agé de 29 ans, fils de Johann Meyer et de Elizabeth , de religion Luthérienne, a preté serment de fidelité en langue allemande et a été reçû Bourgeois de la colonie françoise. Exp. le 14. Nov. 1768.

d'Ammon.

3. Avril 1769.

Valentin Christian Toeleke, chirurgien, natif de Cölbra en Thuringe, agé de 41 ans, fils de feu Johann George Toeleke et de feue Anne Ephrosine Herrlingen, de religion Lutherienne, a preté serment de fidelité et a été reçû Bourgeois de la colonie françoise d'ici. Exp. le 5. Avril.

d'Ammon.   Vierne.   Rouviere,   Cuny.

25. Septembre 1760.

Barthelemé Müller, faiseur de bas, natif de cette ville, agé de 27 ans, fils de feu Pierre Muller et de Marie Elizabeth Ernst, a preté serment de fidelité et a été reçû Bourgeois de la colonie. Exp.

d'Ammon.

6. Novembre 1769.

Frantz Commony, cath. romain, marchand de galanterie, natif de Lallio dans le Milannay, agé de 21 ans, fils de Jean Commony et de Jeanne Pappy, a preté le serment de fidelité et a été reçû Bourgeois de la colonie. Exp. eod.

d'Ammon.

8. Janvier 1770.

Jean Paul Faucher, chirurgien, natif de cette ville, agé de 27 ans fils d'Anthoine Faucher et de feue Jeanne Faucher, a preté serment de fidelité et a été reçû Bourgeois de la colonie. Exp.

d'Ammon.

5. Mars 1770.

George Philippe Septsols, jardinier, agé de 30 ans, natif à Destedt au Pais de Bronswig, fils de feu Henri Albert Septsols et de feue Boden, a preté serment de fidelité en langue allemande et a été reçû Bourgeois de la colonie. Exp.

d'Ammon.

12. Mars 1770.

Guillaume Annibal Labry, natif de cette ville, agé de 25 ans, horloger de sa profession, fils de feu Annibal Labry et de Wilhelmine Cuny, a preté serment de fidelité et a été reçû Bourgeois de la colonie. Exp.

d'Ammon.

23. Avril 1770.

Paul Asimont, natif de Christian Erlang, agé de 31 ans, faiseur de bas de soye, fils de feu Josué Asimont et de Anne Marie Colner, a preté serment de fidelité et a été reçû Bourgeois de la colonie françoise. Exp.

d'Ammon.

7. May 1770.

Claude Anthoine Charles, natif de cette ville, agé de 40 ans, horloger de sa profession, fils du sieur Anthoine Charles et de feue Catherine Elizabeth Helene , , a preté serment de fidelité et a été reçû Bourgeois de la colonie françoise d'ici. Exp.

d'Ammon.

9. Juillet 1770.

Anthoine Roux, natif de cette ville, distillateur, agé de 56 ans, fils de feu Jean Roux et de feue Jeanne Roux, a preté serment de fidelité et a été reçû Bourgeois de la colonie françoise. Exp.

d'Ammon.

· 16. Juillet 1770.

Johann Georg Kotz, cordonnier, natif de Tûrnau au pais de Bareith, agé de 30 ans, de religion Luthérienne, fils de feu Johann Heinrich Kotz et de feue Cunigunde Brackin, a preté serment de fidelité et a été reçû Bourgeois de la colonie françoise. Exp.

d'Ammon.   Vierne.   George.

23. Juillet 1770.

Pierre Giloin, faiseur d'eguilles pour le metier en bas, natif d'ici, agé de 25 ans, fils de feu Daniel Giloin et de feue Jeanne Marie Lafont. Exp. gratis.

Simon Paté, ouvrier en laine, natif d'ici, fils de feu François Paté et de feue Catherine Coudere, ont preté serment de fidelité et ont été reçûs Bourgeois de la colonie françoise. Exp. gratis.

d'Ammon.   Vierne.   George.

22. Octobre 1770.

Anthoine Breton, tailleur d'habits de sa profession, natif d'ici, agé de 29 ans, fils de feu Pierre Breton et de feue Marie Magdelaine Gros, a preté serment de fidelité et a été reçû Bourgeois de la colonie françoise. Exp.

d'Ammon.

11. Mars 1771.

Johann Peter Jammermann, natif de Möhringen au païs d'Anhalt-Dessau, de religion reformée, boulanger de sa profession, fils de Johann Elias Jammermann et de feue Anne Dorothée Schüzen, agé de 24 ans, a preté serment de fidelité, et a été reçû Bourgeois de la colonie françoise. Exp.
    d'Ammon.   Vierne.   Rouviere.   George.

16. Juillet 1770.

Jean Marchion Caillé, natif de Schambs païs de Grisons en Suisse, agé de 34 ans, de religion reformée, confiturier de sa profession, fils de Pierre Caillé, Docteur en medecine et de Jeanne Jänicke, a preté serment de fidelité et a été reçû Bourgeois de la colonie françoise. Exp. gratis.
    Kessler.   George.

8. Octobre 1771.

Jean Casany, natif de Luques, agé de 31 ans, mouleur en plâtre de sa profession, de religion catholique romaine, fils de Dominique Cazany et de Bernharde Petroniany, a preté serment de fidelité et a été reçû Bourgeois de la colonie françoise. Exp. gratis.
    Kessler.   d'Ammon.   Rouviere.   George.

Janvier 1772.

Christoph Krause, natif de Neuenkallen en païs de Mecklenbourg-Schwerin, de religion Luthérienne, agé d'environ 35 ans, fils de feu Christian Krause et de feue Sophie Petern, a preté serment de fidelité et a été reçû Bourgeois de la colonie françoise. Exp. gratis.
    Kessler.   d'Ammon.

18. Fevrier 1772.

Anthon Michael, natif de Schelende en Bohême, agé de 26 ans, catholique romain, vendeur de fil, fils d'Anthon Michael et de Madeleine Koeglerin de Schelende, a preté serment de fidelité ordinaire et a été reçû Bourgeois. Néant.
    Kessler.

26. Mars 1772.

Charles Duvignaud, teinturier de sa profession, natif de Neuhallensleben, agé de 38 ans, fils de feu Daniel Duvignaud et de feue Susanne Lefranc, a preté serment de fidelité et a été reçû Bourgeois de la colonie françoise.
    Kessler.   George.

28. Avril 1772.

David Bertallot, fabriquant, natif d'ici, agé de 33 ans, fils de Pierre Bertallot et de feue M. Bonin, a preté serment de fidelité et a été reçû Bourgeois de la colonie françoise. Exp.
    Kessler.   George.

5. May 1772.

Johann Carl Kleine, natif de Hameln, agé de 34 ans, de religion Luthérienne, fils de Anthon August Kleine et de Marie Magdeleine Wagner, a preté serment de fidelité et a été reçû Bourgeois de la colonie françoise. Exp. gratis.

    Kessler. George.

11. May 1772.

Friderich Herrmann, natif de Cöthen, agé de 32 ans, cordonnier de sa profession, de religion Luthérienne, fils d'André Herrmann et de feue Anne Catherine Schöne, a preté serment de fidelité et a été reçû Bourgeois de la colonie. Exp.

    Kessler. George.

19. May 1772.

Johann Peter Wustro, agé de 24 ans, de religion Luthérienne natif de Dornbourg au pais d'Anhalt-Zerbst, tonnellier de sa profession, fils de Christian Fred. Wustro et de , a preté serment de fidelité et a été reçû Bourgeois de la colonie françoise. Exp. gratis.

  Kessler. d'Ammon. George.

25. Aout 1772.

Carl Heinrich Grünewald, natif de Dresden, agé de 31 ans, tailleur d'habits de sa profession, de religion Luthérienne, fils de Johann Christian Grünewald et de feue Anne Rosine Meissel, a preté serment de fidelité en langue allemande et a été reçû Bourgeois de la colonie françoise. Exp. gr.

    Kessler. George.

6. Octobre 1772.

Andreas Most, agé de 42 ans, de religion Luthérienne, cidevant cuirassier, a preté serment de fidelité en langue allemande et a été reçû Bourgeois de la colonie françoise. Exp. gratis.

18. Novembre 1772.

Franz Georg Hormann, natif de Hannover, agé de 32 ans, de religion Luthérienne, cordonnier de sa profession, fils de Johann Christoph Hormann, a preté serment de fidelité et a été reçû Bourgeois de la colonie françoise. Exp. gratis.

    Kessler. George.

24. Novembre 1772.

Etienne Faucher, agé de 26 ans, natif d'ici, tourneur de sa profession, fils de David Faucher et de feue , a preté serment de fidelité et a été reçû Bourgeois de la colonie françoise.

    Vierne. George.

7. May 1773.

Charles Guillaume Viseur, marchand, natif de Berlin, agé de 42 ans, fils de feu Jean Pierre Viseur et de feue Louise Rickert, a preté serment de fidelité et a été reçû Bourgeois de la colonie françoise ce 7. May 1773. Exp.

Kessler. George. Charles Guillaume Wiseur.

22. Juin 1773.

Johann Menn, confiturier, natif de Zelis, pays des Grisons en Suisse. agé de 36 ans, de religion reformée, fils de feu Christian Menn et de Marie Banadoure, a preté serment de fidelité et a été reçû Bourgeois de la colonie françoise. Exp.

Kessler. George.

19. Octobre 1773.

Isaac Jaques Pascal, chapellier, natif de cette ville, agé de 27 ans, fils de feu Jaques Pascal et de feue Jeanne Rachel Maquin, a preté serment de fidelité et a été reçû Bourgeois de la colonie françoise. Exp.

Kessler. George.

Henry Sautel, faiseur d'aiguilles, natif de cette ville, fils de feu Josué Sautel et de Anne Catherine Zimmermann, a preté serment de fidelité et a été reçû Bourgeois de la colonie. Exp.

Kessler. George.

23. Novembre 1773.

Johann Frederic Kolbe, natif de Seyda en Saxe, agé de 40 ans, fils de feu Johann Israel Kolbe et de feue Marie Dorothée Hegewaldten, et de même (Exp. gratis)

Johann Schmidt, natif de Rogäsen en Saxe, agé de 26 ans, fils de feu Johann Schmidt et de Biene Dorothée Kluth, l'un et l'autre de religion Luthérienne et travaillant chès les brasseurs ont preté serment de fidelité et été reçû Bourgeois de la colonie françoise. Exp. gratis.

Kessler. George.

14. Decembre 1773.

Jacob Schelle, natif de cette ville, agé de 30 ans, fils de Valentin Schelle et de Marie Mainaud, a preté serment de fidelité et a été reçû Bourgeois de la colonie françoise. Exp. gr.

Kessler.

Johann Christian Grosse, cabaretier, natif de Klötzen pais d'Hannover, agé de 36 ans, de religion Luthérienne, fils de Hans Joachim Grosse et de   , a preté serment de fidelité, et a été reçû Bourgeois de la colonie françoise. Exp. gr.

Kessler. d'Ammon.

3. May 1774.

Johann Gottlieb Mehnert, cordonnier, natif de Beichlitz en Saxe, agé de 36 ans, fils de feu Gottlieb Mehnert et de feue Elizabeth Jacoby, de religion Luthérienne, a preté serment de fidelité et a été reçû Bourgeois de la colonie françoise. Exp. gratis.
            Kessler.   d'Ammon.   George.

7. Juin 1774.

Jean Pierre Roland, chapellier de sa profession, natif de Hannover, agé de 45 ans, fils de feu Jaques Roland et de feue Elizabeth Hupey, a preté serment de fidelité et a été reçû Bourgeois de la colonie françoise. Exp. gratis.
            Kessler.   d'Ammon.   George.

12. Juillet 1774.

Sebastian Engel, ouvrier en bas de soye, natif de Vienne, agé de 29 ans, catholique romain, fils de Sebastian Engel et de Catherine Dietrich, a preté serment de fidelité et a été reçû Bourgeois de la colonie françoise. Exp. gratis.
            Kessler.   George.

26. Juillet 1774.

Johann Andreas Wörmerich, tailleur d'habits, agé de 32 ans, de religion Luthérienne, natif de Vehlitz au Baillage de Gommern en Saxe, fils de Andreas Wörmerich et de feue   , a preté serment de fidelité et a été reçû Bourgeois de la colonie françoise.
            Kessler.   George.

13. Septembre 1774.

Gottfried Bauer, natif de Vienne en Autriche, agé de 29 ans, de religion catholique romaine, ouvrier en bas de soye, fils de feu Johann Bauer et de Barbara Seidlerin, a preté serment de fidelité et a été reçû Bourgeois de la colonie françoise. Exp. gratis.
            Kessler.   George.

22. Novembre 1774.

Johann Sigismund Kobel, bonnetier de sa profession, agé de 30 ans, natif de Ruppin, de religion reformée, fils de feu Johann Sigismund Kobel, originaire de Suisse, et de feue   , a preté serment de fidelité et a été reçû Bourgeois de la colonie françoise. Exp.
            Kessler.   George.

a été renvoyé au Magistrat allemand le cette ville le 8. Fevrier 1780. Sur la demande du d^{t.} Magistrat, et en consequence de l'ordre exprés du grand directoire françois à Berlin en date du 26. Janvier 1780.   Michél.

29. Novembre 1774.

George Carl Beck, natif d'Erlang, agé de 38 ans, de religion Luthésienne, ouvrier en bas de soye, fils de feu Wolff Beck et de feue Catherine Risen, a preté serment de fidelité et a été reçû Bourgeois de la colonie françoise. Exp.

Kessler. George.

7. Decembre 1774.

George Bauer, natif d'Erlang, agé de 30 ans, de religion Luthérienne, maitre faiseur de bas, fils de George Bauer et de Marie Falcknerin, a preté serment de fidelité et a été reçû Bourgeois de la colonie françoise. Exp. gratis.

Kessler. George.

13. Janvier 1775.

Johann Friderich Lemmerhard, natif de Stettin, agé de 30 ans, de religion Luthérienne, perruquier de sa profession, a preté serment de fidelité et a été reçû Bourgeois.

Kessler.

Renvoyé au magistrat allemand le 8. Fevrier 1780.

Michel.

18. Janvier 1775.

Jacob Calger, dit Caillé, natit de Chamb. pays des Grisons en Suisse, agé de 40 ans, de religion reformée, confiturier, fils de feu Pierre Calger, docteur en medecine, et de Jeanne Janecke, a preté serment de fidelité, et a été reçû Bourgeois de la colonie françoise. Exp.

Kessler. George.

14. Fevrier 1775.

Samuel Weiskopff, ouvrier en laine, natif de cette ville, agé de 23 ans, fils de feu Jean Jaques Weiskopff et de Susanne Marie Sperling, a preté serment de fidelité et a été reçû Bourgeois de la colonie françoise. Exp. gratis.

Kessler. George.

27. Fevrier 1775.

Johann Friderich Kolberg, perruquier, natif de Sangerhausen, agé de 39 ans, de religion Luthérienne, a preté serment de fidelité et a été reçû Bourgeois de la colonie françoise. Exp. gr.

28. Mars 1775.

Jean Samuel Odemar, boutonnier, natif de cette ville, agé de 30 ans, fils de feu Godefroy Odemar et de feue Marie Pforbus, a preté serment de fidelité a été reçû Bourgeois de la colonie. Exp.

Kessler. George.

11. Avril 1775.

David Falscheer, natif de Flims, pays des Grisons en Suisse, agé de 28 ans, de religion reformée, fils de charpentier Reinhard (Risch, René) Falscheer de Flims et de Dorothée Gallès, a preté serment de fidelité et a été reçû Bourgeois de la colonie.

Kessler.   d'Ammon.   George.

16. May 1775.

Johann Georg Buntsack, faiseur de bas, natif d'Erlangue, agé de 53 ans, de religion Luthérienne, fils du tailleur Christoph Buntsack de Wilhelmsthal et de Dorothée Dönhöffnern, a preté serment de fidelité et a été reçû Bourgeois de la colonie.

Kessler.   George.

4. July 1775.

George Paehe, **aus Carith in Sachsen gebürtig,** evangelisch-lutherischer Religion, 38 Jahre alt, ein Brauknecht, ein Sohn Jakob Paehe, Ackermannes in Carith und Catharinen Baers, ist dato praestito juramento zum Bürger der frantz. Colonie angenommen worden. Exped.

Kessler.   George.

10. October 1775.

Joseph Vachany, ein Galanterie-Krämer aus Como, im Mayländischen gebürtig, römisch-katholischer Religion, 40 Jahr alt, ein Sohn Peter Vachany und Marien Catharinen Turtiani, ist acto praestito juramento zum Bürger der frantz. Colonie angenommen worden.

Kessler.   George.

17. October 1775.

Joseph Korn, ein Seiden-Strumpfwürker, aus Wien gebürtig, römisch-catholischer Religion, 25 Jahre alt, ein Sohn
, ist acto praestito homagio zum Bürger der frantz. Colonie angenommen worden.

Kessler.   George.

18. August 1775.

Jean Cochet, Messerschmidt, aus Berlin gebürtig, 28 Jahr alt, ein Sohn des verstorbenen Messerschmidts Etienne Cochet zu Berlin und Marie Magdalenen Morel, ist acto praestitis praestandis als Bürger recipirt worden.

Kessler.   George.

28. November 1775.

Thomas Steiffleder, Graveur, 43 Jahr alt, aus Suhla im Chursächs. gebürtig, lutherischer Religion, ist acto als Bürger recipirt worden und hat in dieser Qualitaet den gewöhnlichen Bürgereyd abgeleistet.

Kessler.   George.

Julius Krüger, ein Trödler, aus Hamm in Deutsch-Lothringen gebürtig, römisch-kathol. Religion, 45 Jahr alt, ist acto praestitis praestandis als Bürger recipirt worden.
        Kessler.   George.

19. Mart 1776.

Johann Henning Schmidt, Strumpfweber-Meister, aus Gommern gebürtig, 38 Jahr alt, lutherischer Religion, ein Sohn Jacob Schmidt's und Catharinen Frickin, ist acto praestito juramento zum Bürger angenommen worden.
        Kessler.   George.

3. April 1776.

Johann Gille, aus Plaue bei Dressden gebürtig, evang.-lutherischer Religion, 46 Jahr alt, ein Garkoch, Sohn des Arbeitsmanns Johann Gillens und Catharinen Elisabeth Bernhard, ist acto praestitis praestandis als Bürger recipiret worden.
        Kessler.   George.

Ist den 8. Februar 1780 auf höheren Befehl an den deutschen Magistrat abgegeben worden.   Michel.

Johann Seth Schneider, ein Handelsmann, evangelisch-lutherischer Religion, 48 Jahr, aus Calbe gebürtig, ist acto praestitis praestandis als Bürger recipiret worden.
        Kessler.   George.

9. April 1776.

Johann Valentin Kummer, ein Schuhflicker, aus Suhla im Chursächsischen gebürtig, evangelisch-lutherischer Religion, 40 Jahr alt, Sohn des Jägers Johann Adam Kummers und Catharinen Geisterin, ist acto praestitis praestandis als Bürger recipiret worden.
        Kessler.   George.

16. April 1776.

Martin Gottlieb Barbier, ein Schuhflickergeselle, aus Berlin gebürtig, 31 Jahr alt, reformirter Religion, des Zeugmachers und Frantz. Colonie-Bürgers zu Berlin Martin Andreas Barbier und Marien Hellwigin Sohn, ist acto praestitis praestandis als Bürger recipiret worden.
        Kessler.   George.

30. April 1776.

Peter Philipp Kraemer, ein Arbeitsmann, aus Heidelberg gebürtig, römisch-katholischer Religion, 29 Jahr alt, ein Sohn eines pfälzischen Soldaten N. N. Kraemers und Marien Magdalenen N. N. ist acto praestitis praestandis als Bürger recipirt.
        Kessler.   George.   Michel.

14. May 1776.

Johann Gottlob Döring, aus Pichau im Chursächsischen gebürtig, evangelisch-lutherischer Religion, 31 Jahr alt, ein Sohn des Leinwebers Andreas Döring und Marien Elisabeth Bergmannin, ist acto praestitis praestandis als Bürger recipiret worden.

Kessler. George. Michel.

10. September 1776.

Der Arbeitsmann Ferdinand Huntze, aus Hildesheim gebürtig, 38 Jahr alt, römisch. cathol. Religion, ein Sohn Joachim Huntze und Gertraud Benckel, ist acto praestitis praestandis als Bürger recipiret worden.

Kessler. George. Michel.

23. September 1776.

Der Schneider Johann Georg Schaarschmidt, aus Schoenburg-Waldenburg, 31 Jahr alt, römisch-cathol. Religion, ein Sohn des Jägers Thomas Anton Schaarschmidt und Wilhelminen Sophien Mosin zu Waldenburg, ist acto praestitis praestandis als Bürger recipiret worden.

Kessler. George. Michel.

8. October 1776.

Der Färber Abraham David Coste, ein Sohn Dominique Costens und Annen Gras, ist acto praestitis praestandis als Bürger recipiret worden.

Kessler. George. Michel.

15. October 1776.

Der Distillateur Caspar Hoffmann aus Chleffen im Graubündter Lande, reformirter Religion, 39 Jahr alt, ein Sohn Caspar Hoffmann, gewesenen Wein- und Kornhändlers daselbst und Magdalenen Mazzonen, ist acto praestitis praestandis als Bürger recipiret worden.

Kessler. George. Michel.

17. November 1776.

Der Kuchenbecker Johann Hoffmann, aus Chleffen im Graubündter Lande gebürtig, reformirter Religion, 34 Jahr alt, des vorstehenden Caspar Hoffmanns Bruder, ist acto praestitis praestandis als Bürger recipiret worden.

Kessler. George. Michel.

12. December 1776.

Pierre François Guiraud, Hutmacher, 26 Jahr alt, reformirter Religion, ein Sohn Jean Matthieu Guirauds und Marien Françoisen Lapeine, ist acto praestitis praestandis als Bürger recipiret worden.

Kessler. George. Michel.

7. Janvier 1777.

Christian Paul Hiort, ein Schuhflicker aus Niebe auf der Insel Jutland, lutherischer Religion, 32 Jahr alt, ein Sohn Paul Peter Hiort, Fischers daselbst, und Elsen Hiort, ist acto praestitis praestandis als Bürger recipiret worden.
Kessler. George. Michel.

11. Mart 1777.

Johann Gottfried Rahm, ein Seidenstrumpfwirkergeselle, aus der Bouvierschen Fabrique, 30 Jahr alt, evangel.-luther. Religion, aus Plauen im Voigtlande gebürtig, ein Sohn des Strumpfwürkers gleichen Vor- und Zunahmens, ist acto praestitis praestandis zum Bürger recipiret worden.
Kessler. v. Ammon. George. Michel.

18. Mart 1777.

Jean Sastro, ein Handelsmann, aus Mailand gebürtig, römisch-cathol. Religion, 41 Jahr alt, ein Sohn des Seidenhändlers Fridrich Sastrow daselbst und Catherinen Derasco, ist acto praestitis praestandis als Bürger recipiret worden. Kessler. George. Michel.

26. April 1777.

Theophile Rigau, des Coloniebürgers Rigau Sohn, 36 Jahre alt, reformirter Religion, ein Schuhflicker, ist acto pr. pr. als Bürger recipiret worden.
Kessler.

25. Marty 1777.

Johann Heinrich Weiss, 26 Jahre alt, luther. Religion, Strumpfwürker, ein Sohn Johann Christian Weissens, ist acto praestitis praestandis als Bürger recipiret worden.
Kessler.

13. May 1777.

Christoph Andreae, ein Schenkwirth, 46 Jahr alt, aus Hornsemmer, Amts Langensalza gebürtig, evangel.-luther. Religion, ein Sohn des Leinewebers Christoph Andreae und Susannen Catharinen Bartels, ist acto praestitis praestandis als Bürger recipirt worden.
Kessler.

27. May 1777.

Petrus Theny, aus Celis im Graubündter Lande gebürtig, reformirter Religion, ein Sohn des verstorbenen Blessy Theny und Marien Menn, 51 Jahre alt, ist acto praestitis praestandis als Bürger recipiret worden.
Kessler. George. Michel.

Louis Macaire, aus Magdeburg gebürtig, 24 Jahre alt, ein Sohn des Handschuhmachergesellen Jean Macaire und Agnesen Catharinen Hidro, reformirter Religion, ist acto praestitis praestandis als Bürger recipiret worden. Exp. gratis.
        Kessler. George.

28. Juny 1777.

Pierre Vincent, des verstorbenen Colonie-Bürgers Claude Vincent und Margarethen Radengin Sohn, 24 Jahr alt, römisch-katholischer Religion, ein Schleiffer, ist acto pr. pr. als Bürger recipiret worden. Gratis.
       Kessler. George. Michel.

1. July 1777.

Johann Dietrich Klusemann aus Dessau, 48 Jahre alt, evangelisch-lutherischer Religion, ein Sohn des verstorbenen Kauffmanns Johannes Klusemann aus Breckerfelde und Annen Marien Pauli aus Iserlohn, ist acto pr. pr. als Bürger recipiret worden.
       Kessler. George. Michel.

10. July 1777.

Der Schuhmacher Christian Gotthelff Mennel aus Pirna in Chur-Sachsen gebürtig, 27 Jahre alt, evangelisch-lutherischer Religion, ein Sohn des Grobschmidt Johann Christian Mennel und Christianen , ist acto praestitis praestandis als Bürger recipiret worden.
       Kessler. Michel.

22. July 1777.

Johann Thomas Hühnerfarth aus Lampertheim in der Pfalz, 27 Jahre alt, römisch-kathol. Religion, ein Sohn des Taglöhners Simon Hühnerfarth, ein Scheerenschleiffer, ist acto praestitis praestandis als Bürger recipiret worden. Kessler. George. Michel.

Ist den 15. Februar 1780 auf höheren Befehl an den deutschen Magistrat dieser Stadt abgegeben worden.   Michel.

Der Seiden-Strumpfwürcker Joseph Banick, aus Prag gebürtig, 27 Jahre alt, römisch-katholischer Religion, ein Sohn des Obsthändlers Johannes Banick und Annen Talerin, jetzt verehel. Herlitschky, ist acto praestitis praestandis als Bürger recipiret worden.
       Kessler. George. Michel.

28. October 1777.

Samuel Bouvier, ein Sohn des Fabricanten Gabriel Bouvier und Marien Magdalenen Brackin, 23 Jahre alt, reformirter Religion, ist acto praestitis praestandis als Bürger recipiret worden.
       Kessler. Michel.

13. Januar **1778**.

Johann Friedrich Chevaube, ein Sohn des Colonie-Bürgers und Messerschmidts Gedeon Chevaube und Catharinen Sophien Stamm, 28 Jahr alt, reformirter Religion, ein Klempner von Profession, ist acto praestitis praestandis zum Bürger recipiret worden.

     Kessler.   Michel.

27. Janvier 1778.

Pierre Roux, ein Uhrmacher und Sohn des verstorbenen Fabricanten Jaques Roux, 38 Jahr alt, reformirter Religion, ist acto praestitis praestandis als Bürger recipiret worden.

     Kessler.   Michel.

9. Februar 1778.

Adrian Frées, welcher bisher mit Kupfer und Messing gehandlet, 33 Jahr alt, ein Sohn Peter Freesen's und Eden Feun, aus Balen im Brabandt'schen gebürtig, römisch-katholischer Religion, ist acto praestitis praestandis als Bürger recipiret worden.

     Kessler.   Michel.

Gestorben anno 1780.

10. Februar 1778.

Ernst Wilhelm Darneden, ein Gastwirth, aus dem Hannöverschen Dorfe Hilligesfeld gebürtig, 24 Jahre alt, ev.-lutherischer Religion, ein Sohn des verstorbenen Bauers Fridrich Carl Darneden und Marien Magdalenen Papen, ist acto praestitis praestandis als Bürger recipiret worden.

     Kessler.   Michel.

21. Februar 1778.

Johann Benjamin Winter, Mousquetier Hochlöbl. von Saldern'schen Regiments, von d. H. Major v. Morgenstern Compagnie, reformirter Religion, ein Sohn des hiesigen Thorschreibers Wilhelm Winter, wurde acto praestitis praestandis als Bürger der frantzösischen Colonie recipiret. Gratis.

     Kessler.   Michel.

Johann Schlaag, ein Schuhflicker, aus Barnstedt im Chursächsischen gebürtig, 52 Jahre alt, evangelisch-lutherischer Religion, ein Sohn des Ackermanns Hans Schlaages und Annen Christinen Lautenschlägerin, wurde acto nach abgelegtem Bürger-Eyd als Bürger recipiret.

     Kessler.   Michel.

3. Mart. 1778.

Heinrich Lange, ein Galanteriehändler, aus Dresden gebürtig, 46 Jahr alt, römisch-katholischer Religion, ein Sohn Johann Christians und Sabinen Langen, seiner Eltern, wurde acto praest. praestandis als Bürger recipiret.

     Kessler.   Michel.

10. Mart 1778.

Gottfried Würth, ein Tuchmacher seiner Profession, aus Schweinau bey Nürnberg gebürtig, 39 Jahr alt, evangelisch-lutherischer Religion, ein Sohn des Maurers N. Würth, wurde acto praestitis praestandis als Bürger recipiret.

                Kessler.   Michel.

Anton Michaelis, ein Seiden-Strumpfwürcker, aus Chamnitz in Böhmen gebürtig, 33 Jahr alt, römisch-katholischer Religion, ein Sohn des Holtzhändler Joseph Michaelis und Magdalenen Keglerin, wurde acto praestitis praestandis zum Bürger auf und angenommen.

                Kessler.   Michél.

10. Mart 1778.

Johann Jacob Gerner, ein Seidenstrumpfwürcker, aus Wilhelmsdorff im Bayreut'schen gebürtig, 29 Jahr alt, evangelisch-lutherischer Religion, wurde acto nach abgelegtem Bürger-Eyd als Bürger der frantzösischen Colonie recipiret.

                Kessler.   Michel.

Johann Carl Anton Braune, ein Perruquier, aus Weymar gebürtig, 27 Jahr alt, evangelisch-lutherischer Religion, ein Sohn des verstorbenen Wachtmeisters Johann Jacob Braunens, wurde acto nach abgeleistetem Bürger-Eyd, als Bürger der Colonie angenommen.

                Kessler.   Michél.

17. Mart 1778.

Johann Gottfried Steinsdörffer, ein Tuchmacher, aus Plauen im Voigtlande gebürtig, 50 Jahr alt, Evangelisch-Lutherischer Religion, ein Sohn des verstorbenen Tuchmacher Christian Steindörffers und Elisabeth Seelingen, seiner Eltern, ist acto praestito homagio als Bürger recipiret worden.

                Kessler.   Michel.

Johann Roeser, ein Schuhflicker, aus Sachsen-Weymar gebürtig, 42 Jahr alt, evangelisch-lutherischer Religion, ein Sohn des verstorbenen Zimmergesellen Johann Roesers und Annen Marien Roeserin, seiner Eltern, wurde acto praestitis praestandis als Bürger recipiret.

                Kessler.   Michel.

Albert Maertens, welcher sich von Feld und Flachsbau ernähret, aus Gummern bei Schnackenberg im Mecklenburgischen gebürtig, alt: 41 Jahr, evangelisch-lutherischer Religion, ein Sohn des verstorbenen Ackermannes David Maertens und Annen Dorotheen, geb. Schultzen, ist acto praestitis praestandis als Bürger recipiret worden.

                Kessler.   Michel.

24. Mart. 1778.

Franz Büchler, welcher bei dem Billardeur Charles Nicolas in Diensten stehet und im ersten schlesischen Feldzuge auf dem Marsche geboren ist, alt 35 Jahr, wurde acto praestitis praestandis als Bürger der frantzösischen Colonie angenommen.   Kessler.   Michel.
Ohne Bemerkung gestrichen.

24. Mart. 1778.

George Heyeck, ein Arbeitsmann, aus der Stadt Tascház in Böhmen gebürtig, 38 Jahr alt, römisch-katholischer Religion, ein Sohn des Arbeitsmannes Johann Heyecks, wurde acto praestitis praestandis als Bürger recipiret.
Mort.   Kessler.   George.   Michel.

28. Mart. 1778.

Antonius Fietta, ein Bilderkrämer, aus Thesino in der Grafschaft Tyrol gebürtig, 30 Jahr alt, römisch-katholischer Religion, ein Sohn Johannes Baptista Fietta und Dominica Buffe, wurde acto praestitis praestandis als Bürger recipiret.   Kessler.   George.   Michel.

21. Mart. 1778.

Christian Klockau, aus dem Bernburgischen gebürtig, 34 Jahr, evangelisch lutherischer Religion, ein Sohn des Soldaten Michael Hartwig Klockau und Catharinen Elisabeth Dietrichen, wurde praestitis praestandis als Bürger recipiret.   Kessler.   George Michel.

Ist den 8. Februar 1780 auf höheren Befehl an den deutschen Magistrat abgegeben worden.   Michel.

August Friedrich Thyme, aus Weymelburg bei Eissleben, 41 Jahr, evangelisch-lutherischer Religion, ein Sohn des Maurers Johann Friedrich Thyme und Annen Marien Bigandtin, wurde praestitis praestandis als Bürger recipiret.   Kessler.   George.   Michel.

7. April 1778.

Daniel Sasse, ein Altflicker, aus Marlow im Mecklenburgischen gebürtig, 48 Jahre alt, evangelisch-lutherischer Religion, ein Sohn des Schuhmachers Joachim Sassers und Magdalenen Francken, wurde praestitis praestandis als Bürger recipiret.   Kessler.   George.   Michel.

16. April 1778.

Antoine Jordan, ein Handschuhmacher, aus Magdeburg gebürtig, 32 Jahr alt, reformirter Religion, ein Sohn des verstorbenen Colonie-Bürgers David Jordan und Marien Magdalenen Perrin, wurde acto praestitis praestandis als Bürger recipiret.
    Kessler.   Michel.

16. April 1778.

Pierre Martin, ein Handschuhmacher, aus Magdeburg gebürtig, 31 Jahr alt, reformirter Religion, ein Sohn des verstorbenen Colonie-Bürgers Daniel Martin und Elisabeth Bouillon, wurde acto nach geleistetem Bürgereyde als Bürger auf- und angenommen. a. u. s.

Kessler. George. Michel.

Pierre André, ein Wollkämmer, aut Magdeburg gebürtig, 39 Jahr alt, ein Sohn des verstorbenen Coloniebürgers und Strumpfwürcker Antoine André, wurde acto praestitis praestandis als Bürger recipiret. Gratis.

Kessler. George. Michel.

26. April 1778.

Peter Christoph Roehl, ein Strumpfwürcker-Geselle, 32 Jahr, lutherischer Religion, aus Braunschweig gebürtig, ist acto praestitis praestandis als Bürger recipiret worden.

Kessler. George. Michel.

10. Juny 1778.

Johann Carl Mühlhans, ein Schleiffer, 28 Jahr, römisch-katholischer Religion, aus Rosendorff in Böhmen, leutmeritzischen Kreises, ein Sohn des verstorbenen Schleifers Elias Mühlhans und N. N. Döbbelin, ist acto praestitis praestandis als Bürger recipiret worden.

George. Michel.

Ist den 8. Februar 1780 auf höheren Befehl an den deutschen Magistrat abgegeben worden. Michel.

23. Juny 1778.

Johann David Reinecke, aus Bernburg gebürtig, 41 Jahre alt, reformirter Religion, wurde acto praestitis praestandis als Bürger recipiret.

George. Michel.

11. July 1778.

Johann Georg Wegener, ein Nagelschmidt seiner Profession, 48 Jahr alt, aus Wollffenbüttel gebürtig, evangelisch-lutherischer Religion, ein Sohn des verstorbenen Müller Johann Sebastian Wegener, wurde acto praestitis praestandis als Bürger recipiret. **Mort.**

ut supra.

George. Michel.

14. July 1778.

Johann Trier, ein Ziegeldeckergeselle, aus Norde im Bambergischen gebürtig, 42 Jahre alt, römisch-catholischer Religion, ein Sohn des verstorbenen Ackermanns Wollff Trier, wurde acto praestitis praestandis als Bürger recipiret. **Mort.** ut supra.

George. Michel.

Christian Ernst Schröter, ein Goldschmidt, aus Blanckenburg gebürtig, 30 Jahre alt, evangelisch-lutherischer Religion, ein Sohn des verstorbenen Brauer-Innungsverwandten Joachim Tobias Schröters und Cat. Magdalenen Tillen, wurde acto praestitis praestandis als Bürger recipiret.

ut supra.

George.   Michel.

22. July 1778.

Johann Heinrich Gerhard Buhse, ein Schuhmacher, von Mesmerode im Chur-Hannöverschen gebürtig, 24 Jahr alt, evangelisch-lutherischer Religion, ein Sohn des verstorbenen Artilleristen Johann Bartels Buhse und Annen Caterinen Kahlen, wurde acto praestitis praestandis als Bürger recipiret.

ut supra.

George.   Michel.

29. September 1778.

Johann Dieterich Schrader aus Leipzig, 28 Jahr alt, ein Sohn des Verwalters Andreas Schraders und Catharinen Kiehnin, evangelisch-lutherischer Religion, ist acto praestitis praestandis als Bürger recipiret worden.

George.   Michel.

27. October 1778.

Jean Ruelloux, ein Kaufmann, aus St. Malo in Bretagne gebürtig, 38 Jahre alt, römisch-catholischer Religion, ein Sohn des Procureur Etienne Ruelloux und Annen Louvet, hat acto den gewöhnlichen Bürger-Eyd geleistet und ist hierauf als Bürger der hiesigen frantzösischen Colonie recipiret worden. Gestorben anno 1780.

ut supra.   Michel.

19. Decembre 1778.

Antoine Blisson, ein Sprachmeister, aus Magdeburg gebürtig, 42 Jahr alt, reformirter Religion, ein Sohn des verstorbenen Fabricanten Pierre Blisson und K. Riemern, ist acto praestitis praestandis als Bürger der Frantzösischen Colonie recipiret worden. Gestorben anno 1780.

ut supra.   Michel.

23. Januar 1779.

Gottfried Steinmetz, ein Trödler, aus Zerbst gebürtig, 37 Jahre alt, evangelisch-lutherischer Religion, ein Sohn Johann George Steinmetzens und Catharinen Kuhns, wurde acto praestitis praestandis als Bürger recipiret.

7. Februar 1779.

Johann Christoph Holl, ein Schuhmacher-Geselle, aus Stuttgard im Wurtembergischen gebürtig, 27 Jahre alt, lutherischer Religion, ein Sohn des Weingärtner Johann Christoph Holl, wurde acto praestitis praestandis als Bürger recipiret. Michel.

6. Mart. 1779.

Andreas Hampert, ein Trödeler, aus Niederndorff im Bayreutschen gebürtig, 43 Jahre alt, römisch-catholischer Religion, ein Sohn des Ackermannes Johann Hampert und Annen Zehnerin, wurde acto praestitis praestandis als Bürger recipiret. Gestorben anno 1780, 2. November.
Kessler. Michel.

29. Juny 1779.

Abraham Chazelon, ein Handschuhmacher, aus Magdeburg gebürtig, 27 Jahre alt, reformirter Religion, ein Sohn des Handschuhmachers Paul Chazelon und Marthe Antoinetten gebohrenen Maquet, wurde acto praestitis praestandis als Bürger recipiret. Michel.

20. July 1779.

Caspar Thomann, ein Kuchenbäcker, aus Dosis im Graubünder Lande in der Schweitz gebürtig, 21 Jahr alt, reformirter Religion, ein Sohn des Weinhändler Jacob Thomanns und Catrinen Nicken, wurde acto praestitis praestandis als Bürger recipiret. Michel.

14. September 1779.

Durand Laboureur, ein Schirmfabrikant, aus Clermont in Rouergues gebürtig, 41 Jahr alt, katholischer Religion, ein Sohn des verstorbenen Pächter Johann Laboureur und Jeannen Durand ist acto praestitis praestandis zum Bürger der frantzösischen Colonie recipiret worden.
act. ut supra. Michel.

26. October 1779.

Joseph Wolff, ein Maurer-Geselle aus Freystadt in der Baierschen Pfaltz gebürtig, 45 Jahr alt, ein Sohn des verstorbenen Maurermeisters Johann George Wolffs und Marianen Wolffin, wurde acto praestitis praestandis als Bürger recipiret.
George. Michel.

9. November 1779.

Anthon Muth, ein Hechel- und Kurtze-Waarenhändler, aus Brenso in Mailand gebürtig, 23 Jahre alt, römisch-katholischer Religion, ein Sohn des noch lebenden und in Brenso sich aufhaltenden Landmannes, wurde acto praestitis praestandis als Bürger recipiret.
George. Michel.

15. Februar 1780.

Johann Christian Axiem, ein Schneider, aus Gummern gebürtig, 31 Jahre alt, evangelisch-lutherischer Religion, ein Sohn des noch lebenden Schneidermeister Gottlieb Heinrich Axiems und der verstorbenen Catherinen, gebohrenen Friedrichen in Gummern, wurde acto praestito homagio als Bürger recipiret, a. u. s. Michel.

21. Mart 1780.

Johann Conrad Behrens, ein Schuhmacher-Geselle, aus Holtensen bei Bredenbeck im Hannöverschen gebürtig, 27 Jahre alt, evangelisch-lutherischer Religion, ein Sohn des Soldaten N. Behrens und seiner in Hannover noch lebenden Mutter, Marien Elisabeth, gebohrnen Groten, wurde acto praestitis praestandis als Bürger recipiret. a. u. s. Michel.

4. April 1780.

Valentin Friedrich Tiemann, ein Töpfergeselle, von Kloster Marienberg vor Helmstedt gebürtig, 44 Jahr alt, evangelisch-lutherischer Religion, ein Sohn des in Helmstedt verstorbenen Töpfermeisters Heinrich Tiemanns und Annen Catherinen, gebohrenen Scheidmannin, wurde acto praestitis praestandis als Bürger recipiret. a. u. s.
Michel.

11. Avril 1780.

Jean Pierre Pradin, **cordonnier, natif de Berlin,** agé de 22 ans, de religion reformée françoise, fils de Elie Pradin et de Anne Margueritthe Pitiôt, morts, a preté ce jour le serment de fidelité et a été reçu Bourgeois de la colonie françoise de Magdebourg, u. s. a quitté et est allé à Berlin, anno 1780.
Michel.

Jean Rusca, natif de Como, dans le Duché de Milan en Italie, agé de 25 ans, catholique romain, fils du maçon Matthieu Rusca et de Anne Marie N., tous deux vivants et habitants au dit Como, marchand, a été, aprés avoir preté le serment de fidelité, reçû Bourgeois de la colonie. a. u. s.
Michel.

18. Avril 1780.

Jean Abraham Maréchal, savetier de sa profession, natif de Berlin agé de 26 ans, fils de feu Jean Maréchal à Berlin, et de Susanne, née Frasiérs, a preté le serment de fidelité et a été reçû Bourgeois de la colonie françoise.
Michel.

Just. Chretien Bartels (allem.), natif de Wendessen, village prés de Wollffenbüttel, cordonnier de sa profession, trente deux ans, de religion Luthérienne, fils de feu le Menuisier Jean Auguste Bartels, et de Catherine Margueritthe Post. a été reçû aprés praestation de serment de fidelité Bourgeois de la colonie françoise.
George.   Michel.

20. Juin 1780.

Pierre Flamary, marchand savonnier, natif de Berlin, agé de 23 ans, de religion reformée françoise, fils de feu l'horloger Antoine Flamary et de Helene Franjeu, a preté ce jour le serment de fidelité et a eté reçû Bourgeois de la colonie françoise.
George.   Michel.

8. Juillet 1780.

Jean Theophile Hallwax, compagnon tanneur, soldat dans le regiment de Saldern, de la comp. du colonel de Borg, natif de Pressburg en Hongrie, agé de 36 ans, de religion Luthérienne, fils du tanneur Jacob Hallwachs et de Catherine Otten, morts, et ayant demeuré à Pressburg, a du consentement expres de S. E. mons. le Géneral-Lieut. de Saldern en date du 1. Juillet 1780 été reçû Bourgeois de la colonie françoise de ce lieu après qu'il a preté le serment de fidelité. (V. Actes conc. la recept. des bourgeois allem. fol. 143). u. s.
Michel.

11. Juillet 1780.

Julius Meyer, maitre boulanger, natif de Magdebourg, agé de 38 ans, de religion reformée allemande, fils de François Meyer, cidevant Sculpteur en cette ville, a en consequence de ce qu'il a arrenté la boulangerie françoise des enfans Heinecke et de l'approbation de la chambre roïale du 22. Septembre 1780, été reçû Bourgeois de la colonie françoise.
v. Actes allegués fol. 159.

8. Aout 1780.

Louis David Maquet, marchand, natif de Magdebourg, agé de 22¹/₂ ans, de religion reformée françoise, fils de feu le cidevant coloniste David Maquet et de Marie Roux, presentement epouse du March. sieur Jean Coqui, ses père et mère, a, aprés avoir preté le serment de fidelité, été reçû Bourgeois de cette colonie.   Michel.

15. Aout 1780.

George Zander, ouvrier, cidevant soldat dans le bataillon de Gotter, agé de 53 ans, de religion catholique romaine, natif de Roetz petite ville située dans les environs de Znaam en Autriche, fils de feu Jean Zander, paisan mort au dit Roetz, a, aprés le congé reçu et copie d'icelui prise aux Actes, de même qu'aprés avoir preté le serment de bourgeoisie, été reçû au nombre des Bourgeois de cette colonie. (v. actes alleg. Fol. 153.)
Michel.

19. Septembre 1780.

Joseph Lux, ouvrier, natif d'Elberfeld, petite ville dans le bas Palatinat, agé de 33 ans, de religion Luthérienne, fils de feu le drapier Jacob Lux et de Christine Leiber, morts, a, aprés avoir reçû sous la date du 29. May année courante son congé du regiment de Saldern (lequel congé se trouve en original fol. 155 des Actes alleg.) et aprés avoir preté le serment de fidelité, été reçû Bourgeois de cette colonie.

Michel.

1. Decembre 1780.

Joseph Hartmann, marchand, natif de Wasselon Bourg, situé dans l'Alsace à cinq lieues de Strassbourg, agé de 33 ans, de religion catholique, fils de feu Jean Hartmann, tailleur, a comme etranger été reçû Bourgeois de la colonie françoise de cette ville, aprés avoir preté le serment de fidelité, le jour et an que dessus.

Andresse. Michel.

Estienne La Combe, faiseur de parasols, natif de La Combe Paroisse de Servière dans la province de Limoge en France, agé de   ans, de religion catholique, fils de feu le laboureur Guillaume Lacombe et de Jeanne Destents, cidevant Bourgeois de la colonie françoise de Stettin, a, aprés y avoir été congedié, été reçu Bourgeois de la colonie françoise de cette ville, ayant preté le serment de fidelité et d'obeissance à Sa Majesté et à cette justice.

Andresse. Michel.

13. Fevrier 1781.

Jean Christoph Knochenhauer, vendeur de fruits natif de Schoeningen au Duché de Bronswic, agé de 37 ans, de religion Luthérienne, fils de feu le meunier Daniel Theophile Knochenhauer, se qualefiant comme etranger au droit de Bourgeosie de cette colonie fr., y a été reçû au nombre des Bourgeois cejourdhui et a preté le serment de fidelité.

Andresse. Michel.

Pierre Quatarina, marchand, natif du village nommé Strazzone, pres de Como dans le pais de Milan, agé de 34 ans, de religion catholique, fils de feu le paisan Donnat Quatarina et Angeline Tarent, a été reçû Bourgeois de la colonie, aprés avoir preté ce jour le serment de fidelité.

Andresse. Michel.

Pierre Ceta, marchand, natif du même village Strazzone, agé de 21 ans, de religion catholique, fils de feu le paisan Laurens Ceta, a preté ce même jour le serment de fidelité à Sa Majesté notre souverain, et a été reçû Bourgeois de la colonie.

Andresse. Michel.

25. May 1781.

Otto Nicolas Stephani, confiturier et distillateur, natif de Sylvaplana, pais des Grysons en Suisse, agé de 24 ans, de religion reformée allemande, fils de feu le cordonnier Pierre Stephani et de Marthe Robbi, a preté ce jour le serment de fidelité au roy, et a été reçû au nombre des Bourgeois de la colonie.

Andresse.   Michel.

22. May 1781.

Jean Adam Lincke, compagnon maçon, natif du village nommé Hoheim, près de Kitzingen dans le pais de Würtzburg, agé de 40 ans, de religion catholique, fils de feu le maitre maçon Jean Lincke, a preté le serment de fidelité et a été reçû Bourgeois de la colonie.

Andresse.   Michel.

26. Juin 1781.

Louis Gimel, compagnon orfeuvre, natif de Magdebourg, agé de 32 ans, de religion reformée, fils du Bourgeois de la colonie Louis Gimel, a preté le serment de fidelité et a été reçû Bourgeois de la colonie.

Andresse.   Michel.

31. Juillet 1781.

Christoph Koch, faiseur de pipes d'ecume de mer, natif de Heringen, près de Nordhausen en Saxe, 30 ans, de religion Luthérienne, fils de feu André Koch, a preté le serment de fidelité et a été reçû Bourgeois de la colonie.

Andresse.   Michel.

20. Novembre 1781.

Joh. Gottfried Haubenreisser, compagnon cordonnier, natif de Ronnebourg, près de Gotha, agé de 26 ans, de religion Luthérienne, fils ainé de Jean Michel Haubenreisser, teinturier à Ronnebourg, a preté le serment de fidelité, et a été reçû Bourgeois de la colonie françoise. Veut s'établir en cette ville.

Andresse.   Michel.

20. Novembre 1781.

Joseph Aggio, marchand, Italien et natif du Pais de Milan, 22 ans, de religion catholique, a, aprés avoir preté le serment de fidelité été reçû Bourgeois de la colonie françoise.

Andresse.   Michel.

Gottlieb Meltzner, frippier, cidevant soldat dans le bataillon des grenadiers de Meusel de la ville neuve, mais congedié, natif de Ketschenreuth dans le pais de Bayreuth, agé de 44 ans, a preté ce jour le serment de fidelité et a été ensuite reçû au nombre des Bourgeois de la colonie françoise.

Andresse.   Michel.

15. Janvier 1782.

Louis Donett, compagnon tailleur, cidevant enrollé dans le regiment du Prince Frederic de Bronswig, mais congedié, natif de Custrin, agé de 29 ans, descendant de refugiés et fils de Samuel Donett, aubergiste et de Anne Louise Raaben, tous deux morts, a preté ce jour le serment de fidelité et a été reçû Bourgeois de la colonie françoise. Veut s'établir.

Andresse.   Michel.

29. Janvier 1782.

Jean Erneste Rabsilber, cidevant meunier, maintenant frippier, natif de Buddenstedt près de Schöningen dans le Duché de Bronswig, agé de 43 ans, de religion Luthérienne, fils de feu le meunier Jean Erneste Rabsilber et de feue Anne Dorothée Uhde, a preté le serment de fidelité et a été reçû Bourgeois de la colonie françoise.

Andresse.   Michel.

12. Mars 1782.

Antoine Pinelli, faiseurs de figures de platre, natif de Florence en Italie, agé de 31 ans, de religion catholique romaine, fils de Jean Batiste Pinelli, maitre de Poste et Aubergiste, et de Jacobine Houselle, a preté ce jour le serment de fidelité et a été reçû Bourgeois de la colonie françoise.

Michel.

4. Juin 1782.

Henri Cretien Schiller, natif de Bernbourg, reçû Bourgeois de la colonie le 16. mars 1761, s'étant retiré en 1773, à Frankfort sur l'Oder et y aiant acquis le droit de Bourgeoisie françoise, est de nouveau venû s'etablir ici, et a été reçû au nombre des Bourgeois de la colonie.

Michel.

29. Juin 1782.

Jean Henri Trute, tailleur, natif de Bronswig, agé de 30 ans, de religion Luthérienne, fils unique de feu Zacharine Trute, basofficier dans la garnison de Bronswig, et de feue Sophie, née Gernsen, sa mère, a preté le serment de fidelité et a été reçû Bourgeois de la colonie.

Andresse.   Michel.

1. Aout 1782.

Frederic Benedicte La Paume, marchand, natif de Bourg, agé de 29 ans, de religion reformée, est descendant de Refugiés, fils de feu le pasteur de l'eglise françoise Jean Pierre La Paume et de Marie, née Schlick, modo femme Prin à Bourg, a preté cejourd'hui le serment de fidelité et a été reçû en consequence Bourgeois de la colonie françoise.

Andresse.   Michel.

17. Septembre 1782.

Jaques Reix, compagnon gantier, natif de Saint Junien dans la province de Limoges en France, agé de 37 ans, de religion catholique, fils de feu le gantier Jean Reix, a preté le serment de fidelité et d'obeissance à Sa Majesté et à notre justice et a été reçû Bourgeois de la colonie françoise.

Andresse. Michel.

1. Octobre 1782.

Jean Guiraud, chapellier, natif de Magdebourg, fils du Bourgeois de la colonie et maitre chapellier Jean Matthieu Guiraud et de Marie Françoise, née Lapeine, agé de 24 ans et de religion reformée, a preté le serment de fidelité et a été reçû Bourgeois de la colonie françoise.

Andresse. Michel.

10. Decembre 1782.

Jeanne Eleonore Hintzin, née Fuchsin, femme du soldat et grenadier du regiment du Kalckstein, Auguste Hintze, a preté cejourd'hui le serment de fidelité et a été reçû Bourgeoise de la colonie sous condition que dans l'espace de six mois elle ait acquise une maison en cette ville, et qu'au cas du contraire elle seroit renvoyée.

Andresse. Michel.

14. Decembre 1782.

Jean Joseph Hertzig, emouleur, natif de Winssdorff village prés d'Anspach en Boheme, agé de 26 ans, de religion catholique romaine, fils de feu le charpentier Antoine Hertzig et de Marie Elisabeth Hampel, ses père et mère, aiant demeuré au dit Winssdorff, a preté le serment de fidelité et a été reçû Bourgeois de la colonie.

Andresse. Michel.

28. Janvier 1783.

Pierre Marc Laborde, fabricant gantier, natif d'Erlangen, agé de 30 ans, de religion reformée françoise, fils de feu Jean Laborde, blancher au dit Erlang, et de Jeanne Marie Julien, a, aprés avoir preté le serment de fidelité, été reçû Bourgeois de la colonie.

Andresse. Michel.

Jean de Houff, chaudronnier brasseur, natif de Hechtel en Brabant, agé de 34 ans, de religion catholique, fils de feu Pierre de Houff et de Christine Buhlers, a, aprés avoir preté le serment de fidelité, été reçû Bourgeois de la colonie.

Andresse. Michel.

28. Janvier 1783.

Dorothée Charlotte Pennavaire, née Sprecher, femme du bas-officier Pierre Frederic Pennavaire du regiment de Saldern, aiant acquise les maisons des hoirs Isaac Pluquet, a été reçû Bourgeoise de la colonie françoise, aprés avoir preté le serment de fidelité.

Andresse.   Michel.

4. Mars 1783.

Valentin Vincarutti, marchand, natif de Udene, à trois miles de distance de Triest en Italie, agé de 58 ans, de religion catholique romain, a quitté la ville de Dessau ou il à demeuré pendant dix ans et a été reçû Bourgeois de la colonie françoise.

Andresse.   Michel.

11. Mars 1783.

Jean Chretien Sudhoff, jardinier, natif de Magdebourg, agé de 30 ans, et de religion Luthérienne, fils du jardinier et Bourgeois de la colonie françoise Chretien Frederic Sudhoff, et de N. N. Matthieu, a été reçû Bourgeois de cette colonie.   Andresse.   Michel.

Louis Nicolas, orfeuvre et jouailler, natif de Magdebourg, agé de 27 ans, de religion reformée françoise, fils de Bourgeois François Charles Nicolas et de Susanne George, a été reçû Bourgeois de la colonie françoise.

Andresse.   Michel.

8. Avril 1783.

Abraham Cury, ouvrier en lin, agé de $26^{1}/_{2}$ ans, et David Cury, ouvrier en lin, agé de $21^{1}/_{2}$ ans, natifs de la ville neuve à Magdebourg, de religion reformée françoise et fils du Bourgeois françois feu Jaques Cury, ont preté le serment de fidelité et ont été reçûs Bourgeois de cette colonie.

Andresse.   Michel.

29. Avril 1783.

Jean Chretien Ruben, cordonnier, natif de Libbenau, une ville située dans le comté de Lynar, en basse Lusace, agé de 25 ans, de religion Luthérienne, fils du cordonnier Daniel Ruben, demeutrant au dit Libbenau a été reçû Bourgeois de la colonie françoise.

Andresse.   Michel.

9. May 1783.

Jean Frederic Jaenecke, cocher, Natif de Nienburg, une ville située dans le pais d'Anhalt Côthen, agé de 34 ans, de religion Luthérienne, a preté le serment de fidelité et a été reçû Bourgeois de cette colonie.

Andresse.   Michel.

3. Juin 1783.

Pierre Simeon, Maçon, natif de la ville neuve de Magdebourg, fils ainé du Bourgeois françois et maçon Pierre Simeon, de religion reformée, a preté le serment de fidelité et a été reçu Bourgeois de la colonie.

                Andresse.   Michel.

17. Juin 1783.

Jean Kauffmann, graissier, cidevant soldat du Regiment de Saldern, natif de Kirchheim dans le pais de Hessen-Cassel, agé de 53 ans, de religion reformée, a été reçû du nombre des Bourgeois françois de cette ville et colonie.   Andresse.   Michel.

24. Juin 1783.

Jean Henri Roux, faiseur de bas, natif de cette ville, fils de feu le Bourgeois et fabriquant Jaques Roux, agé de 32, de religion reformée, a preté le serment de fidelité et a été reçû Bourgeois de la colonie.

                Andresse.   Michel.

Jean Charles Rascher, cordonnier, soldat dans le regiment de Kalckstein, natif de la ville nommée Neustadt an der grossen Linde, dans le pais de Würtenberg, a acquis avec le consentement de Sa Majesté une maison en cette ville, et a été reçû Bourgeois de la colonie, aprés avoir preté le serment de fidelité.

                Andresse.   Michel.

8. Juillet 1783.

Henri Frederic Klewitz, cuisinier et cabarretier, natif de Barby en Saxe, de religion reformée, agé de 46 ans, fils de Jean Christoph Klewitz et de Jeanne Catherine Mendin, a preté cejourd'hui le serment de fidelité et a été reçû Bourgeois de la colonie.

                Andresse.   Michel.

15. Juillet 1783.

Jean Henri Schaerenhorst, maitre boulanger, proprement Bourgeois de la vieille ville, mais aiant arrenté la maison et boulangerie françoise des enfans mineurs Heinecke pour trois ans, S. depuis le 1 Aout 1783/86 il a sur le consentement du Magistr. Allemand du 10. Juin c. et en consequence des conventions faites entre les differents Magistrâts de cette ville à ce sujet, été reçû au Nombre des Bourgeois françois pour tout le tems qu'il possédera la dite Maison et boulangerie Heinecke, après avoir promis par l'attouchement de la Main de reconnoitre pendant ce tems la Justice françoise pour ses supérieurs.

                Andresse.   Michel.

Auguste Christophe Charles Michaelis, tailleur, natif de Helmstädt, agé de 24 ans, de religion Luthérienne, fils du tailleur Jean Barthold Michaelis à Helmstädt, a preté cejourd'hui le serment de fidelité, et a été reçû Bourgeois de la colonie françoise de cette ville.

     Andresse. Michel.

2. Septembre 1783.

Isaac Bonte, maitre Savonnier, natif de Magdebourg, de religion reformée, et de l'eglise Walonne, agé de 22 ans, fils de feu le Bourgeois de la colonie Gedeon Bonte, et de Louise Lesage, a preté le serment de fidelité et d'obeissance, et a été reçû Bourgeois de la colonie françoise de cette ville

     Andresse. Michel.

2. Septembre 1783.

Jean Nicolas Eilffert, compagnon tisseran, natif du village nommé Oberwind, près de Hildbourgshausen, cidevant Soldat dans le regiment de Kalckstein, mais congédié depuis le 30. May 1780, a preté cejourd'hui le serment de fidelité et a été reçû Bourgeois de la colonie françoise de cette ville. (v. actes).

     Andresse. Michel.

2. Decembre 1783.

Erneste Frederic Dietz, marchand, natif de Bernbourg, 25 ans, troisième fils de feu le commissaire de commerce Chretien Frederic Dietz, de religion reformée, entrant dans les états de Sa Majesté et voulant s'établir en cette ville, a comme etranger été reçû Bourgeois de cette colonie, après avoir preté le serment de fidelité.

       Michel.

9. Mars 1784.

Jaques Simeon, natif de Magdebourg, compagnon maçon et faiseur de bas, fils de Pierre Simeon, Bourgeois de la colonie, 20 ans, de religion reformée et descendant de refugiés, a preté cejourd'hui le serment de fidelité et a été reçû Bourgeois.

       Michel.

6. Avril 1784.

Jean Georg Borheck, perruquier, natif de Göttingen, 25 ans, de religion Luthérienne, fils de feu le maitre drapier Henri Christophe Borheck, voulant s'établir sur sa profession, a été reçû Bourgeois de la colonie, après avoir preté le serment de fidelité.

       Michel.

7. May 1784.

Jean Abel Louis, tailleur, natif de Magdebourg, fils du cardeur Henri Louis, mort en 1758, et cidevant habitant en cette ville, descendant de refugiés, a preté cejourd'hui le serment de fidelité et a été reçû Bourgeois de la colonie.

Michel.

4. May 1784.

Lorentz Wagner, compagnon cordonnier, natif de Darmstadt, voulant s'établir ici et ayant par plusieurs circonstances concernant son bien grand Maternel suffisamment prouvé, qu'il est de nation etrangère, a preté le serment de fidelité et a été reçû Bourgeois de cette colonie, le certificat du Bourgeoisie lui a été expedié le 20. Octobre 1785.

Michel.

8. Juin 1784.

Jean Henri Louis, compagnon maçon, natif de cette ville, fils du Bourgeois de cette colonie et casernier André Christophe Louis, 37 ans, descendant de refugiés, a preté le serment de fidelité et a été reçû Bourgeois de la colonie.

Michel.

13. Juillet 1784.

Jean Christophe Woelffel, natif d'Apolda dans le Duché de Weymar, faiseur de bas, agé de 28 ans, de religion Luthérienne, depuis quatre mois dans les etats de Sa Majesté, veut s'établir comme maitre sur sa profession et a été reçû Bourgeois de la colonie.

Michel.

7. Octobre 1784.

Joseph Golsch, emouleur et faiseur de cribles, natif de Lobenthau en Bohême, agé de 28 ans, et de religion catholique romaine, se qualifiant au Droit de Bourgeoisie de la colonie, y a été reçû cejourdhui, aprés avoir preté le serment ordinaire.

Michel.

11. Janvier 1785.

Charles Nicolas, horloger, natif de Magdebourg, agé de 24 ans, fils du Bourgeois de la colonie et Tabagiste Charles Nicolas et de Susanne George, descendant de parens refugiés, voulant s'établir en cette ville sur sa profession, a preté cejourdhui le serment de fidelité et a été reçû Bourgeois de cette colonie.

Michel.

15. Octobre 1785.

Durs Meiery, casernier françois, cidevant grenadier au regiment de son Excellence monsieur de Lengefeldt, natif de Reinach dans le canton Bâsel en Suisse, de religion catholique romaine, agé de 61 ans, ayant reçû son congé pour être placé comme casernier françois, a preté le serment de Bourgeoisie et a en consequence été reçû Bourgeois de la colonie.
Boileau.
Le certificat lui a été expedié le 21. Octobre 1785.

9. Decembre 1785.

Frederic Guillaume Mallin, dit Böse, epinglier, natif de Magdebourg, agé de 24 ans, fils du Bourgeois de la colonie et maitre Epinglier George Isaac Mallin, dit Böse, descendant de parens refugiés, a preté le serment de fidelité et a été reçû Bourgeois de la colonie.
Boileau.

10. Janvier 1786.

Joseph Benda Raude, musicien, agé de 26 ans, natif de Prague, de religion catholique romaine, voulant s'établir ici, a preté le serment de fidelité et a été reçû Bourgeois de la colonie.
Boileau.

10. Janvier 1786.

Jean Fischer, musicien, agé de 35 ans, de religion Luthérienne, natif de Nieder-Lummitsch en Saxe, voulant s'établir ici, a preté le serment de fidelité et a été reçû Bourgeois de la colonie.
Michel.   Boileau.

7. Fevrier 1786.

Jean Jaques Margeleth (pour sa maison), premier ouvrier à la fabrique de Gossler et proprietaire d'une boulangerie françoise, agé de 50 ans, natif de Saxe-Meinungen, établi ici, depuis 30 ans, à la Fridrichstadt, a preté le serment de fidelité et a été reçû Bourgeois de la colonie.
Michel.   Boileau.

3. Mars 1786.

Jaques Guiraud, fabriquant gantier, agé de 25 ans, natif de Magdebourg, fils du Bourgeois de la colonie et chapellier Jean Matthieu Guiraud, et de Marie Françoise La Paume, descendant de refugiés, a preté le serment de fidelité et a été reçû Bourgeois de la colonie.
Michel.   Boileau.

7. Mars 1786.

Jean André Janssen, marchand, natif de Halle, agé de 30 ans, descendant de refugiés, appert de ses Lettres de Bourgeoisie de la colonie de Halle, voulant s'établir ici, a preté le serment de fidelité et a été reçû Bourgeois de la colonie.

        Michel. Boileau.

4. Juillet 1786.

Gotthilf August Küttner, cordonnier, natif de Bautzen, agé de 29 ans, de religion Luthérienne, fils de feu l'ouvrier George Küttner et de feue Marie Straussen, voulant s'établir ici a preté le serment de fidelité usité et a été reçû Bourgeois de la colonie.

        Michel. Boileau.

15. Aout 1786.

Auguste Longenotti, tailleur de talons en bris, agé de 44 ans, de religion catholique romaine, natif de Genua en Italie, cidevant soldat, voulant s'établir ici, a preté le serment de fidelité et a été reçu Bourgeois de la colonie.

Jaques Labbadie, frippier, agé de 47 ans, de religion catholique romaine, natif du village d'Estuve à Bigorne en france, cidevant soldat, voulant s'établir ici, a preté le serment de fidelité et a été reçû Bourgeois de la colonie.

        Michel. Boileau.

12. Septembre 1786.

Simon François Flamary, marchand, agé de 29 ans, natif de Berlin, descendant de Réfugiés, fils de feu Antoine Flamary et d'Helene, née Franjeu, ayant établi un négoce ici, a preté le serment de fidelité et a été reçû Bourgeois de la colonie.

        Michel. Boileau.

10. Octobre 1786.

Frederic Auguste Eyraud, perruquier, agé de 22 ans, natif de Magdebourg, descendant de Réfugiés, fils de Jaques Eyraud, de religion reformée voulant s'établir ici, a preté le serment de fidelité et a été reçû Bourgeois de la colonie.

        Michel. Boileau.

Jean André Wolffram, boulanger, agé de 31 ans, natif de Haus Neuendorff dans le Duché de Halberstadt, de religion Luthérienne, voulant s'établir ici et ayant acheté la maison et boulangerie françoise Heinecke à l'ile françoise, a preté le serment de fidelité et a été reçû Bourgeois de la colonie.

        Michel. Boileau.

13. Octobre 1786.

Christian Gottfried Matthies, cordonnier, natif de Dessau, âgé de 26 ans, de religion reformée, voulant s'établir ici, a preté le serment de fidelité et a été reçû Bourgeois de la colonie.

Boileau.

Jean George Nicolas Massoutre, tailleur, natif de Magdebourg, agé de 27 ans, fils de feu le Bourgeois de la colonie Gabriel Massoutre de religion catholique romaine, voulant s'établir ici, a preté le serment de fidelité et a été reçû Bourgeois de la colonie.

Boileau.

21. Novembre 1786.

Samuel Gottlob Anders, cordonnier, natif de Görlitz en Saxe, agé de 29 ans, de religion Luthérienne, voulant s'établir ici, a preté le serment de fidelité et a été reçû Bourgeois de la colonie.

Boileau.

12. Decembre 1786.

Jacob Souchon, fabriquant en bas de laine, natif de Magdebourg, agé de 22 ans, de religion reformée, descendant de refugiés, fils du fabriquant et Bourgeois de la colonie sieur Antoine Souchon et de feue Marthe Langlet, voulant entreprendre la fabrique de son père, a preté le serment de fidelité et a été reçû Bourgeois de la colonie.

Boileau.

17. Janvier 1787.

Martin Weiss, fondeur, natif de Vienne, agé de 29 ans, de religion catholique romaine, voulant s'établir ici, a preté le serment de fidelité et a été reçû Bourgeois de la colonie.

Boileau.

2. Fevrier 1787.

Frederic Nicolas Streso, domestique de livrée, natif de Gommern en Saxe, agé de 24 ans, de religion Luthérienne, voulant s'établir ici en tenant des chevaux de louage, a preté le serment de fidelité et a été reçû Bourgeois de la colonie.

Boileau.

6. Mars 1787.

Frederic Blaser, chapellier, natif de Langenargen am Bodensee, agé de 33 ans, religion catholique romaine, voulant s'établir ici, a preté serment de fidelité et a été reçû Bourgeois de la colonie.

L'hermet.

20. Avril 1787.

Jean Henry Hoffmeister, natif de Bremen, agé de 32 ans, perruquier, disant vouloir s'établir maitre, religion Lutherienne, a preté serment de fidelité come Bourgeois de la colonie.

L'hermet.

26. Juin 1787.

Jean Auguste Weller, natif de Querfurth en Turingen, agé de 30 ans, religion Luthérienne, tailleur de profession, a preté serment de fidelité come Bourgeois de la colonie.

L'hermet.

24. Juillet 1787.

Jean Henry Streicher, natif de Breths en Saxe, agé de 22 ans, cidevant grenadier sous le regiment de Mons de Eichmann à Wesel, servant come valet de maison, cherchant cependant à trouver à Louer un Oberge, a été reçû comme Bourgeois de la colonie ayant preté serment de fidelité.

L'hermet.

27. Juillet 1787.

Guillaume Louis George Paulus, natif de cette ville, agé de 22 ans, faiseur de bas de profession, a été reçû Bourgeois de la colonie, aprés avoir fait le serment de fidelité.

L'hermet.

Chretien Friedrich, natif de Gross-Lübsch dans le duché de Zerbst, agé de 37 ans, servant actuellement comme valet brasseur chez Sr. P. Ravia, a été reçû Bourgeois de la colonie, aprés avoir preté le serment de fidelité.

L'hermet.

31. Juillet 1787.

Jean Pierre Descours, marchand, natif de cette ville, fils de Moyse Descours, Bourgeois de la colonie, a été reçû Bourgeois aprés avoir preté le serment de fidelité.

L'hermet.

Jean Samuel Krellwitz, cordonnier, natif de Gross-Brembach pres de Buchstädt en Saxe, agé de 33 ans, religion Luthérienne, a été reçû Bourgeois de la colonie, aprés avoir preté le serment de fidelité.

L'hermet.

28. Septembre 1787.

Elie Charles Rousset.

13. Novembre 1787.

Jean Matthieu Laurian.

1. Avril 1788.

Jean Ernest Pierre Lehman, faiseur de bas, natif de Carlsruh, comté de Baden-Durlach, agé de 55 ans. religion Luthérienne, a été reçû Bourgeois de la colonie, après avoir preté le serment de fidelité.

L'hermet.

29. Avril 1788.

Jean Charles Römer, cordonnier, natif de Döblitz en Boeme, agé de 36 ans, religion catholique, a été reçû Bourgeois de la colonie, aprés avoir preté le serment de fidelité.

L'hermet.

2. May 1788.

Jean Gottlieb Rohde, natif de cette ville, agé de 33 ans, boulanger de profession, a été reçû Bourgeois de la colonie, religion Luthérienne, aprés avoir fait le serment de fidelité.

Michel. L'hermet.

20. May 1788.

Jean André Nathge, natif de Beuchte village dans le pays de Hildesheim, agé de 50 ans, tisserant de sa profession, cidevant grenadier dans le regiment de S. Exc. de Lengefeldt, mais congédié, et de religion Luthérienne, a été reçû Bourgeois de la colonie, aprés prestation du serment de fidelité.

Michel.

15. Septembre 1788.

Jean Frederic Drouin, gantier, natif de cette ville, fils unique de Jean Jaques Drouin, agé de 24 ans, a été reçû Bourgeois de la colonie, aprés avoir preté le serment de fidelité.

Michel.

Charles Maquet, marchand, natif de cette ville, fils de feu Monsieur David Maquet, agé de 21 ans, a été reçû Bourgeois de la dite colonie, aprés avoir preté le serment de fidelité.

16. Septembre 1788.

George Palis, marchand, fils unique de Mons. Jean Samuel Palis, agé de 20 ans, a été reçû Bourgeois de la colonie, aprés avoir preté le serment de fidelité.

25. Novembre 1788.

Louis Luc Puech, gantier, natif de cette ville, fils de feu Jean Puech, agé de 22 ans, a été reçû Bourgeois de la colonie aprés avoir preté le serment de fidelité.

L'hermet.

3. Fevrier 1789.

Johann Joachim Schäffer, tailleur, natif de Lunebourg, fils de Joh. Christian Schäffer, agé de 25 ans, a été reçû Bourgeois de la colonie, aprés avoir preté le serment de fidelité.

L'hermet.

10. Mars 1789.

Moses Weiskopf, peigneur, natif de cette ville, fils de Jacob Weiskopf, fondeur, agé de 28 ans, a été reçû Bourgeois de la colonie françoise aprés avoir preté le serment de fidelité.

L'hermet.

24. Mars 1789.

Johann Valentin Helmbold, futainier, natif de Sula, fils de Jean George Helmbold, agé de 29 ans, a été reçû Bourgeois de la colonie aprés avoir preté le serment de fidelité.

L'hermet.

7. Avril 1789.

Laurand Müller, natif de Nassau, Hadamar, agé de 27 ans, religion catholique, a été reçû Bourgeois de la colonie françoise aprés avoir preté le serment de fidelité.

L'hermet.

9. Juin 1789.

Gottlob Lebrecht Haubold, natif de Neissen, agé de 22 ans, de religion Luthérienne, compagnon chapellier, a été reçû Bourgeois de la colonie françoise aprés avoir preté serment de fidelité.

Michel.   L'hermet.

Carl David Kleine, garçon marchand, natif de cette ville, religion Luthérienne, agé de 21 ans, a été reçû Bourgeois de la colonie, aprés avoir preté le serment de fidelité.

Michel.   L'hermet.

22. Juin 1789.

Guillaume L'hermet, marchand fabriquant, natif de cette ville et de la colonie, agé de 27 ans, a été reçû Bourgeois aprés avoir preté le serment de fidelité.

Michel.   L'hermet.

29. Septembre 1789.

Joseph Adelbert, qui a acquis la maison du sieur Banquier avec droit de boulangerie françoise.

26. Octobre 1789.

Johann Christian Buberecht, natif de Dantzig, agé de 24 ans, profession cordonnier, religion Luthérienne, a été reçû Bourgeois de la colonie aprés avoir preté le serment de fidelité.

   Michel.   L'hermet.

30. Octobre 1789.

Etienne Daniel Cuny, natif de cette ville, agé de 22 ans, chapellier, fils de monsieur l'assesseur Cuny, a été reçû Bourgeois de cette colonie aprés avoir preté le serment de fidelité.

   Michel.   L'hermet.

29. December 1789.

Henri Louis Schultze, natif de Giffhorn, dans le Pays d'Hannover, agé de 23 ans 9 mois, compagnon tailleur, religion Luthérienne a été reçû Bourgeois de la colonie aprés avoir preté le serment de fidelité.

   Michel.   L'hermet.

13. Avril 1790.

Louis Charles Bonte, natif de cette ville, agé de 17 ans, maitre savonnier, fils de feu Isaac Charles Bonte, a été reçû Bourgeois de cette colonie aprés avoir preté le serment de fidelité.

   Michel.   L'hermet.

4. May 1790.

Jean Guillaume Richter, natif de Denstedt en Saxe, compagnon masson, agé de 32 ans, religion Luthérienne, a été reçû Bourgeois de la colonie aprés avoir preté le serment de fidelité.

   Michel.

11. May 1790.

Johann Dieterich Zehe, natif de Vernigerode, compagnon faiseur de bas en soye, agé de 36 ans, religion Luthérienne, e été reçû Bourgeois de la colonie françoise, aprés avoir preté le serment de fidelité.

   Michel.

15. Juin 1750.

Jacob Damströmm, natif de Burgo en Svede, agé de 58 ans, tailleur, catholique romain de religion, a été reçû Bourgeois de la colonie françoise aprés avoir preté le serment de fidelité.

   Michel.

31. Aout 1790.

Johann Michel Haubenveisser, natif de Ronnebourg prés de Altenbourg, né le 23. Decembre 1787, compagnon cordonnier, a été reçû Bourgeois de la colonie françoise aprés avoir preté serment de fidelité.

Michel.

21. Septembre 1790.

Conrad Engelhardt Fridrich Neuenhahn, natif de Weimar, né le 19. Juin 1756, faiseur de bas, agé de 34 ans, a été reçûs Bourgeois de la colonie aprés avoir preté serment.

Michel.

25. Janvier 1791.

Jean Rudolff Henri Roger, natif de Helmstädt, né le 28. Octobre 1765, valet agé de 26 ans, religion Luthérienne, a été reçû Bourgeois de la colonie aprés avoir preté le serment.

Michel.

15. Fevrier 1791.

Jean Chretien Roger, natif de Hillersleben, agé 23 ans, né en avril 1766, valet. de religion Luthérienne, a été reçû Bourgeois de la colonie, aprés avoir preté le serment.

18. Fevrier 1791.

Jean Henri Eyraud, perruquier, agé de $24^1/_2$ ans, natif de Magdebourg, descendant de refugiés, fils de Jaques Eyraud, de Religion reformée, voulant s'établir ici, a preté le serment de fidelité et a été reçû Bourgeois de la colonie.

Michel.

7. Mars 1791.

Henry Ernst Fridrich, tailleur, natif de Gommern, agé de 36 ans religion Luthérienne, fils de feu Pierre Friderich et de Susanne Magdalene Bonbach, a été reçû Bourgeois de la colonie françoise, aprés avoir preté le serment de fidelité.

Michel.

5. Juillet 1791.

Chretien Jacob Eyraud, compagnon perruquier, agé de 27 ans, natif de Magdebourg, descendant de refugiés, fils de Pierre Eyraud, de religion reformée, voulant s'établir ici, a preté le serment de fidelité et a été reçû Bourgeois de la colonie.

Charreton.

22. Juillet 1791.

Charles Samuel Hentz, compagnon coutelier, agé de 27 ans, natif de cette ville, fils ainé du Bourgeois de notre colonie Benjamin Hentz, de religion reformée, voulant s'établir ici a preté le serment de fidelité et a été reçû Bourgeois de la colonie.
Charreton.

26. Juillet 1791.

Louis François Vigner, natif de Paris, agé de $25^{1}/_{2}$ ans, catholique romain, voulant s'établir en qualité de maitre de langue a été reçû Bourgeois.

20. Septembre 1791.

Chretien Frederic Rappe, maitre cordonnier, natif de Grossenlengden près de Goettingen, agé de 36 ans, de religion Luthérienne, a été reçû Bourgeois de la colonie, aprés avoir preté le serment de fidelité.
Charreton.

4. Octobre 1791.

Frederic Christophle Borheck, natif de Göttingen, compagnon perruquier, agé de 31 ans, de religion Luthérienne, a été reçu Bourgeois de la colonie, aprés avoir prété le serment de fidelité.
Charreton.

Jean Pierre Bayer, natif de Dessau, le 19. Novembre 1762, compagnon faiseur de bas, de religion reformée, a été reçû Bourgeois de la colonie, aprés avoir preté le serment de fidelité.
Charreton.

18. Octobre 1791.

Louis Cuny, natif d'ici, marchand, fils de Jean Jaques Cuny, agé de 21 ans, a été reçû Bourgeois de la colonie, aprés avoir preté le serment de fidelité.
L'hermet.

1. Novembre 1791.

Jean Jaques Eyraud, natif de cette ville, compagnon perruquier, agé de $25^{1}/_{2}$ ans, second fils du Bourgeois de la colonie et maitre perruquier Pierre Eyraud, de religion reformée, a été reçû Bourgeois de la colonie, aprés avoir preté le serment de fidelité.
Charreton.

15. Novembre 1791.

Jean Chretien Déchay, natif de la ville neuve, compagnon gantier, agé de 22 ans, fils unique du Bourgeois de la colonie et cardeur Jean Dechay, de religion catholique romain, a été reçû Bourgeois de la colonie, aprés avoir preté le serment usité.
Charreton.

22. Novembre 1791.

David Cappe, natif de cette ville, compagnon faiseur de bas, agé de ans, fils unique du Bourgeois de la colonie et faiseur de bas Samuel Cappe, decedé en cette ville, a été reçû Bourgeois de cette colonie, aprés avoir preté le serment usité.

Charreton.

13. Decembre 1791.

George Ezolt, natif de Treben, près d'Altenbourg, compagnon perruquier, agé de 29 ans, de religion Luthérienne, a été reçû Bourgeois de la colonie, aprés avoir preté le serment de fidelité.

Charreton.

20. Decembre 1791.

Samuel Weisskopff, natif de cette ville, compagnon faiseur de bas, agé de 19 ans, fils ainé du Bourgeois de la colonie et cardeur Frederic Samuel Weisskopff, a été reçû Bourgeois de la colonie, aprés avoir preté le serment usité.

Charreton.

10. Janvier 1792.

Frederic Auguste Lobhau, natif de Bronswic, cuisinier, agé de 30 ans, fils cadet de Philippe Gebhard Guillaume Lobhau, laquais en service de son altesse M. le Duc de Bronswic, voulant s'établir en qualité de traiteur en cette ville, a été reçû Bourgeois de la colonie, aprés avoir preté le serment usité.

Charreton.

17. Janvier 1792.

Jean Philippe André, natif de cette ville, compagnon cordonnier, agé de 24 ans, fils ainé du Bourgeois de la colonie et maitre cordonnier David André, de religion reformée, a été reçû Bourgeois de la colonie, aprés avoir preté le serment de fidelité.

Charreton.

20. Janvier 1792.

Daniel Schmuckert, natif de cette ville, compagnon cordonnier, agé de 28 ans, fils ainé du Bourgeois de la colonie George Andreas Schmuckert, catholique romain, a été reçû Bourgeois de la colonie françoise, aprés avoir preté le serment de fidelité.

Charreton.

31. Janvier 1792.

Jean Erneste David Charles Baegeholtz, natif de Barby, compagnon perruquier, agé de 23 ans, de religion Luthérienne, a été reçû Bourgeois de la colonie, aprés avoir preté le serment de fidelité.

Charreton.

13. Mars 1792.

Isaac Blanquez, natif de cette ville, compagnon menuisier, agé de 27¹/₂ ans, de religion reformée, fils unique d'Isaac Blanquez, maitre menuisier et Bourgeois de la colonie, a été reçû membre de notre colonie, après avoir preté le serment usité.

11. Septembre 1792.

George Simon Arlaud, natif de cette ville, marchand, agé de 20¹/₂ ans, fils de Pierre Arlaud, a été reçû Bourgeois de la colonie, après avoir preté le serment de fidelité.

L'hermet.

16. Octobre 1792.

Louis Benjamin Hentz, natif de cette ville, fils du Bourgeois Benjamin Hentz, coutellier de profession, agé de 26 ans, a été reçû Bourgeois de la colonie, après avoir preté le serment de fidelité.

L'hermet.

Jean Christoph Sauer, natif d'Apolde dans le Duché de Veimar, compagnon faiseur de bas, agé de 22 ans, religion Luthérienne, a été reçû Bourgeois de la colonie, après avoir preté le serment de fidelité.

L'hermet.

20. Novembre 1792.

Johann Friderich Schwoboda, natif de cette ville, agé de 23 ans, fils ainé de Matthieu Schwoboda et de Sophie, née Bremern Pattissiez, a été reçû Bourgeois de la colonie, après avoir preté le serment de fidelité, de religion catholique.

27. Novembre 1792.

Guillaume Schmelzer, marchand, natif de Dessau, agé de 31 ans, de religion reformée, fils de Auguste Gottlieb Schmelzer, Bourgeois et brasseur à Dessau, a été reçû Bourgeois de la colonie, après avoir preté le serment de fidelité.

15. Janvier 1793.

Jean Frederic Tiemann, natif de cette ville, agé de 23 ans, 2ᵉ fils du Bourgeois de la colonie et maitre potier Jean Frederic Tiemann, compagnon de la même profession, a été reçû Bourgeois de la colonie, après avoir preté le serment de fidelité.

11. Fevrier 1793.

Jaques Cazalis, négociant, natif de Nismes, agé de 22 ans, de religion reformée, fils de negociant sieur Jaques Cazalis, demeurant aud. Nismes, a été reçû Bourgeois de la colonie, après avoir preté le serment de fidelité.

26. Mars 1793.

Jean Frederic L'hermet, natif de cette ville, agé de 28 ans, fils de Jean François L'hermet, marchand et fabriquant en bas de soye, a été reçû Bourgeois de la colonie, aprés avoir preté le serment de fidelité.

2. Juillet 1793.

Jean Bourset, natif de cette ville, compagnon tourneur, fils ainé du Bourgeois de la colonie et maitre tourneur Isaac Bourset, agé de 25 ans, a été reçû membre de la colonie, aprés avoir preté le serment usité.

9. Juillet 1793.

Jean Daniel Odemar, natif de cette ville, compagnon boutonnier, fils ainé du Bourgeois de la colonie et maitre boutonnier Isaac Odemar, agé de 24 ans, a été reçû Bourgeois.

22. Aout 1793.

Jean Krebs, natif de Mayence, agé de 29 ans, de religion catholique romaine, compagnon tailleur, fils du maitre chaudronnier Jean Adam Krebs, decedé dans la dite ville, a été reçû au nombre des Bourgeois de la colonie françoise.

14. Janvier 1794.

Jaques Emanuel du Mesnil, natif de Zelle pais de Lunebourg, agé de 29 ans, de religion reformée, compagnon horloger, fils du Bourgeois horloger Claude Jaques du Mesnil et de Jeanne Elisabeth née Proy, en cette ville, a été reçû au nombre des Bourgeois de la colonie françoise de cette ville, aprés avoir preté le serment de fidelité.

4. Fevrier 1794.

Jean Frederic Nedderhuth, natif de Hesperede pais de Hannovre, agé de 42 ans, de religion Luthér., voulant s'établir en cette ville comme voiturier, a été reçû Bourgeois de la colonie.

Charreton.

18. Mars 1794.

Jean Philippe Nagel, natif de Stettin, agé de $20^1/_3$ ans, de religion reformée allemande, fils de Jean Philippe Nagel, cidevant Bourgeois de la colonie françoise au dit Stettin, ouvrier à la fabrique de Richter & Nathusius, ici à Magdebourg, voulant s'établir, a été reçû Bourgeois de cette colonie, aprés avoir preté le serment usité.

3. Juin 1794.

Isaac Simon, natif de la ville neuve, compagnon faiseur de bas, religion Luthérienne, agé de 21 ans, a été reçû Bourgeois de la colonie, aprés avoir preté le serment de fidelité, lui a été accordé un an de franchise.

16. Septembre 1794.

Jean Charles Paentzhold, natif de Daemnitz au pais de Mecklenbourg, agé de 29 ans, et de religion Luthérienne, compagnon tailleur, voulant s'établir en cette ville, a été reçû Bourgeois de cette colonie, aprés avoir preté le serment de fidelité.

11. Novembre 1794.

Jean Jaques Botzon, natif de Strasbourg en Elsas, marchand, a été reçû Bourgeois de la colonie.

25. Novembre 1794.

Jean Christoph Benjamin Eyraud, natif de cette ville, fils cadet de Jaques Eyraud, perruquier, religion reformée, agé de 24 ans, a été reçû Bourgeois de la colonie, aprés avoir preté le serment de fidelité.

17. Avril 1795.

Erneste Chretien Leberecht Schleiger, natif d'Altenbourg en Saxe, compagnon cordonnier, agé de 24 ans, a été reçû Bourgeois de la colonie, aprés due legitimation et a preté le serment de fidelité.

23. Juin 1795.

Jean Samuel Schreiber et François Conrad Schreiber, fils du Bourgeois de la colonie et maitre cordonnier Erneste Gottlieb Schreiber et de Marguerite, née Gehnert, sa femme, compagnons cordonnier, natifs en cette ville le 11. Juin 1768 et 18. May 1770, de religion Luthérienne, ont été reçus Bourgeois de la colonie aprés avoir preté le serment de fidelité usité.

8. Octobre 1795.

Jean Jaques Laube, natif de cette ville, agé de 26 ans, fils ainé du Bourgeois de la colonie et gantier Jean Adolphe Laube, de religion reformée, a été reçû Bourgeois, aprés avoir preté le serment de fidelité.

1796.

Jaques Cuny, natif de cette ville, agé de 33 ans, fils ainé du négociant sieur Jean Jaques Cuny et de la Dame son épouse Marguerithe, née Douzal, de religion reformée, a été reçû Bourgeois de la colonie.

26. Janvier 1796.

Jean Chretien Grosse, natif de cette ville, agé de 25 ans, fils ainé du Cabarretier Jean Chretien Grosse, membre de la colonie decédé en cette ville, a été reçû Bourgeois aprés avoir preté le serment de fidelité.

4. Avril 1796.

Jean Pierre André, compagnon cordonnier, fils du Bourgeois de la colonie françoise de Magdebourg et maitre cordonnier David André, 24 ans, descendant de refugiés françois voulant s'établir en cette ville sur sa profession, a été reçû Bourgeois de la colonie aprés avoir preté le serment de fidelité.

Michel.   George.   L'hermet.   Charreton.

18. May 1796.

Daniel Erdmann Steinle, aus Neuhaldensleben gebürtig, Sohn des franz. Colonie-Bürger und Cantor in der Teutsch-reformirten Kirche, Parchenmacher-Geselle, reformirten Religion, alt 30 Jahre, wurde nach geleistetem Eid zum Bürger angenommen.

L'hermet.

24. May 1796.

Fredrich Guillaume D'him, marchand, fils de Mons. le Pasteur D'him, agé de 25 ans, a été reçû Bourgeois de la colonie, aprés avoir preté le serment de fidelité.

L'hermet.

5. Juillet 1796.

Nathanael Abraham Schardt, compagnon faiseur de gants et fabriquant, natif de cette ville, agé de 29 ans, fils du Landespassathe et Bourgeois de la colonie Abraham Schardt, a été reçû Bourgeois aprés avoir preté le serment de fidelité.

Charreton.

28. Octobre 1796.

Charles Simeon, compagnon faiseur de bas et maçon, natif de cette ville, agé de 26 ans, de religion reformée, fils unique de feu le Bourgeois de la colonie et maçon Pierre Simeon, a été reçû Bourgeois, aprés avoir preté le serment de fidelité.

Charreton.

22. Novembre 1796.

Jean Gottfried Pluquet, faiseur de pipes, agé de 31 ans, de religion reformée, fils ainé du Bourgeois de la colonie et serrurier feu Dominique Pluquet, a été reçû Bourgeois de la colonie aprés avoir preté le serment de fidelité.

Michel.   George.   L'hermet.   Charreton.

14. Fevrier 1797.

Louis Boigues, teinturier, agé de 31 ans, religion reformée, natif de Berlin, fils de sieur Antoine Boigues, a été reçû Bourgeois de la colonie, aprés avoir preté le serment de fidelité.

Michel.   George.   L'hermet.

21. Mars 1797.

Johann Gottfried W. Steinmetz, natif de Magdebourg, fils de feu Joh. Gottfr. Steinmetz, agé de 21 ans 3 mois, religion Luthérienne, a été reçû Bourgeois de la colonie, aprés avoir preté le serment de fidelité.

    Michel.   George.   L'hermet.

14. Novembre 1797.

Jean Charles Wiseur, marchand, natif de Magdebourg, fils de Jean Guillaume Wiseur, fabriquant en bas de laines et Bourgeois de la colonie, a été reçû Bourgeois de la colonie aprés avoir preté le serment de fidelité.

    Michel.   Gaertner.   La Paume.

28. Novembre 1797.

Erneste Frederic Hassel, ouvrier, natif de Hessen dans le Duché de Bronswig, fils du Valet de cour Erneste Frederic Hassel, agé de 30 ans, religion Luthérienne, a été reçû Bourgeois de la colonie, aprés avoir preté le serment de fidelité.

    Michel.   Gaertner.   La Paume.

23. Janvier 1798.

Pierre Chretien Knochenhauer, peigneur de laine, natif de Vehlitz en Saxe, fils de Jean Christoph Knochenhauer, vendeur de fruits, religion Luthérienne, a été reçû Bourgeois de la colonie aprés avoir preté le serment de fidelité.

    Michel.   Gaertner.   La Paume.

Jean Chretien Burau, ouvrier, natif de Nienburg dans la principauté de Cöthen, fils de Rudolf Burau, Bourgeois dans le dit endroit, religion Luthérienne et agé de 31 ans, a été reçû Bourgeois de la colonie aprés avoir preté le serment de fidelité.

    Michel.   George.   Gaertner.   La Paume.

Mort à Nienburg le 28. Aout 1803, d'apres l'extrait mortuaire produit par sa veuve.

13. Fevrier 1798.

Jean Henri Bruns, ouvrier, natif de Bardorff dans le duché de Bronswig, fils de Christoph Bruns, maitre cochonnier dans le dit endroit, religion Luthérienne, agé de 37 ans, a été reçû Bourgeois de la colonie, aprés avoir preté le serment de fidelité.

    Michel.   George.   L'hermet.   La Paume.

27. Fevrier 1798.

Jaques Couriol, gantier, natif de cette ville, fils du maitre gantier Jaques Couriol, agé de 28 ans, religion reformée, a été reçû Bourgeois de la colonie, aprés avoir preté le serment de fidelité.

    Michel.   George.   L'hermet.   La Paume.

27. Mars 1798.

Jean Frederic Winckler, natif de Salfeld dans le Duché de Coburg, de profession masson, agé de 31 ans, fils de Jean Daniel Winckler, maitre horloger au dit endroit, religion Luthérienne, a été reçû Bourgeois de la colonie, aprés avoir preté le serment de fidelité.

   Michel. Gaertner. La Paume.

3. Avril 1798.

Henri Chretien Frederic Hoffmann, tailleur de limes, agé de 21 ans, religion Luthérienne, fils du Bourgeois de la colonie françoise et maitre tailleur de limes André Hoffmann de Halberstadt, a été reçû Bourgeois de la colonie, aprés avoir preté serment de fidelité.

   Michel. La Paume. Gaertner.

12. Juin 1798.

Jean Charles François Lefebure, teinturier en soye, natif de cette ville, religion reformée, fils du Bourgeois et caffetier François Thimoleon Lefebure, agé de 29 ans, a été reçû Bourgeois de la colonie, aprés avoir preté serment de fidelité.

   Michel. Gaertner. La Paume.

19. Juin 1798.

Jean George Grunert, natif de Pömmelte village Saxon dependant du Baillage Barby, agé de 35 ans, de religion Luthérienne, et fils du paisan Joachim Grunert, demeurant au vilage nommé Moritz ressortant du Baillage de Gommern, voulant s'établir à Magdebourg, comme Brasseur et Brandevinier en arrentant la Brasserie cidevant Dehoff modo Schropp, a été reçû Bourgeois de la colonie, aprés avoir preté serment de fidelité.

   Michel. Gaertner. La Paume.

Charles Gaudefroid Fiedler, jouailler, natif de Leipzig, agé de 23 ans, religion Luthérienne, fils du distillateur Jean Gaudefroid Fiedler, voulant s'établir à Magdebourg, a été reçû Bourgeois de la colonie, aprés prestation faite du serment de fidelité.

   Michel. Gaertner. La Paume.

7. Aout 1798.

Frederic Ritter, marchand, natif de Zerbst, fils du marchand habitant dans cette même ville sieur Frederic Guillaume Ritter, agé de 26 ans, religion Luthérienne, voulant s'établir icy a été reçû Bourgeois de la colonie, aprés avoir preté serment de fidelité.

   Michel. L'hermet. La Paume.

15. Janvier 1799.

André Abraham Wolff, jouailler, natif et cidevant Bourgeois de la colonie françoise de Bourg, fils de feu l'orfèvre et Bourgeois de la dite colonie Benjamin Wolff, agé de 49 ans religion reformée, ayant quitté son domicile cidevant à Bourg et voulant s'établir icy, a été reçû Bourgeois de la colonie, aprés avoir preté serment de fidelité.

Michel.   L'hermet.   Gaertner.   La Paume.

19. Fevrier 1799.

Johann Gottlob Kotsch, faiseur de bas, natif de Oberwarthe près de Dresden, agé de 25 ans, religion Luthérienne, voulant s'établir icy, a été reçû Bourgeois de la colonie, aprés avoir preté serment de fidelité.

Michel.   L'hermet.   La Paume.

Philippe Albert Fallou, maitre perruquier, natif de cette ville, agé de 28 ans, religion reformée, fils du maitre perruquier Samuel Fallou, Bourgeois de notre colonie, a été reçû Bourgeois de la colonie, aprés avoir preté serment de fidelité.

Michel.   L'hermet.   La Paume.

26. Fevrier 1799.

Jean George Elfert, compagnon tisserant, natif de cette ville, fils du Bourgeois de la colonie Jean Nicolas Elfert, agé de 30 ans, religion Luthérienne, a été reçû Bourgeois de la colonie, aprés avoir preté serment de fidelité.

Michel.   L'hermet.   La Paume.

19. Mars 1799.

Ignatius Steiner, compagnon charpentier, agé de 30 ans, religion catholique romaine, et natif de Ettingen dans le comté de Baden Durlach, fils du maitre cordonnier Joseph Steiner, Bourgeois de la ditte ville, a été reçû Bourgeois de la colonie, aprés avoir preté serment de fidelité.

Michel.   L'hermet.   La Paume.

2. Avril 1799.

Conrad Frederic Odemar, compagnon boutonnier, agé de 26 ans, religion allemande reformée, fils du maitre boutonnier de cette ville Christoph Isaac Odemar, voulant s'établir icy, a été reçû Bourgeois, aprés avoir preté serment de fidelité.

Michel.   L'hermet.   La Paume.

4. Juin 1799.

Jean Gottlieb Amme, natif de Schlettau près de Anneberg, agé de 35 ans, religion Luthérienne, voulant s'établir icy comme ouvrier, a été reçû Bourgeois, aprés avoir preté serment de fidelité.

Michel.   L'hermet.   Gaertner.

7. Juin 1799.

Pierre Jacob Kurths, fils du Bourgeois Jean George Kurths, maitre tailleur et Bourgeois de cette ville, mort depuis 12 ans, religion Luthériehne et valet Batelier, a été reçû Bourgeois, aprés avoir preté serment de fidelité.

      a.   u.   s.
  Michel. Gaertner. L'hermet. Lauben.

2. Juillet 1799.

Christoph Philipp Rödiger, de Damesbrücke près de Langensalze dans le pays de Thuringue, compagnon tisserant, agé de 24 ans, religion Luthérienne, fils du passementier Christoph Benjamin Rödiger, de la sus ditte ville, voulant s'établir icy, a été reçû Bourgeois de la colonie, aprés avoir preté serment de fidelité.

  Michel. L'hermet. Gaertner. La Paume.

30. Juillet 1799.

Jean Frederic Grosse, compagnon meunier, agé de 24 ans, religion Luthérienne, fils du cidevant Bourgeois de la colonie Chretien Grosse, voulant s'établir icy, a été reçu Bourgeois de la colonie ayant preté serment de fidelité.

  Michel. L'hermet. Gaertner. La Paume.

27. Aout 1799.

Henry Gaudefroi Heinecke, maitre fendeur, agé de 30 ans, religion reformée, fils du boulanger et Bourgeois Jean Gaudefroid Heinecke, voulant s'établir icy, a été reçu Bourgeois de la colonie, aprés avoir preté serment de fidelité.

  Michel. Gaertner. La Paume.

David Bourset, compagnon tourneur, agé de 28 ans, religion reformée, fils du Bourgeois de la colonie Isaac Bourset, voulant s'établir icy, a été reçû Bourgeois de la colonie, aprés avoir preté serment de fidelité.

  Michel. L'hermet. Gaertner. La Paume.

22. Octobre 1799.

David Maurel, peintre, agé de 32 ans, fils du Bourgeois boulanger Louis Maurel de Berlin, voulant s'établir icy, a été reçû Bourgeois de la colonie, aprés avoir preté serment de fidelité.

  Michel. L'hermet. Gaertner.

26. Novembre 1799.

Samuel Louis Descours, marchand, agé de 33 ans, natif de Magdebourg, et second fils du Sr. Moyse Descours marchand, voulant se faire recevoir dans le corps des marchands de cette ville, a preté le serment de fidelité et a été reçû Bourgeois de la colonie.

  Michel. L'hermet. Gaertner.

28. Janvier 1800.

Carl Friederich Schüler, compagnon meunier, agé de 24 ans, natif de Werdau en Saxe, fils de Jean Chretien Schüler, habitant du village de Werdau près de Torgau, voulant s'établir en cette ville comme meunier, a été reçû Bourgeois, aprés avoir preté serment de fidelité.

  Michel. L'hermet. Gaertner. La Paume.

10. Juin 1800.

Jean Georg Gross, natif de Mengershausen dans le comté de Waldeck, invalide du regiment du prince Louis de Prusse et congédié à Bielefeldt sous la date du 1. May 1800, ayant été établi casernier de la colonie françoise de Magdebourg, a été reçû en consequence Bourgeois de la dite colonie.

  Michel.

9. Septembre 1800.

Jean David Cuny, marchand, agé de 25 ans, religion reformée, fils du Bourgeois marchand Jean Jaques Cuny de cette ville, a été reçû Bourgeois de la colonie, aprés avoir preté serment de fidelité.

  Michel. L'hermet. La Paume.

7. Octobre 1800.

Erneste Guillaume Darneden, peintre, agé de 21 ans, fils ainé du Bourgeois de la colonie Erneste Guillaume Darneden, religion Luthérienne, voulant s'établir et entrer en societé avec son beau-frère, a été reçû Bourgeois de la colonie, aprés avoir preté serment de fidetité.

  Michel. L'hermet. Gaertner. La Paume.

4. Novembre 1800.

Johann Franz Simon Fasel, maneuvre, agé de 34 ans, né de Wespen dans l'Electorat de Saxe, fils de manoeuvre Frederic Fasel, religion Luthérienne, voulant s'établir en cette ville, a été reçû Bourgeois, aprés avoir preté serment de fidelité.

  Michel. L'hermet. Gaertner. La Paume.

20. Janvier 1801.

Joh. Christoph Kleinhans, faiseur de bas, agé de 36 ans, né de Stadtelben près de Erforth, religion Luthérienne, fils de Kleinhans, drapier de ce même en droit, voulant aprés avoir reçû son congé, s'établir icy, a été reçû Bourgeois, aprés avoir preté le serment de fidelité.

  Michel. Gaertner. La Paume.

24. Mars 1801.

Jean Pierre Guillaume Winter, menusier, fils du Bourgeois et maitre menusier Winter, agé 27 ans, religion reformée, natif de cette ville, voulant s'établir icy, a été reçû Bourgeois de la colonie, aprés avoir preté serment de fidelité.

   Michel. L'hermet. Gaertner. La Paume.

Jean Samuel Winter, menusier, fils du Bourgeois et maitre menusier Winter, agé de 21 ans, religion reformée, voulant s'établir icy, a été reçû Bourgeois de la colonie, aprés avoir preté serment de fidelité.

   Michel. L'hermet. Gaertner. La Paume.

21. Avril 1801.

Jean Teophile Palis, faiseurs d'éguilles, fils d'Elie Palis, agé de 34 ans, confession reformée, a été reçû Bourgeois de la colonie, aprés avoir preté serment.

   Michel. L'hermet. Gaertner.

10. Novembre 1801.

Jean Gottlieb Mack, boulanger, fils de feu Jean Gottlieb Mack, cidevant boulanger et Bourgeois de la colonie de cette ville, agé 33 ans, confession Luthérienne, voulant s'établir icy, a été reçû Bourgeois aprés avoir preté serment de fidelité.

   Michel. Gaertner. La Paume.

24. Novembre 1801.

Jean Henri Schmuckert, gantier, cidevant Bourgeois de la colonie françoise de Berlin et fils de feu Bourgeois et Maitre Graissier Schmuckert de cette ville, agé de 33 ans, religion catholique, voulant s'établir icy a été reçû Bourgeois aprés avoir preté serment de fidelité.

   Michel. Gaertner. La Paume.

2. Mars 1802.

Henry Gotthilff Hermann, garçon cordonnier, fils du maitre cordonnier Frederic Herrmann, Bourgeois de la colonie, agé de 29 ans, religion Luthérienne, ayant espérance de s'établir, a été reçû Bourgeois aprés avoir preté serment de fidelité.

   Michel. Gaertner. La Paume.

9. Mars 1802.

Frederic Samuel Weiskopf, faiseur de bas, fils de Bourgeois Frederic Samuel Weiskopf, cardeur, agé de 21 ans, religion reformée, a été reçu Bourgeois de la colonie aprés avoir preté serment de fidelité.

   Michel. Gaertner. La Paume.

13. Avril 1802.

Gaudefroi Daniel Paulus, faiseur de bas, fils du Bourgeois de la colonie feu George Christoph Paulus, agé de 32 ans, religion Luthérienne, a été reçû Bourgeois de la colonie, après avoir preté serment de fidelité.

Michel.   Gaertner.   La Paume.

22. Juin 1802.

Jean Abraham Laglois, couvreur, 3^{em} fils du Bourgeois Jean Batiste Laglois, agé de 25 ans, religion catholique romaine, a été reçû Bourgeois de la colonie et a preté serment.

Michel.   Gaertner.   La Paume.

13. July 1802.

Jean Valentin Striept, boulanger, natif de Haedersleben dans la principauté de Halberstadt, agé de 50 ans, religion Luthérienne, a eté reçû Bourgeois de la colonie et a preté serment.

Michel.   Gaertner.   La Paume.

23. Novembre 1802.

Pierre Guillaume Bauer, faiseur de bas, fils de feu George Bauer, maitre et faiseur de bas et Bourgeois de la colonie, agé de 22 ans, religion Luthérienne, voulant s'établir icy, a été reçû Bourgeois, après avoir preté serment de fidelité.

Michel.   Gaertner.   La Paume.

24. May 1803.

Louis Longuenotti, musicien, fils du Bourgeois de la colonie Auguste Longuenotti, agé de 24 ans, religion catholique romain, a été reçû Bourgeois après avoir preté serment de fidelité.

Michel.   Gaertner.   La Paume.

22. November 1803.

Jean Elie Wegemann, faiseur de bas, fils du cidevant Bourgeois de la colonie Jean Christoph Wegemann, agé de 30 ans, de religion Luthérienne, a preté le serment de fidelité et a été reçû Bourgeois de la colonie françoise, délivré à la ville neuve.

3. Fevrier 1804.

Frederic Detroit, maitre de langue françoise, natif de Berlin, agé de 26 ans, de religion reformée fils d'Abraham Detroit, employé cidevant de la regie prussienne à Berlin, a été reçû Bourgeois de la colonie, après avoir preté le serment de fidelité.

Michel.   Gaertner.

14. Fevrier 1804.

Pierre Frederic Cuny, marchand, fils de Pierre Cuny cidevant assesseur de la Justice royale françoise de cette ville, natif de Magdebourg, agé de 26 ans, religion reformée, a été reçû Bourgeois de la colonie, aprés avoir preté le serment de fidelité.

Michel. Gaertner.

27. Avril 1804.

Jean Chrétien Böse, faiseur d'eguilles, second fils du Bourgeois et coloniste George Isaac Böse, agé de 35 ans, natif de Magdebourg, de religion Luthérienne, a été reçû Bourgeois, aprés avoir preté le serment de fidelité.

Michel. Gaertner.

21. Aout 1804.

Chretien Frederic Benjamin Rahm, faiseur de bas, fils du Bourgeois et coloniste et faiseur de bas Jean Christoph Rahm, né le 24. Janvier 1778, religion Luthérienne, voulant s'établir comme maitre faiseur de bas, a été reçû Bourgeois aprés avoir preté serment de fidelité.

Michel. Gaertner. La Paume.

18. Janvier 1805.

Jean Erneste Rose, maitre boulanger, fils de feu le Bourgeois de la vieille Ville Henry Daniel Rose, agé de 30 ans, religion Luthérienne, ayant acquis la boulangerie de la colonie de feu Wolffram, a été reçu Bourgeois aprés avoir preté serment de fidelité.

Michel. Gaertner. La Paume.

20. Septembre 1805.

Jean Henri Wischeropp, boulanger, natif de Frohse, agé de 33 ans, de religion Luthérienne, aprés avoir été congédié du Regiment de Cuirassiers et avoir payé à la caisse générale des Invalides, et obtenû en consequence du departement militaire la permission de s'établir en cette ville, a preté le serment de fidelité et a été reçû Bourgeois de la colonie françoise aussi longtemps qu'il restera dans la possession de la boulangerie françoise precedemment Rotte.

Michel. Gaertner.

8. Novembre 1805.

Jean Matthieu André Frederic, faiseur de bas, fils ainé du coloniste et paveur Jean Chrétien Frederic, agé de 22 ans, de religion Luthérienne veut s'établir sur sa profession et se marier, et aprés avoir preté le serment de fidelité, a été reçû Bourgeois de la colonie.

Michel. Gaertner.

10. Decembre 1805.

Jean Henry Pradin, ouvrier à la douane des accises, fils du cidevant coloniste et cordonnier Jean Pierre Pradin, agé de 24 ans, de religion Luthérienne, voulant se marier, a preté le serment de fidelité et a été reçû Bourgeois de la colonie françoise.

Michel.   Gaertner.

11. Mars 1806.

Jean Frederic Rubeau, compagnon fourbisseur, agé de 29 ans, fils de Jaques Rubeau, justicien de la colonie françoise de Berlin, religion reformée, voulant s'établir à Magdebourg, a été reçu Bourgeois, aprés avoir preté serment de fidelité.

Michel.   Gaertner.

1. Avril 1806.

Jean François Duvigneau, compagnon menuisier, agé de 25 ans, de religion reformée, fils du defunt Bourgeois de la colonie françoise de Magdebourg et maitre teinturier Charles Duvigneau, voulant s'établir en cette même ville, a preté le serment de fidelité et d'obeissance et a été reçû en consequence Bourgeois de la colonie.

Michel.   Gaertner.

3. Juin 1806.

Jean Chretien Frederic Wegemann, faiseur de bas, agé de 27 ans, religion Luthérienne et fils de Jean Christoph Wegemann, Bourgeois de la colonie françoise, a preté cejourd'hui serment de fidelité et a été reçû Bourgeois de la colonie françoise de cette ville.

a. u. s.
Michel.   Gaertner.

26. Aout 1806.

Chretien Charles Gottlieb Fromme, marchand, fils du defunt jouaillier Jean Gottfried Fromme et de Sophie Julie, née Niemann, agé de trente ans, de religion Luthérienne, a preté le serment de fidelité et a été reçû comme fils de coloniste Bourgeois de la colonie françoise de cette ville.

Michel.

24. Juillet 1807.

Jean George Roberts, boulanger, natif de Hedersleben, dans la principauté de Halberstadt, agé de 27 ans, ayant pris à ferme la maison et boulangerie françoise du maitre boulanger Rose, et voulant y exercer le metier de boulanger, a été reçû a cet effet au nombre des bourgeois de la colonie françoise, aprés avoir preté le serment de fidelité, sous la condition qu'il ne sauroit pretendre à ce droit de Bourgeoisie aussi longtemps qu'il occupera la dite maison soit par ferme, soit par vente et reservant à chaqu'un tous les droits quelqunques tant sur sa personne que sur sa postérité.

Michel.

7. Aout 1807.

Jean Gottfried Bartels, cordonnier, natif de Magdebourg, fils du coloniste et maitre cordonnier Just Chretien Bartels, agé de 24 ans, de religion Luthérienne, voulant s'établir comme maitre cordonnier en cette ville, a preté le serment de fidelité et a été reçû Bourgeois de la colonie françoise.
Michel.

22. Septbre. 1807.

Chrétien Erneste Guillaume Schroeder, compagnon jouailler, natif de Magdebourg, fils ainé du jouaillier Sr. Chrétien Erneste Schroeder, agé de 24 ans, de religion Luthérienne, a preté le serment de fidelité et d'obeissance et a été reçû en consequence au nombre des Bourgeois de la colonie françoise de Magdebourg.
Michel.

Jean François Chevaube, compagnon ferblantier, natif de Magdebourg, seul fils du maitre ferblantier Frederic Chevaube, agé de 24 ans, de religion reformée, a preté le serment de fidelité et d'obeissance et a été reçû en consequence Bourgeois de la colonie françoise de Magdebourg.
Michel.

13. Octobre 1807.

Henri Guillaume Bonte, compagnon savonier, natif de Magdebourg, fils ainé du maitre savonier Isaac Bonte, agé de 20 ans, de religion reformée, a preté le serment de fidelité et d'Obeissance, et a été reçû en consequence Bourgeois de la colonie françoise de Magdebourg.
Michel.

Register zur Bürgerrolle.

Achenot, Bd. IIIb. S. 58.
Adelbert, Bd. IIIb. S. 158.
Agé, Bd. II. S. 458.
Ageron, Bd. IIIb. S. 64.
Aggio, Bd. IIIb. S. 146.
Aiguin, Bd. II. S. 465.
Albo, Bd. II. S. 470.
Alegre, Bd. II. S. 459.
Allier, Bd. II. S. 465.
Alliaud, Bd. II. S. 468.
Almerus, Bd. IIIb. S. 52.
Amalric, Bd. IIIb. S. 62.
Amme, Bd. IIIb. S. 169.
Anders, Bd. IIIb. S. 155.
André, Bd. II. S. 469. Bd. IIIb. S. 67, 120, 140, 162, 166.
Andreae, Bd. IIIb. S. 135.
Anezi, Bd. IIIb. S. 61.
Anguivielle, Bd. IIIb. S. 53.
Anquet, Bd. IIIb. S. 56.
Ansalmy, Bd. IIIb. S. 124.
Arbaletrier, Bd. II. S. 461, 466.
Ardemont, Bd. II. S. 471.
Arene, Bd. IIIb. S. 50.
Arlaud, Bd. II. S. 459. Bd. IIIb. S. 69, 120, 163.
Arman, Bd. IIIb. S. 58, 61.
Arnac, Bd. IIIb. S. 101.
Arnal, Bd. IIIb. S. 56, 84, 93.
Arnaudon, Bd. IIIb. S. 63.
Arnoux, Bd. II. S. 465.
Arques, Bd. II. S. 459.
Asimont, Bd. IIIb. S. 126.
Asman, Bd. IIIb. S. 122.
Assier, Bd. II. S. 462. Bd. IIIb. S. 65.
Astier, Bd. IIIb. S. 81.
Aubanel, Bd. IIIb. S. 55, 75.
Aube, Bd. II. S. 458.
Aubert, Bd. II. S. 456. Bd. IIIb. S. 49.
Aubissart, Bd. II. S. 463.
Autier, Bd. IIIb. S. 57.
Avare, Bd. IIIb. S. 61.
Axiem, Bd. IIIb. S. 143.

Babô, Bd. IIIb. S. 106.
Baegeholtz, Bd. IIIb. S. 162.
Baldi, Bd. IIIb. S. 51.
Baldy, Bd. IIIb. S. 87.
Banick, Bd. IIIb. S. 136.
Baratier, Bd. IIIb. S. 59.
Barbier, Bd. IIIb., S. 60, 133.
Barbut, Bd. IIIb., S. 90.
Bardin, Bd. IIIb. S. 81.
Barez, Bd. IIIb. S. 51, 71, 82.
Barnier, Bd. II. S. 462, 470.
Bartels, Bd. IIIb. S. 143, 176.
Barthelemi, Bd. IIIb. S. 64.
Barthelot, Bd. IIIb. S. 70.
Basadoi, Bd. IIIb. S. 69.
Bastian, Bd. IIIb. S. 57.
Baudouin, Bd. II. S. 470.
Bauer, Bd. IIIb. S. 130, 131, 173.
Bauermeister, Bd. IIIb. S. 97.

Bauquier, Bd. II. S. 456. Bd. III b.
S. 61, 66, 98.
Bayer, Bd. III b. S. 161.
Bechier, Bd. II. S. 470.
Beck, Bd. III b. S. 131.
Behrens, Bd. III b. S. 143.
Belier, Bd. III b. S. 52.
Benazech, Bd. III b. S. 64.
Benoit, Bd. III b. S. 56.
Beranger, Bd. III b. S. 49.
Berard, Bd. II. S. 465.
Bernard, Bd. II. S. 458, 467. Bd. III b. S. 51, 60, 79.
Berne, Bd. III b. S. 113.
Bertallot, Bd. III b. S. 127.
Bertaud, Bd. II. S. 464.
Berth, Bd. III b. S. 64, 87.
Berth Lamothe, Bd. III b. S. 63.
Bertoulen, Bd. III b. S. 91.
Bertrand, Bd. III b. S. 53, 61, 78, 107.
Beseke, Bd. III b. S. 116.
Bessieres, Bd. II. S. 470.
Besson, Bd. III b. S. 74.
Beze, Bd. II. S. 456.
Bia, Bd. III b. S. 108.
Biancone, Bd. III b. S. 111.
Billot, Bd. II. S. 466.
Birnau, Bd. III b. S. 123.
Blanc, Bd. II. S. 455. Bd. III b. S. 77.
Blancher, Bd. II. S. 464.
Blancquez, Bd. III b. S. 88, 102.
Blanquet, Bd. III b. S. 67.
Blanquez, Bd. III b. S. 163.
Blaser, Bd. III b. S. 155.
Blisson, Bd. II. S. 457. Bd. III b. S. 141.
Böse, Bd. III b. S. 174.
Boigues, Bd. III b. S. 166.
Boinier, Bd. III b. S. 51, 64.
Boissier, Bd. III b. S. 91.
Bonconseil, Bd. III b. S. 93.
Bonnaud, Bd. II. S. 458, 459.
Bonnet, Bd. III b. S. 63, 69.

Bonnin, Bd. III b. S. 73.
Bonte, Bd. III b. S. 65, 71, 93, 99, 101, 151, 159, 176.
Bontous, Bd. III b. S. 68.
Bontoux, Bd. III b. S. 97.
Borde, Bd. III b. S. 74.
Borel, Bd. III b. S. 75.
Borheck, Bd. III b. S. 151, 161.
Borne, Bd. III b. S. 65.
Bosc, Bd. III b. S. 106.
Bosmian, Bd. II. S. 465.
Bosse, Bd. III b. S. 119.
Botzon, Bd. III b. S. 165.
Boucairan, Bd. III b. S. 80.
Boudes, Bd. II. S. 466.
Boudon, Bd. III b. S. 54.
Bouffart, Bd. III b. S. 68.
Boulanger, Bd. III b. S. 106.
Bourçeau, Bd. III b. S. 107.
Bourguet, Bd. III b. S. 54.
Bourset, Bd. III b. S. 97, 164, 170.
Bousquet, Bd. II. S. 460.
Boutet, Bd. II. S. 467.
Bouvier, Bd. II. S. 463. Bd. III b. S. 88, 91, 93, 107, 136.
Bouzanquet, Bd. II. S. 459. Bd. III b. S. 68.
Bouzige, Bd. II. S. 461. Bd. III b. S. 67.
Bovin, Bd. III b. S. 58.
Boyer, Bd. III b. S. 57.
Braconnier, Bd. III b. S. 51.
Braune, Bd. III b. S. 138.
Breinat, Bd. II. S. 462.
Breton, Bd. III b. S. 52, 85, 87, 126.
Brifonton, Bd. III b. S. 57.
Brion, Bd. III b. S. 105.
Brocas, Bd. III b. S. 64.
Brouet, Bd. II. S. 455. Bd. III b. S. 60, 71.
Brousson, Bd. II. S. 464.
Bruel, Bd. III b. S. 57.
Bruguier, Bd. III b. S. 61, 80, 89.
Brun, Bd. III b. S. 70.

Brunel, Bd. II. S. 469   Bd. III b.
S. 51.
Bruns, Bd. III b. S. 167.
Buberecht, Bd. III b. S. 159.
Büchler, Bd. III b. S. 139.
Buhse, Bd. III b. S. 141.
Buisson, Bd. III b. S. 54, 72, 92.
Buntsack, Bd. III b. S. 132.
Burau, Bd. III b. S. 167.

Cabanis, Bd. III b, S. 51.
Cabrieres, Bd. III b. S. 63.
Cabrol, Bd. III b. S. 61, 89.
Caillé, Bd. III b. S. 127.
Calger, dit Caillé, Bd. III b. S.131.
Caluas, Bd. III b. S. 55.
Caluet, Bd. III b. S. 74.
Calvat, Bd. III b. S. 88.
Cappe, Bd. III b. S. 109, 162.
Carles, Bd. III b. S. 54.
Carriere, Bd. III b. S. 51, 55, 81.
Carron, Bd. III b. S. 63.
Casany, Bd. III b. S. 127.
Cassagne, Bd. III b. S. 69.
Cassagnol, Bd. III b. S. 58.
Cassan, Bd. III b. S. 64.
Castang, Bd. II. S. 462, 471.
Castel, Bd. III b. S. 54, 58.
Caualier, Bd. II. S. 464. Bd. III b.
S. 54.
Caubourg, Bd. III b. S. 49.
Causse, Bd. II. S. 468. Bd. III b.
S. 67.
Cavalier, Bd. III b. S. 98.
Cayla, Bd. III b. S. 55, 78.
Cazalis, Bd. III b. S. 163.
Ceta, Bd. III b. S. 145.
Chaffal, Bd. III b. S. 57.
Chaman, Bd. III b. S. 55.
Chambeau, Bd. III b. S. 62, 70, 99.
Chambion, Bd. III b. S. 82.
Champion. Bd. III b. S. 62.
Chappe, Bd. III b. S. 113.
Charles, Bd. II. S. 460, 467. Bd. III b.
S. 50, 64, 126.

Charpentier, Bd. III b. S. 58, 80, 81, 83.
Charpinel, Bd. II. S. 466.
Chartier. Bd. III b. S. 72, 76.
Charton, Bd. II. S. 468, 470. Bd. III b.
S. 70.
Chatillon, Bd. II. S. 465.
Châton, Bd. III. S. 90.
Chaumon, Bd. III b. S. 57.
Chausson, Bd. III b. S. 114.
Chauvet, Bd. III b. S. 54.
Chay, Bd. III b. S. 85.
Chayer, Bd. III b. S. 61.
Chaz, Bd. II. S. 461.
Chazelon, Bd. II. S. 470. Bd. III b.
S. 59, 88, 142.
Cherfis, Bd. II. S. 463, 466.
Cherubin, Bd. II. S. 471.
Chevalier, Bd. III b. S. 106.
Chevaube, Bd. III b. S. 88, 137, 176.
Chimbert, Bd III b. S. 69.
Chollet, Bd. III b. S. 86.
Clairan, Bd. II. S. 464.
Claparede, Bd. III b. S. 69.
Claro, Bd. III b. S. 114.
Clemen, Bd. III b. S. 112.
Clerans, Bd. II. S. 460.
Cochet, Bd. III b. S. 132.
Coin, Bd. III b. S. 72, 73.
Coing, Bd. III b. S. 117.
Combes, Bd. III b. S. 76.
Combier, Bd. III b. S. 60.
Commerçon, Bd. III b. S. 111.
Commony, Bd. III b. S. 125.
Comte, Bd. III b. S. 66.
Constant, Bd. III b. S. 59.
Convert, Bd. III b. S. 72.
Coqu, Bd. III b. S. 59, 60, 68.
Cornet, Bd. II. S. 455.
Cornier, Bd. III b. S. 61.
Cossiau, Bd. III b. S. 52.
Cossonel, Bd. III b. S. 110.
Coste, Bd. II. S. 470.   Bd. III b.
S. 67, 96, 110, 121, 134.
Cotereau, Bd. III b. S. 60.

12*

Cottel, Bd. IIIb. S. 61.
Couderc, Bd. IIIb. S. 54.
Coulomb, Bd. II. S. 460.
Counort, Bd. II. S. 460. Bd. IIIb. S. 62.
Courde, Bd. IIIb. S. 61.
Courieu, Bd. IIIb. S. 56.
Couriol, Bd.II. S.461, 463. Bd. IIIb. S. 63, 68, 69, 83, 100, 107, 167.
Courtois, Bd. II. S. 463.
Coutaud, Bd. II. S. 456, 459, 460.
Cregut, Bd. II. S. 458, 468.
Crochet, Bd. II. S. 470.
Crouzet, Bd. IIIb. S. 74.
Croze, Bd. IIIb. S. 54, 64.
Cuche, Bd. IIIb. S. 90.
Cuny, Bd. II. S. 464. Bd. IIIb. S. 110, 123, 159, 161, 165, 171, 174.
Cury, Bd. IIIb. S. 91, 149.

Daleirac, Bd. II. S. 464.
Damié, Bd. IIIb. S. 103.
Damströmm, Bd. IIIb. S. 159.
Dan, Bd. IIIb. S. 60, 109.
Danger, Bd. II. S. 471.
Danthu, Bd. II. S. 468.
Darez, Bd. II. 463.
Darneden, Bd. IIIb. S. 137, 171.
Daufez, Bd. IIIb. S. 58.
Davoy, Bd. IIIb. S. 95.
Debro, Bd. IIIb. S. 108.
Dechay, Bd. IIIb. S. 87, 161.
Deimier, Bd. IIIb. S. 56.
Deimont, Bd. II. S. 467.
Delarche, Bd. IIIb. S. 63, 83.
Delatre, Bd. II., S. 456.
Délatte, Bd. IIIb. S. 84.
Delbriel, Bd. II. S. 469.
Deleuze, Bd. II. S. 470. Bd. IIIb. S. 55, 64, 77, 83.
Delmas, Bd. IIIb. S. 58, 76.
Demare, Bd. II. S. 470.
Demarle, Bd. IIIb. S. 108.
De Richaud, Bd. IIIb. S. 56.

Descours, Bd. IIIb. S. 102, 124, 156, 170.
Desmons, Bd. IIIb. S. 67.
Dessié, Bd. IIIb. S. 61.
Detroit, Bd. IIIb. S. 173.
De Villas, Bd. II. S. 467.
Deville, Bd. IIIb. S. 54.
Deylau, Bd. IIIb. S. 53, 56, 72.
D'Haynin, Bd. IIIb. S. 86.
D'him, Bd. IIIb. S. 166.
Dietz, Bd. IIIb. S. 151.
Dinant, Bd. IIIb. S. 56.
Dindre, Bd. IIIb. S. 52.
Discours, Bd. IIIb. S. 68. 101.
Döring Bd. IIIb. S. 134.
Domergue, Bd. IIIb. S. 82.
Donett, Bd. IIIb. 147.
Donzel, Bd. IIIb. S. 75.
Dorgueil, Bd. IIIb. S. 59, 81.
Douilhac Bd. IIIb. S. 61, 89.
Douzal, Bd. II. S. 461. Bd. IIIb. S. 72, 84.
Douzel, Bd. IIIb. S. 53.
Dreifuss, Bd. IIIb. S. 104.
Drouin, Bd. IIIb. S. 52, 120, 157.
Droume, Bd. IIIb. S. 52.
Dubaux, Bd. IIIb. S. 80.
Dubois, Bd. IIIb. S. 65, 66, 68, 76, 99.
Dubosc, Bd. II. 456.
Dubou, Bd. IIIb. S. 78.
Ducros, Bd. II. S. 468. Bd. IIIb. S. 53.
Dufez, Bd. II. S. 455.
Dufour, Bd. IIIb. S. 53, 83.
Dulac, Bd. IIIb. S. 113.
Dumaitre, Bd. II. S. 456.
Dumas, Bd. IIIb. S. 62, 84.
Dumesnil, Bd. IIIb. S. 164.
Dumont, Bd. IIIb. S. 75, 82, 106.
Dumoulin, Bd. IIIb. S. 121.
Dupau, Bd. II. S. 462. Bd. IIIb. S. 49, 80.
Duplan, Bd. II. S. 467. Bd. IIIb. S. 102.

Durant, Bd. II. S. 461. Bd. IIIb.
S. 53, 67.
Dusarat, Bd. IIIb. S. 63.
Duvignaud, Bd. IIIb. S. 127.
Duvigneau, Bd. IIIb. S. 175.

Eglize, Bd. IIIb. S. 117.
Eilffert, Bd. IIIb. S. 151.
Elfert, Bd. IIIb. S. 169.
Enet, Bd. IIIb. S. 92, 100.
Engel, Bd. IIIb. S. 130.
Engelmann, Bd. IIIb. S. 120.
Escher, Bd. IIIb. S. 75.
Escoffier, Bd. II. S. 462, 470.
Bd. IIIb. S. 60.
Esperandieu, Bd. II. S. 466.
Esperendieu, Bd. IIIb. S. 67.
Etienne, Bd. IIIb. S. 60.
Evin. Bd. III. S. 90.
Eynard, Bd. II. S. 469.
Eyraud, Bd. IIIb. S. 78, 110, 115,
154, 160, 161, 165.
Ezolt, Bd. IIIb. S. 162.

Fabre, Bd. II. S. 458, 466.
Falscheer, Bd. IIIb. S. 132.
Falou, Bd. IIIb. S. 70, 100.
Fallou, Bd. IIIb. S. 169.
Fasel, Bd. IIIb. S. 171.
Fauas, Bd. IIIb. S. 71.
Faubert, Bd. IIIb. S. 50.
Faucher, Bd. II. S. 467, 468. Bd.IIIb.
S. 52, 53, 107, 125, 128.
Faugere, Bd. IIIb. S. 55.
Faure, Bd. IIIb. S. 54.
Faurite, Bd. II. S. 462.
Fauritte, Bd. II. S. 462.
Faurost, Bd. IIIb. S. 56.
Ferrieres, Bd. II. S. 461.
Fiedler, Bd. IIIb. S. 168.
Fietta, Bd. IIIb. S. 139.
Fine, Bd. IIIb. S. 61.
Fischer, Bd. IIIb. S. 153.
Flamary, Bd. IIIb. S. 88, 144, 154.
Flauart, Bd. II. S. 462.

Fleureton, Bd. IIIb. S. 82.
Flotard, Bd. II. S. 465.
Foissin, Bd. II. S. 460.
Fontanier, Bd. II. S. 465.
Fontanieu, Bd. II. S.457. Bd. IIIb.
S. 69.
Forestier, Bd. IIIb. S. 59.
Fort, Bd. IIIb. S. 59.
Foucard, Bd. IIIb. S. 84.
Foul, Bd. IIIb. S. 51.
Foulquier, Bd. II. S. 467.
Fouquignon, Bd. IIIb. S 69.
Fournier, Bd. IIIb. S. 79, 91, 114.
Fouvreau, Bd. IIIb. S. 99.
Fragouze, Bd. II. S.469. Bd.IIIb.
S. 90, 91.
Françon, Bd. IIIb. S. 58.
Franjeu, Bd. IIIb. S. 97.
Fransson, Bd. IIIb. S. 61.
Frederic, Bd. IIIb. S. 174.
Frées, Bd. IIIb. S. 137.
Fregier, Bd. IIIb. S. 57.
Friedrich, Bd. IIIb. S. 156.
Fridrich, Bd IIIb. S. 160.
Fritsche, Bd. IIIb. S. 113.
Fromme, Bd. IIIb. S. 119, 175.

Gachet, Bd. II. S. 466. Bd. III.
S. 59.
Galafrez, Bd. IIIb. S. 94.
Galefres, Bd. IIIb. S. 60, 62.
Galoi, Bd. IIIb. S. 58.
Gandil, Bd. II. S. 464. Bd. IIIb.
S. 56.
Gandin, Bd. II. S. 460.
Garach, Bd. IIIb. S. 55.
Garcin, Bd. IIIb. S. 53.
Gardiol, Bd. IIIb. S. 54.
Garnier, Bd. II. S. 464, 465, 470.
Bd. IIIb. S. 84, 95.
Garrel, Bd. II. S. 460.
Garrigues, Bd. II. S. 460. Bd. IIIb.
S. 56, 63, 81, 83.
Gaspar, Bd. IIIb. S. 65.

Gautier, Bd. IIIb. S. 75.
Gautrec, Bd. IIIb. S. 62.
Gay, Bd. IIIb. S. 53.
Geay, Bd. II. S. 460.
Geloin, Bd. IIIb. S. 62.
George, Bd. IIIb. S. 86, 90.
Gerner, Bd. IIIb. S. 138.
Gervais, Bd. IIIb. S. 51, 95.
Gibal, Bd. IIIb. S. 74.
Gille, Bd. IIIb. S. 133.
Gilles, Bd. II. S. 459. Bd. IIIb.
  S. 54.
Giloin, Bd. IIIb. S. 82, 126.
Gimel, Bd. IIIb. S. 65, 146.
Girard, Bd. II. S. 467. Bd. IIIb.
  S. 56, 66, 69, 87, 101.
Girardin, Bd. IIIb. S. 50.
Girost, Bd. II. S. 464. Bd. IIIb.
  S. 106.
Girou, Bd. IIIb. S. 75.
Gissau, Bd. IIIb. S. 118.
Göbler, Bd. IIIb. S. 122.
Goguelin, Bd. IIIb. S. 65.
Golsch, Bd. IIIb. S. 152.
Gondrevil, Bd. IIIb. S. 80.
Gotthard, Bd. IIIb. S. 117.
Goubert, Bd. IIIb. S. 59.
Goudin, Bd. IIIb. S. 71, 82.
Gourdon, Bd. II. S. 470.
Gramont, Bd. IIIb. S. 77.
Grammont, Bd. IIIb. S. 85.
Granier, Bd. IIIb. S. 75, 109.
Gras, Bd. II. S. 463, 467. Bd. IIIb.
  S. 50, 76.
Greue, Bd. IIIb. S. 60.
Grey, Bd. IIIb. S. 89.
Griolet, Bd. II. S. 458. Bd. IIIb.
  S. 79.
Grizot, Bd. IIIb. S. 77.
Gröschel, Bd. IIIb. S. 110.
Gros, Bd. IIIb. S. 72.
Gross, Bd. IIIb. S. 171.
Grosse, Bd. IIIb. S. 129, 165, 170.
Grünewald, Bd. IIIb. S. 128.
Grumeur, Bd. IIIb. S. 93.

Grune, Bd. IIIb. S. 104.
Grunert, Bd. IIIb. S. 168.
Grunewitz, Bd. IIIb. S. 123.
Guaidan, Bd. IIIb. S. 82.
Gueidan, Bd. II. S. 466.
Guelleot, Bd. IIIb. S. 123.
Guibal, Bd. IIIb. S. 102, 122.
Guillaume, Bd. IIIb. S. 54, 64.
Guiminel, Bd. IIIb. S. 62.
Guiot, Bd. IIIb. S. 51, 57, 82.
Guiraud, Bd. III. S. 459. Bd. IIIb.
  S. 59, 70, 90, 134, 148, 153.
Gundlach, Bd. IIIb. S. 66.

Hallwax, Bd. IIIb. S. 144.
Hamann, Bd. IIIb. S. 121.
Hampert, Bd. IIIb. S. 142.
Hartmann, Bd. IIIb. S. 145.
Hassel, Bd. IIIb. S. 167.
Haubenreisser, Bd. IIIb. S. 146.
  160.
Haubold, Bd. IIIb. S. 158.
Heinecke, Bd. IIIb. S. 119, 170.
Helmbold, Bd. IIIb. S. 158.
Henri, Bd. IIIb. S. 102.
Hentz, Bd. IIIb. S. 118, 161, 163.
Herlan, Bd. IIIb. S. 65, 70.
Hermann, Bd. IIIb. S. 172.
Herrmann, Bd. IIIb. S. 128.
Hertzig, Bd. IIIb. S. 148.
Heurtaux, Bd. IIIb. S. 83.
Heyeck, Bd. IIIb. S. 139.
Hillard, Bd. IIIb. S. 55.
Hintzin, Bd. IIIb. S. 148.
Hiort, Bd. IIIb. S. 135.
Hoffmann, Bd. IIIb. S. 134, 168
Hoffmeister, Bd. IIIb. S. 156.
Holl, Bd. IIIb. S. 142.
Honnoré, Bd. IIIb. S. 50.
Horio, Bd. IIIb. S. 66, 85.
Hormann, Bd. IIIb. S. 128.
Houbert, Bd. IIIb. S. 77.
de Houff, Bd. IIIb. S. 148.
Huc, Bd. IIIb. S. 60.

Hühnerfahrt, Bd. IIIb. S. 136.
Hugues, Bd. II. S. 466. Bd. IIIb.
　S. 54.
Huguet, Bd. IIIb. S. 50, 59, 77, 94.
Huntze, Bd. IIIb. S. 134.
Hupert, Bd. IIIb. S. 109.

Illaire, Bd. II. S. 462, 463.
Inet, Bd. IIIb. S. 114.
Inô, Bd. IIIb. S. 98.
Ivolas, Bd. IIIb. S. 72.

Jaenecke, Bd. IIIb. S. 149.
Jamar, Bd. IIIb. S. 57.
Jammermann, Bd. IIIb. S. 154.
Janssen, Bd. IIIb. S. 154.
Jaquier, Bd. IIIb. S. 59.
Jaubert, Bd. IIIb. S. 52.
Jean, Bd. IIIb. S. 61.
Jean-Pierre, Bd. IIIb. S. 54.
Jodri, Bd. IIIb. S. 57.
Joly, Bd. IIIb. S. 57.
Jordan, Bd. II. S. 463. Bd. IIIb.
　S. 73, 74, 109, 139.
Jourdan, Bd. II. S. 468.
Journieu, Bd. II. S. 463.
Jouvancel, Bd. IIIb. S. 63.
Julien, Bd. II. S. 469. Bd. IIIb.
　S. 56, 62.
Jullien, Bd. IIIb. S. 105.
Jullion, Bd. IIIb. S. 92.
Just, Bd. IIIb. S. 117, 118.

Karrer, Bd. IIIb. S. 79.
Kauffmann, Bd. IIIb. S. 150.
Kautsch, Bd. IIIb. S. 113.
Kermes, Bd. IIIb. S. 122.
Kersten, Bd. IIIb. S. 90, 100.
Kleine, Bd. IIIb. S. 128, 158.
Kleinhans, Bd. IIIb. S. 171.
Klewitz, Bd. IIIb. S. 150.
Klockau, Bd. IIIb. S. 139.
Klusemann, Bd. IIIb. S. 136.
Knochenhauer, Bd. IIIb. S. 145, 167.

Kobel, Bd. IIIb. S. 130.
Koch, Bd. IIIb. S. 112, 146.
Kolbe, Bd. IIIb. S. 129.
Kolberg, Bd. IIIb. S. 131.
Kooke, Bd. IIIb. S. 103.
Korn, Bd. IIIb. S. 132.
Kotsch, Bd. IIIb. S. 169.
Kotz, Bd. IIIb. S. 126.
Kraemer, Bd. IIIb. S. 133.
Krause, Bd. IIIb. S. 127.
Krebs, Bd. IIIb. S. 104, 164.
Krebss, Bd. IIIb. S. 97.
Krellwitz, Bd. IIIb. S. 156.
Krüger, Bd. IIIb. S. 133.
Kuba, Bd. IIIb. S. 114.
Kummer, Bd. IIIb. S. 133.
Kurths, Bd. IIIb. S. 170.
Kurtz, Bd. IIIb. S. 115.
Küttner, Bd. IIIb. S. 154.

Labarre, Bd. IIIb. S. 57.
Labbadie, Bd. IIIb. S. 154.
Labobey, Bd. IIIb. S. 49.
La Borde, Bd. IIIb. S. 73, 148.
Labouvier, Bd. IIIb. S. 54.
Laboureur, Bd. IIIb. S. 142.
Labri, Bd. II. S. 459. Bd. IIIb. S. 67.
Labrume, Bd. IIIb. S. 82.
Labry, Bd. IIIb. S. 103, 116, 125.
Lachaux, Bd. IIIb. S. 54.
La Combe, Bd. IIIb. S. 145.
Lafargue, Bd. IIIb. S. 60.
Lafon, Bd. IIIb. S. 59, 68.
Lafont, Bd. IIIb. S. 58, 93, 99.
Lagarde, Bd. IIIb. S. 65.
Laglois, Bd. IIIb. S. 173.
Lagnac, Bd. IIIb. S. 71.
Lajoie, Bd. IIIb. S. 117.
Lambert, Bd. IIIb. S. 58.
Lamenes, Bd. IIIb. S. 53.
Lange, Bd. IIIb. S. 137.
La Paume, Bd. IIIb. S. 147.
Lapeine, Bd. IIIb. S. 68.
Lapierre, Bd. IIIb. S. 76, 115.
Laplante, Bd. IIIb. S. 71.

Larocque, Bd. IIIb. S. 63, 96.
Lasale, Bd. IIIb. S. 64.
Lasalle, Bd. IIIb. S. 101.
Latelle, Bd. IIIb. S. 120.
Laube, Bd. IIIb. S. 97, 165.
Laurens, Bd. II. S. 457, 467. Bd. IIIb.
S. 53, 68, 76, 92, 110.
Laurian, Bd. IIIb. S. 95, 156.
Laurion, Bd. IIIb. S. 54.
Lausire, Bd. II. S. 465, 471. Bd. IIIb.
S. 55.
Lautier, Bd. II. S. 456, 465.
Lebeau, Bd. IIIb. S. 49.
Leclair, Bd. IIIb. S. 60.
Ledran, Bd. IIIb. S. 50.
Lefebure, Bd. IIIb. S. 168.
Lefeure, Bd. IIIb. S. 80.
Lefevre, Bd. IIIb. S. 124.
Legue, Bd. II. S. 460.
Lehman, Bd. IIIb. S. 157.
L'hermet, Bd. IIIb. S. 52, 71, 88, 104, 158, 164.
Le Jeune, Bd. II. S. 459. Bd. IIIb. S. 52.
Lellair, Bd. IIIb. S. 95.
Lellich, Bd. IIIb. S. 121.
Lemaure, Bd. II. S. 470.
Lemer, Bd. IIIb. S. 122.
Lemmerhard, Bd. IIIb. S. 131.
Lentz, Bd. IIIb. S. 112.
Leorat, Bd. IIIb. S. 55.
Le Roy, Bd. IIIb. S. 83.
Lesage, Bd. IIIb. S. 113.
Letellier, Bd. IIIb. S. 119.
Lincke, Bd. IIIb. S. 146.
Lindenheim, Bd. IIIb. S. 117.
Lobhau, Bd. IIIb. S. 162.
Lohe, Bd. IIIb. S. 119.
Longenotti, Bd. IIIb. S. 154.
Longuenotti, Bd. IIIb. S. 173.
Lorphelin, Bd. II. S. 462.
Louis, Bd. IIIb. S. 152.
Louvet, Bd. IIIb. S. 61.
Lugandi, Bd. II. S. 455.
Lux, Bd. IIIb. S. 145.

Macaire, Bd. II. S. 456. Bd. IIIb. S. 73, 84, 136.
Maccaire, Bd. IIIb. S. 92.
Mack, Bd. IIIb. S. 74, 96, 172.
Maertens, Bd. IIIb S. 138.
Maigre, Bd. IIIb. S. 57.
Mainadie, Bd. II. S. 455, 461, 467. Bd. IIIb. S. 52, 74, 75.
Mainaud, Bd. II. S. 466. Bd. IIIb. S. 70.
Maitre, Bd. IIIb. S. 79.
Malebranche, Bd. II. S. 470.
Malhiautier, Bd. II. S. 458.
Mallein, Bd. II. S. 466. Bd. IIIb. S. 88, 94, 104, 109.
Mallin, Bd. IIIb. S. 153.
Malmeson, Bd. II. S. 461.
Malpel, Bd. IIIb. S. 73.
Malric, Bd. IIIb. S. 74.
Mangeot, Bd. IIIb. S. 58.
Maniglier, Bd. IIIb. S. 62, 70.
Maquet, Bd. IIIb. S. 64, 69, 88, 95, 144, 157.
Marechal, Bd. IIIb. S. 74, 143.
Margeleth, Bd. IIIb. S. 153.
Marin, Bd. IIIb. S. 104.
Marlin, Bd. IIIb S. 108.
Marmet, Bd. IIIb. S. 68.
Marmier, Bd. IIIb. S. 52.
Marot, Bd. IIIb. S. 65.
Martin, Bd. II. S. 463, 465. Bd. IIIb. S. 49, 51, 52, 54, 61, 65, 87, 140.
Martineau, Bd. IIIb. S. 60, 86.
Masau, Bd. IIIb. S. 106.
Massart, Bd. IIIb. S. 60.
Masson, Bd. IIIb. S. 58.
Massoutre, Bd. IIIb. S. 106, 155.
Materne, Bd. IIIb. S. 105.
Matthieu, Bd. IIIb. S. 50, 86.
Matthies, Bd. IIIb. S. 155.
Maubet, Bd. II. S. 456.
Maujon, Bd. IIIb. S. 94.
Maurel, Bd. IIIb. S. 170.
Maybaum, Bd. IIIb. S. 112.
Mazel, Bd. IIIb. S. 52.
Meffre, Bd. II. S. 457.

Mehnert, Bd. IIIb. S. 130.
Mejan, Bd. II. S. 470.
Meiran, Bd. IIIb. S. 65.
Melon. Bd. IIIb. S. 50, 78.
Meltzner, Bd. IIIb. S. 146.
Menard, Bd. II. S. 458, 469. Bd. IIIb.
  S. 55, 62. 78. 84, 89.
Mengel. Bd. IIIb. S. 119.
Menigô, Bd. IIIb. S. 103.
Menn, Bd. IIIb. S. 129.
Mennel, Bd. IIIb. S. 136.
Mennigau, Bd. IIIb. S. 86, 87.
Mennigô, Bd. IIIb. S. 99.
Merckels, Bd. IIIb. S. 121.
Merlat, Bd. IIIb. S. 57.
Mesmyn, Bd. IIIb. S. 60.
Messriegler, Bd. IIIb. S. 116.
Meyer, Bd. IIIb. S. 125, 144.
Meyery, Bd. IIIb. S. 153.
Michael, Bd. IIIb. S. 127.
Michaelis, Bd. IIIb. S. 138, 151.
Mommejan, Bd. IIIb. S. 84.
Monestier, Bd. II. S. 463.
Monmari, Bd. IIIb. S. 61.
Monmejan, Bd. II. S. 463. Bd. IIIb.
  S. 50, 60.
Monier, Bd. IIIb. S. 96.
Montaut, Bd. IIIb. S. 63.
Montel, Bd. IIIb. S. 91.
Montet, Bd. IIIb. S. 56.
Moquet, Bd. IIIb. S. 105.
Moran, Bd. IIIb. S. 54.
Morel, Bd. IIIb. S. 60, 105.
Most, Bd. IIIb. S. 128.
Motton, Bd. II. S. 455. Bd. IIIb. S. 50.
Mouillat, Bd. IIIb. S. 107.
Moulier, Bd. IIIb. S. 71.
Mucel, Bd. II. S. 456, 458.
Mühlhans, Bd. IIIb. S. 140.
Müller, Bd. IIIb. S. 116, 125, 158.
Munier, Bd. IIIb. S. 51.
Muret, Bd. II. S. 462.
Murier, Bd. II. S. 460, 461. Bd. IIIb.
  S. 53.
Muth, Bd. IIIb. S. 142.

Nagel, Bd. IIIb. S. 164.
Nathge. Bd. IIIb. S. 157.
Nedderhuth. Bd. IIIb. S. 164.
Neuenhahn, Bd. IIIb. S. 160.
Nichil, Bd. II. S. 459.
Nicolas, Bd. II. S. 463. Bd. IIIb.
  S. 52, 93, 149, 152.
Nicolet, Bd. IIIb. S. 49.
Niel, Bd. IIIb. S. 49.
Nieson, Bd. IIIb. S. 62.
Nissar. Bd. IIIb. S. 73.
Noir, Bd. IIIb. S. 58.
Norman, Bd. IIIb. S. 53.
Nouvel, Bd. IIIb. S. 95.

Ode. Bd. IIIb. S. 52.
Odemar, Bd. II. S. 461. Bd. IIIb.
  S. 78, 86, 102, 110, 121, 131.
  164, 169.
Odol, Bd. IIIb. S. 74.
Olivier, Bd. II. S. 460. Bd. IIIb.
  S. 55, 63.
Ouas, Bd. IIIb. S. 120.
Ougier, Bd. II. S. 468.

Pacaud, Bd. II. S. 462.
Paehe, Bd. IIIb. S. 132.
Paentzhold, Bd. IIIb. S. 165.
Paire, Bd. II. S. 457.
Paladan, Bd. IIIb. S. 61.
Palay, Bd. IIIb. S. 94.
Palenc, Bd. IIIb. S. 89.
Pallein, Bd. IIIb. S. 59.
Palis, Bd. IIIb. S. 91, 92, 98, 101,
  115, 157, 172.
Pansu, Bd. IIIb. S. 57.
Paquin, Bd. IIIb. S. 56, 88.
Paradis, Bd. IIIb. S. 62.
Paris, Bd. II. S. 458. Bd. IIIb.
  S. 112.
Pascal, Bd. II. S. 457. Bd. IIIb.
  S. 69, 76, 31, 86, 108. 122. 129.
Paté, Bd. IIIb. S. 126.
Pathé, Bd. IIIb. S. 73.
Patonnier, Bd. II. S. 458.

Patté, Bd. IIIb. S. 92.
Paulus, Bd. IIIb. S. 112, 156, 173.
Payan, Bd. IIIb. S. 66.
Peguilhen, Bd. IIIb. S. 68.
Peireau, Bd. II. S. 466.
Peire, Bd. II. S. 457. Bd. IIIb. S. 71.
Peiric, Bd. IIIb. S. 51.
Peladan, Bd. IIIb. S. 85.
Pelet, Bd. II. S. 459. Bd. IIIb.
S. 54, 63, 65, 66, 68, 92, 116.
Pelissier, Bd. II. 459.
Pellier, Bd. IIIb. S. 59.
Pelloutier, Bd. IIIb S. 64.
Peloux, Bd. II. S. 456. Bd. IIIb.
S. 64.
Pennavaire, Bd. IIIb. S. 149.
Peras, Bd. II. S. 469.
Perrenet, Bd. II. S. 462. Bd. IIIb.
S. 50.
Perrin, Bd. II. S. 467. Bd. IIIb.
S. 51, 60, 67, 71, 75, 78, 100.
Pestel, Bd. IIIb. S. 59.
Petit, Bd. IIIb. S. 62.
Peupin, Bd. II. S. 463.
Philipon, Bd. IIIb. S. 64.
Phliponnat, Bd. IIIb. S. 58.
Picard, Bd. II. S. 470.
Pichot, Bd. IIIb. S. 118.
Pielat, Bd. II. S. 457.
Pierson, Bd. IIIb. S. 70.
Pignan, Bd. II. S. 465. Bd. IIIb. S. 70.
Pinelli, Bd. IIIb. S. 147.
Piquo, Bd. IIIb. S. 85.
Plan, Bd. II. S. 463. Bd. IIIb. S. 59.
Pluquet, Bd. IIIb. S. 67, 94, 111, 166.
Poiret, Bd. IIIb. S. 72.
Polle, Bd. IIIb. S. 124.
Ponge, Bd. IIIb. S. 53.
Portes, Bd. II. S. 469. Bd. IIIb. S. 62.
Pourroi, Bd. II. S. 455, 457. Bd. IIIb.
S. 71.
Pourroy, Bd. IIIb. S. 96.
Pradain, Bd. IIIb. S. 59.
Pradelles, Bd. II. S. 458, 465.
Pradin, Bd. IIIb. S. 143, 175.

Prevost, Bd. IIIb. S. 56.
Prin, Bd. IIIb. S. 57.
Puech, Bd. II. S. 468. Bd. IIIb.
S. 78, 79, 157.

Quatarina, Bd. IIIb. S. 145.
Quet, Be. IIIb. S. 54.

Rabsilber, Bd. IIIb. S. 147.
Rafet, Bd. II. S. 458. Bd. IIIb. S. 72.
Raffet, Bd. II. S. 458.
Rafinesque, Bd. II. S. 457.
Rahm, Bd. IIIb. S. 135. 174.
Ralion, Bd. IIIb. S. 89.
Ralli, Bd. II. S. 458.
Rallion, Bd. IIIb. S. 61.
Rampan, Bd. IIIb. S. 57.
Rancuré, Bd. IIIb. S. 57.
Randon, Bd. II. S. 464.
Rapin, Bd. IIIb. S. 49.
Rappe, Bd. IIIb. S. 161.
Rascher, Bd. IIIb. S. 150.
Rauanel, Bd. II. S. 464.
Raude, Bd. IIIb. S. 153.
Reinecke, Bd. IIIb. S. 140.
Reiss, Bd. IIIb. S. 114.
Reix, Bd. IIIb. S. 148.
Remy, Bd. IIIb. S. 65.
Renaud, Bd. IIIb. S. 53, 57, 60, 67.
Rey, Bd. II. S. 468. Bd. IIIb. S. 51.
Reynet, Bd. II. S. 457, 461.
Ricard, Bd. IIIb. S. 55.
Richard, Bd. II. S. 470.
Richter, Bd. IIIb. S. 159.
Rigau, Bd. IIIb. S. 82, 135.
Rignol, Bd. IIIb. S. 65.
Rigoulet, Bd. IIIb. S. 84.
Ripert, Bd. IIIb. S. 53.
Rippert, Bd. IIIb. S. 85.
Ris, Bd. IIIb. S. 49, 59, 79.
Ritter, Bd. IIIb. S. 168.
Riviere, Bd. II. S. 468. Bd. IIIb. S. 71.
Robert, Bd. IIIb. S. 50, 59, 62, 70, 91.
Roberts, Bd. IIIb. S. 175.

Roche, Bd. II. S. 463.
Rödiger, Bd. III. S. 170.
Roehl, Bd. IIIb. S. 140.
Roemer, Bd. IIIb. S. 157.
Roeser, Bd. IIIb. S. 138.
Roger, Bd. II. S. 470. Bd. IIIb.
S. 79, 106, 160.
Rohde, Bd. IIIb. S. 157.
Roland, Bd. II. S. 461. Bd. IIIb.
S. 90, 130.
Rolin, Bd. IIIb. S. 53.
Rose, Bd. IIIb. S. 174.
Rosenberg, Bd. IIIb. S. 119.
Rostang, Bd. II. S. 467.
Rouman, Bd. II. S. 456.
Roumane, Bd. IIIb. S. 62.
Roure, Bd. II. S. 456. Bd. IIIb.
S. 56. 66.
Roussac, Bd. IIIb. S. 56.
Rousseau, Bd. IIIb. S. 105.
Roussel, Bd. II. S. 456. Bd. IIIb.
S. 53, 58, 61, 73.
Rousset, Bd. IIIb. S. 156.
Roussière, Bd. IIIb. S. 54.
Rouveret, Bd. II. S. 469.
Rouvière, Bd. IIIb. S. 69, 103.
Roux, Bd. II. S. 457, 459, 467, 469.
Bd. IIIb. S. 50, 57, 68, 69, 73,
74, 100, 120, 126, 137, 150.
Roy, Bd. II. S. 464. Bd. IIIb. S. 85.
Royer, Bd. IIIb. S. 63, 98.
Rubeau, Bd. IIIb. S. 175.
Ruben, Bd. IIIb. S. 149.
Ruël, Bd. IIIb. S. 111.
Ruelloux, Bd. IIIb. S. 141.
Ruff, Bd. IIIb. S. 114.
Rusca, Bd. IIIb. S. 143.
Ruynat, Bd. IIIb. S. 51, 86.
Ruzé, Bd. IIIb. S. 61.

Sabateri, Bd. II. S. 462.
Sabatier, Bd. IIIb. S. 59.
Saint-Croix, Bd. II. S. 455.
Saint-Martin, Bd. IIIb. S. 55.
Salindre, Bd. II. S. 464.
Salomé, Bd. IIIb. S. 66, 80.
Sapin, Bd. IIIb. S. 55.
Sarran, Bd. II. S. 469.
Sasse, Bd. IIIb. S. 139.
Sastro, Bd. IIIb. S. 135.
Sauari, Bd. IIIb. S. 58.
Sauer, Bd. IIIb. S. 163.
Sautel, Bd. IIIb. S. 61, 84, 129.
Sauvageot, Bd. II. S. 465.
Savoye, Bd. IIIb. S. 54.
Schaarschmidt, Bd. IIIb. S. 134.
Schaerenhorst, Bd. IIIb. S. 150.
Schäffer, Bd. IIIb. S. 158.
Schardt, Bd. IIIb. S. 122, 166.
Schelle, Bd. IIIb. S. 103, 129.
Schiller, Bd. IIIb. S. 147.
Schlaag, Bd. IIIb. S. 137.
Schleiger, Bd. IIIb. S. 165.
Schloss, Bd. IIIb. S. 78.
Schmelzer, Bd. IIIb. S. 163.
Schmidt, Bd. IIIb. S. 94, 129, 133.
Schmuckert, Bd. IIIb. S. 162, 172.
Schmücker, Bd. IIIb. S. 116.
Schneider, Bd. IIIb. S. 133.
Schrader, Bd. IIIb. S. 141.
Schreck, Bd. IIIb. S. 118.
Schreiber, Bd. IIIb. S. 117, 165.
Schröder, Bd. IIIb. S. 176.
Schröter, Bd. IIIb. S. 141.
Schüler, Bd. IIIb. S. 171.
Schüller, Bd. IIIb. S. 111.
Schultze, Bd. IIIb. S. 159.
Schwartz, Bd. IIIb. S. 115.
Schwob, Bd. IIIb. S. 56.
Schwoboda, Bd. IIIb. S. 118, 163.
Sebille, Bd. IIIb. S. 61.
Seguin, Bd. II. S. 459.
Seidier, Bd. IIIb. S. 54.
Sens, Bd. IIIb. S. 55.
Septsols, Bd. IIIb. S. 64, 92, 125
Serre, Bd. IIIb. S. 53, 61.
Serviere, Bd. IIIb. S. 51.
Serville, Bd. IIIb. S. 55.
Seydemann, Bd. IIIb. S. 105.
Siege, Bd. II. S. 461.

Sigalon, Bd. II. S. 456, 465.
Siméon, Bd. IIIb. S. 82, 96, 111, 150, 151, 166.
Simon, Bd. IIIb. S. 164.
Solcourt, Bd. IIIb. S. 73.
Sollier, Bd. IIIb. S. 86.
Souchon, Bd. II. S. 469. Bd. IIIb. S. 53, 80, 89, 155.
Souleirol, Bd. II. S. 460, 467.
Soulier, Bd. II. S. 464.
Soullier, Bd. IIIb. S. 87, 94.
Soustele, Bd. IIIb. S. 53.
Souvaradel, Bd. IIIb. S. 69.
Soyeaux, Bd. IIIb. S. 66.
Steiffleder, Bd. IIIb. S. 132.
Steiner, Bd. IIIb. S. 169.
Steinle, Bd. IIIb. S. 166.
Steinmetz, Bd. IIIb. S. 141, 167.
Steinsdörffer, Bd. IIIb. S. 138.
Stephani, Bd. IIIb. S. 146.
Stöter, Bd. IIIb. S. 124.
Strecker, Bd. IIIb. S. 98.
Streicher, Bd. IIIb. S. 156.
Streso, Bd. IIIb. S. 155.
Striept, Bd. IIIb. S. 173.
Strodtmann, Bd. IIIb. S. 118.
Stuart, Bd. IIIb. S. 93.
Sudhoff, Bd. IIIb. S. 122, 149.
Suisse, Bd. IIIb. S. 72.
Sujol, Bd. IIIb. S. 58, 116.

Tansard, Bd. IIIb. S. 77.
Tansart, Bd. II. S. 456.
Teolet, Bd. IIIb. S. 49.
Teste, Bd. IIIb. S. 53.
Teuch, Bd. II. S. 462.
Thau, Bd II. S. 459.
Theis, Bd. IIIb. S. 91.
Theny, Bd. IIIb. S. 135.
Therond, Bd. IIIb. S. 55.
Thevenot, Bd. IIIb. S. 62.
Thiers, Bd. IIIb. S. 83.
Thiry, Bd. II. S. 468.
Thomann, Bd. IIIb. S. 142.
Thorel, Bd. IIIb. S. 56.

Thyme, Bd. IIIb. S. 139.
Tiemann, Bd. IIIb. S. 143, 163.
Toeleke, Bd. IIIb. S. 125.
Tournier, Ed. IIIb. S. 72.
Tourtre, Bd. IIIb. S. 63.
Toussain, Bd. II. S. 460, 466. Bd. IIIb. S. 77.
Toussias, Bd. IIIb. S. 52.
Tribou, Bd. II. S. 466. Bd IIIb. S. 66.
Trier, Bd. IIIb. S. 140.
Trolier, Bd. IIIb. S. 81.
Trouillas, Bd. II. S. 468.
Trute, Bd. IIIb. S. 147.

Urbain, Bd. IIIb. S. 118.

Vachany, Bd. IIIb. S. 132.
Valbert, Bd. IIIb. S. 58.
Valentin, Bd. II. S. 455, 462, 463.
Vales, Bd. IIIb. S. 54.
Valeton, Bd. IIIb. S. 59.
Valette, Bd. IIIb. S. 53, 55.
Valon, Bd. IIIb. S. 105.
Valor, Bd. II. S. 459.
Vanmalette, Bd. IIIb. S. 50.
Vassar, Bd. IIIb. S. 52.
Verdeti, Bd. IIIb. S. 51.
Vicca, Bd. II. S. 469.
Vien, Bd. IIIb. S. 54, 62, 87, 89.
Vierne, Bd. II. S. 457.
Vieux, Bd. II. S. 464.
Vigne, Bd. IIIb. S. 52.
Vigner, Bd. IIIb. S. 161.
Villaret, Bd. IIIb. S. 49.
Vincarutti, Bd. IIIb. S. 149.
Vincent, Bd. II. S. 464. Bd. IIIb. S. 108. 136.
Viseur, Bd. IIIb. S. 129.
Voisin, Bd. II. S. 469.
Volpert, Bd. IIIb. S. 120.
Voysin, Bd. IIIb. S. 58.

Wagner, Bd. IIIb. S. 152.
Weber, Bd. IIIb. S. 121, 123.
Wegemann, Bd. III b. S. 173, 175.
Wegener, Bd. IIIb. S. 140.

Wegmann, Bd. IIIb. S. 124.
Weiscop, Bd. IIIb. S. 85.
Weiskopf, Bd. IIIb. S. 158. 172.
Weiskopff, Bd.IIIb. S.123,131,162.
Weiss, Bd. IIIb. S. 135, 155.
Weller, Bd. IIIb. S. 156.
Welmet, Bd. IIIb. S. 64.
Werner, Bd. IIIb. S. 112, 123.
Wichmann, Bd. IIIb. S. 117.
Wildt, Bd. IIIb. S. 115.
Winckler, Bd. IIIb. S. 168.
Winter, Bd. IIIb. S. 137, 172.

Wischeropp, Bd. IIIb. S. 174.
Wiseur, Bd. IIIb. S. 167.
Woelffel, Bd. IIIb. S. 152.
Woermerich, Bd. IIIb. S. 130.
Wolff, Bd. IIIb. S. 142, 169.
Wolffram, Bd. IIIb. S. 154.
Würth, Bd. IIIb. S. 138.
Wustro, Bd. IIIb. S. 128.

Zander, Bd. IIIb. S. 144.
Zehe, Bd. IIIb. S. 159.
Zimmermann, Bd. IIIb. S. 119.

XVII.

Gemeinde-Archiv.   Synode de Rotterdam
Lit. K. No. 5.   le 27 de Septembre 1700.
de 1700.

Nous avons appris que nos frères de l'Eglise de **Berlin** ont pris la même résolution que l'Eglise de **Genève**: c'est de changer nos vieux Psaumes et d'en introduire de nouveaux. Cette résolution a donné une sensible douleur à toutes les Consciences tendres et à tous ceux qui aiment sérieusement la pure antiquité. Si nos frères de Berlin accomplissaient leurs desseins, nous perderions espérance de pouvoir ramener l'Eglise de Genève. Mais si nous pouvons obtenir des Eglises qui sont sous la domination de Monseigneur l'Electeur Votre souverain que le changement n'eut pas lieu chez Vous, nous espérerions que les Eglises se réuniraient et reviendraient à l'uniformité. Car toutes les Eglises d'Angleterre, Ecosse et Irlande sont entièrement opposées au changement. Notre Synode Wallon qui est le seul de l'Europe et d'ailleurs très nombreux et bien composé a fait des résolutions très-importantes et très-sages pour arrêter le cours des nouveautés[*]) qui augmentent avec impétuosité. Vous les verrez ces résolutions et Vous jugerez de leur sagesse. Nous n'avons pu nous résoudre à bannir un Psautier, auquel nos fidèles Confesseurs et généralement toutes les bonnes âmes sont redevables de tant de douces consolations. Cependant nous voulons bien avoir des égards pour les personnes délicates qui ne peuvent souffrir un vieux mot.

Nous savons que l'église de Berlin est seule engagée dans ce dessein qui ne Vous a pas été même communiqué. En Vous envoyant nos résolutions et nos raisons, nous Vous

---

[*]) Art. 38: l'Edition nouvelle des Psaumes de Mr. Conrard, chez Pierre Brunel, Libraire à Amsterdam, 1698 faite sans autorité et sans commission; se garder de ces changemens dangereux (p. expl. Version de Jean 17,3 suppression de termes qui intéresse la divinité de notre seigneur). Art. 24 on a enlevé les termes de Satan pour y mettre l'esprit d'erreur.

conjurons de Vous joindre à nous pour obtenir de nos frères de Berlin un désistement de leur entreprise: laquelle assurément sera un vrai scandale pour les infirmes, si elle est exécutée. Et quand même ces Messieurs viendraient à bout d'obtenir un ordre du Souverain, nous espérons que Votre charité envers nous et envers toutes nos Eglises vous portera à faire de très-humbles Rémonstrances à Votre grand Prince, afin que Votre liberté Vous soit laissée et que Vous ne soyez pas obligés à laisser les Cantiques de nos Ancêtres pour admettre les Psaumes de nouveaux auteurs qui n'approchent en rien de la beauté, de la force et de l'onction des Psaumes anciens, à l'exception de quelques phrases et mots qui sont surannés par le temps et que nous voulons corriger. Si le Saint Esprit veut bien incliner vos coeurs à demeurer dans l'uniformité avec nous, nous en louerons Dieu de tout notre coeur, et demeurerons de plus en plus dans le dessein de faire paraître que nous sommes sans exception

Messieurs et très-honorés frères

Vos très-humbles et très-obéissants Serviteurs
les Commissaires établis par le Synode
pour la correction des Psaumes
et pour tous

(gez.) Jurieu, Président du Synode.
Bénoist, Député du Synode pour
l'Eglise de Delft.

XVIII.

Gemeinde - Archiv. 9. November 1700.
Lit. K. No. 5.
de 1700.

Messieurs et très-honorés frères,

A l'égard de l'affaire qui regarde notre Psautier français, notre sentiment est, que chaque église peut travailler à le corriger et le mettre dans la meilleure forme qui se pourra. Mais ensuite nous croyons qu'il faudrait que les différentes églises s'entre communiquassent leur travail et enfin qu'elles convinssent d'un seul et même Psautier français pour toutes les Eglises françaises de l'Europe. Et nous souhaiterions que la chose se fît ainsi, soit par des Députés de toutes les Eglises, soit par ceux des Princes et des Etats, sous la domination desquels il se trouve des églises françaises. D'ailleurs nous ne pouvons approuver qu'aucune église particulière entreprenne rien sur ce sujet ni sur aucun autre où les autres églises ont aussi intérêt, sans avoir auparavant leur avis et leur consentement. Et quand on voudra s'opposer aux abus qui peuvent se commettre à cet égard, nous ne serons pas les derniers à nous y joindre et à demander que **notre Discipline**, à l'égard en particulier de ses articles qui regardent **l'union des Eglises** soit ponctuellement observée. Nous prions Dieu de tout notre coeur qu'il bénisse abondamment Vos personnes, Votre ministère et Vos troupeaux. Nous sommes avec vérité et bien des sentimens d'estime

Messieurs et très-honorés frères

Vos très-humbles et très-obéïssants serviteurs

les Pasteurs et Anciens de l'église française de **Hall** (sic!) et pour tous

A. Coullez,   Augier, ministre.
Modérateur.   Abraham Robert, ancien et secrétaire.

XIX.

Gemeinde-Archiv.   7. December 1700.
Lit. K. No. 5
de 1700.

Messieurs,

Nous Vous envoyons l'acte çi-joint qui contient la Volonté de Sa Sérénité Electorale touchant la nouvelle version des Psaumes.*) La seule lecture Vous fera voir qu'il doit être publié dans votre église le premier dimanche après le jour que Vous l'aurez reçu. Nous ne devrions pas avoir besoin de Vous rien dire de plus à cet

---
*) Faite par feu Mr. Conrart (Lettre de l'égl. fr. de Berlin 17. 12. 1700).

égard. Cependant il faut encore ajouter que S. S. E. a été informée et très-mal satisfaite des Lettres*) qui ont été écrites aux Eglises de Ses Etats par des personnes qui ne souhaitent pas la réception de cette nouvelle Version. Vous savez la soumission qui est due aux ordres de S. S. E.**) Il ne s'agit pas (??!) ici d'une matière de foi, mais d'une chose purement arbitraire souhaitée par un plus grand nombre (?) de gens que ceux qui ne la goûtent pas. Nous espérons que par Votre prudence Vous tacherez de ramener à leur devoir ceux qui ne seraient pas portés à s'y ranger assez promptement, et que Vous donnerez en cela des marques de Votre obéïssance aux ordres de S. S. E. Nous demeurons cependant très-disposés à Vous rendre toute sorte de bons offices. A Berlin, le 7. Decembre 1700.

(gez.) A. Dohna.

XX.

Gemeinde-Archiv.   22. April 1701.
Lit. K. No. 5.
de 1700
(gedruckt).

Acte
qui doit être incessamment publié dans toutes les Eglises Françaises des Etats de Sa Majesté.

Sa Majesté, après avoir fait examiner murement dans son Conseil privé les considérations qui sont pour et contre l'introduction de la nouvelle Version des Psaumes, retouchés par feu Mr. Conrard et revus par les Pasteurs nommés pour en faire de nouveau l'examen: a jugé àpropos de donner ordre à la Commission ecclésiastique par un Rescript du 5. Octobre de l'année dernière 1700 de notifier à toutes les Eglises françaises des Etats de Sa Majesté, que sa volonté est que cette version soit universellement reçue dans toutes lesdites Eglises en la place de la Vieille qui a été jusques àprésent en usage.

---

*) Ecrites par quelquesuns de nos Frères de Hollande (dt.).
**) Sa Sérénité Electorale a témoigné qu'Elle souhaitait ardemment que cela se fit de la sorte (dt.).

En execution de cet Ordre, la Commission Ecclésiastique a écrit à toutes les Eglises Françaises au mois de Decembre dernier, que pour se conformer à la volonté de Sa Majesté, il était ordonné à tous les Maîtres et Maîtresses d'Ecoles, et en général à tous ceux qui font profession d'enseigner la jeunesse, de leur faire apprendre dès alors les Psaumes de la nouvelle Version, afin de les rendre capables de les chanter dans les exercices publics de dévotion; qu'en même temps il était aussi ordonné à tous les Lecteurs et Chantres des Eglises françaises, de commencer le premier dimanche après les Cènes de la Pentecôte prochaine l'usage des Psaumes de cette nouvelle version dans tous les Exercices de dévotion tant ordinaires qu'extraordinaires. Et qu'afinque chacun fût en état de s'accommoder à ce changement, tous les Français réfugiés membres desdites Eglises Françaises étaient exhortés de se pourvoir de bonne heure d'Exemplaires de cette nouvelle version, chez Robert Roger Imprimeur de la Cour, lequel en a fait l'impression par Ordre de Sa Majesté, et a obtenu à ce sujet un Privilège particulier de pouvoir seul en faire la vente.

La Commission Ecclésiastique n'a douté nullement de la prompte obéissance des Eglises françaises en général ni en particulier de celle des membres qui la composent, à se conformer à l'intention de Sa Majesté. Cependant l'ordre qu'elle a reçu, étant fort précis, elle a jugé àpropos de renouveler à toutes lesdites Eglises l'Avis, que l'introduction de ladite nouvelle Version des Psaumes doit immancablement être faite le premier Dimanche après les Cenes de la Pentecôte prochaine. Et suivant cela elle continue à recommander aux Pasteurs et Anciens d'y tenir la main, et à exhorter tous les particuliers de se pourvoir d'exemplaires des Psaumes de la nouvelle Version, afinque cette introduction se fasse sans être embarassée du chant des Psaumes de la vieille Version, et que tout se fasse avec édification dans les Assemblées publiques.

XXI.

Presbyterial - Protocoll.　　　　　　　　　　　　　　1. Mai 1701.
I, S. 136 fg.

Le Dimanche premier jour de Mai 1701 après la première prédication Monsieur Valentin, Ministre, a fait une forte exhortation à l'assemblée, tendante à ce que un chacun ait à se conformer en toute obéissance aux ordres de S. M. donnés pour l'introduction, dans le service public, d'une nouvelle version des Psaumes imprimée à Berlin chez Robert Roger, et à s'en pourvoir incessamment, pour être en état de les chanter après les cènes de la Pentecôte prochaine. Cette exhortation a été précédée par la lecture du dernier Rescript de S. M. sur ce sujet, et de celle d'un billet de la Compagnie conçu dans les termes suivans:

La Compagnie du Consistoire étant informée que nonobstant toutes ses précédantes exhortations, et la publication faite en chaire, pendant trois dimanches, d'un ordre du Roi, il n'y a encore que très peu de personnes, qui se soient pourvues d'exemplaires des Psaumes de la nouvelle version imprimée à Berlin chez Robert Roger, exhorte un chacun à écouter attentivement la lecture d'un nouveau Rescript de Sa Majesté donné sur le même sujet, et à s'y conformer incessamment par un esprit d'obéissance et de soumission à la volonté de notre souverain, déclarant que dans peu de jours les Anciens de cette Eglise iront faire la visite dans leurs quartiers pour savoir si les particuliers se sont pourvus desdits exemplaires, et sont par ce moyen dans les dispositions de piété et d'obéissance, que Sa Majesté et les Conducteurs de ce troupeau souhaitent dans cette occasion.

XXII.

31. Decembre 1703.

Rôle des François Refugiez à Magdebourg.*)

		Personnes
*1.	Jacques Maynadié, Marchand, de St. André en Cevennes, sa femme et trois Enfans	5
*2.	Jean Cornet, Boutonnier, de Paris, sa femme et trois Enfans	5
*3.	Deux Enfans de feu Bernard Cholet	2
*4.	Jean Sainte Croix, Chantre, des Cevennes, sa femme et deux enfans	4
*5.	Pierre Blanc, Serger, de Nismes en Languedoc, sa femme et un enfant	3
6.	Mr. Valentin, de Nismes, Ministre, La Demoiselle sa femme et quatre enfans	6
*7.	Le Sieur Pierre Claparede, de Montpellier, Marchand, sa femme et quatre enfans	6
*8.	Jaques Brouet, Boulanger, du Languedoc	1
*9.	Philip [Félix 1710] Brouet, Boulanger, son fils, sa femme et un Enfant [Languedoc]	3
*10.	Le Sieur Paul Lugandi, de Montauban, sa femme et une Servante	3
*11.	Isaac Pourroi, ouvrier en bas, du Dauphiné	1
*12.	Jean Roure, fouleur de bas, du Pont Royan	1
*13.	La femme et l'Enfant de Jean Roure, de St. Ambroise en Dauphiné (?)	2
*14.	La veuve de Claude Mouton, de Roman en Dauphiné, et deux enfans	3
*15.	Jean Mouton, du dit Lieu [Apprêteur de bas, 1710], et sa femme	2
*16.	Pierre de Lâtre, Planteur de Tabac, du Calais, sa *femme et deux enfans	4
*17.	Pierre Roussel, facturier en bas, de St. Ambroise, et sa femme	2

*) Die Namen derjenigen Personen, welche sich in dem Verzeichniss von 1710 wiederfinden, sind mit einem Stern (*) bezeichnet und einige Zusätze aus der Liste von 1710 in eckige Klammern gefasst.

*18.	Jean Macaire, facturier en Laine, du Pont Royan [du Dauphiné, 1710] sa femme et quatre enfans	6
*19.	Pierre Tarisard [Tansard 1710] facturier en bas, de Nismes, sa femme et un enfant	3
*20.	La veuve de Pierre Lautié [Lautier 1710], de Nismes, et deux enfans	3
*21.	Pierre du Bose [du Bosc 1710], Marchand, un enfant et une servante, de Nismes	3
*22.	Jean Coutau [Coutaud 1710], de Roman, Manufacturier, sa femme deux enfans, son frere et sa soeur	6
*23.	Antoine Mucel, Manufacturier, de Roman, sa femme, deux enfans et une servante	5
*24.	Antoine Peloux, de Roman, Chapelier, sa femme, quatre enfans, six compagnons et une servante	13
25.	Paul Signalon [1710 Jacques Sigalon], Manufactutier, d'Vsés, et un fils	3
*26.	Paul Maubert [Maubé 1710], facturier en bas, de Merindol en Provence, sa femme et deux enfans	4
*27.	Jacques Roman, Menuisier, de Merindol, sa femme et trois enfans	5
*28.	Jean du Maitre, facturier en bas, de Monpellier	1
*29.	Frédérick Bés [Bèx 1710], (Bèze im Original des Magistrats), Tapissier, de Castres, sa femme et trois enfans	5
*30.	André Bauquier [Bauquié 1710], ouvrier en bas, de St. Denis en Languedoc, sa femme et une fileuse	3
31.	Un Enfant de feu Antoine Veires	1
*32.	Hercule Vierne, Teinturier, du Languedoc, sa femme et quatre enfans	6
*33.	Jacques Pielat, facturier [Aubergiste 1710], du Languedoc, sa femme et deux enfans	4
*34.	Jean [1710 André] Raffinesque, Marchand, de Nismes, avec deux enfans	3
*35.	Jeoffré Laurens [Geoffroi Laurent 1710], facturier en bas, d'Vsés, sa femme et trois enfans	5
*36.	Jacques Roux, Ouvrier en bas, d'Vsés, sa femme et un enfant	3
37.	Jean Meffré [François Meffre, d'Uzès 1710], facturier en bas, sa *femme et deux apprentifs	4
38.	La veuve François Meffré et une fille (fehlt 1710)	2
39.	La femme de Moyse Portal,*) et deux enfans (fehlt 1710)	3
*40.	Jacques Blisson, facturier en bas, de St. Ambroise, sa femme et un enfant	3

---

*) Frau des Pastors in La Salle. S. France prot. VIII, 302: Marguerite Cardornihac aus Montpellier.

*41. Mr. Reynet, Medecin, de Privats en Vivarets, sa femme et
une servante 3
42. Jean Bonnet, Peigneur de Laine, de la ville d'Vzés, et
sa femme (fehlt 1710) 2
43. Jacob [Nicolas 1710] Pascal, Ouvrier en bas, de Rouabon
en Dauphiné, et sa femme 2
*44. Jacques Peyré [Seyré 1710], ouvrier en bas de la Rouviere
en Languedoc, et sa femme 2
45. Pierre Brun, Cordonnier, de Montpellier, sa femme et
trois enfans (fehlt 1710) 5
46. La Demoiselle Barbut et un Enfant (fehlt 1710) . . . 2
*47. Pierre Fontanjeu, Ouvrier en bas, de St. Ambroise, sa
femme et deux enfans 4
*48. Anthoine Pourroi, Ouvrier en bas, du Pont Royan, sa
femme et trois enfans 5
*49. Jacques Patonnier, faiseur d'Aiguilles, de Bordeaux, sa
femme et trois enfans (steht 1710) 5
*50. Claude Aube [Aubo 1710], Peigneur de Laine, des Cevennes,
sa femme et deux Enfans 4
*51. Mr. [Pierre] Mucel, Procureur du Roy, sa mere (geb. Martinon),
une Parente et une Servante 4
*52. Auban Malhautier [Malhiautié], Marchand, de Monpellier,
sa femme, son fils et une Servante 4
53. Jeanne Palanque, Veuve, de Merindol 1
*54. Pierre Cregut, facturier, de St. Ambroise, sa femme
trois enfans et une Servante 6
*55. Pierre Griolet, Peigneur. d'Vsés, sa femme et deux
jeunes Enfans 4
*56. Jacques Pradel [Pradelle 1710], Tondeur, de Mazamet, sa
femme, trois enfans et une Servante 6
*57. Louis Paris, Tondeur, de Nismes, sa femme, quatre enfans
et deux apprentifs 8
*58. Mr. Ralli [Daniel Rally], de St. Ambroise, Ministre, un
Valet et deux Servantes 4
*59. Jean Raffet, facturier en bas, d'Vzés, sa femme, trois
Enfans et deux apprentifs 7
*60. Alexandre Agé, Serger, de St. Hipolite, sa femme et
deux enfans 4
*61. Pierre Ménard, Peigneur de Laine, de Merindol, et sa femme 2
*62. Jean Bernard, facturier en bas, d'Vzés, et sa femme . . 2
63. Pierre Jean Fabre), facturier en bas, de Mazamet, sa
femme et un apprentif 3

---

*) 1756 in der überraschten Wüsten-Verfolgung war ein alter François Fabre gefangen. Sein Sohn Jean Fabre macht seinen Vater frei, indem er sich als Galeeren-Sclave entbietet. Aber unsere Fabre's gingen nicht nach Frankreich zurück, sondern blieben in Magdeburg!

*64. Jean Bonnau [Bonnaud 1710], facturier, du Languedoc, sa
femme et un enfant 3
*65. Raimond Bonneau [Bonnaud 1710], et sa femme, facturier
[Languedoc] 2
*66. Raimond Nichil, Aubergiste, de Bruniquel, sa femme, un
enfant et une Servante 4
67. Demoiselle Marie Pineau, de Blois . 1
*68. Guillaume Arlaud, facturier, d'Usés . . 1
69. La Veuve Jean Charton, de Montpellier 1
*70. La Veuve Jean Alegré [Alègre], de Montpellier, deux
enfans et deux Ouvriers 5
71. Jacques Pascal, facturier, de Rouabon, sa femme et un
enfant 3
*72. David Coutau [Coutaud 1710], Chirurgien, de Roman,
sa femme, deux Enfans, deux Compagnons et une Servante . 7
*73. Jacques Bousanquet, facturier en bas, de Nismes, sa
femme, une soeur et deux Apprentifs 5
*74. Jacques Thau, de Montauban, Charpentier, sa femme et un
enfant 3
*75. Pierre Quiraud [Guiraud 1710], facturier, de Fons en
Languedoc, sa femme, trois enfans et une Servante . . . 6
*76. Anthoine Roux, Cardeur, de Nismes, sa femme et deux
enfans 4
77. La Demoiselle Fises, de Montpellier 1
78. Jean Pelissé [Pelissiez 1710], facturier, de Tournac en
Cevennes, sa *femme et un enfant 3
*79. Pierre Gilis [Giles 1710], Cordonnier, sa femme, et un
enfant 3
*80. Le Sieur Louis Lejeune, de Metz, Marchand, sa femme,
sa belle Mere, et un Orphelin 4
*81. Jean Seguin, de Nismes, Cardeur, sa femme et trois
Enfans 5
*82. Pierre L'abri, Serrurier, du Vigan, sa femme et trois
enfans et deux Domestiques 7
*83. Barthelemi Légue, de Lyon, Tailleur, sa femme et
trois enfans 5
*84. Pierre Arqués, des Cevennes, Ouvrier en Laine, sa femme
et quatre Enfans 6
*85. Jean Dufés [Duffay, Dufez 1710], facturier, de Langlade
en Languedoc, sa femme et deux enfans 4
86. Barthelemi Valor, facturier, du Languedoc, sa *femme
et deux enfans 4
*87. Moise Garrigues [Guarrigues 1710], Jouallier [I. joaillier],
de Mazamet, sa femme, deux Neveux, deux Niéces et une
Servante 7

88. Jean Olivier, Serger, de St. Hipolite, sa *femme [veuve 1710] et trois enfans 5
*89. Thomas Garel, d'Uzés, facturier en Laine, sa femme et quatre enfans [1710: sept enfans] 6
*90. Henri Toussaint, de Metz, Boulanger, sa femme et un enfant. 3
*91. Pierre Gardin [Gandin 1710], serger, d'Uzés, sa femme et un enfant 3
*92. Pierre Cleran [Clairan 1710], de la Mothe Chalançon, [Daufiné 1710], sa femme et deux Enfans de son frere . . 4
*93. Anthoine Charles, Marchand [assesseur 1710], de Montauban, sa femme et un Apprentif 3
*94. François Counor, Serger, de St. Denis en Languedoc, sa femme et deux enfants 4
*95. Pierre Soleirol [Sereirol 1710], facturier, d'Vzés, et sa femme 2
96. Anthoine Coutau, facturier en bas, de Roman . . . 1
*97. Elie Geay, Maitre d'Ecole, de Montauban, sa femme et deux enfans (fehlen 1710) 4
*98. Anthoine Bousquet, Cordonnier, des Cevennes, sa femme et un enfant 3
*99. Pierre Coulom, de Montpelier, Ouvrier en bas . . . 1
*100. François Meurier, facturier, des Cevennes, sa femme, trois enfans, une Parente et deux apprentifs 8
*101. Pierre Coutau [Coutaud 1710], Teinturier, de Roman, sa femme et un jeune enfant 3
102. Jacques Malin, facturier en bas, de Rouabon, trois enfants et sa Mere (215 noch einmal) 5
*103. Clement Chay, facturier, d'Uzés, sa femme et trois enfants icy 5
104. Levi Durand, Cardeur, [1710: la Veuve de Lévi Durand], de Mondardié, et un enfant 2
105. La veuve de David Siége et un Neveu 2
*106. Anthoine Ferrier [Ferriere 1710], Serrurier, des Cevennes, sa femme et trois enfans 5
107. Jacques Audemar [Audeman 1710], Boutonnier, des Cevennes) [du Dauphiné 1710], sa femme et trois enfans . 5
*108. Alexandre Arbaletier, facturier, de Beaufort en Dauphiné, et quatre enfans 6
*109. Pierre Reynet, Chirurgien, de Privats en Vivarets, avec sa soeur 2
*110. David Dousal, facturier, de Roquecourbe [du Languedoc 1710], sa femme, une orfeline 3

*) Audemard, einer der Laien-Propheten der fanatisirten Cevennenbewohner: Ch. Coquerel, I. 93.

111. Judith Du Puy, Veuve, et deux enfans 3
*112. Estienne Malmaison, de Rouen, orfevre, sa mere, quatre enfans, et quatre apprentifs 10
*113. Jean Maynadié, Horloger [assesseur 1710], de Masaniez, sa femme, sa soeur, un apprentif et une servante (un neveu et une nièce) 5
*114. Anthoine Meurier, de Sommieres [des Cévennes 1710], facturier, sa femme et un enfant 3
*115. Jean Bousige [Boussigne 1710], facturier en bas, de St. Ambroise, sa femme et trois enfans 5
*116. Pierre Courriol [Couriol 1710], Boulanger, du Dauphiné, sa femme, trois enfans et une Servante 6
*117. Estienne Curriol [Courriol 1710] son frere, sa femme. trois enfans et une Servante [Dauphiné] 6
*118. Jacob Pernet, Chapellier, sa soeur, et trois apprentifs [femme et un enfant 1710] 5
*119. Jean Assier, Chapellier de Montauban, sa femme, un enfant et trois Compagnons 6
*120. Jean Pascau [Pacaud 1710], Peigneur de Laine, de Chabeuil, Province du Dauphiné 1
*121. Pierre Breinac [Bréna 1710], facturier, du Dauphiné, sa femme et trois enfans 5
*122. Anthoine Fabré [Fabre 1710], Boutonnier, de Castres, et sa femme 2
*123. Anthoine Muret, Serrurier, du Gourdon en Vivarets, et un apprentif 2
*124. Claude du Pau [Dupau 1710], Armurier, de Chambrone en Vivarets, sa femme, sa mere et trois apprentifs . . . 6
*125. Louis Castang, facturier, du Languedoc, sa femme et deux Enfans 4
*126. Anthoine Barnié [Barniez 1710], facturier, de Die en Dauphiné, et sa femme 2
*127. Pierre Valentin, d'Alaix, Marchand [tireur 1710], sa femme, deux Enfants et une Servante 5
*128. Paul Fauritte, facturier, de Cret en Daufiné 1
*129. Jacques Fauritte son frere, du dit Lieu, facturier, sa femme et un enfant 3
*130. Joseph Tuech, d'Uzés, facturier en bas, sa femme et un enfant 3
*131. Jacques Orphelin [L'orfelin 1710], Gantier, de Diepe en Normandie, sa femme et un enfant 3
*132. Mr. Flavard, d'Anduze, Ministre, la Demoiselle sa femme [une nièce 1710] et une Servante 3
133. La veuve de Pierre Chabeau, et sa fille 2
*134. Anthoine Escouffié, facturier, de St. Vincent en Daufiné, sa femme et un Neveu 3

135. Jean Escot, Tailleur, d'Orange, et sa femme 2
136. François Hugues, Menuisier, de Sommieres, sa femme et un enfant 3
*137. Le Sieur Jean Sabaterie, M. Procureur, de Bezieres, sa femme, un fils et trois Domestiques 6
138. Jean Walderon, Menuisier, de Valeraugues en Cevennes, et sa femme 2
*139. Anthoine Hilaire, facturier, des Cevennes, sa femme et un enfant 3
*140. Jean Robert, de Metz, Huissier, sa femme et deux Enfans 4
141. Deux Enfans de feu Denis Froulhon, facturier, de la Ville de Nismes 2
*142. Jean Martin, Maçon, de Nyon en Dauphiné, sa femme et quatre enfans 6
143. Jean Rouve [Roure?], Ouvrier en bas, de St. Ambroise, sa femme et un enfant 3
*144. Daniel Darré [Derrez 1710], Marchand, de Marseille, sa femme, son Neveu et une servante 4
145. La veuve du Sieur Mounestié, de Marseille, deux filles et une Servante 4
146. Pierre Fayard, Ouvrier en bas, de Bourdeaux, sa femme, trois enfans et deux apprentifs 7
*147. Henri et
*148. Abraham Fournieu [Journieux 1710], frères, Tisserands, de Bourbach, et leurs femmes 4
*149. Pierre Courtois, Cardeur, de St. Vincent, sa femme et un enfant 3
150. Matthieu Cassagne, facturier en bas, d'Armagnac en Guyenne, sa femme et deux enfans 4
*151. Pierre Aubissard, Cardeur, du Daufiné, sa femme et deux enfans 4
*152. Pierre Valentin, facturier, des Cevennes, sa femme et un enfant 3
153. La veuve de Pierre Beranger, du Dauphiné ... 1
154. Abraham Beranger, Ouvrier en bas, du Dauphiné .. 1
*155. Samuel Bouvier, fouleur de bas, du Languedoc, sa femme et deux enfans 4
*156. Simon Nicolas, Peigneur de Laine, d'Vzés, et sa femme 2
*157. Raimond Montmaja [Mommeja 1710], Cordonnier, de Montauban [Montpellier 1710], sa femme et un Apprentif . 3
158. Le Sieur Henri Gras, de Montpelier, Marchand, sa *femme et un enfant 3
159. La veuve de Pierre Lautié, d'Vzés, et trois enfans .. 4

160. David Barre, facturier, du Daufiné, et sa femme . . . 2
*161. Pierre Salaudre [Salindre 1710], Peigneur, des Cevennes, sa femme et un Enfant 3
162. La veuve de Christofle Plan, d'Annonai 1
*163. Louis Cherfi, Cardeur, de Saillans en Daufiné, et sa femme 2
*164. Claude Soulié [Soulliez 1710], facturier, de Salle en Cevennes, sa femme et deux enfans 4
*165. Daniel Cleran [Cleiran], Marchand, de la Mothe Chalançon, sa femme et deux enfants 4
*166. Josué Plan, Blanché, d'Annonay, sa femme et son frere . 3
*167. Pierre Roche, facturier, de la Mothe Chalançon, sa femme et deux enfans 4
168. Matthieu Ravanel) [Ravenel 1710], d'Vzés, facturier, et sa femme 2
*169. François Bertrand, Maitre de Langue, de Montpellier, sa femme, huit enfans et une servante 11
170. Une fille de la veuve Darrest, de Vervins, Province de Picardie 1
171. François Olivier, Marchand, de Nismes, sa femme et cinq enfans 7
*172. Simon Pierre Roy, Boutonnier, de Nyon en Poitou, sa femme et trois enfans 5
*173. Mr. Pierre Foissin, de Paris, Conseiller du Roy, La Dame et deux enfans [1710: un enfant, sa soeur et un neveu] 4
*174. Simon Vieux, Marchand, du Daufiné, sa femme et trois Enfans 5
*175. David Brousson, facturier, de Marsillargues en Languedoc, et sa femme 2
176. Simon Cavallier,**) facturier, de Masamet, et sa femme 2
*177. Marc Anthoine Randon, facturier en bas, de Nismes, sa femme et deux enfans 4
178. Pierre Bontems, Tapissier, du Perigord, sa femme et un Enfant 3
*179. Jean Giroff [Girot 1710], Marchand, de Champagne, sa femme, cinq enfans, son Beau-pere et une servante . . . 9
*180. Samuel de Leirac [Dalairac 1710], d'Vzés, Peigneur, sa femme et deux Enfans 4
181. Moyse Pepin, Tailleur, de Grenoble, sa femme et trois Enfans 5

---

*) Ein Ravanel aus Malaygue, Camisardenführer. Ch. Coquerel, I. 96, cf. France prot. III. 928.

**) Jean Cavallier, Schäferknecht Prophet und einer der schlimmsten Camisardenführer d. Languedoc 1702—1704. Ch. Coquerel, I. 95, cf. France prot. III. 925 sq. ed. 2.

*182. Daniel Garnier [Garniér 1710], Marchand, de Macon, sa femme et deux Enfans 4
*183. Pierre Gandil, Tainturier, de Montauban, sa femme, cinq enfans, sa belle mere et une servante 9
*184. Paul Chevilette, de **Metz**, Notaire, sa femme, et deux Enfans 4
*185. Jean Vincent, de **Metz**, Boulanger, sa femme, et quatre enfans 6
*186. Jean Blanchet [Blanché 1710], Peruquier, du Dauphiné, sa femme et un enfant 3
*187. David Arnoux [Arnould], Serger, de Valence en Dauphiné, sa femme et quatre enfans 6
*188. Jean Berard, Chirurgien, de Misoen en Dauphiné, et sa femme 2
189. Jean Fontanjeu, Menuisier, de Castres, sa *femme et deux enfans 4
*190. Pierre Flotard, Cardier, du Vigan, sa femme, deux enfants et un apprentif 5
*191. Isac Pignan, Ouvrier en bas, du Languedoc, sa femme et un enfant 3
ᵃ192. Jean Lautié, faiseur de bas, du Languedoc, sa femme et un Enfant 3
193. Salomon Aubert. Perruquier. d'Ambrun en Dauphiné, sa femme, sa mere, sa belle mere et deux Apprentifs 6
*194. Jean Lausire [Laussire 1710], Cordonnier, de Montpellier, sa femme, deux enfans et un Orfelin 5
*195. Estienne Bomian [Baumian 1710], facturier en bas, de Bordeaux. sa mere et son frere 3
*196. Claude Garnier [Garnion] 1710. Marchand, de Macon, sa femme et trois enfans 5
*197. Anthoine Pradelle [Pradelles 1710], facturier, de Sommières, sa femme, un enfant et une Servante 4
198. La veuve d'Abraham **Bonnin**, de Pragelas 1
*199. Claude Allié, Serger, de Barcelonette en Dauphiné, et sa femme 2
200. Mr. Paul Fournier, Escuyer, d'Anonay en Vivarets . . 1
*201. Jacques Sigalon, facturier, d'Vzés [sa femme, trois enfans et sa mère] . . . . 1 [=6]
*202. Theophile Sauvageot. Charpentier, de Bussi en Bourgogne, sa femme et six enfans 8
203. François Egouin, Menuisier, de Nismes, sa femme et deux enfans 4
*204. Isaac Egouin [Aiguoin 1710], faiseur d'Aiguilles, du dit Nismes 1
*205. Jacques Châtillon, facturier en bas, de Nismes, sa femme, sa Mere et deux enfans 5

*206. Pierre Martin, facturier en bas, de la Vallée de Queiras (Vallée de Pragelas), sa femme, un enfant et sa soeur . . 4
207. Pierre Esperendieu), Peigneur, d'Vsés, sa femme et deux enfans 4
208. Nicolas Pascal, facturier en bas, de Rouabon en Dauphiné. et sa femme 2
209. Philipe Mainaud, Ouvrier en bas, du Languedoc. et sa *femme [et 2 enfans 1710] 2
*210. Esaye Mainaud, son frere, une de ses Cousines avec un enfant [du Languedoc] 3
*211. Claude Peirot [Peireau 1710], Cardeur, du Velay, et deux enfans 3
*212. La veuve de Jeremie Clauet [Clavel 1710] et deux enfans 3
*213. Anne Fauché, Veuve. d'Issoire en Auvergne 1
*214. Pierre Toussaint, de Metz, Jardinier. sa femme et deux enfans [quatre enfans et un valet 1710] 4
*215. Jacob Mallin [Mallein 1710]. facturier en bas, du Dauphiné, sa femme et quatre enfans (S. schon 102) 6
*216. Pierre Charpinel (Cherpinel 1721), Tondeur [écrivain], de Besse en Dauphiné, sa femme et quatre enfans 6
217. Marie, Louise, et Magdelaine Chartier [1710: la Veuve Chartier] 3
*218 Guillaume Hugues, Man-oeuvre. du Dauphiné, sa femme et un enfant 3
219. Jacques Bouron, Cardeur, de Château double en Dauphiné 1
*220. Jacques Boude, facturier. d'Aulas en Cevennes, sa femme et un enfant [six 1710] 3
221. Josef Caire, Bonnetier, de Roquebourde, sa femme et un enfant 3
*222. La Veuve de Louis Tribou, d'Elboeuf, et 2 enfans . . 3
223. Jean Tribou, Tapissier, d'Elboeuf, sa femme et cinq enfans 7
224. François Savari, Man-oeuvre, de Champagne, sa femme et deux Enfans 4
*225. Jean Arbaletier, facturier, de Beaufort en Daufiné, sa femme et un enfant [deux 1710] 3
*226. André Gaché, de Metz, Cordonnier, et sa femme . . . 2
227. Mr. De Lar Ministre. de Couisson [l. Calvisson], en Languedoc, la Demoiselle sa femme, un enfant et une Servante 4
*228. Claude Gueidau [Gueidan 1710], Peigneur, du Languedoc, sa femme et deux enfans 4

---

*) Ein Espérandieu de Foissac ist Camisardenführer. France prot. ed. 2, III. 928. Ein Espérandieu d'Uzès ruft den Genfer Professor Renard Turretini aus Nismes zum Vikar und Prediger nach Uzès, 30. Sept. 1620 (p. 26. Dardier 1885).

*229. Paul Berard. Chirurgien de Misoen, en Dauphiné, sa femme
et deux enfans 4
*230. Jacques Gras, Peigneur d'Anduse, sa femme et quatre Enfans 6
*231. Barthelemi Boutol [Boutet 1710], facturier en bas, de
Tonneins, sa femme et deux enfans 4
*232. Pierre Perrin, Blancher, d'Annonay, sa mere et trois
Enfans 5
*233. Noé Huc, Cardeur, d'Anduze, sa femme et trois jeunes
Enfans 5
*234. David Gras, Peigneur, des Cevennes, sa femme et un
enfant 3
*235. Guillaume Laurent, facturier, d'Vsés 1
*236. Estienne Maynadié, Horloger, de Masamet, sa femme
et un enfant 3
Il a aussi sa belle-mere et un Apprentif 2
237. Estienne Eimeriés. Jardinier, du Pays de Geix, sa
femme et deux enfans 4
*238. Jean Girard. Facturier en bas, de La Salle en Cevennes,
sa femme et un [trois 1710] enfant 3
*239. Marc Bernard, Cordonnier, du Dauphiné, sa femme et un
apprentif 3
*240. Jean Fauché, Ouvrier en bas, d'Auvergne, sa femme et un
enfant 3
*241. Moyse d'Aimoun [Deymon 1710], faiseur de bas, de
Calvisson en Languedoc, et sa femme 2
242. André Courrié, faiseur de bas, du Dauphiné 1
*243. David Fauquier [Foulquier 1710]. Batteur de Laine, du
Vigan, avec sa femme 2
244. Anthoine Armelin, Proselite, du Piemond, sa femme et
un enfant 3
*245. Jacques Villas [de Villas], Parfumeur, de St. Hipolite, et
sa femme 2
246. Jeanne Lanson, de Paris. Veuve, et une fille 2
*247. Joseph Duplan, Tailleur, d'Vzés, sa femme et un Enfant 3
248. La femme de David Bedos, de St. Hipolite 1
249. Claude Rostan, Cordonnier, de la Ville de Grenoble, et
sa femme 2
*250. Paul Ducros, Cardeur, d'Vzés [du Languedoc], sa femme
et deux enfans 4
*251. Anthoine Puech, Facturier, du Cayle en Languedoc, sa
femme 2
*252. François Charton, Menuisier [de Montpellier 1710], sa
femme et un enfant [1710: trois enfans et deux ouvriers] . 3 [=7]
*253. François Labeille [la Boile 1710], d'Vzés, Boulanger,
sa femme et deux enfans 4

*254.	Pierre Aillaud, Peigneur. de la Vallée de Pragelas, et sa femme	2
*255.	Thomas Cuisse [Causse 1710]. Chirurgien de Mauguio en Languedoc, et sa femme [et deux garçons]	2 [=4]
256.	Raimond Barbasan, Marchand de la ville de Montauban, et une Servante	2
*257.	Jacques Roy, Peigneur, de Lormarin [Provence 1710]. et sa femme	2
258.	Jean Vaupiniere. faiseur de bas, de la Ville de Sommieres, et sa femme	2
*259.	Pierre Jourdan, faiseur de bas, de Cabriol en Provence, sa femme et un enfant	3
*260.	Anthoine Riviere, faiseur de bas, de St. Ambroix . .	1
*261.	François Fauché [Fauchet 1710]. facturier, d'Issoire en Auvergne. sa femme et un enfant	3
*262.	Estienne Ogier [Ougier 1710]. Marchand. de Clavan en Dauphiné, sa femme et un Orphelin	3
263.	André Ribaut. Peigneur, d'Aix en Provence, sa femme et trois enfans	5
264.	Catherine Roche, Veuve	1
*265.	Jean Traulhas [Troulhat 1710]. facturier, d'Vzés, sa femme et deux enfans	4
*266.	Pierre André, Peigneur de Laine, de Riviére en Languedoc, et sa femme	2
*267.	Jacob Mathieu, de **Metz**, Jardinier, sa femme, un enfant et une Parente	4
*268.	Abraham Souchon. Peigneur, d'Vzés [sa femme et 2 enf.]	1
*269.	Jean Mainard [Meinard 1710]. Peigneur, de St. Hipolite	1
*270.	Anthoine Delbreil, Tapissier, de Montauban	1
*271.	Estienne Fragoute, Ouvrier en bas, de Sommieres. et sa femme	2
272.	Paul du Cros. Cardeur, de Riviere en Languedoc, sa femme et deux enfans	4
273.	Jean Vica [Vien]. Cardeur, de Roabon. et sa *femme . .	2
*274.	Anthoine Voisin, Chirurgien, de Roman, avec trois Enfans	4
*275.	Anthoine Roux, Chapelier, de Vienne en Dauphiné, sa femme et deux enfans	4
276.	Josias Parnajon, de Ligniere en Berri	1
277.	Pierre Aillo, Peigneur, de Chasteaubois en Dauphiné, sa femme et un enfant	3
*278.	Jean Mainard. Ouvrier en bas, de St. Hypolite . . .	1
*279.	André Rouveret [Rovaret 1710]. Peigneur, d'Anduse. et sa femme	2
*280.	Daniel Lynard, Marchand, de Valence en Dauphiné. sa femme [un apprentif 1710] et une Servante	3

281. Jean Castang, Bonnetier, de Guyenne, et sa femme . . . 2
282. La veuve de Pierre Delon [Cevennes] 1
*283. Hercule Roux. Peigneur, d'Vzés [d'Anduze 1710] en Languedoc 1
*284. Jean Sarran, Peigneur, de Merueis en Cévennes, sa femme et un enfant 3
*285. Isac Brunel, Ouvrier en bas, de Nismes 1
286. Jacques Rouviere), Serger, d'Anduse, sa femme et un Enfant 3
287. Jacques Portes, Cardeur, d'Anduse, et sa femme . . . 2
288. Jean Bernege, Facturier, de Cleirac en Guyenne, avec sa femme 2
*289. Jacques Jullien, Ouvrier en bas, du Dauphiné . . . 1
*290. Augustin de Mars [Demas 1710], Tailleur, du Vivarets, sa femme et un enfant 3
291. Pierre Souliés, Cordonnier, de Cailes en Vivarêts, sa femme et deux enfans 4
*292. Hubert Richard, Boutonnier, de Châlons, sa femme et deux enfans 4
*293. Margueritte Maisieres, de Châlons [sur Saône 1710], et trois enfans 4
*294. Guillaume Montanié, Serger, de Moussa en Languedoc, et sa femme 2
*295. Jean Albo, Tailleur, d'Anglés en Languedoc, sa femme et deux enfans 4
*296. David Majan [Mayan, Mejan 1710], facturier, de Nismes, sa femme et quatre enfans 6
*297. Pierre Bessieres, Cordonnier, de Maséres [Mazamet 1710], et sa femme 2
298. Pierre Roger, Armurier, de Gyen sur Loire, sa *femme et un enfant 3
*299. Jacques Baudouin, Peigneur d'Anduse, sa femme et un Enfant 3
*300. Jean Garnier, Marchand, de Macon, sa femme et quatre Enfans 6
*301. Jean Faye, Cordonnier, du Cailat en Vivarets, avec sa femme 2
*302. Jean Bechier, Cordonnier, de Besse en Dauphiné, sa femme at deux [quatre: 1710] enfans 4
*303. Françoise et Helene Monnerot, Soeurs, du Poitou 2
304. Guiraud Brun, fournier, de Nismes, et sa femme . . . 2
305. Mathieu Pause, Man-oeuvre, de Cabrieres en Provence, sa femme et un enfant 3

---

*) Rouviere heisst einer der ersten Prediger der Wüste, Freund von Ant. Court. S. Ch. Coquerel I. 174 (Hist. des église. du désert).

*306.	Daniel De Leuse [de Leute 1710], Serrurier, de Lespinal en Cevennes, et sa femme	2
307.	Lucresse Truffet, de Grenoble	1
308.	La veuve Lucas, du Dauphiné, et sa fille	2
*309.	Dominique Costes [Coste 1710], Teinturier, de Guyenne [Montauban 1710], sa femme et deux Enfans	4
310.	Louise Reboul, de Nismes, Veuve, et un enfant . .	2
311.	Judith Combet, fille, de Grenoble	1
312.	Magdelaine Eustache, de Châlons en Dauphiné . .	1
*313.	François Chaselon, Ouvrier en bas, de la Velonniere en Auvergne	1
314.	Claudine Bourdeaux, veuve, de Grenoble, et deux jeunes enfans	3
*315.	Jean Escoffie [Escoffier 1710], facturier, du Dauphiné, et sa femme	2
*316.	Anthoine Mare, Blaucher, d'Annonay en Vivarets	
316a.	[Antoine Mallebranche d'Annonay 1710], et sa femme . .	2
*317.	La veuve du Sieur Crochet [Crochat 1710], de Clani en Bourgogne, avec un Enfant	2
*318.	Moyse Charton, Sculpteur, de Montpellier, sa femme et un enfant [deux: 1710]	3
319.	Elie Robineau, Procureur, d'Issoudun en Berri . . .	1
320.	Adam Chevillon, Orfevre, de Gien sur Loire, et sa femme	2
*321.	Jean Le Maure, Cordonnier, de Beaurepaire, Province du Dauphiné	1
322.	Jeanne Gausson et sa Soeur, du Languedoc	2
323.	Susanne Chabot, veuve, de Roman en Dauphiné, avec une Soeur	2
324.	Judith Pellat [Piéllat], Veuve, de Cens, et une fille . .	2
325.	Marie Ageron, du Daufiné, et son frere	2
326.	*Magdelaine et Lucresse Calvat [Calvas 1710], soeurs, du Dauphiné	2
327.	Margueritte Jubie, fille, du Dauphiné	1
328.	Claudine Bec, Veuve, d'Espinouse en Provence . . .	1
329.	Isabeau Costes, de Sommières en Languedoc	1
330.	Margueritte Sogne, fille, de Privats en Vivarets . .	1
*331.	Paul Arnol [Arnal 1710], Cardeur, de Cassagnol en Cevennes	
*332.	Anthoinette Gourdon, fille, du Vivarets	1
333.	Marie Vieux, fille, du Dauphiné	1
334.	Margueritte Baret, de Corb en Dauphiné, un Enfant et sa Soeur	3
335.	Anne Vignes, de Sommieres	1
336.	David Perrignon, de Metz, Marchand, sa femme et une fille	3

337.	Jacques Faranges, facturier en bas. de Massillargues. sa femme et un enfant	3
338.	Jeanne Alix, de Namur en Dauphiné	1
339.	Marie Adam, de Vassi en Champagne	1
*340.	Pierre Castang, Marchand [facturier 1710]. de Clarensac en Languedoc. et sa femme	2
341.	François Laussire, Perruquier, de Montpellier	1
*342.	Le Sieur Guillaume d'Angé [Anger 1710], Assesseur à la Justice, d'Vzés, sa femme, quatre enfans et une Servante	7
343.	Pierre Chauvet, armurier, du Pays de Geix	1
344.	Jean Cherubin, Apoticaire, de Beaufort en Dauphiné. et une fille	2
345.	La femme d'Estienne Roy, de Provence	1
346.	Louis Theolet, Chirurgien. de Lesan en Languedoc, sa femme et un enfant	3
*347.	Jacob Lebau [Lebeu 1710], Serger. de Guise en Picardie. sa femme et un enfant	3
*348.	Claude Caubourg. Tisseran, de Nismes, et sa femme	2
*349.	Jean Picard, Peigneur, de Nismes. et sa femme	2
*350.	Jean Rapin, Maçon, de Die en Dauphiné, sa femme et un enfant	3
351.	Jeremie Sabi. ouvrier en bas, de Tonneins, Province de Guyenne	1
*352.	Estienne Beranger, Savonnier [cardeur 1710], de Roman en Dauphiné, sa femme et quatre enfans	6
353.	Laurent Clion, fondeur. du Dauphiné. sa femme et un enfant	3
*354.	La Demoiselle Cabrol [1710], et une Servante	2
355.	Augustin Vidal, Ouvrier en bas, de Nismes, sa femme et un enfant	3
356.	Margueritte Bret, de Cabriere en Provence	1
*357.	Philippe Valeret [Villaret 1710]. Serrurier. de Montpellier, sa femme et deux enfans	4
358.	David Nicolé, Charpentier, sa femme et un enfant [1710: *la Veuve Nicolas de Metz]	3
359.	Pierre Dupau, fondeur, du Vivarets, sa femme, un enfant et un apprentif	4
*360.	Anthoine Niel, faiseur de bas, du Dauphiné, et sa femme [et cinq enfans 1710]	2 [=5]
*361.	Daniel Martin, Ouvrier en bas, de Queiras [vallée de Pragelas]	1
*362.	Pierre Ris, Peigneur, d'Anduse	1
363.	Louis Balan. facturier, de Montauban	1
364.	Simon Perrin. Peigneur, de St. Ambroise	1
365.	Alix Couteau, fille, du Dauphiné	1

*366.	Jacques Ris, d'Anduse, Boulanger, sa femme et deux enfans	4
*367.	Olivier Varanalette [Valmalette], Peigneur, d'Alaix, et sa femme	2
368.	Pierre Jaubert, facturier en bas, de Massillargues, et sa *femme	2
*369.	Paul Mathieu, de Metz, Jardinier, et sa femme	2
*370.	Charles Huguet, facturier en bas, de Nismes, sa femme et un enfant	3
*371.	Daniel Robert, Peigneur, de Gardes en Provence, sa femme et deux enfans	4
*372.	Pierre Melon, Ouvrier en bas, d'Aiguevives	1
*373.	Jean Roux, Ouvrier en bas, de Lormarin en Provence	1
*374.	Estienne Arenes [Arrène], Peigneur, d'Vzés	1
*375.	François Le Deran, Cardeur, de la Quierasse, sa femme et deux enfans	4
376.	Pierre Bereau, Peigneur, d'Alaix, et sa femme	2
377.	Paul Gausseran, Ouvrier en bas, de Montauban	1
*378.	Pierre Braconnier, Marchand libraire, de Montauban, et sa femme	2
*379.	Estienne Baldi, Peigneur, d'Vzés	1
*380.	Paul Bernard, Peigneur, d'Vzés	1
*381.	David Carriere, Peigneur, d'Vzés	1
*382.	Samuel Roy, Cardeur, de Xaintonge, sa femme et deux Enfans	4
*383.	Estienne Rey, facturier, de Montauban	1
384.	Moyse Castol, facturier, de Montauban	1
385.	Jacques Chauvin, Ouvrier en bas, de Lormarin	1
386.	Jean Camplan, Ouvrier en bas, de St. Hipolite	1
387.	David Valadié, Ouvrier en bas, de Nismes	1
388.	Pierre Bauquié, Ouvrier en bas, de Nismes	1
389.	Philipe Boinier [Boignié], Gantier, de Nyort en Poitou	1
390.	Jacques Valette, Cardier, du Vigan	1
*391.	Isaac Meurier [Meunier], facturier de bas, du Daufiné, sa femme et un enfant	3
392.	Jean de Vila, Chapellier, de Revel en Languedoc, et son frere	2
393.	Guillaume Menard, Serger, de St. Cosme en Languedoc, et deux enfans	3
*394.	Isaac Cabanis, Ouvrier en bas, du dit lieu	1
395.	Pierre Maurier, facturier en bas, du Languedoc	1
396.	Pierre Bonmain, Ouvrier en bas, de Bar sur Seine, sa femme et un enfant	3
397.	Daniel Vivier, Ouvrier en bas, de Massillargues	1
*398.	Pierre Vardeti [Verdeti], facturier, de la Chaux en Dauphiné, et un enfant	2

399. Jean Cheneviere, Ouvrier en bas, de Setiliou en Vivarets, et sa femme 2
400. Jacques Botai, Ouvrier en bas, de Rouen en Normandie, et sa femme 2
401. Jean Charles Verner, Serrurier, sa femme et trois enfans 5
402. Jean Jacob Capel, Serrurier, sa femme et un enfant . 3
*403. Pierre Foule, facturier en bas, de Nismes, sa femme et deux enfans 4
*404. Anthoine Barés [Barez], Tailleur, du Vivarets, sa Mere et une Soeur 3
405. Jacques Martin, Peigneur, de Nismes 1
406. Pierre Delon, Ouvrier en bas, des Cevennes 1
407. Nicolas Rignole, Ouvrier en bas, des Cevennes . . . 1
*408. Elie Serviére, facturier, de Nismes, sa femme, quatre enfans et une Servante 7
409. Jean Grasset, Facturier en bas, du Languedoc, et sa *femme 2
410. La Veuve de Pierre Mathieu, Maçon 1
411. Jean Gerard, Serger, de Saumerau en Picardie, et sa femme 2
*412. Anthoine Perrin, facturier, de Lormarin en Provence, et sa femme 2
*413. David Perrin, facturier en bas, du dit Lormarin, sa femme, deux enfans et un apprentif 5
*414. Jean Tairon, facturier en bas, de Calvisson, sa femme, trois enfans 5
*415. Jean Gervaise, Peigneur, d'Vsés, sa femme et deux enfants 4
*416. Jean Joubert [Jaubert], Ouvrier en bas, du Languedoc . 1
417. David Joubert, Ouvrier en bas, son frere 1
*418. Thomas Guyot, facturier en bas, de Pragelas, sa femme et quatre enfans 6
*419. Jean Nicolas, Cuisinier, d'Anduse, et sa femme . . . 2
420. David Vestion, Ouvrier en bas, de Montpellier, et sa femme 2
*421. Guillaume Peyrot [Peiry], ouvrier en bas, de St. Ambroise 1
*422. Jean Fauquignon, de Metz, facturier en bas, sa femme et un Enfant 3
*423. Anthoine Fauché, Ouvrier en bas, d'Auvergne . . . 1
*424. Pierre Masel, facturier en bas, du Vigan, et sa femme . 2
*425. Anthoine Charles, et son fils 2
426. Denis Tousins, Cardeur, du Montcaret en Perrigord, sa *femme et un Enfant 3
427. Samuel Monmeja, Compagnon, Cordonnier 1

*428. Adam Mainadié, Perruquier, de St. André en Cevennes, sa femme, trois apprentifs et une Servante 6
*429. Paul Drouin, faiseur de bas, de Sedan, et sa femme . . 2
430. Jean Sirac, Tailleur, de Montauban 1
431. La Demoiselle de Lorme, deux enfans et une Servante . 4
432. Paul Marmié, Tondeur, de Montauban et sa femme . . 2
433. Hector Chanosse, Peigneur, d'Orange 1
434. Abraham Touallier, Serrurier, de Dieppe, sa femme et trois enfans 5
*435. Michel Droume, Marchand, du Dauphiné, sa femme, trois enfans, et son Pere 6
436. Jean Berton, facturier en bas, du Languedoc, sa femme, deux enfans, un Neveu et une Servante 6
437. Jean La Combe, faiseur de bas, de St. Hypolite, sa femme et un enfant 3
438. Pierre Vigne, facturier en bas, du Vigan, sa femme et un enfant 3
439. Christian Kerme, de la Vallée de Pragelas, Compagnon Vitrier 1
440. Jean Mazet, Compagnon Boulanger, de Vals en Dauphiné 1
441. André Guillot, ouvrier en bas, sa femme et quatre Enfans 6
*442. Paul Berton, Mercier [1710 ouvrier en acier] de Die en Dauphiné 1

Les François Refugiez à Magdebourg sont au nombre de Treize cent soixante et quinze Personnes, Icy 1375

Das Original der Liste von 1710 ist im hiesigen Magistrats-Archiv, Rôle général 2 (in Goldschnitt) und sehr schön geschrieben. Abgedruckt Bd. II, 488 fg.

Alphabetisches Verzeichniss der Namen
in der Liste der französischen Colonie von 1703.*)

Adam 339.
Agé 60.
Ageron 325.
Aigouin s. Eg.
Aillo 277.
Aimour 241.
Albo 295.
Alegre 70.
Alix 338.
Allié 199.
André 266.
d'Angé (Anger) 342.
Arbaletier 108. 225.
Arenes 374.
Arlaud 68.
Armelin 244.
Arnal 331.
Arnoux (Arnould) 87.
Arquès 84.
Assier 119.
Aube 50.
Aubert 193.
Aubissard 151.
Audemar 107.

Balan 363.
Baldi 379.
Barbasan 256.
Barbut 46.
Barés, Baret 334. 404.
Barnié 126.
Barre 160.

Baudouin 299.
Bauquié(er) 30. 388.
Bec 328. (s. Bés).
Bechier 302.
Bedos 248.
Belier 471.
Béranger (Bar.) 123.
154. 352.
Berard 188. 229.
Bereau 376.
Bernard 62. 239. 380.
Bernege 288.
Berton 436. 442.
Bertrand 169.
Bés (Bex) 29.
Bessieres 297.
Blanc 5.
Blanchet 186.
Blisson 40.
la Boile s. Labeille.
Boinier 389.
Bomian 195.
Bonmain 396.
Bonnau 64. 65. 195.
Bonnet 42.
Bonnin 198.
Bontems 178.
du Bosc 21.
Botai 400.
Boude 220.
Bourdeaux 314.
Bouron 219.

Bousanquet 73.
Bousige 115.
Bousquet 98.
Boutel 231.
Bouvier 155.
Braconnier 378.
Breinac 121.
Bret 356.
Brouet 8. 9.
Brousson 175.
Brun 45. 304.
Brunel 285.

Cabanis 394.
Cabrol 354.
Caire 221.
Calvas (Calvat) 326.
Camplan 386.
Capel 402.
Carrière 381.
Cassagne 150.
Castang 125. 281. 340.
Castol 384.
Caubourg 348.
Causse s. Cuisse.
Cavallier 176.
Chabeau (Chabot) 133.
323.
Chanosse 433.
Charles 93. 425.
Charpinel 216.
Chartier 217.

---

*) Die beigesetzten Zahlen verweisen auf die Nummern der obigen Liste der Refugiés.

Charton 69. 252. 318.
Chaselon 313.
Châtillon 205.
Chauvet 343.
Chauvin 385.
Chay 103.
Chenevière 319.
Cherfi 163.
Cherubin 344.
Chevillette 184.
Chevillon 320.
Cholet 3.
Claparède 7.
Clauet (Clavel) 212.
Cleran 92. 165.
Clion 353.
la Combe 437.
Combet 311.
Cornet 2.
Costes 309. 329.
Coulom 99.
Counor 94.
Courrier 242.
Courriol(Couriau) 116. 117.
Courtois 149.
Coutau (Couteau) 22. 72. 96. 101. 365.
Crégut 54.
Crochet 317.
Ste. Croix 4.
Cuisse (Causse) 255.

Dalairac s. de Leirac.
Darré. Darrest 144. 170.
Delbreil 270.
Delon 282. 406.
le Deran 375.
Derrez, s. Darré.
Deymon. s. d'Aim.
Douset (Dousal) 110.
Drouin 429.
Droume 435.
Ducros 250. 272.

Dufés (Duffay, Daufés) 85.
Dupeau (du Pau) 124. 359.
Duplan 247.
Durand 104.

Egouin 203. 204.
Eimeriés 237.
Escot 135.
Esco(u)ffié 134. 135.
Espèrendieu 207.
Eustache 312.
Eynart 280.

Fabre, Fabré 63. 122.
Farranges 337.
Fauché(er) 213. 240. 261. 423.
Fauquier 243.
Fauquignon 422.
Fauriette 128. 129.
Fayard 146.
Faye 301.
Ferrier(ière) 106.
Fises 77.
Flavard 132.
Flotard 190.
Foissin 173.
Fontanjeu 47. 189.
Foule 403.
Foulquier s. Fauquier.
Fournier(ieu) 147. 148. 200.
Fragouse 271.
Froulhon 141.

Gaché 226.
Gandil 183.
Gardin (Gandin) 91.
Garel 89.
Garnier 182. 196. 300.
Garrigues 87.

Gausseran 377.
Gausson 322.
Geay 97.
Gerard 411.
Gervaise 415.
Gilis (Giles) 79.
Girard 238.
Giroff (Girot) 179.
Gourdon 332.
Gras 158. 230. 234.
Grasset 409.
Griolet 55.
Gueidau 228.
Guiraud s. Quiraud.
Guillot 441.
Guyot 418.

Hilaire 139.
Huc 233.
Hugues 136. 218.
Huguet 370.

Jaubert, Joubert 368. 416. 417.
Jordan (Jourdan) 259.
Journieux s. Fournier. 147. 148.
Jubie 327.
Julien 289.

Kerme 439.

Labeille 253.
Labri 82.
Lanson 246.
de Lar 227.
Lâtre 16.
Laurens(nt) 35. 235.
Laus(s)ire 194. 341.
Lautié(ier) 20. 159. 192.
Lebau 347.
Légue 83.
Lejeune 80.

de Lairac 180.
de Leuse 306.
de Lorme 431.
Lucas 308.
Lugandi 10.
Lynard s. Eyn.

Macaire 18.
Mainadié (May.) 1.
114. 236. 428.
Mainard (Mén.) 61.
269. 278. 393.
Mainaud 209. 210.
Maisières 293.
du Maitre 28.
Majan 296.
Malhautier 52.
Mal(l)in 102. 215.
Mallebranche 316a.
Malmaison 112.
Mare 316.
Marmié 432.
de Mars 290.
Martin 142. 206. 361. 405.
Masel 424.
Mathieu 267. 369. 410.
Maubert (Maubé) 26.
le Maure 321.
Maurier (Meu.) 395. 100. 114. 391.
Mayan s. Majan.
Mazet 440.
Meffré 37. 38.
Melon 372.
Monnerot 303.
Motanié 294.
Montmaja, Monméja 157. 427.
Motton s. Mouton.
Mounestié 145.
Mucel 123. 51.
Mouton 14. 15.
Muret 123.

Nicolas 156. 419.
Nicolé 358.
Niel (Nichil) 66. 360.

Ogier 262.
Olivier 88. 171.
l'Orphelin 131.

Palanque 53.
Paris 57.
Parnajon 276.
Pascal 43. 71. 208.
Pascau 120.
Patonnier 49.
du Pau s. Dupeau.
Pause 305.
Peirot (Pey.) 211. 421.
Pelisse 78.
Pellat 324.
Peloux 24.
Pepin 181.
Pernet 118.
Perrignon 336.
Perrin 232. 364. 412. 413.
Peyré 44.
Picard 349.
Piélat 33.
Pignan 191.
Pineau 67.
Plan 162. 166.
Portal 39.
Portes 287.
Pourroi 11. 48.
Pradel (delle) 56.197.
Puech 251.
du Puy 111.

Quiraud 75.

Raffet 59.
Raffinesque 34.
Rally 58.

Randon 177.
Rapin 350.
Ravanel 168.
Reboul 310.
Rey 257. 383.
Reynet 41. 109.
Ribaut 253.
Ricard (Rich.) 292.
Rignole 407.
Ris 362.
Riviere 260.
Robert 140. 371.
Robineau 219.
Roche 267. 264.
Roger 298.
Roman 27.
Rostan 249.
Roure 12. 13. 143.
Roussel (Rouc.) 17.
Rouveret 279.
Rouvière 286.
Roux 36. 76. 275. 283. 373.
Roy 172. 345. 382.

Sabatéry 137.
Sabi 351.
Sagne 330.
Sainte Croix s. C.
Salandre (Salindre) 161.
Sarran 284.
Sauvageot 202.
Savary 224.
Seguin 81.
Sereirol s. Soleirol.
Servière 408.
Sigalon (Sign.) 25. 201.
Sirac*) 430.
Souleirol 95.
Souchon 268.
Soulié (ier.) 164. 291.

---
*) In der Magdeb. franz. Bürgerrolle von 1697.

T a (i) r o n 414.
Tarisard (Tansard) 19.
T h a u 74.
T h e o l e t 346.
T o u a l l i e r 434.
Toussaint, Tousins
  90. 214. 426.
Traulhas 265.
T r i b o u 222. 223.
T r u f f e t 307.
T u e c h 130.

V a l a d i é 387.
V a l e n t i n 6. 127. 152.

V a l e r e t 357.
V a l e t t e 390.
V a l o r 86.
Varanalette 367.
V a r d e t i (Verd.) 398.
V a u p i n i è r e 258.
V e i r e s 31.
V e r d e t i s. Vardeti.
V e r n e r 401.
V e s t i o n 420.
V i c a (Vien) 273. (Vila?)
V i d a l 355.
V i e n s. Vica.
V i e r n e 32.

V i e u x 174. 333.
Vigne, Vignes 335.
  438.
de Vila, Villas 392.
  245.
Vincent 185.
Vivier 397.
Voisin 274.

W a l d e r o n 138.

XXIII.

Königl. Regierungs-Archiv Magdeburg
Französische Colonie
Affaires des particuliers No. 472, V. 2.

25. Januar 1709.

(Original.)

Demnach Seiner Königl. Maj. in Preussen, Unserm Allergnädigsten Herren, derjenigen Commissarien, namentlich dero Rath Foissin, Malhiautier, Pierre Valentin, David Couteaud, David Douzal und Jean Couteaud, welchen die Beförderung des frantzösischen Kirchenbaues zu Magdeburg aufgetragen worden, bishero verspührete rühmliche Sorgfalt in Sammlung der Collecten-Gelder und nützlicher Anordnung derselben zu allergnädigsten Gefallen gereichet und Sie dabei garnicht zweifeln, es werden ged. Commissarii darin, wie vor so nach, fortfahren: Also ist auch, nach diesem Seiner Königl. Maj. in Sie folgendem allergnädigstem Vertrauen, Dehro eigentliche Allergnädigste Willens-Meinung, dass ohne Jemands Beeinträchtigung Sie die Direktion über den meist vollendeten Kirchen-Bau und über den vielleicht thunlichen Bau, auf denen nächst angelegenen zu erkaufenden Stellen behalten sollen. Zu dem Ende Sie die Deliberationes des frantzösischen Consistorii zu Magdeburg vom 28 Novembre 1707 und 11 Martii 1708, kraft welcher ob benanndten Commissariis die erwähnte Direction gelassen wirdt, hiemit bestättigen und dabey declariren, dass die Plätze und Häuser, welche von denen etwa noch einkommenden Collecten gekauffet und erbauet werden möchten, zu ewigen Zeiten zum Besten der armen Frantzosen, die bei der dortigen Colonie sich finden möchten, oder, da solche Armen nicht vorhanden, sonsten zum Nutzen und Brauch der frantzösischen Kirche gewidmet sein und bleiben. Gestalt dan Allerhöchstged. Se. Königl. Maj. dem frantzösischen Consistorio zu Magdeburg allergnädigst anbefehlen, obgedachten Commissariis und Directoribus des Collecten-Wesens hierin nicht allein auf keinerley Weise hinderlich zu sein, sondern ihnen auch auf ihr Begehren darin hülfliche Handt zu bieten, damit dieses gute Werk je mehr und mehr befördert werden möge.

Signatum Cölln an der Spree, den 25 Januarii 1709.

(gez.) Friederich.

(Königl. Siegel.)

Denen hierin Benandten
wird die Direktion des
frantzös. Kirchen-Baues   G. v. Wartenberg.
und Collecten-Wesens zu
Magdeburg confirmiret.

XXIV.

Magd. fr.-ref. Presbyterial-Acten   8. April 1709.
P. 3 de 1698 sq.

Frédéric par la grâce de Dieu Roy de Prusse,
Electeur etc.

Nos bien aimés et féaux etc., nous ayant fait représenter la relation que vous avez rendue en toute obeissance sur les articles donnés par la colonie francoise de Magdebourg et après l'avoir fait Examiner, nous vous donnons sur celle nostre résolution:

1. Nous avons trouvé àpropos sur la représentation, que vous nous avez faite, que les **ordonnances** par nous données touchant les **franchises,** et particulièrement celle qui les fixoit à la colonie de Magdebourg après vingt années écoulées et qu'aucun des nouveaux venue n'en pourroient plus jouir soient **abolies** et n'ayant aucun lieu: mais on se conformera au d. Magdebourg, à l'advenir comme dans la

ville de Nostre Résidence et aux autres colonies de nos Estats, scavoir que les quinze années de franchises, accordées par nos Édicts aux Réfugiez, ne seront comptées qu'à commencer du jour quils se seront Establis soit à Magdebourg ou ailleurs de nos Estats, et qu'ainsy il y ait pour tous une Égalité; et pour Eviter les difficultés et Confusion, il sera ainsy observé, et à fin qu'il ne se commette aucun abus, vous ordonnerez de nostre part à la justice Francoise de Magdebourg, de tenir, suivant nostre édit de quatrieme juilliet 1706, une liste Exacte où seront Escrits, au quel temps chacun est venu dans nos Estats et qu'ils s'y sont establis, pour qu'on puisse Savoir toutes les fois qu'il sera nécessaire, au quel temps chacun commence ses franchises, et lors qu'elles sont finies et afin aussy que les Commissaires, quy sont nommés pour visiter les colonies et qui s'y doivent rendre dans peu de temps, puissent observer sur cela ce quy sera trouvé nécessaire. Ce quy Regarde le

2. article touchant les gardes que les Réfugiés ont monté pendant 8 années sans Regarder que les franchises de plusieurs Réf. n'éstoient pas encore finies, nous trouvons juste et Raisonnable que ceux quy n'ont pas encore finy leur franchise et quy pourtant font la dite garde, cela leur soit autrement Récompensé en telle sorte qu'etant donné qu'ils ont monté la garde, ils doivent aussy estre dispensez de la dite garde, afin que chacun puisse jouir ainsy de quinze années franches. Pour ce quy Est du logement nous approuvons votre advis que ceux de la dite colonnie, de quy les franchises sont Expirées paieront, au lieu du logement, tous les mois à celuy quy a la charge de Billiet un certain proportionné „quartier geldt" et pourront les commisaires, quy règlent les quartiers, se joindre à la justice françoise et entr'eux Régler le dit „quartier geld" avec l'approbation du Lieutenant général de Börstel, gouverneur de Magdebourg, comme en ayant la direction.

3. pour le troizième
et quatrième article
touchant la permission demandée de pouvoir acheter pour les manufactures les laines nécessaires de la première main

Sansque personne les en puisse empêcher, ainsy et de même que ceux de

4. nostre Résidence l'acheptent sans Estre obligés d'en payer une Seconde accise, nous trouvons juste et Raisonnable Sur cet article qu'yl sera non seulement permis au fabriquant de Magdebourg d'acheter de la première main leur laine, tant icy que par tout nostre marché de Brandebourg à leur plaisir, mais aussy lors que la dite laine aura déja payé l'accise Soit icy ou ailleurs dans nos Estats, Elle sera franche à Magdebourg en justifiant par un certificat, que l'accise en a Esté payée.

Ce quy Est demandé au

5. article touchant la laine achetée en Saxe et voiturée à Magdebourg, nous avons jugé àpropos que ceux quy n'ont pas encore finy leurs années de franchise, payeront selon l'ancien usage cinq gros par „centener" d'accise, mais il faut qu'ils travaillent eux-mêmes cette laine et n'en pourront faire d'icelles aucun negoce ny trafic. Pour cet effet ils seront tenus d'apporter une attestation de la juste franchise, et à l'égard de ceux dont les franchises sont Écoulées, ils payeront raisonnablement l'accise accoutumée. Mais pour ce quy est du

6. article touchant ceux quy demeurent au Fauxbourg ou à la Ville Neuve quy achètent leur marchandize d'un gros Marchand de la ville et quy la Revendent, nostre volonté est quils ne seront tenus de payer que demy import, de meme que ceux quy font revendre ici dans la ville, à quoy vous vous conformerez à l'advenir. Ce quy nous Est demandé au

7. article nous l'avons accordé en grâce, et pour cest effet nous l'ordonnons à nostre généralité après la requisition quy en sera faite, mais la marchandize sera bonne et valable et doit estre d'une longueur et largeur raisonnable, sans la surfaire pour le prix à personne. Le

8. article ne peut par estre accordé par les raisons que vous nous avez alléguées. Mais ce quy regarde le

9. article touchant le droit de Brasserie demandé, nous voulons par une grâce singulière permettre à la colonie francoise de Magdebourg, puisqu'à la Ville Neuve il n'y a

aucune maîtrise de Brasserie, que le consistoire au nom de la colonie fasse Brasser et négocier, de même que les Brasseurs de la Ville Neuve et pourront faire Bâtir deux Brasseries et d'y Brasser toutes les fois qu'ils trouveront à propos, d'en vendre la biere ou en faire présent à leur volonté, soit par tonneaux ou à mesure en payant l'accise et les autres „onera" ou droits comme les autres; il leur sera ausy libre, de même qu'aux „Mannheimer", de la vendre dans la ville, sans payer d'autres imposts. Ce quy Regarde le

10. article nous n'y trouvons point de difficulté, mais plutot nécessaire de faire et establir une maitrise entre les Réfugiez de Magdebourg, et à cette fin les articles de maîtrise quy ont esté faits et approuvés jcy, seront communiqués à Magdebourg: sur lequel on se peut Régler et après en donner la communication à nostre conseiller d'impost Groten (?) et aux autres, Conseillers Ancillon, Maillette et Dubois, commissaires nommés pour l'établisement de maîtrise. Pour ce quy est contenu aux

11. 12: 13 et 14 articles de l'abus quy provient du grand nombre de métiers à bas quy se trouvent faits, il y sera facilement pourvu par l'établisement de la maîtrise, de même qu'à ce quy Est contenu aux

15: et 16 articles touchant l'abus commis à cause de compagnons et apprentifs, il y peut Estre ausy Rémédié par la maîtrise, et nous voulons cependant que l'édit que nous avons donné le 19 juillet 1690 touchant les apprentifs soit ponctuellement Exécuté, et d'administrer bonne Exacte justice aux maîtres plaignants conformément à cet Edit. Pour ce quy Est des difficultés contenues aux

17: et 18 articles, il y peut Estre aussy rémédié, de même qu'à ceux allégués cy-dessus, par les statuts quy Sont Entre les tricoteurs de bas ou Bonnetiers et les ouvriers en laine, et on peut se Régler à cet égard sur le même pied. La justice Francoise de Magdebourg prendra garde, que la livre de laine que les fabriquants baillent à filer au fileuses, ne soit pas plus pesante de quatre lots que la livre ordinaire des marchands, à cause de l'huile quy se trouve dans la laine, et sy en cas que les fileuses portent à ce Sujet des plaintes, la dite Justice les Examinera aussy tost, et s'il se trouve que les fabriquants y ayent contrevenu, ils seront tenus de payer un gros pour chaque demy-lot, quy se trouvera de Surplus après le poids ordinaire. En ce quy concerne le

19. article pour les gens de métier quy sont dans la colonie et que les Allemands doivent Recevoir „gratis" dans leur maîtrise, nostre volonté Est que tous les Refugiés sans différence de quelle profession qu'ils Soient, il leur Sera libre pendant leurs quinze années de franchises de traficquer et négocier à leur volonté, de tenir des compagnons et de prendre d'apprentif en apprentissage et de faire leur ouvrage par Eux. Mais lorsque la maîtrise de leur profession les voudra prendre sans faire aucune dépense ny sans faire un chef d'oeuvre, ils seront tenus d'entrer, dans cette maîtrise, et dobserver leur statuts; mais s'ils refusent de s'y mettre, il ne leur sera plus permis de tenir ny compagnon ny apprentif; mais sy la Maîtrise ne les veut pas prendre „gratis", ils auront la liberté de faire leur trafic comme il trouveront àpropos.

Pour ce quy Est Represénté dans le

20: article, il y a esté Rémédié et pourvu par le Rétablissement en charge du Conseiller Lugandy. Touchant les ministres nous aurons aussy soin qu'ils ayent leur subsistance. Vous faites connaître tout ce dessus à nostre Conseiller Lugandy, Et sy vous avez à nous faire encore souvenir de quelque chose, vous nous l'envoierez aussitost, et nous vous serons En grâce etc.

Donné a Cologne sur la Spréc le 8 avril 1709. (signé)

Frédéric.

Au
lieutenant général de
Börstel et conseiller
de cour Steinhäuser.

Species facti.

Als im Anfang dieses Krieges das zu Magdeburg damals in Garnison gestandene Brantische Regiment von dar ausmarschiren und mit zu Felde gehen müssen, ist die **Garnison** dadurch so sehr geschwächet worden, dass der zurückgebliebenen wenigen Miliz unmöglich gefallen, die **Wachten** alleine zu bestellen und hat also (wie in dergleichen Fällen bräuchlich) die **Bürgerschaft** mit zu Hülfe genommen werden müssen. Anfänglich nun sind **die alten Bürger alleine** aufgezogen, und die **Franzosen** und **Mannheimer**, wegen ihrer Privilegien, gänzlich damit verschonet worden. Nachdem aber solches bei den erstern einigen Unwillen verursachet, haben **die Mannheimer** sich vernehmen lassen, dass zu Bezeugung ihrer **Devotion gegen** Se. **Königl. Maj. und Liebe gegen ihre Mitbürger** sie dieselben gerne subleviren, und die Wachten **freiwillig** mit über sich nehmen wollten, daferne nur die **Franzosen**, welche schon länger als sie in der Stadt gewesen, desgleichen thun würden. Da nun den Franzosen die Sache proponirt worden, haben sie sich d'honneur piquiret, den Mannheimern nichts nachgeben wollen und sich gleichfalls zu den **Wachen freiwillig anerboten**. Nur haben sie dabei gebeten, dass weile viele unter ihnen keine Gewehr hätten, ihnen etwa ad interim **100 Flinten** aus dem Zeughause möchten gelehnet werden. Der Kommandant hat hierauf diese der beiden Colonieen gethane freiwillige Offerte Sr. Königl. Maj. allerunterthänigst berichtet, welche auch daran ein so gnädiges Gefallen gehabt, dass sie ermelten Kommandanten anbefohlen, nicht allein denen Colonieen solches zu temoigniren, sondern auch denen Frantzosen, die von ihnen nur zu entlehnen begehrten **100 Flinten gar zu schenken**. Welches dann auch also geschehen und sind darauf beide Colonieen nach der Zeit, und wann die Garnison nicht stark genug gewesen, allemal gerne und willig mitaufgezogen, ausser dass einige Mutins unter den Frantzosen, welche sich auch in andern Dingen, jederzeit widerspänstig erzeiget, bisweilen darwider gemurret haben.

Es ist auch zu wissen, dass die Bürger-Wachten nicht das ganze Jahr durch gewehret, sondern nur den Sommer über, weilen insgemein den Winter durch die Garnison stark genug gewesen, die Wachten allein zu verrichten. Und sind auch zu der Zeit, wann die Bürger haben wachen müssen, die Frantzosen insonderheit so menagiret worden, dass bei ihnen die Wache nur aufs höchste in 21 Tagen einmal herumgekommen ist.

Ob nun bei so gestalten Sachen dieses (wie itzo von den Frantzosen vorgegeben wird) der Colonie zu einer grossen Last gereichet und eine Ursache ihrer Décadence gewesen, davon ist leicht zu urtheilen.

Es hat sich aber zugetragen, dass, als vor einiger Zeit, die Nachricht von dem Etablissement einer neuen Colonie in der Stadt Calbe allhier ruchbar worden, viel von den allhier vorhandenen unruhigen Frantzosen haufenweise dahin gelaufen, und sich bei der neuen Colonie inscribiren lassen, in Hoffnung daselbst neue Franchisen und andere Gratificationes zugeniessen, und weilen sie keinen andern Praetext ihrer Leichtsinnigkeit gehabt, haben sie vorgegeben, dass sie allhier mit den Wachten dergestalt fatiguiret würden, dass sie ihrer Hanthirung nicht abwarten könnten und darüber in gänzlichen Ruin gesetzet würden. Da nun dieses, wiewohl ganz unwahrhafte Vorgeben, bei Hofe einigen Ingress gefunden, ist desshalben an den Kommandanten Ordre ergangen, alle diejenigen von der Wache zu dispensiren, welche die 15. Jahre ihre Franchisen nicht völlig genossen hätten; welches dann auch sofort in's Werk gerichtet worden. Ob nun wohl die Colonie allbereit ganzer 23. Jahr allhier etabliret gewesen, so haben sich doch unter mehr als 400 chefs de famille nicht viel über 100 gefunden, so ihrem Vorgeben nach ihre 15jährige Franchise genossen. Diese nun, weil sie keine Exception gehabt, hätten auf's wenigste die Wachen continuiren sollen. Sie haben sich aber nicht entblödet, wegen der von ihnen bisher (wie wohl freiwillig) gethanen Wachten Satisfaction zu begehren; auch dadurch erhalten, dass ihnen die **Wachtfreiheiten noch auf ganze 8 Jahre prolongiret** worden. Weile nun auf solche **Weise die ganze Kolonie ausfället**, indem darunter nicht mehr als 2 **Personen** befindlich, welche nach solcher Rechnung zu wachen schuldig wären, so verursachet solches nicht allein eine grosse Confusion in Bestellung der Wachten, sondern auch eine grosse **Jalousie** sowohl unter den **alten Bürgern** als **Mannheimern**. Und weile die letzteren, nehmlich die Mannheimer, mit den Frantzosen hierinnen einerlei Privilegia haben, so nehmen sie dahero Anlass, sich auch der Wachten zu entziehen, und die den Frantzosen accordirte 8jährige Prolongation gleichfalls zu praetendiren.

XXVI.

Archiv des Consistoire français zu Berlin. 29. Juli 1709.
Erman'sche Manuscripte: Magdeburg (Kopie).

Relation

contenant l'accord fait avec le magistrat de Magdebourg et la réduction des quatre compagnies de bourgeois à deux.

Sire!

V. M. nous ayant fait ordonner de régler avec le Magistrat de Magdebourg la manière, en laquelle doit être exécuté le Décret, par lequel V. M., en révoquant la déclaration, qui accordait **vingt années de franchises** à la Colonie française de lad. Ville, ordonne que **chaque réfugié** en particulier jouira de **quinze années franches** comme dans toutes les autres Colonies de Ses Etats: nous nous sommes assemblés avec les députés dudit **Magistrat** et avec le **directeur de la Colonie française** et sommes convenus, sous l'approbation de V. M., de ce qui suit:

1°) Que conformément à l'édit de V. M. du 9 Juillet 1696 il sera incessamment fait une Liste générale du temps que chaque réfugié a joui des franchises à Magdebourg ou en d'autres Colonies françaises, afinque après que chacun aura joui*) le temps de ce bénéfice, il porte les charges publiques comme les anciens sujets de V. M.

2°) Que les membres de la Colonie française, qui ont joui de plus de quinze années de franchises par rapport aux logemens des soldats, ne seront pas recherchés pour ce sujet, le Magistrat se départant de demander aucuns arrérages à cet égard, jusqu'au premier de Mai de la présente année: auquel temps seulement ceux qui ont joui de quinze ans ou plus de franchises, commenceront à porter leur port de cette charge publique.

3°) Les Réfugiés qui reçoivent de l'assistance du Consistoire français ou qui sont notoirement pauvres ou incapables de porter les charges publiques, seront exempts de la garde et des logemens et ne seront pas mis en compte dans le nombre des bourgeois de la Colonie, sur lequel sera fait**) la répartition générale.

4°) Nul réfugié ne sera obligé de monter la garde ni de loger les soldats, s'il ne demeure dans l'enceinte des murailles de la ville.

5°) Les brasseurs, boulangers et bouchers logeront un soldat marié, pendant que les autres bourgeois n'en logeront***) qu'un non marié.

6°) Il ne sera pas fait de différence par rapport à la garde et aux logemens entre les bourgeois propriétaires de maisons et ceux qui ne seront que locataires.

7) Le directeur de la Colonie, le juge, les assesseurs, le procureur fiscal, le greffier et l'huissier de la Justice, les Pasteurs, lecteur, chantre et maître d'école, les médecins gradués qui n'exercent ni profession ni commerce, seront les

---

*) joui fehlt in der Kopie.
**) fait fehlt.
***) marieront in der Kopie!

seuls qui jouiront de l'exemption*): tous les bourgeois, les capitaines et autres officiers de la bourgeoisie ne pourront se dispenser de loger les soldats chacun à son tour.

8⁰) La même chose sera observée à l'égard de la g a r d e, avec cette exception seulement, que les C a p i t a i n e s ne seront obligés de la monter en**) personne que***) lorsque toute la Compagnie ensemble la montera; mais qu'au reste ils ne fourniront pas d'hommes en leur place, hors les occasions où †) les autres officiers de la bourgeoisie y ††) sont obligés.

9⁰) En considération de ce que les Réfugiés ont m o n t é l a g a r d e pendant plusieurs années de leurs f r a n c h i s e s, et que d'un autre côté ceux qui sont depuis plus de quinze ans dans la Colonie ou dans les Etats ont jusqu'au premier jour de Mai de cette année été exempts de loger des soldats: il a été trouvé juste que tous ceux des Réfugiés qui ont monté la garde avant l'expiration de leurs quinze années de franchises, auront e n c o r e q u a t r e a n n é e s f r a n c h e s par dessus les quinze, de manière qu'ils ne monteront la garde à l'avenir qu'au commencement du jour qu'ils a u r o n t f i n i s l e u r d i x n e u f i è m e a n n é e d e d e m e u r e dans les Etats de V. M.

10⁰) Il sera incessamment délivré au Magistrat allemand par le Directeur de la Colonie française une l i s t e exacte de la Colonie, pour savoir ceux qui doivent monter la garde et loger des soldats. Et p a r e i l l e m e n t l e d i t M a g i s t r a t d o n n e r a a u d i t D i r e c t e u r u n e l i s t e f i d è l e d e s h a b i - t a n s d e l a v i e i l l e b o u r g e o i s i e q u i s o n t s u j e t s a u x m ê m e s c h a r g e s.

11⁰) Les v e u v e s des eximés, tant de la Magistrature que d'autres, seront exemptes des gardes et des logemens. Les veuves des bourgeois qui continuent à exercer des pro-

---

*) Hier steht ein unleserliches und wie es scheint verschriebenes Wort: Der Sinn kann nur sein l'exemption.
**) Geschrieben qu'en.
***) que fehlt in der Kopie.
†) Geschrieben comme.
††) Fehlt.

fessions, porteront les charges comme les autres bourgeois, et celles qui n'auront pas de profession, donneront quelque chose selon leurs facultés.

12⁰) Lorsque les listes tant des bourgeois allemands que de la Colonie française seron faites, les Magistrats des uns et des autres s'assembleront et feront la répartition générale de ce que **chaque nation doit porter** par proportion pour sa part des charges publiques, et ensuite chaque magistrat fera sur ses justiciables la répartition particulière de ses charges comme il sera raisonnable.

Comme tous les démêlés et plaintes qui sont survenus par le passé au sujet des gardes se trouvent terminés et finis par les articles ci-dessus, nous ne croyons pas nécessaire de remplir ce*) rapport de quantité de faits que nous avons été contraints d'examiner pour pouvoir remettre la paix dans la Colonie. C'est pourquoi, évitant de fatiguer V. M. par une discussion de choses qui doivent être assoupies, nous prendrons seulement la liberté de Lui dire:

1⁰) Que s'il ne se fut pas commis d'abus de la part de la Justice française et des Capitaines et Officiers de la Bourgeoisie dans l'exécution des ordres, qui ci-devant ont été donnés par le Lieutenant général de Börstel, dans les détails desquels il n'était ni juste ni possible qu'il entrât pour y rémédier: la Colonie fut demeurée en repos et V. M. n'eut pas été importunée par les plaintes qui s'en sont suivies.

2⁰) Qu'il est nécessaire de réduire à deux les quatre Compagnies de la bourgeoisie française pour retrancher un grand nombre d'officiers qui ont donné lieu à des abus.

3⁰) Que pour cet effet il sera fait une nouvelle nomination des Capitaines et autres Officiers desdites deux Compagnies sous la condition expresse, que ceux qui seront nommés s'engageront à faire à leurs propres dépens tous les frais nécessaires par les parades, comme font les Capitaines de la bourgeoisie française de Berlin.

---

*) le in der Kopie.

4°) Et qu'aucun membre de la Colonie qui aura un frère dans la magistrature ne pourra être Capitaine des bourgeois à cause de la jalousie ou des autres inconvéniens.

Aussi, Sire! étant nécessaire de faire un Réglement général pour redresser les désordres de la Colonie française de Magdebourg, dans lequel Réglement il faudra insérer des Articles, qui ne sont pas ici, nous supplions très-humblement V. M. de les différer jusques à notre relation générale. Et en attendant, comme ce que nous rapportons à présent presse d'avantage, nous remettons très humblement à Sa Sagesse Royale, de confirmer la Convention faite avec les Magistrats contenue*) dans les douze articles ci-dessus, et de donner ordre au Directeur de la Colonie française, de publier cette confirmation et de réduire les quatre Compagnies en deux, comme nous prenons la hardiesse de le proposer, afin qu'il n'y ait pas du retardement pour les gardes qu'il faut recommencer de monter.

Nous demeurons etc. etc.

(Signés) d'Ingenheim.   la Grivelière.   Drouet.

XXVII.

Archive du Consistoire français   7. October 1709.
zu Berlin: M. S. Erman: Magdeburg
und (vollständig innerhalb
des Gesammtberichts) Geh.
Staatsarchiv Rep. 122. 18a. General. II.

La plûpart des familles qui la composent sont des ouvriers ou fabricans de bas d'étoffes de laine, et le plus grand nombre d'entre eux ne vivent que par leur travail au jour la journée, sans rien épargner, de sorte qu'aussitôt que l'ouvrage ou le débit leur manquent, **ils tombent à la charge de l'église.** Il y a actuellement dans la Colonie **700 métiers,** qui font par an environ **18000 douzaines de paires**

---

*) Geschrieben continué.

de bas, et il y a à proportion des ouvriers ou fabriquans en étroffes de toutes sortes. Tous ces gens se plaignent qu'ils n'ont pas le débit de leurs ouvrages et ils en exposent plusieurs raisons:

1º. Que la guerre en général et en particulier celle de Pologne avec la contagion qui l'a suivie et l'épuisement de la Saxe depuis l'invasion des Suédois sont cause que dans les foires ils ne trouvent personne pour acheter leurs marchandises, à moins qu'ils ne les donnent à grande perte.

2º. Qu'il n'y a presque pas de Marchands dans les Etats de V. M. qui leur achètent leurs marchandises, pour les porter en gros aux foires: ce qui fait que chaque ouvrier ou fabriquant est obligé de quitter son travail et de faire les frais d'aller lui-même aux foires pour y débiter son ouvrage: ce qui lui consumerait tout le profit quand même il le vendrait comme un marchand le peut vendre, parce qu'il en porte peu, et qu'un marchand y en porterait beaucoup et profiterait sur la quantité. Il arrive de là que les fabriquans qui ont des connaissances pour leur débit ou qui font assez d'ouvrage pour soutenir les frais de voyage aux foires, ne gagnent que très-peu, et que les autres qui font moins se ruinent tout-à-fait.

Ce sont proprement les deux points, savoir la diminution du commerce par le malheur du temps et le défaut de marchands qui se chargent de ces marchandises, qui rendent plus difficile le soutien de la Colonie française de Magdebourg, et même de toutes les fabriques françaises des Etats de V. M. D'où il arrive qu'en particulier à Magdebourg un grand nombre de ces petits ouvriers, qui dans un meilleur temps ne peuvent gagner que l'entretien de leurs familles, supplient V. M. de leur procurer les moyens de vendre leurs ouvrages ou de leur permettre d'emporter leurs métiers dans des lieux, où ils croient pouvoir subsister.

Mais comme cette demande est trop de conséquence, à cause du désir que l'on sait que quelques Princes voisins ont d'établir des fabriques françaises dans leurs Etats et même de faire pour cela de la dépense et de prendre des mesures pour les soutenir, nous ne prenons pas la liberté de la rapporter à V. M. afin qu'elle leur soit accordée, mais pour informer V. M. suivant notre devoir du veritable état des fabriques et remettre à la Sagesse Royale d'y pourvoir pour le mieux. Sur quoi nous croyons avoir assez réfléchi pour prendre la liberté de faire quelques ouvertures. Mais comme elles ne peuvent avoir lieu qu'en y employant un capital considérable, qui pourtant demeurerait assuré, nous n'osons rien proposer à cet égard dans le temps présent, à moins que V. M. ne trouve à propos de nous l'ordonner.

Laissant donc ces deux articles à part, nous prendrons la liberté de faire connaître à V. M. d'autres choses qui ont fait du tort à ladite Colonie de Magdebourg et auxquelles il est plus facile de rémédier.

Il y a longtemps que les ouvriers en bas désirent avoir entr'eux une **Maîtrise** selon le projet qu'ils ont envoyé à V. M. au commencement de cette année en la suppliant de le confirmer. Ils disent que la disposition générale de la ville de Magdebourg étant différente de celle de Berlin, il doit y avoir quelque diversité dans leurs statuts. Et ils supplient encore très-humblement V. M. de les confirmer tels qu'ils les ont et dont il nous ont donné une Copie que nous joignons ici. Les principales raisons qui les obligent à souhaiter cette maîtrise, sont: 1) Que n'en ayant pas eu ci-devant, les fabriquants ont fait un grand nombre d'apprentifs et ont fixé le terme de l'apprentissage trop court, ce qui a produit un grand nombre de mauvais ouvriers; 2º) que beaucoup de gens qui avaient d'autres professions, comme des boulangers et cordonniers, s'ont fait faire des métiers à bas et les ont rendus trop communs; 3) que le défaut de maîtrise a introduit la licence de faire de mauvais ouvrages qui ont décrié les bons.

Lesdits fabricans de bas représentent encore à V. M. qu'en attendant que par une maîtrise et dans un meilleur temps la fabrique des bas se rétablisse en bon état et se puisse augmenter, il est nécessaire de défendre de faire d'autres métiers à bas que ceux qui sont dejà faits et de faire défense d'en transporter hors des États de V. M. Il semble qu'il y ait de la contradiction à dire que le trop grand nombre de métiers à bas et la chute du commerce empêchent le débit des bas, et que cependant il se trouve encore des gens qui font faire des métiers neufs. Cela est cependant fort vrai. Et voici comment?

Le défaut de Maîtrise laisse à chacun la liberté de travailler comme il l'entend. Des gens qui ont un peu de capital font faire des métiers et les donnent à des ouvriers qui n'ont rien. Auxquels ils fournissent (ou d'autres en leur place) de la laine pour travailler dessus, à condition que chaque semaine l'ouvrier donnera une petite partie de son gain, pour payer peu à peu son métier. Et quand il a achevé de le payer, si le même ouvrier ne peut faire travailler ce métier sans un pareil secours en laine, il le vend à perte, pour l'envoyer hors des états de V. M. Et il en reprend un autre sous la même condition, favorisé en cela par la liberté qui a été accordée depuis plusieurs années de transporter des métiers à bas hors du pays, moyennant 10 Thlr. d'accise pour chacun; au lieu qu'auparavant il y en avait une défense précise et sans condition. Laquelle les dits fabricants supplient très-humblement V. M. de renouveler, par ceque plus il y aura de métiers hors de Ses États, moins ils auront d'espérance d'y pouvoir débiter leurs bas comme ci-devant.

Les Fabricans d'autres étoffes souhaitent de même d'avoir une maîtrise, sans laquelle, à peu près pour les mêmes raisons que celles des fabricans de bas, ils assurent qu'ils ne peuvent pas se soutenir. Ils supplient pour cela très-respectueusement V. M. de leur permettre d'en projetter les Statuts, pour en demander ensuite la Confirmation, ou de leur faire communiquer les Statuts des Maîtres de Berlin, afinqu'ils puissent voir, si ces statuts conviendraient à leur état.

Tous lesdits Fabricants tant de bas que d'étoffes représentent à V. M. que nonobstant la grâce, qu'Elle leur a voulu faire de leur accorder l'exemption des accises pour les marchandises louées de leurs fabriques pendant les Franchises, ils n'en jouissent cependant pas. Et qu'au contraire, bien qu'ils achètent leurs laines de marchands de Berlin qui en ont déjà payé l'accise et qui par conséquent la leur font payer avec le prix de la laine, ils sont encore obligés de la payer une seconde fois à Magdebourg, quand ils y amènent ces laines. C'est pourquoi ils supplient très-humblement V. M. de donner Ses ordres, afinque cela n'arrive plus.

Lesdits Fabricants supplient encore très-humblement V. M. de renouveler la défense qu'il Lui a plu ci-devant de faire aux apprentifs de quitter leurs maîtres et de defendre aux officiers militaires de les enroller, quand ils se présentent pour cela, comme la chose a déjà été faite.

Pour ce qui concerne les maîtres d'autres professions que les fabricans en laine, comme ils ont sujet de craindre d'être inquiétés par le Corps des Métiers lorsque la fin de leurs Franchises sera venue, ils supplient V. M. de vouloir donner là-dessus Ses ordres soit à Ses Commissaires nommés pour régler les affaires des maîtrises soit au magistrat allemand, conjoinctement avec le Directeur de la Colonie française, de les faire entrer gratis dans le Corps des Métiers qu'ils exercent, sans autre examen que celui de savoir s'ils sont nés en légitime mariage et s'ils savent bien leurs métiers, n'y ayant que ces deux causes que les maîtres des Corps peuvent raisonnablement demander d'eux.

Tous ceux des membres de la Colonie française de Magdebourg à qui il a été donné des places à bâtir suivant l'édit de 1685 supplient très-humblement V. M. de leur faire donner gratis des Décrets pour leur servir de Titres de ces places, la plûpart d'entr'eux n'étant pas en état d'en payer l'expédition.

Au reste le Lieutenant-Général de Börstel nous ayant averti qu'il était nécessaire de régler comment la Colonie **française** et celle de **Mannheim** se comporteraient à l'égard des gens de l'une de ces Colonies qui voudraient passer dans l'autre: Nous avons conféré là-dessus avec le Directeur de la Colonie française et avec le Syndic de la Colonie de Mannheim et, sous l'approbation de V. M., nous sommes convenus de ce qui s'en suit:

1.) Le Directeur de la Colonie française ne recevra ci-après aucun membre de la Colonie de Mannheim qu'il n'ait un billet dudit Syndic, portant son consentement à ce qu'il soit reçu dans la Française.

2.) Lorsque ledit Syndic donnera son consentement à ce qu'un membre de la Colonie passe dans la Française, il marquera sur le même billet, combien d'années de Franchises le sujet de question aura jouï dans la Colonie de Mannheim, afinque le temps de jouïssance passée soit compté dans le temps de franchise qu'il pourra prétendre dans la Colonie française.

3.) Le Directeur de la Colonie française ne recevra dans la Liste que des Réfugiés ou fils de Réfugiés qui selon les Edits de V. M. doivent jouir des Franchises.

4.) Comme il y a déjà quelques membres de la Colonie de Mannheim qui ont été reçus dans la Française, les Règles ci-dessus seront observées à leur égard.

Beausobre.   C. d'Ingenheim.
La Grivelière.   Drouet.

XXVIII.

Presbyterialprotokoll.   24. März 1710.
II, 69—71.

Requête

présentée à Sa Majesté au sujet de la Dédicace de notre nouveau temple.

Sire!

Dieu nous ayant fait la grâce de finir heureusement nos Collectes pour batir le temple que Votre Majesté nous a permis de bâtir, cet édifice étant même achevé par la bénédiction divine, nous nous trouvons indispensablement obligés de témoigner à Votre Majesté notre vive reconnaissance, puisque nous lui sommes redevables, après le secours de Dieu, de notre heureux succès dans une entreprise si sainte, mais si difficile par rapport à nous et à la conjoncture présente.

Si Votre Majesté, Sire, ne nous avait pas accordé sa puissante protection, si elle ne nous avait pas fait ressentir libéralement les effets de Sa Charité et si enfin elle n'avait, pas eu la bonté de nous recommander très-expressement aux Princes de notre voisinage, qui ont eu des égards particuliers à la patente, dont Votre Majesté nous avait honoré, nous avouons que bien loin d'être venus à bout d'un pareil dessein, nous n'aurions jamais osé l'entreprendre. Note nouveau temple, Sire, est donc Votre ouvrage. C'est de l'argent de Votre Majesté, de celui de Ses Sujets et de Ses Voisins qui y ont charitablement contribué, qu'il a été construit. Il est donc bien juste que maintenant nous lui donnions des marques de notre gratitude au nom de toute notre église.

Le Roi, dont naturellement nous étions les sujets, a fait démolir nos temples, où nous servions Dieu selon sa parole. Et Votre Majesté, Sire, qui nous a recueillis avec tant de marques de bonté dans notre dispersion, nous en a donnés et nous en a fait bâtir, où nous pouvons nous assembler en toute liberté. C'est à quoi nous sommes si sensibles que les termes les plus forts n'expriment que très-faiblement notre reconnaissance.

Mais, Sire, puisque Dieu nous a fait la grâce de mettre la dernière main à notre nouveau temple, il ne nous reste plus qu'à le consacrer au service de Dieu, à la gloire duquel nous l'avons construit. Nous supplions donc Votre Majesté, avec tout le respect qui lui est du, de nous fixer un jour pour en faire la dédicace; et nous La supplions très-humblement de nous faire l'honneur de nommer une personne pour y assister qui représente la personne sacrée de Votre Majesté.

Nous prenons encore la liberté, Sire, de prier bien humblement Votre Majesté de faire nommer les pasteurs, qui devront prêcher dans la solennité de ce jour et de leur faire donner les textes, qu'ils devront expliquer, comme Votre Majesté a accoutumé de faire dans de semblables occasions.

Ce sont les grâces que nous espérons de Votre Majesté, en faveur de laquelle nous faisons mille vœux. Dieu veuille répandre ses plus prétieuses bénédictions sur la personne sacrée de Votre Majesté, sur tous ses justes desseins, de même que sur toute la famille royale. Ce sont les voeux ardents et sincères de ceux qui sont avec un très-profond respect

Sire
de Votre Majesté
Les très-humbles, très-obéïssants, très fidèles et très soumis Serviteurs et Sujets
P. Jordan, min.

A Magdebourg
le 24me Mars 1710.

XXIX.

Magdb. Königl. Regier.-Archiv: 27. Juni 1719.
Kriegs- und Domainen-Kammer
Magdeburg Altstadt No. 108.
Vol. 1.

Friedrich Wilhelm König etc.

Unsern etc. Da wir wegen der **Pacht-Aecker**, so die Ackersleute zu **Magdeburg**, insonderheit die von der Französischen und pfälzischen Colonie, welche sich mit **Taback-Pflanzen** ernähren, bedürfen, so viele nachdrückliche Verordnungen noch zuletzt unterm 30 August 1717, 9 Mai 1718, 17 Januar und 27 April a. c. an Euch haben ergehen lassen und auch dabei zum öfteren zu erkennen gegeben, **dass wir besagte Colonie auf alle Weise befördert wissen wollen**, hätten wir billig uns ersehen, ihr würdet denen Leuten geholfen, oder wenigstens, warum solches nicht geschehen könne, Uns berichtet haben. Es ist aber zu Unserer grossen **Befremdung** nicht der geringste Bericht in dieser Sache von euch eingelaufen. Und anstatt, dass **denen Supplikanten mehr Aecker hätten verschaffet werden sollen**, sind ihnen im Gegentheil von Zeit zu Zeit diejenigen, die sie nun noch gehabt, abgenommen worden,*)

---

*) In der Abschrift steht: „oder Jenige, dass sie noch nun gehalt".

wie die an euch remittirten Vorstellungen und Supplicata, unter andern auch das hieneben gehend vom 14 dieses Monats, so einige Colonisten bei Uns allhier einreichen lassen, ausweisen. Wir befehlen dannenhero euch hierdurch nochmals allen Ernstes, dafür mit Nachdruck zu sehen, dass die Stifter denen Colonisten die benöthigten Pacht-Aecker um billigen Preis einthun und überlassen; auch habt ihr Uns ohn' ferneren Verzug zu berichten, wie ihr denen vorhin angezogenen Verordnungen ein Genügen leistet, und auf welche Art die Colonien am besten zu conserviren seien.

Daran gegeben. Berlin, den 27 Juni 1719.

An das Magdeburg. Commissariat.

(Aufschrift): Dem Magistrat der französischen Colonie allhier wird auf seine Vorstellung, wegen der an die Colonisten zu distribuirenden Aecker hiermit zur Resolution ertheilet, dass Königlichem Commissariat nicht bewusst, dass Se. Königl. Majestät von neuem einige Aecker für die Colonisten Allergnädigst verordnet haben sollten, und also desselben Vorschrift hierunter nicht gefüget werden könne.

Dat. Magdeburg, den 17 Juli 1719.

Königl. Preuss. zum Commissariat des Herzogthums Magdeburg Verordnete Director, Vice-Director und Räthe.

(gez.) H. v. Platen. Steinhäuser. v. Kraut. Cellarius.

XXX.

Geh. Staats-Archiv
Rep. 122. 18c.
Vol. XXI. 1712—1721.

9. Febr. 1686.
Berlin.

Je suis bien aise, Monsieur mon cousin! que Vous soyez tiré de la persécution et que Vous ayez encore sauvé une partie de votre bien. Si Vous venez en ce pays et que Vous vouliez y entreprendre quelque négoce et surtout quelque manufacture, j'espère que Vous pourrez y faire Vos affaires, et je

Vous ferai (!) donner tout le secours qui se pourra raisonnablement demander. Un voyage jusqu'ici pour voir si Vous y pourriez trouver Votre compte, ne coûteroit pas grande chose. Et je pourrois peut être Vous faire défrayer. Vous pouvez compter que j'ai quelques amis en ce pays, grâces à Dieu et que je ferai pour Vous tout ce qui dépendra de moi etc. etc. Je suis de tout mon coeur

  (Au dessus de la   (signé) Gaultier.
  lettre est Monsieur   (ministre de la parole de
  Claparède, marchand,   Dieu.)
  chez Monsieur Reynard dans
  Le nest (?)*) à la ville de Montpellier à Amsterdam.

An den Fürsten von Hildburghausen.   7. October 1720
                        Berlin.

Wir können Euer Durchl. hierdurch nicht enthalten, wie dass Wir benachrichtiget worden, dass der Assessor bei unserem französischen Gericht zu Magdebourg, Claparède, seinem geleisteten Eid und Pflicht, auch der von ihm auf 1000 Thlr. gestellten Caution zuwider, in dero Landen und Schutz sich begeben, ohne vorher wegen der bei Uns genossenen Freiheit und anderer Beneficien sich abzufinden; ja sogar, dass besagter Claparède sich erkühnet habe, unter dem Vorwand der von Eur. Durchl. darüber habenden Ordre Unsere getreuen Unterthanen französischer Nation, welche jedennoch solcher Verführung bisdahero kein Gehör geben wollen, an sich und nach Hilpershausen (= Hildebertshausen, Hildburghausen) zu ziehen.

Nun zweifeln Wir nicht, es werde Eu. Durchl. solch strafbares Verfahren, worin Wir Uns die gehörige Ahndung wider den in Unserer Pflicht annoch stehenden Claparèden ausdrücklich vorbehalten wollen, Ihrerseits nicht approbiren, viel weniger aber Unsere französische Unterthanen, ehe und bevor sie gerichtliche Attestate beigebracht, vor ihrem Abzug wegen der genossenen Freijahre und Avances Richtigkeit gemacht

---

*) Etwa nid? Es scheint Wirthshausschild zu sein.

zu haben, in Dero Landen einiges Etablissement verstatten und dadurch zu allerhand bösen Folgerungen Anlass und Gelegenheit geben, bevorab da dergleichen Verführ- und Aufnehmung der ausgetretenen Unterthanen in der Reichs Constitutione verboten und abgestellt worden. Daher Wir denn auch an Eu. Durchl. vetterlich hiedurch gesinnen, Sie wollen geneigt gelieben, mehrerwähnten Claparèden's Effekten, da Wir dessen Persohn vieler Ursache halber aus Unsern Landen (nicht?) gern entfernt sehen, so lang mit Arrest belegen zu lassen, bis Wir genaue Erkundigung eingezogen haben werden, ob und was für Vorschuss selbigem geschehen sei? Uebrigens aber keine von Unsern französischen Unterthanen, ehe und bevor er seine Entlassung mittelst eines gerichtlichen Attesti dociret, einigen Schutz zu leisten. Wir seind daher gern erbötig, solches in dergleichen und andern Fällen zu erwidern. Berlin, den 7 Oktober 1720.

Gegengez. Cnyphausen. de Forcade.

XXXI.

K. Reg.-Archiv zu Magdeburg: 23. Januar 1721.
Alt-Stadt Magdeb. 108. F.

A Leurs Excellences Messieurs le Directeur, Vice-Directeur et Conseillers du Commissariat Royal, établi par Sa Majesté au duché de Magdebourg.

Messieurs!

Les maistres jurés de la maitrise des bas et autres manufacturiers supplians et soussignés prenent la hardiesse de Representer à Vos Excellences, que la fabrique des Bas allant depuis plusieurs années de mal en pis, cette decadence leur a fait prendre la resolution à plusieurs de leur corps, qui entendent la fabrique de toute sorte d'étoffe de laine, d'augmenter considérablement ladite fabrique, et de se prevaloir de l'avantage qu'il a plu en grace à Sa Majesté de leur procurer par l'augmentation des impots sur toute sorte de marchandises en laine étrangères. Lorsqu'ils ont pris cette resolution, ils ont fait fonds, Messieurs, principalement sur le Moulin à foulon, qui appartenoit à la Colonie françoise, comme à la principale chose dont ils avoient besoin, et sans laquelle il leur seroit impossible de pouvoir réussir. Ils y contoient d'autant plus, Messieurs, puc le susdit foulon a été donné à perpétuité par Son Altesse Electorale **Le Grand Friederich Guilhaume** de Glorieuse Memoire, pour servir à la Colonie françoise, et qu'il ne pouvoit par conséquent estre vendu ou aliéné qu'à un des membres deladite colonie.

Il se trouve cependant, Messieurs! que ledit foulon a été à notre grand préjudice vendu et adjugé à la dernière enchère pour la somme de cinq cens Risdalles au corps des Drapiers Allemands de cette ville, qui en a déjà un. Et cela s'est fait pendant que la pluspart des manufacturiers supplians étoient à la dernière foire de Leipzig.

C'est ce qui leur fait prendre la hardiesse, Messieurs! de s'adresser à Vos Excellences, pour les supplier de vouloir ordonner au Magistrat de la Colonie françoise, que ledit foulon, qui appartient de droict aux suppliants, soit livré et adjugé à Jauffrés Laurens, membre de la Colonie françoise, pour la susdite somme de Cinq cens Risdalles; lequel Jauffrés Laurens ils ont unanimément choisi et cela d'autant plus volontiers qu'il a eu ledit foulon dès le commencement et pendant plusieurs années, et qu'ils n'ont jamais été si bien servy que dans ce temps là.

De vouloir casser et annuller, comme non avenu, tout ce qui a été fait ou pourroit se faire, contre la très humble demande des suppliants.

Vos Excellences ont trop de lumière pour ne pas connoitre que les suppliants n'avancent que la vérité, quand ils prenent la liberté de Vous assurer, Messieurs, qu'il leur seroit impossible de réussir à leurs fabriques, quel soin qu'ils se donnassent d'ailleurs, si leurs étoffes n'étoient foulées par des gens qui y feussent bien entendus par une longue pratique, et les Drapiers de cette ville le sont sy peu, qu'à peine ils savent fouler leurs draps.

Cette affaire est d'une si grande conséquence pour leurs manufactures, que sans cela, Messieurs! ils se verront réduits et obligés malgré eux, à quitter la fabrique de toutes les sortes d'étoffes, qui passent par le foulon. Et quoyque cette conséquence soit tres connue, ils n'ont pu obtenir le delay que jusques à Lundi prochain, ce qui oblige les supplians d'avoir recours à Vos Excellences pour les supplier qu'au cas qu'elles trouvent à propos de prendre une plus ample connoissance de l'affaire en question, avant de leur accorder leur demande; de vouloir du moins ordonner un plus long delay et jusques au retour de la foire de Braunschweig, pour laquelle ils sont obligés de partir au premier jour. Nous continuerons, Messieurs! nos voeux et nos prières pour la prospérité de Votre Vénérable corps et sommes avec tout le respect et la soumission possible,

      Messieurs!

     De Vos Excellences

     Les tres humbles et tres
A Magdebourg,   obéissans serviteurs
le 23. Janvier 1721.   Jacob Mallein, mêtre juré.

    Motton, mestre juré.

Ph. Riquet. Tansard. Bouzanquet. Fontanieu. Jacob Grandam. Elie Serviere. Pierre Huguet. Sujol. Jacques Roux. Anthoine Niel. Simon Savoye. Illaire. Jean Arbaletrier. Murier. Anthoine Estienne. M. Couriol. Paul Drouin. Soulerol. C. Couriol. J. Pascal. Malhiautier. pour Solerol*) Blisson. Mejan. Jacques Blanc. Jean Guiraud. David Beranger. Jeauffres Laurens. David Perrin. Daniel Douzal. Guillaume Laurens. pour Robert*) Charles Hugues.

---

*) Wahrscheinlich konnte Solerol II und Robert nicht schreiben. Es ist dieselbe Hand und Tinte, die in ihrem Auftrage schreibt: vielleicht der colportirende Innungsdiener. Jedenfalls ist es eine ganz andere Hand als Soulerol I. und alle Uebrigen.

XXXII.

31. Decembre 1721.

Role des François Refugiez à Magdebourg.*)

	Noms des personnes	Qualitez metiers et Professions	l'age	hommes	femmes	fils	filles	Domestiques	Total des personnes
1	Mr. Garnault	Ministre	56	1	1			1	3
2	Mr. Jordan et sa soeur	"	55	1	1		2	1	5
*3	Mr. Pelloutier et sa mère	"	31	1	2		1	1	5
*4	Dav. Angély	Lect. et Chantre	27	1	1	1		1	4
5	Le Jeune de Montaud	Directeur	58	1	1		4	2	8
6	Jean Mainadié	Assesseur	61	1	1	1	1	1	5
7	Anth. Charles (93)	"	55	1	1			2	2
8	Jac. Chatillon (205)	"	51	1	1			1	3
9	Anth. Fabre (122)	" et Greffier	49	1	1			2	4
10	Jean Sabatéry (137)	Procureur	76	1	1			1	3
11	Gilles Bruel	"	46	1	1	2			4
*12	André Pelet	Procureur du Roy	32	1					1
13	Jean Breinat	Huissier	31	1	1	1	1		4
*14	Mr. de Boyverdun	Lieut. Colonel	56	1	1		1	5	8
*15	Mr. de la Bergerie	" "	55	1				2	3
*16	Isaac Mesmyn	Conseiller du Roy	51	1	1	1		1	4
17	Pierre Thorel	Intendant	51	1	1		1	4	7
18	Jaq. Reynet (41)	Dr. en medecine	61	1	1	1	1	1	5
19	Dan. Eynard (279) et la Dem. Dupon.	Marchands	51	1	2			2	5
20	la veuve Girost (179)		46		1	3	2	4	10
*21	Jaq. Cuny	Marchand	25	1	1			1	3
22	Abrah. Gandil	"	31	1				3	4
*23	Anth. La Rocque	"	31	1					1

*) Die völlig neuen Namen sind mit einem Stern bezeichnet, während bei denjenigen Personen, die sich schon in der Liste von 1703 angeführt finden, die Nummer des früher mitgetheilten Verzeichnisses in Klammern angegeben ist.

	Noms des personnes	Qualitez metiers et Professions	l'age	hommes	femmes	fils	filles	Domestiques	Total des personnes
24	Je. Gabr. Mucel	Marchand	36	1	1	2		2	6
*25	Dan. Maquet	„	31	1	1	1	1	2	6
26	A. Malhiautier (52)	„	81	1					1
27	P. Malhiautier et son Pere et frere	„	41	3	1		1	1	6
28	Math. Ravanel (168)	„	51	1				1	2
29	A. Rafinesque (34)	„	46	1				1	2
30	Jean Vieux	„	36	1	1		4	2	8
31	Pier. Valentin (127)	„	61	1	1	1	2	1	6
*32	David Douzal	„	61	1	1			3	5
33	Balth. Arnal	„	46	1	1	4	2	1	9
34	J. Emanu. Ageron	„	41	1	1		1	1	4
35	La Veuve Couriol	„	46		1			2	3
*36	Louis Payan	„	27	1			1		2
*37	Jean Dusarat	„	36	1		1		1	3
38	Jean Faucher (240)	„	46	1	1	1	2		5
39	la Veuve Villas sa mere et sa soeur	„	51		3			1	4
*40	Pier. Baratier	„	46	1	1	2	2	1	7
*41	Abrah. Bonte	„	36	1	1		2	4	8
*42	Dan. Goguelin	„	54	1	1		2	1	5
43	Anth. Charles et son frere	Horlogers	29	1		1		3	5
*44	Dav. Benazech	„	36	1	1		1	3	6
45	Isaac Philippon	„	31	1					1
*46	Theoph. Garcein	„	26	1				2	3
47	Jaq. Garrigues	Jouaillers	41	1	1	2	2	3	9
*48	Mich. Gimel								
*49	Noé Barthelemy	Orphevres	31	1	1	1		1	4
*50	Dan. Remy		31	1	1		1	2	5
51	Dav. Coutaud	Chirurgiens	61	1	1	1	1	2	6
52	Thom. Causse (255)	„	51	1	1	1		5	9
53	Jean R. Gachet	„	41	1	1			3	5
54	Pier. Reynet (109)	„	56	1	1		2	2	6
55	la Veu. A. Voyzin (274)	„	44		1	1	2		4
56	Paul Lo. Voyzin	„	27	1				1	2
*57	Isa. Solier	„	51	1			3	1	5
58	Jean Vincent	„	31	1				1	3
59	Jac. Bouzanquet (73)	Manufacturiers en bas	56	1	1	3	1	8	14
60	Ray. Bonnaud		61	1	1				2

	Noms des personnes	Qualitez metiers et Professions	l'age	hommes	femmes	fils	filles	Domestiques	Total des personnes
61	Jean Bernard (62)	Manufacturiers en bas	62	1	1		2		4
62	Sam. Bouvier (155)	"	61	1	1				2
63	Jean Bouvier	"	31	1	1	1	2	5	10
64	Pierre Bouvier	"	27	1	1		1	4	7
65	la veuve Bonnaud (64)	"	36		1		1		2
66	la veuve Barnier	"	61		1				1
67	la veuve Albalétier	"	51		1	3	1		5
68	David Béranger	"	51	1	1			1	3
69	And. Bauquier (30)	"	61	1	1	1	1	3	7
70	Sim. Bauquier	"	31	1	1	1		3	6
71	Charl. Couriol	"	51	1	1	1	2	6	11
72	Anth. Deylaudt	"	46	1	1			1	3
73	Dav. Derretz	"	61	1	1		3	1	6
74	Sam. Daleyrac (180)	"	61	1	1				2
75	Jean Escoffier	"	31	1	1	2	1	1	6
*76	Anth. Etienne	"	46	1	1	1	1	5	9
77	Pier. J. Fabre (63)	"	55	1	1			1	3
*78	Pier. Fontanieux	"	50	1	1	2	3	4	11
79	la veuve Guiraud (75)	"	51		1	2		1	4
80	Char. Huguet (370)	"	49	1	1	1	2	5	10
81	Pier. Huguet	"	41	1	1			6	8
82	Anth. Illaire père (139)	"	61	1					1
83	Jac. Illaire fils	"	27	1	1	1		8	11
84	Guill. Laurens (235)	"	53	1	1	2	1	4	9
85	Joffroy Laurens (35)	"	55	1	1	2	2	4	10
86	Jac. Mallein (215)	"	51	1	1		2	7	11
*87	Franç. Meurier	"	60	1	1	1	1	3	7
88	Dav. Motton	"	46	1	1			6	8
89	Dav. Perrin et son Père (413)	"	40	2	1	2		3	8
90	Anth. Pradelles (197)	"	59	1	1			2	4
91	la veuve N. Pascal (208)	"	44		1	4	2	6	13
92	Anth. Puech (251)	"	56	1	1	2	1	5	10
93	Jaq. Roux (36)	"	51	1		1	1	6	9
94	Jean Sarran (284)	"	56	1	1				2
95	Jean Séguin (81)	"	56	1	1		1		3
96	la veuve Souleyrol	"	54		1		1	1	3
97	Honnoré Souleyrol	"	56	1	1			1	3

— 246 —

	Noms des personnes	Qualitez metiers et Professions	l'age	hommes	femmes	fils	filles	Domestiques	Total des personnes
*98	Sim. Savoye	Manufacturiers en bas	51	1	1	2	1	5	10
99	Elie Servière (408)	″	55	1	1			2 5	9
100	Pier. Tansard (19)	″	56	1	1	1		5	8
101	Guil. Arlaud (68)	″	56	1		1		4	6
102	la veuve Bauquier (388)	″	26		1	2		4	7
103	Pierre Blanc (5)	″	61	1	1				2
104	la veuve Blisson (40)	″	51		1	1	1	4	7
*105	la veuve Caslat et son fils	″	51		1	1			2
106	Anth. Calvas	″	36	1	1		1	1	4
107	la veuve Couriol	″	51		1	2		3	6
*108	Jean Deleuze	″	45	1	1	1		2	5
109	Jaq. Farjon	″	51	1	1			3	5
*110	Jaq. Gaussorgues	″	36	1	1	1		3	6
111	Elie Geay (97)	″	61	1	1			2	4
112	Jaq. Noé Huc (233)	″	31	1	1	1		5	8
113	Abrah. Journieux (148)	″	55	1	1			4	6
114	Jaq. Jullien (289)	″	51	1	1	1	1	3	7
115	Fran. Jourdan	″	45	1	1	3	3	4	12
116	la veuve Je. Laurens	″	56		1			2	3
117	Paul Ménard	″	41	1	1	3	1	5	11
118	Esaye Maynaud (210)	″	56	1	1	1		5	8
119	Guill. Ménard	″	43	1	1	2	1	4	9
120	Anth. Niel (360)	″	46	1	1		1	5	8
121	Charl. Noir	″	43	1	1		1	4	7
122	Anth. Robert	″	41	1	1	2	2	7	13
123	Pier. Roussel (17)	″	59	1	1			4	6
124	Paul Rivière	″	56	1		1	1		3
125	Abrah. Souchon (268)	″	41	1		1	2	3	7
126	Anth. Sabatier	″	36	1	1	1	1	5	9
127	Pierre Sujol	″	41	1	1	1	1	2	6
128	Jean Chartier (207)	Manufacturier en Draps	61	1	1	3		1	6
*129	Balth. Armand	Faiseurs de bas	36	1	1	2	1	3	8
*130	Dan. Achtnau	″	41	1	1	2		2	6
131	Etien. Baldy (379)	″	36	1	1	1	2	2	7
*132	Jean Bruguier	″	46	1	1	1		1	4
*133	Etien. Boucoiran	″	41	1	1	2	2	1	7
134	Moise Bellier	″	41	1	1	1	1	1	5

— 247 —

	Noms des personnes	Qualitez metiers et Professions	l'age	hommes	femmes	fils	filles	Domestiques	Total des personnes
*135	Ceph. Breton	Faiseurs de bas	46	1	1	1		7	10
136	Anth. Cherfis	"	59	1	1			1	3
*137	Dan. Combier	"	31	1	1				1
138	Jean Chazelon	"	36	1	1	2	1	2	7
139	Pier. Brouet	"	39	1	1		1	1	4
140	Fran. Chazelon (313)	"	35	1	1	1	1	1	5
141	Paul Drouin (429)	"	46	1	1			2	4
142	Jean Fauquignon (422)	"	41	1	1	1	1		4
*143	Henri Fine	"	31	1	1			1	3
144	Jean Girard	"	46	1	1	2	1	3	8
145	D. Girard et sa mère	"	27	1	1			1	3
146	Fran. Guiot	"	36	1	1	1		1	4
147	Thom. Hugues	"	41	1	1	1		3	6
148	la veuve Jullien (289)	"	31		1	1	1	2	5
149	Nic. L'hermet	"	46	1				2	3
150	la veuve Martin	"	36		1	1	1	2	5
151	Pier. Martin	"	39	1	1	2	4	1	9
152	Anth. Montel	"	37	1	1		2	2	6
*153	Pierre Muller	"	46	1	1	1	1	3	7
154	Pierre Mellon (372)	"	46	1	1	4		1	7
155	Pierre Olivier	"	36	1	1		1		3
156	Jean Perrin	"	36	1	1			1	3
157	Anth. Pourroy (48)	"	41	1	1	1	2	2	7
158	Isaac Pourroy (11)	"	43	1				1	2
159	Jaq. Peyre (44)	"	56	1	1	2		2	6
*160	Jean Pallein	"	41	1	1	1	1	1	5
161	And. Robert	"	36	1	1	1	2	2	7
162	Jean Raffet (59)	"	60	1	1	1	2	3	8
163	Jean Roux (373)	"	47	1	1	3	3	1	9
164	Pierre Roux	"	41	1	1			1	3
165	Anth. Riviere (260)	"	46	1	1	1		2	6
166	Jean Rigal	"	56	1	1	1		1	4
167	Louis Roure	"	61	1	1	1		2	5
168	Jean Souchon	"	41	1	1	1		2	5
169	Charl. Soulier	"	31	1	1	1		1	4
170	And. Valleton	"	36	1	1			1	3
171	Isaac Cocu	"	33	1	1	1		2	5
*172	la veuve Maigre	"	40		1	2		1	4
173	Jaq. Blanc	"	31	1	1	1	1		4

	Noms des personnes	Qualitez metiers et Professions	l'age	hommes	femmes	fils	filles	Domestiques	Total des personnes
174	Guill. Autier	Peigneurs de laine	46	1	1	2		1	5
*175	Jean Arnaudon	"	53	1	1				2
176	Claude Aube (50)	"	56	1		2	1	1	5
177	Pier. Barnier	"	61	1		1	1		3
*178	And. Gaspard	"	31	1	1		1		3
179	Math. Bosmian	"	46	1					1
180	Jaq. Baudouin (299)	"	46	1	1			1	3
181	Pier. Bessiere	"	59	1	1				2
182	Dav. Carriere (381)	"	46	1	1	1	2	1	6
183	Isa. Brunel	"	51	1				2	3
184	Sim. Berger	"	46	1	1	2	1		5
185	Ant. Cayla	"	41	1	1	1	2	1	6
186	And. Combe	"	36	1	1				2
187	Jaq. Coudère	"	51	1	1		1		3
188	Paul Chauvet	"	46	1	1	1		2	5
189	Clem. Chag (103)	"	53	1	1	2	3		7
190	Dav. Carrière	"	46	1	1	1	2		5
191	Pierre Chamand	"	41	1	1	2			4
*192	Charles Dumas	"	36	1	1		1		4
193	Maur. Ducros	"	36	1	1	1			2
*194	Louis Fort	"	39	1	1	2	1	1	6
195	Jaq. Gras (230)	"	51	1	1	1			3
*196	Paul Galafrez	"	37	1	1	2		1	5
197	Claude Gueydan (228)	"	51	1	1	2			4
198	Claude Gilles	"	53	1	1		1	1	4
199	Dav. Gras (234)	"	51	1	1		2	1	5
200	Jean Huguet	"	46	1	1	1			3
*201	Gasp. L'Orient	"	46	1	1		1		3
*202	Jaq. La Menes	"	51	1	1		3		5
*203	Jean La Sale	"	41	1	1		1		3
*204	Jaq. Martineau	"	43	1	1	1	1		4
205	Pier. Menard (61)	"	66	1	1				2
*206	Fran. Morian	"	46	1	1				2
*207	Je. Pi. Nieson	"	46	1	1				2
208	Simon Nicolas (156)	"	51	1					1
*209	Jean Beladan	"	49	1	1		2		4
*210	Sim. Peyric	"	41	1	1		1		3
211	Joseph Rouman	"	46	1	1				2
212	Isaac Roussel	"	43	1	1	1			3

	Noms des personnes	Qualitez metiers et Professions	l'age	hommes	femmes	fils	filles	Domestiques	Total des personnes
213	Pier. Roussel (17)	Peigneurs de laine	46	1	1				2
214	Pierre Ris (362)	"	51	1	1	3	1		6
215	Herc. Roux (283)	"	51	1			1	1 1	4
216	Pierre Salindre (161)	"	55	1	1	1			3
*217	Je. Pi. Soit	"	49	1	1				2
*218	Pier. Souvayradel	"	71	1	1	1			3
219	Dav. Arnoux (187)	Cardeurs de laine	59	1	1		1		3
*220	Joseph Carron	"	41	1	1			2	4
221	Paul Fauritte (128)	"	66	1					1
222	Dav. Foulquier (243)	"	81	1					1
*223	Dan. Giloin	"	41	1	1	1	2	1	6
224	Jean Huguet	"	51	1	1		1		3
*225	Nicol. Nouvel	"	46	1	1		2		4
226	Jean Ode	"	53	1	1	1			3
227	Jaq. Portes (287)	"	46	1	1				2
228	Anth. Roux (76)	"	61	1	1		1		3
229	Josephe Tueeh (130)	"	61	1	1		1		3
230	Etienne Béranger (352)	"	61	1	1				2
231	Pierre Bessière (297)	Fouleur de bas	59	1	1				2
*232	Dan. du Chesne	"	46	1	1	1	3		6
233	Jean Roure (12)	"	59	1	1	1			3
*234	Louis Rigal	"	51	1	1	1	2	2	7
*235	Jean Soucal	"	55	1	1				2
*236	Pierre Pelet	ouvrier en Etoffes	60	1	1	2			4
237	Louis Cavalier	faiseur d'Etoffes	51	1			1		2
238	Esprit Gilles	Batteurs de laine	46	1	1		1		3
*239	Jaq. Lafond		46	1	1				2
240	Pierre Gandin (91)	Serger	61	1	1	1			3
241	Guill. Hugues (218)	Tigreurs de laine	51	1					1
*242	Jaq. Sens		59	1	1				2
*243	Jean Anezi		51	1	1		2		4
244	Jean Martin, père	Apreteur de bas	66	1					1
245	Jean Martin, fils		36	1	1	1	1		4
246	Etienne Ougier (262)	Ouvrier	51	1	1		2		4
247	Frider. Bez (29)	Ouvrier tapissier	51	1	1	1			3
248	la veuve Paris (57)	Tondeuse	56		1	2	2	2	7
249	Jac. Serville	Tisserand	56	1	1				2
250	Jean Assier (119)	Chapeliers	61	1				2	3
*251	Jean Douilhac		43	1	1		1	4	7

— 250 —

	Noms des personnes	Qualitez metiers et Professions	l'age	hommes	femmes	fils	filles	Domestiques	Total des personnes
*252	Henry Guillaume	Chapeliers	36	1	1		1		3
*253	Gab. Malbranche	"	59	1	1		1		3
254	la veuve Peloux (24)	"	46		1	1	5	4	11
255	Anth. Roux (76)	"	57	1	1				2
*256	Pierre Verry et sa mère	"	33	1	2		1		4
257	Etien. Peloux	"	29	1					1
258	Jean Bonnet (42)	Teinturiers	33	1	1		2	1	5
259	Domi. Coste (309)	"	46	1	1		1	1	4
*260	Arnaud Delmast	"	40	1	1	1	2	1	6
261	Pierre Gandil (183)	"	61	1	1	1		4	7
*262	Jaq. Galafrez	"	36	1	1	2			4
263	Pierre Ménard (61)	"	35	1	1	1	2		5
264	Jean Roussel	"	31	1					1
265	Pierre Aubissard (151)	Fourniers	61	1	1	2			4
*266	la veuve Connort	"	61		1				1
267	Henri Toussain (90)	"	56	1	1				2
*268	Jean la Garde	"	32	1	1	2	1		5
269	Felix Brouet et sa mère (9)	Boulangers	53	1	2	1	2	1	7
270	H. Brouet dit Lamothe	"	33	1	1	1	1	1	5
*271	Jean Guill. Meyran	"	26	1	1		1	1	4
272	Jac. Roux (36)	Plant. de Tabac	69	1	1				2
273	Sim. Pier. Roy	Vend. du caffé	59	1	1	1	2	2	7
274	Jaq. L'orphelin (131)	Brandevinier	54	1	1			1	3
*275	la veuve Favrost	"	46			1	2	2	6
*276	Dan. Chayer	Pôtier d'Etain	55	1	1	1			3
277	Paul Bertrand	Fondeur	36	1	1	2	1		5
*278	Deziré Ruzé	"	33	1	1			1	3
*279	Etien. Terrasse	"	46	1	1			1	3
280	Jaq. Boudes (220)	Faiseur d'aiguilles	56	1			1	4	6
*281	Louis Royer	"	33	1	1		1	1	4
282	Pierre Coulomb (99)	"	46	1	1	1		3	6
*283	Louis Sessou	Coutelier	42	1	1			1	3
284	Math. Aubanel	Fais. d'Equilles	46	1	1	1	2	1	6
*285	Pierre Bataille	Couteliers	31	1	1	1	1	1	5
*286	Abrah. Balon	"	42	1	1	1	1		4
287	Dan. Schwabe	"	41	1	1	2	2		6
288	Jean. M. Bernard	Serruriers	33	1	1		1		3
*289	Scipi. Deleuze	"	41	1	1	2	2	2	8
*290	Dan. Deleuze	"	46	1	1		1	4	7

	Noms des personnes	Qualitez metiers et Professions	l'age	hommes	femmes	fils	filles	Domestiques	Total des personnes
291	Pierre Labry (82) [fils]	Serruriers	61	1		2	2	1	6
*292	Dom. Manniglier	"	36	1	1	1	1	2	6
*293	Philipp Villaret	"	49	1	1		2		4
294	Fran. Anguiviel	"	51	1	1		1	3	6
295	Claud. Dupau (124)	Armurier	51	1			1		2
296	Pierre Dupau	Fais. de Boucles	50	1	1	3			5
*297	Gorg Marot	Fourbisseur	54	1	1			3	5
*298	Pierre Amalric	Garnisseur Iapicier	51	1	1		2		4
299	la veuve René Dan	Pellettiere	35		1		1	2	4
300	Phil. Boignier (389)	Gantiers	51	1					1
301	Jean Boignier	"	29	1	1		1	2	5
302	Lo. Chazelon et sa mere	"	39	1	1			2	4
*303	Louis Castel	"	30	1	1			1	3
*304	Paul Jouvancel	"	29	1	1	1	1	5	9
305	Jean Laussire	"	36	1		1		1	3
306	Paul Berard	Apreteur de fil	46		1	1	1	1	4
307	Jaq. Roux (36)	"	46	1	1		1	1	4
308	Pierre Flotard (190)	Cardiers	56	1	1		2	1	5
309	Josèphe Vien (273)	"	30	1	1	1	2	1	6
*310	Anth. Labourier	Aiguizeur	56	1	1				2
311	Jean A. Cornet (2)	Boutonniers	36	1	1	1		2	5
312	la veuve J. Cornet (2)	"	61		1			3	4
*313	Jaq. Odemar	"	51	1	1	5		2	9
314	Hub. Richard (292)	"	55	1	1		3	2	7
*315	Germ. Castel	Blanchers	28	1					1
*316	Pierre Borne	"	27	1					1
317	Pierre Crégut et deux Soeurs	"	33	1	1		2		4
*318	Tous. Dugues	"	31	1	1		1		3
319	Barth. Plan	"	41	1	1			2	4
320	la veuve J. Plan (162)	"	46		1			2	3
321	Pierre Perrin (232)	"	51	1	1	4	3	3	12
322	Barth. Martin	Masson	33	1	1			6	8
*323	Louis Croce	Menuisier	36	1	1				2
*324	Philip. Galloy	"	36	1	1	2		1	5
325	Jaq. Philiponnat	"	41	1	1	3	1	1	7
326	Jaq. Roumane (27)	"	59	1	1		2	1	5
327	Jean Rapin	"	51	1		1	1	1	4

— 252 —

	Noms des personnes	Qualitez metiers et Professions	l'age	hommes	femmes	fils	filles	Domestiques	Total des personnes
*328	Char. Terrein	Menuisier	31	1				1	2
329	Isaac Cocu	"	31	1	1	1	1	1	5
330	Fran. Huguet	"	51	1	1	2	1		5
*331	Jaq. Delarche	Perruquier	33	1	1	1	1	2	6
332	Ben. Dinant	"	36	1	1		1	1	4
333	Moïs. Garrigues	"	26	1	1		1	2	5
*334	Jean Houssar	"	29	1	1		1		3
335	Guill. Nichil	Aubergiste	59	1		1	1	2	5
336	Jaq. Piélat (33)	"	61	1	1	1		1	4
337	Jean Nicolas (419)	"	51	1	1	1		2	5
*338	Paul Breton	Tailleurs	46	1	1	1	2		5
339	Anth. Barez	"	46	1	1	2	3	4	11
340	Joseph Duplan (247)	"	51	1	1	2		5	9
*341	Augus. Demar	"	81	1					1
342	Barth. Lègue (83)	"	53	1	1	3	3		8
343	Moise Peupin (181)	"	59	1	1		2		4
*344	Fran. Herlan	Cordonniers	51	1	1		3	2	7
345	Marc. Bernard (239)	"	56	1	1			2	4
346	Dav. Charpentier	"	41	1	1	3	2	2	9
347	Anth. Bousquet (98)	"	53	1					1
348	Pierre Gilles (79)	"	55	1	1	1			3
349	Anth. Laussire	"	41	1	1	2	1	3	8
350	Ray. Mommejan (157)	"	52	1	1			4	6
351	Sam. Mommejan	"	49	1	1	2		2	6
352	Jean Paquin	"	36	1	1	2	1	4	9
*353	Fran. Tourtre	"	49	1	1	1	1		4
354	Jaq. Soulier	"	31	1	1			2	4
355	Pierre Soulier (291)	Savetier	66	1	1				2
356	Jean Vien	"	56	1	1		1		3
*357	Char. Gautrec	fais. des formes	51	1	1	2			4
*358	Jean Ja. Mommary	maitre de lange	41	1	1			1	3
359	Fran. Castang	"	31	1	1		1		3
360	Alex. Agé (60)	Marguillier	51	1	1	1	2		5
361	Pierre Arqués (84)	Fossoyeur	51	1	1		2		4
362	Pier. André (266)	Hospitalier	46	1	1	1			3
363	Dan. Garnier (82)	"	61	1	1		1		3
364	la veuve Valentin (6)	Vivent comme Elles peuvent	41		1		2	1	4
365	la veuve Flavard (132)	"	46		1			1	2

	Noms des personnes	Qualitez metiers et Professions	l'age	hommes	femmes	fils	filles	Domestiques	Total des personnes
366	la veuve Foissin (173)	Vivent comme Elles peuvent	41	1	2		1		4
367	la veuve Lugandi (10) sa sœur et une niece	"	61		2		1	1	4
368	la veuve Mr. Billot et un neveu	"	66	1	1			1	3
*369	Les Enfans Danger	"	20			3	2	1	6
*370	la veuve de Macel	"	39		1	3	1	1	6
371	la veu. Garnier	"	61		1				1
372	la veuve Assier	"	56		1		1		2
373	les hoirs Béchier	"	61			1	2		3
*374	les hoirs G. Peyric	"	15				3		3
*375	la veuve Croze	"	61		1		1		2
376	la veuve Cabanis	"	36		1	1	1		3
377	la veuve Clérans	"	51		1				1
*378	la veuve Charpinel	"	51		1	1	1		3
379	la veuve Alègre	"	56		1		1	1	3
380	la veuve Espérendieu	"	51		1				1
*381	la veuve Grizot	"	53		1	1		1	3
382	les hoirs C. Garnier	"	31			1	1		2
*383	la veuve Galabin	"	81		1				1
384	la veuve Garrel	"	46		1				1
385	la veuve T. Garrel	"	46		1		6		7
*386	la veuve Giron	"	61		1				1
387	la veuve Garrigues	"	51		1		1	1	3
388	la veuve Lautier	"	59		1	1	1		3
*389	la veuve Lafont	"	41		1		3		4
390	la veuve Lu. Martin	"	61		1				1
391	la veuve J. Martin	"	61		1	1	1		3
392	la veuve Meffre	"	61		1				1
393	les hoirs Maynadié	"	16				4		4
394	les hoirs Randon	"	11			1			1
395	la veuve Roche	"	67		1				1
396	la veuve Andry	"	56		1	1			2
397	le femme J. Roussat	"	49		1				1

Noms des personnes	Qualitez metiers et Professions	l'age	hommes	femmes	fils	filles	Domestiques	Total des personnes

Hors de la porte d'Ulrich.

*398	Sav. la Roze	Gardeur des Casernes	50	1	1		1		3
399	Paul Mathieu (369)	Jardiniers	41	1	1	1		4	7
400	Pierre Toussain (214)		61	1	1	6	1	5	14

à la Ville Neuve de Magdebourg.

*401	Martin Dubois	Brasseur	60	1	1	3		8	13
402	Louis le Jeune	planteur d. Tabac	61	1	1		1	2	5
*403	Pier. la Fontaine	Cardeur de laine	47	1	1	2	1		5
*404	Jean C. Salomé	Chirurgien	27	1	1	1	1	1	5
*405	Pierre Soyeaux	Laboureur	40	1	1	1	1	1	5
*406	Hug. D'Orgeuil	Jardinier	40	1	1	2		3	7

La Colonie Françoise de Magdebourg consiste de 351 hommes, 358 femmes, 299 fils, 336 filles. 561 Domestiques, **1902** Total des personnes.

Alphabetisches Verzeichniss der Namen
in den Listen der französischen Colonie von 1721.*)

*Achtnau 130.
Agé 360.
Ageron 34.
Alegre 379.
*Amalric 298.
André 362. 396.
*Anezi 243.
*Angely 4.
Anguiviel 294.
Arbaletier 67.
Arlaud 101.
*Armand 129.
Arnal 33.
*Arnaudon 175.
Arnoux 219.
Arquès 361.
Assier 250. 372.
Aubanel 284.
Aube 175.
Aubissard 265.
Autier 174.

*Balon 286.
Baldi 131.
*Baratier 40.
Barés 339.
Barnier 66. 177.
*Barthelemy 49.
*Bataille 285.
Baudoin 108.
Bauquier 69. 70. 102.
Bechier 373.

*Beladan 209.
Belier 134.
*Benazech 44.
Béranger 68. 230.
Berard 307.
*Berger 184.
*Bergerie, de la 15.
*Bernard 288. 345.
Bertrand 277.
Béz 247.
Bessieres 181. 231.
Billot 368.
Blanc 103. 173.
Blisson 104.
Boignier 300. 301.
Bosmian 179.
Bonnau 60. 65.
Bonnet 258.
*Bonte 41.
*Borne 316.
Boucoiran 133.
Boudes 280.
Bousanquet 59.
Bousquet 347.
Bouvier 62. 63. 64.
*Boyverdun 14.
Breinat 13.
*Breton 135. 338.
Brouet 139. 269. 270.
Bruel 11.
*Bruguier 132.
Brunel 183.

Cabanis 376.
Calvas 106.
Carrière 182. 190.
*Carron 220.
*Caslat 105.
Castang 359.
Castel 303. 315.
Causse 52.
Cavalier 237.
Cayla 185.
Chamand 191.
Charles 7. 43.
Charpentier 346.
Chartier 128.
Chazelon 138. 140. 302.
Châtillon 8.
Chauvet 343.
Chauvin 188.
Chag 198.
*Chayer 276.
Cherfis 136.
*du Chesne 232.
*Charpinel 378.
Clerans 377.
Cocu 171. 329.
*Combe 186.
*Combier 137.
*Connort 266.
Cornet 311. 312.
Coste 259.
*Couderc 187.

*) Die beigesetzten Zahlen verweisen auf die Nummern der obigen Listen der Refugiés. Die Sterne bezeichnen diejenigen Namen, welche in den Listen von 1703 und 1710 nicht vorkommen.

Coulomb 282.
Couriol 35. 71. 107.
Couteau 51.
Crégut 317.
*Croce 323. 375.
*Cuny 21.

Dalairac 74.
Dan 299.
*Danger 369.
Deilaud 72.
*Delarche 331.
*Deleuze 108. 289. 290.
*Delmast 260.
*Demar 341.
Derrez 73.
Dinant 332.
*Douilhac 251.
*Douzal 32.
Drouin 141.
*Dubois 401.
Ducros 193.
*Dugues 318.
*Dumas 192.
Dupeau 295.
*Dupon 19.
Duplan 340.
*Dusarat 37.

Escoffier 75.
Espèrendieu 380.
*Etienne 76.
Eynart 19.

Fabre 9. 77.
*Favrost 275.
Fargeon 109.
Faucher 38.
Fauquignon 142.
Fauritte 221.
*Fine 143.
Flavard 365.
Flotard 308.
Foissin 366.

Fort 194.
Foulquier 222.
*Fontanieux 78.

Gache 53.
*Galabin 383.
*Galafrez 196. 262.
*Galloy 324.
Gandil 22. 261.
*Garcein 46.
Garel 384. 385.
Garnier 363. 371. 382.
Garnault 1.
Garrigues 47. 333. 387.
*Gaspard 178.
*Gaussorgues 110.
*Gautrec 357.
Geay 111.
Giles 198. 238. 348.
*Gimel 48.
Girard 144. 195.
*Giron 386.
Girost 20.
*Goguelin 42.
*Giloin 223.
Gras 195. 199.
*Grizot 381.
Gueidan 197.
Guiraud 79.
*Guillaume 252.
Guyot 146.

*Herlan 344.
*Houssard 334.
Huc 112.
Hugues 147. 241.
Huguet 80. 81. 200. 224. 330.

Illaire 82. 83.
Jordan (Jourdan) 2. 115.
Journieux 113.
*Jouvancel 304.
Julien 114. 118.

Labourier 310.
Labri 291.
*Lafond 239. 389.
*Lafontaine 403.
*Lagarde 268.
*La Roze 398.
*La Rocque 23.
Laurent 116.
Laussire 306. 349.
Lautier 388.
Lègue 342.
Lejeune 5. 402.
L'hermet 149.
*l'Orient 201.
Lugandi 367.

*Macel 370.
*Maigre 172.
Mainadié 6. 393.
Mainard 117. 205. 263.
Mainaud 118.
Malbranche 253.
Malhiautier 26. 27.
Mallin 86.
*Maniglier 292.
*Maquet 25.
*Marot 297.
Martin 150. 244. 245. 322. 390. 391.
*Martineau 204.
Mathieu 399.
Meffre 392.
Melon 154.
*Mesmyn 16.
*Meurier 87.
*Meyran 271.
*Mommary 358.
Montel 152.
Monméjan 350. 351.
*Morian 206.
Motton 88.
Mucel 24.
*Muller 153.

Nicolas 208. 337.
Niel (Nichil) 119. 335.
*Nieson 207.
Noir 120.
*Nouvel 225.

Ode 226
*Odemar 313.
Olivier 155.
*d Orgeuil 406.
l'Orphelin 274.
*Ougier 246.

***P**allein 160.
Paquin 352.
Paris 248.
Pascal 91.
*Payan 36.
*Pelet 12. 236.
*Pelloutier 3.
Peloux 254. 257.
Peupin 343.
Perrin 156. 321.
Peyre 159.
*Peyric 210. 374.
*Philippon 45.
Philiponat 325.
Plan 319. 320.
Portes 227.
Pourroi 157. 158.
Pradelle 90.
Puech 92.

Raffet 162.
Raffinesque 29.
Randon 394.
Rapin 327.
Ravanel 28.
*Remy 50.
Reynet 18. 54.
Richard 314.
*Rigal 166. 234.
Ris 214.
Riviere 165.
Robert 161.
Roche 395.
Rouman 211. 326.
Roure 167. 233.
Roussat 397.
Roussel 212. 213. 264.
Roux 93. 163. 164. 215. 228. 255. 272. 308.
Roy 273.
*Royer 281.
*Ruzé 273.

Sabatéry 10.
*Sabatier 126.
Salindre 216.
*Salomé 404.
Sarran 94.
*Savoye 98.
Schouab 287.
Seguin 95.

*Sens 242
Servière 99.
Serville 249
*Sessou 283.
*Soit 217.
*Soucal 235.
Souchon 121. 168.
Soulier 57. 169. 354. 355.
Souleyrol 96. 97.
*Souvayradel 218.
*Soyeaux 405.
*Sujol 127.

Tansard 100.
*Terrasse 279.
*Terrein 328.
Thorel 17.
*Tourtre 353.
Toussaint 267. 400.
Tuech 229.

Valentin 31. 364.
*Valetton 170.
*Verry 256.
Vien 309. 356.
Vieux 30.
Villas 39.
*Villaret 293.
Vincent 58.
Voisin 55. 56.

XXXIII.

Gemeinde-Acten
Lit. L. No. 1
de 1698 — 1792.

Londres 5 Février 1722.

Messieurs et très-honorés frères,

Monsieur Estienne Serres, natif de Montpellier, demeurant à présent à Vevay en Suisse, ayant résolu de faire présent aux pauvres de Votre église de Trente Livres Sterling, a chargé Monsieur Jean Narbonne de cette ville de payer ladite somme. Et comme le dit Sieur n'a point de correspondant chez Vous, je me suis chargé, Messieurs, de Vous donner cet avis, et de vous dire de sa part, qu'il payera ladite somme à celui que Votre Compagnie nommera par une délibération qui lui servira de décharge, de laquelle trouverez un modèle ci-bas tel que le Sieur Narbonne le souhaite.

Je suis avec un profond respect

    Messieurs et très-honorés frères
  Votre très-humble et très-obéïssant serviteur
    Fr. Cabibel, pastor senior.

A
Messieurs
  Messieurs Les ministres et anciens
    de l'église française
       de Magdebourg.

XXXIV.

Königl. Hausarchiv zu Berlin sub MSS. No. 268.   1724.

Estat General François

Pour l'Année 1724.

Où les Gages et Salaires des Ecclesiastiques et Gens de Justice qui Sont actuellement en Charge sont separez des Pensions de Grace que Sa Majesté destine apres la Mort des Pensionaires à etre accumulées pour, sous son-bon-plaisir, etre distribuées à ceux qui se refugieront à l'avenir de France, la quelle separation est faite en consequence de l'ordre de Sa Majesté, ecrit de sa propre main au bas de l'Etat précedent.

doivent avoir		auront actuellement		
		Risd.	Gl.	F.
	Premiere Partie des Gages.			
	Chapitre 3. Corps pïeux ou Hospitaux, Medecins et Chirurgiens.			
	pp.			
	Jaques Reynet, Medecin à Magdebourg	60	—	—
	pp.			
	Seconde Partie des Gages.			
	Chapitre 1. Gens de Justice.			
	à Burg.			
100	George Louis Heppe, Juge	50	—	—
	(luy a succedé Jean Chandon p. Pat. du 19. oct. 1725, avec une pension de 122 Risd.)			
15	pour un Greffier .	—	—	—
10	Pour un Huissier	—	—	—
	pp.			
	Justice Françoise à Magdebourg.			
300	Jean Pequilhen	300	—	—
100	Anthoine Fabre, assesseur et Greffier .	100	—	—
	(les autres assesseurs servent sans gages)			
150	André Pelet, Procureur du Fisc. . . .	150	—	—
20	Jean Breinat, Huissier .	20	—	—
24	Pour loyer du Poile d'Audience . . .	24	—	—

		Risd.	Gl.	F.
	à Neü Haldensleben.			
100	Pierre Deleuze, Juge	144	—	—
	Charles Debure, luy est adjoint			
	à Halle.			
200	Benjamin d'Jngenheim, Dir. et Juge	160	—	—
	(les assesseurs servent sans gages)			
50	le Procureur du Fisc. Dreyhaupt	—	—	—
30	Jean l'Huillier, Greffier	—	—	—
20	Pour un Huissier	—	—	—
	à Stendal.			
100	Jean de Martineau, Juge . . . . , . . .	88	—	—
15	pour un Greffier	—	—	—
10	pour un Huissier	—	—	—
	Justice Françoise à Halberstadt.			
150	Jean George Cayard	170	—	—
20	pour un Greffier	—	—	—
15	pour un Huissier	—	—	—

pp.

Comme les Gens de Justice n'ont pas leurs gages entièrement complets Sa Majesté a trouvé bon de separer quelques unes des Pensions de Graces pour etre apres la Mort des Pensionaires employées à completter les dits Gages ou en donner à ceux qui n'en ont point.

Chapitre 2. Gages des Conseillers

de Commerce et Secretaires Inspecteurs des Manufactures au des accisses et Marqueurs des Etoffes fabriquées.

	Isaac Mesmin, à Magdebourg	300	—	—

XXXV.

Gemeinde-Acten.
Litt. L. No. 1
de 1698 — 1792.

20. März 1724.

Troisième Article
du Testament de feu
Monsieur Jaques Galhac, Leipzig.

Troisièmement: Je donne et lègue aux pauvres de l'église française Réformée de Magdebourg la somme de deux mille Risdaller, même argent, qui se recevra des dettes et ventes de marchandise, soit Louis blanc, ducats ou autre monnaye, pour faire un Fonds pour aider et entretenir des rentes du fonds les Pauvres enfans orfelins, qui sont ou qui pourront être dans la suite à la charge du Consitoire de ladite Eglise française réformée, ou à défaut des susdits Pauvres orfelins . . . laissant à la Prudence de la Compagnie dudit Consistoire de se servir dudit Fonds et capital, et d'en prendre dans des cas extraordinaires et nécessiteux, jusques à l'entière extinction dudit Fonds ou capital, si ladite Compagnie dudit Consistoire le trouve à propos. Pour être la susdite Somme de deux mille Risdaller payée à ladite Compagnie dudit Consistoire par mes héritiers ci-après nommés, au choix de mesdits héritiers six semaines après mon décès ou bien de les garder plus longtemps jusques au bout de l'année en en payant l'Intérêt à la susdite Compagnie pour les susdits Pauvres à raison de 4 % par an à commencer du susdit jour de six semaines après mon décès.

XXXVI. 1731—1759.

Militärische Grabschriften
aus dem Gewölbe unter der hiesigen französischen Kirche.

1.

Ici
Repose en Dieu **Jaque de Beschefer**
Lieutenant général de Sa Majesté
Le Roy de Prusse, Chevalier de l'ordre
de l'Aigle Noir, Colonel d'un Régiment
D'infanterie, Commandant de la Ville
et Forteresse de Magdebourg, Drossart
à Storkow et Beeskow, Seigneur de
Wusecke, Kleist, Repkow, Namgeist,
Leist et Schönefeld.
Né à Vitri le François
le 25. Juillet MDCLXI.
Décédé
le XIX. D'Octobre MDCCXXXI.
De Glorieuse Mémoire.

2.

Icy
Repose en Dieu
Guillaume
Chenu
de Chalezac
Seigneur
de Laujardière,
Colonel d'un Régiment
de Infanterie de Sa Majesté
le Roy de Prusse,
Drossart des Baillages
de Stolpe, Wollin, Uckermünde
et Pudalga.
Né
le 1. Novembre MDCLXXII.
Décédé
le 30. Decembre MDCCXXXI.
De Glorieuse Mémoire.

3.

Icy Repose en Dieu
Pierre Baron D'Arbaud
Colonel d'un bataillon au
service de Sa Majesté
le Roy de Prusse,
Chevalier de l'ordre de la générosité,
Drossart des Baillages
de Satzig et Dölitz,
Seigneur de Blanzac
en Langued'oc,
né au dit Blanzac le
V. Octobre MDCLVI
et décédé à Magdebourg
le XIII. Octobre MDCCXXXIX
agé de LXIII ans.
D'heureuse Mémoire.

4.

Icy
Repose en Dieu
Jean D'Artis, de Troconis
écuyer, chevalier,
Colonel de Dragons
au Service de Sa Majesté
le Roy de Prusse.
né à Milhau
en Rovergne, L'an MDCLV
et décédé à Magdebourg
le VIII. Mars MDCCXXXIV.
agé de LXXXIV ans.
D'heureuse Mémoire.

5.

Icy Repose en Dieu
Charles de Monains
Lieutenant-Colonel de Dragons
de Sa Majesté le Roy de Prusse,
·né en l'année MDCLXXX.
décédé le 22. Janvier MDCCXXXVIII
agé de LVIII ans.
De Glorieuse Mémoire.

6.

Ici Repose en Dieu
Pierre Digeon de Boisverdun
écuier, chevalier, Colonel de Dragons
au service de Sa Majesté le Roy de
Prusse, né à Boisverdun en Guienne
le 16. Juin MDCLVIII
décédé
à Magdebourg le 13. Juin MDCCXLIII
agé de LXXXV ans.
D'heureuse Mémoire.

7.

Cigît
Monsieur **Josèphe Lugandi**,
Major dans L'Infanterie
au Service de Sa Majesté
le Roy de Prusse,
qu'il a servi fidèlement et avec honneur
pendant plus de quarante deux ans
jusqu'en 1730
qu'il a obtenu son congé
et est venu passer ici
·le reste de ses jours.
Il était né á Montauban
le 21. Février 1674
et il est décédé le 7. Mai 1759
agé de 85 ans
2 mois et 16 jours.

XXXVII.

Magdebg. Gemeinde-Archiv   19. März 1740.
Lit. D. No. 3
de 1707.

Nous le Pasteur et les Anciens de l'Eglise Françoise de Marbourg certifions que le Sr. Pierre Lhermet, compagnon faiseur de bas, est de la Religion réformée, que pendant le séjour de plus de six mois qu'il a fait parmi nous, il en a fait Profession, ayant fréquenté avec assiduité les saintes assemblées et participé dans les occasions aux saint et à l'auguste sacrement de la cène, sans avoir commis aucun scandale, au moins qui soit venu à notre connaissance. Nous le recommandons à la grâce de Dieu et à la dilection de nos Frères.

Fait à Marbourg le 19. Mars de l'an 1740.
(gez.) Couderc, Pasteur.
Anselme.
(Siegel.)   François Ebrard.

Nous Pasteurs de l'Eglise de Genève attestons que David Isaac Danger de Magdebourg, agé d'environ vingt et huit ans, cheveux châtains, portant perruque blonde, de taille au dessous de la médiocre, Horloger de sa profession, a demeuré dans cette ville pendant l'espace d'environ tr.ois ans, y ayant fait une profession constante de notre sainte Religion, en fréquentant les saintes assemblées et participant dans les occasions au sacrement de la sainte cène, et que d'ailleurs ses moeurs ont été bien réglées, ne nous étant du moins rien parvenu que d'avantageux sur son compte. Comme il a formé le dessein de s'en retourner à Magdebourg, nous n'avons pas cru devoir lui refuser le présent témoignage qu'il a demandé au surplus. Nous le recommandons à la grâce de Dieu et à la bienveillance de nos Frères. Fait à Genève, ce vingt quatrième Mars 1743.

(gez.) L. Zwallen, Pasteur.
(Siegel.) De Rochemont, Pasteur. Lullin, Pasteur. Maurice, Pasteur. Th. Flournois, Pasteur, De Roches, Pasteur.

Pour servir d'attestation de vie et de moeurs et non de passeport à Jean Henri Bouvier allant à Magdebourg.

Nous Pasteurs et Anciens de l'Eglise françoise de Cönigsberg certifions que le nommé ci-dessus a demeuré parmi nous pendant 6 ans et demi, qu'il a fréquenté les saintes assemblées, participé à la sainte cène et vécu chrétiennement, sans donner aucun scandale qui soit venu à notre connoissance.

Donné en Consistoire, le premier de Décembre 1746. Coenigsberg.

(gez.) Duplan, Pasteur.
(Siegel.) Fothergill, ancien.

Pour servir d'attestation de vie et de moeurs, et non de Passeport à Judith Bonin.

Nous le Pasteur et les Anciens de l'église françoise de Bourg certifions que la sus-nommée est membre de notre église, qu'elle y a été élevée et instruite dans les vérités de notre sainte religion, qu'elle a fréquenté nos saintes assemblées, participé à la st. cène et vécu chrétiennement, sans donner aucun scandale qui soit venu à notre connoissance. Donné en Consistoire, à Bourg, le 4. Janvier 1748.

(gez.) P. Panhuis, Pasteur.

(Siegel.)   Pierre de Cuvry, Ancien et Secrétaire.

XXXVIII.

Gemeinde-Archiv   26. März 1740.
Lit. L. No. 3
de 1719.

Friedrich, König u. s. w.

Unsern u. s. w. Wir haben aus Eurem abgestatteten Bericht vom 28. October a. p. ersehen, wie Ihr bei dem von dem französischen Consistorio zu Magdeburg übergebenen Plan von einer zur Unterhaltung ihrer Armen anzulegenden Lotterie sonsten nichts zu erinnern findet, als dass solche zu hoch angeleget ist, und die vielen Klassen nicht geringen Aufenthalt verursachen werden.

Nachdem nun bemeldtes französisches Consistorium einen andern Plan übergeben, welcher nicht so hoch wie der vorige gehet, Wir auch allergnädigst approbiren, dass die Lotterie nach dem hiebei kommenden geänderten Plan errichtet werden, Als habt Ihr Euch darnach zu achten. Seynd u. s. w.

Berlin, den 26ten Martii 1740.

(gez.) Friderich.

An   v. Viereck. v. Happe.
die Magdeburger
Kammer.

XXXIX.

Magd. fr. ref.
Presbyterial-Acten
A. 8, 1.

c. 1742.

Règlemens concernans la Maison des orphelins François de Magdebourg.

1. Article.

La maison des orphelins françois de même que ses fonds, capitaux et revenus, de quelque nature qu'ils soient, seront administrés par des commissaires spécialement nommés qui seront présentés au consistoire pour être confirmés, à moins que le consistoire n'eut des reproches à faire contre eux, aux quels cas les commissaires en présenteront d'autres.

2. Article.

Les dits commissaires seront au nombre de huit, sans compter le modérateur, moitié pris d'entre les chefs de Famille, et l'autre moitié d'entre le Consistoire.

3. Article.

Ils s'assembleront ordinairement tous les premiers jeudis du mois, et extraordinairement toutes les fois que la nécessité le requérera.

4. Article.

Leurs délibérations seront prises à la pluralité de voix, elles seront couchées sur un protocolle et signées par le modérateur et le secrétaire.

5. Article.

Ils rechercheront soigneusement tout ce qui pourra contribuer au bien de la dite Maison, et particulièrement à tous les moyens propres à l'augmentation du fonds.

Ils en dresseront des plans et des projets, ou examineront ceux qui seront proposés par d'autres personnes, qui veulent s'appliquer au bien de la maison; et après en donneront avis à la compagnie du Consistoire.

6. Article.

Pareillement ils auront soin que les fonds et capitaux soient conservés dans leurs entier sans permetre, que ce qui aura été une fois amassé ou légué, ci-après soit dissipé sous quelque prétexte que ce soit, non pas même sous celui de subvenir aux néssessités extraordinaires, aux quelles non plus qu'aux ordinaires on ne pourra employer que les revenus seules, sans toucher au capital, à moins que dans une grande nécessité.

7. Article.

Tous les legs et donations seront ajoutés au capital, à moins qu'il n'en aye été ordonné autrement par les testateurs et donateurs : la volonté desquels sera exactement exécutée et observée pour le temps avenir.

8. Article.

Et comme depuis la fondation de la maison des orphelins jusques à présent les capitaux, qui sont entrés en caisse en leur faveur, ont été encore insuffisants pour leur subsistance et entretien, en sorte que la compagnie du Consistoire a été obligée de fournir et de prendre de la caisse des pauvres pour y suppléer, ce qu'elle a intention de continuer jusques à ce que les capitaux destinés aux orphelins soient augmentés, pour que leurs revenus seuls y puissent suffire ; mais pourtant à cette condition expresse, que, le cas arrivant, qu'avec la bénédiction de Dieu, la maison venoit à se trouver rentée et bonifiée, qu'elle eut au delà de ses besoins, le Consistoire disposera du surplus des revenus, pour le bien et le soulagement des pauvres, sans diminuer le capital de la Maison.

9. Article.

On ne delibérera dans le Consistoire sur rien qui concerne la ditte maison, à moins, qu'il n'ait été préalablement examiné par les dits commissaires, qu'on n'ait ouï leurs rapports; et dont la délibération ne soit prise de concert avec eux ; comme de leurs cotés les dits commissaires ne mettront aucun nouveau projet en exécution, qu'ils n'en ayent préalablement fait leur rapport au consistoire, pour en avoir son concours, eux y avisant, comme il vient d'être dit.

10. Article.

Si quelqu'un des commissaires avoit quelque pensée qui pût tendre au bien et à l'avantage de la maison des orphelins, il le communiquera au consistoire, tous les commissaires présens. Sur quoi il sera pris une délibération, à la pluralité des voix, la quelle les commissaires mettront en exécution.

11. Article.

Et s'il arrive des différens entre quelquesuns des commissaires au sujet des interêts de la maison, ils s'adresseront au consistoire, pour en examiner les raisons avec la commission.

12. Article.

On choisira deux d'entre les commissaires, l'un pour être receveur, et l'autre controleur, et deux autres pour avoir l'inspection sur l'économie.

13. Article.

Tous les ans le receveur rendra ses comptes, en présence du Consistoire et des Commissaires, et l'Eglise en sera avertie par un billet lû en chaire, afin que les chefs de famille qui y voudront assister, le puissent, et entrer en connaissance de l'administration.

14. Article.

Aucun orphelin ne sera introduit dans la maison, que par une délibération du constistoire et de la commission, couchée sur un protocolle, et qu'il ne soit descendû des descendus des François réfugiés ou de leur descendans, né de légitime mariage.

15. Article.

On n'y recevra non plus aucun orphelin ou orpheline, s'il a des revenus, à moins que, de quelque nature, qu'ils soient, ils ne restent au profit de la dite maison, jusques à la concurrence de sa dépense, et en cas qu'il vint à y mourir, le tout restera au profit de la ditte Maison.

16. Article.

Outre les pauvres orphelins on pourra aussi recevoir d'autres enfans, pour être élevés dans la maison, pourvu premièrement, qu'il y ait assez de place, en sorte que les enfans nécessiteux n'en soient pas incommodés, et qu'ils payent une pension convenable.

17. Article.

Les orphelins et orphelines ne pourront rester dans la ditte maison que jusques à l'âge de puberté, et les commissaires auront soin de les placer de bonne heure, soit en condition, soit en apprentissage, chez des bons maîtres, en se conformant, autant qu'ils pourront à l'inclination des enfans.

18. Article.

En sortant de la ditte maison, la commission leur donneront, s'ils le meritent, un bon témoignage de leur vie et moeurs, leur recommandant de se souvenir des bénefices, dont ils auront jouïs dans la ditte maison, pour le reconnaître, en cas que par la bénédiction de Dieu, ils reçoivent quelque succession, ou qu'ils acquièrent des biens de quelqu'autre manière, laissant néanmoins le tout à leur conscience, sans aucune contrainte.

19. Article.

Tous les articles précédens seront observés par les commissaires en corps.

20. Article.

Tous les mois il sera fait une visite pastorale à la maison, pour examiner, si les orphelins sont bien instruits, et s'ils font quelque progrès dans la connaissance de la religion. Messieurs les Pasteurs feront leur visite tour à tour.

21. Article.

Outre l'inspection de la dépense, ils auront celle de tout ce qui se passera dans la maison, où ils donneront les ordres convenables, selon l'exigence des cas, en ayant l'oeil, tant sur la conduite du père et de la mère d'office des orphelins, que sur les orphelins même.

22. Article.

La conduite des orphelins et des orphelines de même que tout ce qui se fera dans la maison, sera confié à un homme et à une femme, qui en qualité de père et de mère, auront l'autorité et l'oeil sur tout, pour y maintenir le bon ordre, ils imprimeront aux orphelins la crainte de Dieu, l'obeïssance envers le roi, le respect envers leur supérieurs, la bienséance et l'honnêteté dans toutes les rencontres, en un mot, ils se comporteront en tout et partout, comme un bon père et une bonne mère le doivent.

23. Article.

Ils seront autant qu'il se pourra, mari et femme, sans enfans, de plus ils seront pris d'entre les François Refugiés, ou d'entre les desçendans à l'exclusion de tous autres, sur tout ils seront reconnus gens de bonnes moeurs, graves, prudents, sans reproches, et ayant toutes les qualités pour bien gouverner.

24. Article.

Ils seront au choix et à la nomination des commissaires, bien entendu, qu'avant que de les installer, ils les présenteront au consistoire, de sorte que s'il y avoit des justes reproches contre eux, ou qu'on les trouve incapables pour une éducation honnête et chrétienne, la commission serait obligée d'en présenter d'autres, auxquels le consistoire ne trouve rien à redire.

25. Article.

Outre le logement et la nourriture, le chauffage et blanchissage, que le père et la mère, auront dans la maison, ils auront encore des gages, selon que le consistoire et la commission le règlera avec eux, mais ils se garderont bien d'aliéner ou transporter quoi que ce soit, hors de la maison, ni d'y loger aucun parent ou étranger, qui n'ayent été reçus dans la maison, et la commission leur dressera une instruction approuvée par le Consistoire, afin que le père et la mère soient informés entièrement de la conduite, qu'ils doivent avoir.

26. Article.

Ils administreront aussi longtems qu'ils feront leur devoir envers les orphelins, et qu'ils se comporteront bien envers les commissaires, mais s'ils manquaient à l'un ou à l'autre de ces égards, ou qu'ils tombassent dans des infirmités, qui les rendissent incapables de continuer leur fonctions, les commissaires, les congédieront, et feront choix d'autres personnes capables de bien administrer, en la manière annoncée au 24. article ci-dessus.

27. Article.

Ils recevront et exécuteront exactement leur instruction, et les ordres particuliers qui leur seront donnés par les commissaires de leur administration et conduite, toutes les fois, qu'ils le requéront, comme aussi de leur faire rapport des hardes, linges et meubles et généralement de tout ce qui sera usé, ou rompu depuis leur dernier rapport.

28. Article.

Les dits père et mère se chargeront et prendront en leur gardes tous les meubles, batterie de cuisine, habits, hardes et linges des orphelins, et généralement tout ce qui leur sera livré selon l'inventaire qui en sera fait et qu'ils signeront, et qui sera renouvelé tous les ans, et toutes les fois qu'il sera necessaire, par les commissaires qui prendront garde que rien ne soit détourné, par fraude, collusion, négligence, de peur d'être responsable, en leur propre et privé nom en cas que le dommage ne pût être reparé autrement.

29. Article.

Dès que les orphelins seront levés, ils les feront assister à la prière que l'un d'eux fera par tour; on commencera par la lecture d'un chapitre de la St. Ecriture; ensuite on chantera une partie d'un Psaulme et enfin, comme il est dit, l'un d'eux fera la prière. Ils feront aussi, par tour, à chaque table l'action de Graces et à la prière du soir le même ordre sera observé.

30. Article.

Le père et la mère, auront soin, que les orphelins, les Garçons et les Filles, soient séparés, les uns des autres, autant que l'état présent le peut permettre.

31. Article.

Le père tiendra son école deux fois par jour aux heures réglées, en suite ils seront chacun à leur travail.

32. Article.

Ils auront soin, que les mets soient servis, tant en été, qu'en hiver, en la manière prescrite dans un cayer separé, à l'observation duquel les inspecteurs tiendront la main. selon leur prudence, et de tems en tems les commissaires, ou les dits inspecteurs les verront manger, pour que la nourriture leur soit donnée, non seulement suivant leur cayer, mais aussi servie proprement.

33. Article.

Après que les orphelins seront couchés, le père visitera le dortoire des Garçons, et la mère celui des Filles, pour voir si tout y est en bon ordre, et ôter les chandelles, sans laisser aucun feu, sous quelque prétexte que ce soit.

34. Article.

Les commissaires auront soin, que les orphelins soient vêtus modestement dans leurs uniformes, mais les pensionnaires seront vêtus comme il plaira à ceux, qui les auront présentés, lesquels fourniront leurs habits.

35. Article.

Outre le régistre de la commission, le père tiendra un livre de tous les orphelins et orphelines en y ajoutant leur nom, celui de leur père et mère, et même de quelquesuns de leur parens, les plus remarquables, et surtout de ceux, qui les auront présentés, des provinces dont il seront originaires, de ce qu'ils auront apporté avec eux dans la maison, et entre les mains de qui ils auront été remis.

36. Article.

Le père tiendra un compte exacte de la dépense, qui se fait journellement; et, à la fin du mois, il en remettra un extrait aux inspecteurs, que les dits inspecteurs signeront pour en recevoir le payement du receveur.

37. Article.

Dèsque quelque enfant tombera assez malade, pour ne pouvoir coucher dans le dortoire, le père et la mère, le feront transporter à l'infirmerie, et en avertiront les inspecteurs et le Médecin, afin qu'ils soient traités convenablement avec les alimens et les remèdes nécessaires.

38. Article.

Le père et la mère, ne pourront permettre à aucun orphelin ou orpheline, de sortir de la ville, sans le consentement des

Inspecteurs, auxquels ils feront rapport de la nécessité du voyage, pour en donner la permission par écrit, s'ils en trouvent les raisons valables.

39. Article.

Comme il est vraisemblable, que dans la pratique de ce règlement, on pourra trouver, que l'on a oublié quelque article, la commission en pourra dresser un mémoire, lequel sera présenté au consistoire, pour avoir son concours.

J. Stercki, Pasteur.	Charl. Couriol, Anc.
P. D. Bardin, Pasteur.	Domin. Coste, Anc.
Lugandi, Ancien-Comm.	Abrah. Garnier, Anc.
Baltas. Arnal, Anc.	B. Pelet, Anc.
Dav. Maquet, Anc.	Abrah. Courtois, Anc.
Paul Louis Voisin, Anc.	Jean Bouvier, Anc.

Barth. Charton, Anc.
Pierre Malhiautier, Anc. et Secrétaire.

XL.

Gemeinde-Archiv.
Lit. L. No. 1.
de 1698 — 1792.

31. Januar 1748.

Die französische Armen-Kasse erbt 1332 Thaler.

Publié le 14. Mai 1759 après-midi.

Au nom de Dieu soit fait. Amen.

Moi soussigné Joseph Lugandi, Major au service du Roi de Prusse, considérant qu'il n'y a rien de si certain que la mort, ni rien de si incertain que son heure, et ne voulant pas qu'après ma mort il y ait des contestations pour raison du peu de bien qu'il a plu à Dieu de me donner, j'ai résolu de faire un Testament, pour disposer dudit bien, ce que j'ai fait en la manière suivante:

Et premièrement je me jette entre les bras de Dieu et implore sa grace et sa miséricorde. Je le supplie de me pardonner mes pêchés, et de laver mon âme, dans le sang précieux que Jésus-Christ, mon seul sauveur et redempteur a répandu pour moi à l'arbre de la croix, aux mérites duquel je mets ma seule et unique espérance, afinque quand mon âme viendra à être séparée de mon corps, elle soit recueillie dans le Paradis, pour y jouir avec les saints et les anges de la félicité éternelle. Dieu veuille m'en faire la grâce.

Et venant à la disposition de mes biens, je donne et lègue à la Maison des orfelins de l'église française de cette ville la somme de Deux cent Risdalers, payables dans un an après mon décès, par mes héritiers ci-après nommés ou plutot s'il est possible.

Plus je donne et lègue à Monsieur le Capitaine de Cournuaud (sic) qui demeure à Berlin*) la somme de cinquante Risdaler, payable un an après mon décès par mes héritiers ci-après nommés.

Plus je donne et lègue à Altière Grève,**) soeur de Marie Schellen, ma servante, la somme de deux cent Risdaler, payable six mois après mon décès par mes héritiers ci-après nommés.

Plus je donne à ladite Altière Grève un lit et une chambre garnie, six assiettes et deux plats d'étain, une cafétière d'un lot et demi qui a un tuyeau, une douzaine de serviettes grossières et une douzaine de serviettes fines de France, six napes et un chaudron médiocre.

Plus je donne et lègue à Valentin Schelle, mon valet, et à Marie Mainaud, sa femme, ma servante, en considération de longs et fidèles services qu'ils m'ont rendus, et à cause de leur nombreuse famille, je leur donne la somme de Mille Risdalers et Cent Risdalers à Jean Schelle***) leur fils, pour lui faire apprendre une bonne vocation, payables six mois après mon décès par mes héritiers ci-après nommés.

---

*) Depuis 6 ans Lugandi n'avait reçu aucune nouvelle de Mr. le Capitaine de Cournuaud, qui se trouvait alors en Hollande, et qu'il croyait mort.

**) 14. Juni 1759 en condition chez Mr. le Pasteur Heinichen à Ferchland près de Jerichow.

***) Jean Schelle doit être mort depuis environ un an aux Isles Anglaises.

Plus je donne audit Schelle et à Marie Mainaud, sa femme, ma maison*) dans laquelle je demeure, avec tout ce qui en dépend, pouvant en jouir comme bon leur semblera, y habiter, la louer ou la vendre, en disposer comme ils le trouveront à propos, je leur donne avec la Maison tous les meubles de quelle nature qu'ils soient, savoir les lits, tables, chaises, armoires, coffres, miroirs, tapisserie. Je leur donne aussi toute la batterie de cuisine sans n'en rien excepter, comme plats, assiettes d'étain, caffetières de laiton et d'étain, toutes les tasses et jattes à café, les chaudrons et tous les cuveaux. Je leur donne encore toutes les provisions qui sont dans la maison, de quelle nature qu'elles puissent être. Je leur donne de même tout le linge, savoir les draps de lit, napes, serviettes et essuiemains, mon écuelle d'argent et mes petites cuillères à café. Je donne pour les enfans mes Bibles, nouveau Testament, Pseaumes et tous mes livres de dévotion.

Plus je donne à Valentin Schelle en qualité de mon valet, toutes mes hardes, tous mes habits, tout mon linge, mon épée et mon fusil (!).

Je donne et lègue à la veuve de Charles Soullier, facturier en bas, la somme de Cent cinquante Risdaler, payables un an après mon décès ou plûtôt, s'il est possible, par mes héritiers ci-après nommés.

Je donne et lègue à la Grève, mère de ma servante, Marie Schelle, la somme de vingt cinq Risdaler. payables six mois après mon décès par mes héritiers ci-après nommés.

Je donne à Madame Devigneau en reconnaissance de toutes les honnêtetés que j'ai reçues chez elle, mes quatre flambeaux d'argent pour un petit souvenir.

Je donne à Mr. de Vignes**) pour la même raison ma montre anglaise.

---

*) Stephansbrücke.
**) Devignes † October 1757.

— 276 —

Je donne à Mademoiselle Susette Bonte, fille de Mademoiselle Cuny,*) en considération de toutes les bontés que la famille a toujours eues pour moi ma cafetière d'argent.

Et en tous mes autres biens que j'ai en ce pays ici, j'institue mes héritiers généraux et universels, les Pauvres de l'église française de cette ville de Magdebourg, voulant et entendant que mesdits héritiers et la Compagnie du Consistoire en leur noms, puissent disposer de mesdits biens, ainsi que bon leur semblera, sans qu'aucun de mes parents**) puissent les troubler ni inquiéter sous quelque prétexte, que ce soit.

C'est là ma dernière Volonté que je veux être exécutée de point en point, cassant et révocant et annullant tous autres Testamens, Codicilles, Donations ou autres Dispositions que je pourrais avoir cidevant fait, voulant que celle-ci vaille par forme de Testament, Codicille, Donation ou autre forme et manière de droit qu'elle pourra valoir, laquelle à été écrite de la propre main de moi Joseph Lugandi et signé tant à la fin d'icelui qu'au bas de chaque page.

Fait à Magdebourg, 31 Janvier 1748.

(Siegel.) (gez.) Lugandi.

XLI.

Abth. Coquerel: Toulon, Galère
Histoire des Eglises du Désert. la Dauphine, 7. April 1755.
Paris 1841, II, 413 w.

Bittschrift
der hugenottischen Galériens.

Monseigneur le Margrave de Brandebourg Bareith-Culmbach et Madame la Princesse de Prusse, son auguste épouse!

Les captifs réformés qui confessent Jésus-Christ dans les chaînes sur les galères de Toulon béniront à jamais

---

*) Jacques Cuny, nommé exécuteur du Testament.
**) En Allemagne n'est connu aucun parent du défunt.

l'heureux jour où Vos Alt. Sér. et Roy. daigneront jeter sur eux un regard de compassion... Rien de plus triste que la situation de ces infortunés traités comme des rebelles, quoiqu'on ne puisse leur reprocher autre chose que d'avoir voulu rendre à Dieu ce qu'ils lui doivent, tout comme ils rendent à César ce qui lui appartient; gens de bien et pourtant forcés d'entendre des exécrables discours; privés le plus souvent des choses les plus nécessaires au soutien de leur vie: ne leur étant pas permis de se défendre ni contre le froid glaçant de l'hiver, ni contre les ardeurs brûlantes de l'été, ils peuvent dire avec encore plus de fondement que Jacob, que le jour les hâle, que la suit les consume et que le sommeil fuit devant leurs yeux. Ce ne sont là que les principaux traits du malheur des suppliants. Vos Alt. Ser. et Roy. ont le coeur trop bon et trop compatissant pour n'en être pas touchées. Elles ont trop de piété et de zèle, trop d'attachement au pur christianisme, pour ne pas s'intéresser en faveur de ceux qui portent en leur corps les flétrissures du Seigneur Jésus. C'est au nom de ce Jésus, le chef et le consommateur de la foi, que les suppliants, qui ont l'honneur d'être les membres souffrants de son corps mystique, osent vous prier de vouloir bien vous intéresser pour leur délivrance. Quelle gloire pour Vos Alt. Ser. et Roy., quelle satisfaction pour leurs coeurs généreux et bienfaisants d'avoir opéré une si excellente oeuvre! Avec quelle magnificence ne serait-elle pas récompensée par le rédempteur du monde, qui regarde comme fait à lui-même le bien que l'on fait à ses disciples.

XLII.

Archiv der Gemeinde.
Lit. S. No. 5.
de 1764.

16. April 1764.

Liste des Enfans de l'Ecole française
de Magdebourg.

1. Abraham Louis Chazelon sait les prières du matin et du soir; les Commandemens de Dieu, 4 Cantiques, Psaumes 1. 5. 6. 15. 23. 42. 50. 67. 81. 100. 128 et 130.
2. Louis du Bois sait les prières du matin et du soir, 8 Sections du Catéchisme.
3. Henri Louis Maquet: Prières ordinaires, Ps. 1. 6. 15. 23. 42. 67. 81. 86. 100. 127. 128.
4. Paul Menard: les Prières ord. du matin et du soir, 13 Lections du Catéchisme, 2 Cantiques, Ps. 1. 2. 6. 42. 50. 81. 99. 100. 130. Les 4 Règles.
5. Manasse Pallis: les Prières ord., Ps. 1. 6. 23. 25. 42. 130, et 11 Sections du Catéchisme.
6. Antoine Labry: Prières ord., 4 Cantiq., 14 Sections du Catéchisme.
7. Pierre **Bouvier**: Prières ord., 6 Cantiques, Ps. 1. 6. 23. 26. 42. 50. 65. 66. 67. 68. 81. 100. 118 et 11 Pauses du Ps. 119. Tout le Catéchisme. Les 4 Règles. Les villes Capitales de l'Europe.
8. Pierre Louis Pallis: les prières ordinaires, 1 Section du Catéch.
9. Louis Arnal: Prières ord. du soir et du matin, 4 Cantiques; Ps. 1. 6. 23. 50. 67. 100. 128. 130. L'addition, et les villes Capitales, et 14 Sections du Catéch.
10. Louis Bouvier: Les Prières, Ps. 1. 5. 6. 23. 42. 50. 67. 100. 128. 130. Les Commandemens et les Cantiques, 14 Sections du Catéch.
11. David Bouvier: La Confession des péchés, les Commandemens de Dieu, les Ps. 1. 6. 23. 130, et les Cantiques.
12. André Rousseau: L'oraison dominicale
13. Guillaume Menard: Item.
14. Louis Courtois: Item.
15. Bertholin.

} à l'Abc.

---

1. Louise Elisabeth Celos: Les Prières du soir et du matin, les Ps. 1. 3. 4. 5. 6. 8. 15. 16. 23. 24. 25. 26. 27. 34. 36. 38. 42. 47. 50. 51. 65. 67. 77. 81. 84. 86. 99. 100. 103. 111. 116. 118. 119. 127. 128. 130. 134, et les Cantiques.
2. Marie Anne Clausen: Les Prières, Ps. 1. 6. 23; 7. Sections du Catéch.

3. Anne Marie Vien: les Prières. 9 Sections du Catéch., les Cantiq..
Ps. 1. 3. 5. 6. 8. 23. 38. 42. 50. 67. 128. 130.
4. Susanne Vien.
5. Eléonore Paté: 11 Sections du Catéch.
6. Marie Perrin: epèle.
7. .... Menard: épèle.

Prix distribués le 16. Avril 1764 à la visite de l'École du Chantre: Abraham Louis Chazelon: un nouveau Testament; Louis Dubois (sic!), Henri Louis Maquet, Pierre Bouvier, Paul Menard, Anne Marie Vien: chacun un „Voyage de Béthel"; Louis Arnal, Louise Elisabeth Celos: chacun un petit Psaume; Louis Bouvier, Marie Anne Clausen, Eléonore Paté, Susanne Vien: chacun un Catéchisme; Manassé Palis, Antoine Labry, Abel Privo, 3 Luckau: chacun $^1/_2$ main de papier; André Rousseau, Louis Courtois, Guillaume Menard, David Bouvier, une petite Menard: chacun un Abc.

XLIII.

Extraits des Protocolles 1689 sv.
du Consistoire de l'église 1764 sv.
française de Magdebourg.

Communions de Septembre
(toujours la troisième de l'année, la dernière étant toujours à Noël).

Sept. 1689:
I. 198 hommes, 10 Ministres ou anciens.
140 femmes.
II. 70 hommes.
70 femmes.

Sept. 1690:
I. 200 hommes, 8 Ministres ou anciens.
134 femmes.
II. 66 hommes.
45 femmes.

Sept. 1691:
I. 245 hommes, 10 Ministres ou anciens.
184 femmes.
II. 110 hommes.
86 femmes.

Sept. 1692:
I. 255 hommes, sans le parquet.*)
225 femmes.
II. 130 hommes.
130 femmes.

Sept. 1693:
I. 415 hommes et femmes en tout.
II. 145 hommes, sans le parquet.
140 femmes.

*) Im Parquet, d. h. unten auf der ersten Bank der Kirche, sassen die gerade nicht fungirenden Prediger und die Anciens: le parquet heisst demnach in der Kirche stets das Presbyterium.

Sept. 1694:
I. 236 hommes, sans le parquet.
248 femmes.
II. 109 hommes.
130 femmes.

Sept. 1695:
I. 206 hommes, sans le parquet.
214 femmes.
II. 98 hommes, sans le parquet.
130 femmes.

Sept. 1696:
I. 221 hommes, sans le parquet.
207 femmes,
II. 103 hommes.
122 femmes.

Sept. 1697:
I. 240 hommes, sans le parquet.
203 femmes.
II. 110 hommes.
162 femmes.

Sept. 1698:
I. 249 hommes, sans le parquet.
183 femmes.
II. 112 hommes, sans le parquet.
139 femmes.

Sept. **1764**:
I. 60 hommes, 19 Consistoire, chantre et concierge.
100 femmes.
II. 80 hommes.
115 femmes.

Sept. 1765:
I. 61 hommes, 19 Consistoire, chantre et concierge.
111 femmes.
II. 84 hommes.
117 femmes.

Sept. 1766:
I. 66 hommes, 19 Consistoire, chantre et concierge.
125 femmes.
II. 62 hommes.
89 femmes.

Sept. 1767:
I. 61 hommes, 19 Consistoire, chantre et concierge.
119 femmes.
II. 66 hommes.
103 femmes.

Sept. 1768:
I. 62 hommes, 19 Consistoire, chantre et concierge.
110 femmes.
II. 64 hommes.
101 femmes.

Sept. 1769:
I. 68 hommes, 17 Consistoire, chantre et concierge.
123 femmes.
II. 52 hommes.
100 femmes.

Sept. 1770.
I. 67 hommes, 19 Consistoire, chantre et concierge.
129 femmes.
II. 163 hommes.
80 femmes.

Sept. 1771:
I. 49 hommes, 19 Consistoire, chantre et concierge.
105 femmes.
II. 48 hommes.
103 femmes.

Sept. 1772:
I. 56 hommes, 19 Consistoire, chantre et concierge.
108 femmes.
II. 58 hommes.
86 femmes.

Sept. 1773:
I. 70 hommes, 19 Consistoire, chantre et concierge.
88 femmes.
II. 55 hommes.
87 femmes.

XLIV.

Gemeinde-Archiv.
Protokollbuch.

11.
13. November 1766.

La Compagnie du Consistoire étant informée qu'une somme de 297 Thlr. 3 Gr. appartenante à Pierre Claparède et qui est déposée à la Justice Française de cette ville, est dévolue au Fisc, faute d'héritiers de cet homme, elle a résolu de la demander au Roi, par la Requête suivante:

Sire,

La Justice française de cette ville ayant cité édictalement Pierre Claparède, absent depuis plus de dix ans, ou ses héritiers, à comparaître le 27 Août 1765 pour raison d'une somme déposée à ladite Justice, et ni lui ni personne de sa part ne s'étant présenté, il se trouve que cette somme, qui est de 297 Thlr. 3 Gr. et qui lui revenait, tombe, faute d'héritiers, à Votre Fisc.

Nous prenons, Sire! la liberté de la demander pour les Pauvres de notre Eglise, en dédommagement de 279 Thlr. qui se sont trouvés en six billets de Caisse, depuis Reminiscere 1758 jusqu'à Trinité 1759 de la Pension de feu le Major Lugandi, qui a institué nos Pauvres pour ses héritiers, et dont jusqu'à ce jour nous n'avons pu obtenir le payement. Comme c'est cependant une perte réelle que nos Pauvres font, et que le Testateur a regardé ces Billets comme bons, puisqu'il les a fait entrer dans la masse de sa succession, nous supplions très-humblement V. M. de nous indemniser à cet égard, en nous accordant en grace la somme que Pierre Claparède a délaissée.

Un second motif qui nous porte à la demande, c'est, Sire, que nous avons été obligés de faire au Clocher de notre Temple une réparation qui nous coûte environ 200 Thlr., et que notre Hôpital en demande indispensablement une, dont les frais iront au delà de 1000 Thlr., qu'il faudra prendre de nos fonds, et qu'ainsi la

Grâce que nous demandons à V. M. nous procurerait quelque soulagement à cet égard.

Nous sommes avec le plus profond respect

(gez.) Le Cornu, Past.
P. Chazelon, Ancien.

XLV.

Gemeinde-Archiv.   3. April 1771.
Protokollbuch.

Sire,

Nous avions reçu au mois de Janvier une lettre du Sr. Schleyermacher,*) Aumonier réformé pour le Régiment de la haute Silésie, datée de Breslau, le 31ᵉ Decembre dernier, accompagnée d'un Circulaire imprimé du Presbytère de l'Eglise réformée de ladite ville, par lesquels les uns et les autres sollicitaient la charité de notre troupeau, en faveur de toute une communauté d'Emigrés allemands de la Religion réformée, composée de 350 personnes, qui ont quitté le village de Seyffersdorff en Pologne, pour s'établir avec leurs femmes et leurs enfans dans le cercle de Plessen, où par Vos gracieux ordres on a pris les mesures les plus convenables pour leur procurer un établissement solide. Et nous étions dans l'intention, d'aller chez les plus aisés de notre colonie qui en étaient déjà prévenus, pour recevoir ce que chacun d'eux voudrait donner pour le soulagement de ces Emigrés, lorsque nous reçumes le 18. Mars le Rescript de V. M. du 23. Fevrier, qui nous ordonne de procéder successivement à 18 collectes, parmi lesquelles celle de Plessen se trouve sous le No. 11.

Comme elle n'aurait pu se faire dans son rang que dans quelque mois, et qu'on nous marque de Breslau, que les besoins de ces pauvres Réfugiés sont pressants et qu'ils demandent un prompt secours, nous l'avons faite le

---

*) Vater des berühmten Theologen.

31. du mois passé pour répondre aux bonnes intentions de notre troupeau, et avons envoyé les 63 Thlr. 14 Gr. qu'elle a produit au Presbytère de l'Eglise réformée à Breslau, pour être incessamment remis à ces Emigrés.

Mais en même temps nous avons cru, qu'il était de notre devoir d'en informer V. M., et nous espérons qu'Elle ne désapprouvera pas ce que nous avons fait à cet égard.

Nous sommes avec le plus profond respect

Dihm, Pasteur.
P. Chazelon, Ancien.

XLVI.

Gemeinde-Archiv 8. Juni 1773.
Protokollbuch.

Il a été deliberé que vu que le plus grand nombre des mariages qui se font parmi nous sont bigarrés,*) que par là les femmes allemandes tombent à notre charge, parceque leurs maris sont de notre église, et que dans les conjonctures présentes, une des principales attentions de la Compagnie doit être d'administrer les deniers des Pauvres avec la plus vigilante économie, de peur de se voir dans la suite hors d'état de continuer ses assistances: la Compagnie s'autorisant d'ailleurs de l'exemple de l'Eglise de Berlin, a arrêté d'un commun accord, que les Filles ou Femmes françaises qui auront épousé des Allemands, seront déchues par là du droit qu'elles avaient par leur naissance aux assistances de l'Eglise, et n'auront ni elles ni leurs enfans aucun secours à attendre de la part du Consistoire.

(gez.) Le Cornu, Pasteur.
P. Chazelon, Ancien.

*) Eigentlich: buntscheckig = international, nicht rein-hugenottisch.

XLVII.

Gemeinde - Archiv.
Presbyterial - Protokoll.

25. Januar 1774.

La Compagnie du Consistoire, renforcée du plus grand nombre des chefs de famille, ayant pris en considération le Rescript, qui nous ordonne d'envoyer nos Comptes au Vén. Consistoire Supérieur, a résolu de l'avis et du consentement des chefs de famille extraordinairement invités à assister à la délibération qui devait se prendre à ce sujet, de faire ses très-humbles représentations sur ledit ordre, et les chefs de famille ont résolu d'y joindre les leurs. Voici celles du Consistoire dressées par Mr. Lecornu.

Sire!

En réponse à l'excitatoire de V. V. Const. Supér. franç. nous prenons la liberté de supplier cet auguste Tribunal, qui n'a pas jugé àpropos de faire attention à nos très-humbles Remonstrances contenues dans notre rapport du 29 Novembre 1770 de considérer que les raisons que nous avons alléguées alors sont encore les mêmes aujourd'hui, et que, pour agir plus sûrement, nous avons cru devoir consulter les sentiments d'une bonne partie des chefs de famille, dont les Représentations accompagneront le présent rapport.

Ce n'est, Sire, rien moins qu'une rénitence aux Volontés de V. M. qui nous porte avec eux à cette démarche. Ce sont des droits, qui, quand ils n'auraient pas l'ancienneté qu'ils ont, n'en seraient pas moins fondés pour cela. C'est l'Eglise, et l'Eglise seule, qui par elle-mêmes'est formé le fonds, dont les Pauvres subsistent. Et elle y contribue encore puissamment et audelà de nos espérances malgré les mauvais temps que nous avons essuyés, et la langueur actuelle du commerce, du moins dans notre ville.

Jamais depuis la fondation de l'Eglise, il n'y a eu la moindre plainte de la part de qui que ce soit du Troupeau, sur l'administration des deniers confiés au Consistoire. Ainsi, Sire, l'approbation constante de ce troupeau et son droit évident sur la propriété des Fonds de l'Eglise, doivent à ce quil nous semble, nous dispenser d'en rendre Compte à d'autres, qu'à lui.

L'exécution de Votre ordre ruinera notre Eglise, en refroidissant les charités qui se soutiennent toujours ; nous privera du service des Anciens actuels, dont la résolution est bien déterminée à quitter leurs fonctions sur le champ, si l'ordre subsiste, et nous mettra dans l'impossibilité de les remplacer, puisque tous les chefs de famille refuseront constamment la charge d'ancien. Ainsi l'église française la plus considérable à tous les égards des Etats de V. M. après celle de Berlin, courrait risque de tomber et nous avons trop de raisons de douter que ce soit l'intention de V. M. de l'exposer à un pareil danger.

Nous Vous supplions, Sire ! de daigner faire attention à ce que nous venons d'exposer sous Vos yeux et sommes avec le plus profond respect

    (gez.) Dihm, Past.
   P. Chazelon, Ancien.

XLVIII.

Gemeinde-Archiv.   8. Juni 1791.
Litt. L. No. 1
de 1698 — 1792.

Messieurs,

Madame Susanne Elisabeth Menjolet, veuve de feu Monsieur David Cuny à Amsterdam nous a chargés de Vous communiquer, que feu son époux ayant légué aux Pauvres de notre église une somme de Mil florins Courant d'Hollande, payable après le décès de Madame sa Veuve, mais celle-ci ne voulant point priver les Pauvres de la jouissance de ce capital : Elle nous a chargés de Vous le payer contre quittance, qu'il Vous plaira de nous faire tenir pour la lui pouvoir remettre, et nous Vous payerons pour cette somme suivant le

Cours du jour à 133 % en Louisd'or 532 Rsd. Nous avons l'honneur d'être avec une parfaite considération

Messieurs

Magdebourg Vos très humbles et très obéissants
ce 8. Juin 1791. Serviteurs
  (gez.) Cuny et Bonte.
An
Vénérable Consistoire
de l'Eglise française
de cette ville.

XLIX.

Gemeinde-Archiv 22. September 1791.
Lit. K. No. 5
de 1700.

Assemblés en Consistoire Messieurs les Pasteurs Provençal, Dihm et Desca le premier: Modérateur, et Messieurs les Anciens L'hermet, Rigoullet, Arlaud, La Borde (sic!), Nicolas Gimel, Guibal et Mainadié, l'assemblée étant renforcée par Mr. le Directeur et Juge Michel, Mr. le Fiscal Charreton, Mr. l'assesseur George, Mr. le Conseiller de guerre et des domaines Gaertner, M. Cuny, M. Arnac et M. Coste.

A l'égard du Changement du Chant à faire dans notre culte, il a été fait lecture du Rescrit du 26. Août a. c., et la Compagnie du Consistoire, de concert avec M. les Chefs de famille convoqués pour cet objet, a résolu à la pluralité des suffrages, de faire en cour rapport du projet concerté d'adopter le Recueil de Cantiques rédigé par Mr. le Pasteur Henry*) et de demander en conséquence l'agrément de nos Supérieurs pour l'introduction du dit Recueil.

(gez.) Provençal, Past. Bon, Ancien et Secrét.

---

*) de Potsdam.

L.

Gemeinde-Archiv.
Délibérations de la Commission
des ofhelins 1733sv.

7. Februar 1792.

Assemblés à l'ordinaire Messieurs Arnac, J. J. Cuny, Mainadié et Flamary avec le modérateur soussigné.

Selon la résolution prise dans la dernière séance le **Règlement du Surveillant des orfelins** sera transscrit dans le présent protocolle, comme suit:

Règlement du surveilant des orfelins:

§. 1. Le sujet choisi par la Direction pour être préposé sur les orfelins doit se distinguer par un bon caractère et par des moeurs irréprochables.

§. 2. Il n'est pas seulement chargé de l'instruction de ses élèves, mais aussi du soin de veiller sur leur conduite.

§. 3. Pour cet effet il les perdra de vue le moins qu'il est possible.

§. 4. Il assistera régulièrement à leurs **dévotions communes du matin et du soir** et aura soin qu'elles se fassent d'une manière édifiante et convenable.

§. 5. Il les accompagnera tous les dimanches et jours de fête à l'**église**, à moins que des raisons graves ne l'empêchent.

§. 6. Il se placera dans le **banc assigné aux orfelins dans le temple**.

§. 7. Il prendra toujours ses repas avec eux, pour être attentif à leurs discours et à leurs manières

§. 8. Il portera de l'assiduité et du zèle dans les **leçons** qu'il est appelé à leur donner, et qui sont fixées le **matin de 8 à 11 et l'après-midi de 1 à 3**.

§. 9. Hors des heures d'instruction, il cherchera à occuper utilement ses élèves, soit en leur imposant des tâches pour la leçon prochaine, soit en les appliquant à quelque **ouvrage de main**.

§. 10. Il lui est permis à l'issue de ses leçons de disposer de trois heures la journée, lesquelles il pourra employer à se récréer ou à donner des leçons externes.

§. 11. Si la nécessité demande qu'il s'absente pour plus longtemps de la fondation et surtout aux heures du repas, il lui faudra pour cet effet une permission speciale du Modérateur, ou à son defaut d'un des Directeurs nommé pour cet objet, qui selon l'exigence du cas pourront seuls l'y autoriser.

§. 12. Il lui est enjoint de ne pas quitter les orfelins le dimanche, à moins qu'il n'y soit autorisé par le Modérateur, et il pourra dans les beaux jours d'été mener ses élèves à la promenade.

§. 13. Il les emploiera aussi rarement que possible à des commissions ou à des courses hors de la maison. Alorsqu'il s'en servira à cette fin, il les munira d'un billet qui indiquera l'objet et l'heure précise de la sortie.

§. 14. Il ne pourra jamais leur permettre de sortir, soit le dimanche soit sur semaine, sans l'autorisation donnée par écrit de celui des membres de la Direction chargé de cette commission.

§. 15. Comme la Compagnie du Consistoire a associé aux orfelins pour les leçons un certain nombre d'enfans de chefs de famille de notre église, et qu'il résulte de cet arrangement un surcroît de travail pour le surveillant, la Direction a jugé à propos de lui attribuer la moitié de l'écolage, de sorte qu'il est obligé de délivrer exactement l'autre moitié au Receveur des orfelins au commencement de chaque mois avec la liste des enfans qui ont fréquenté l'école le mois précédent.

§. 16. Et vu qu'il importe à la Direction de prendre connaissance tant du nombre des écoliers confiés à son insruction que de leur application et de leur conduite, le surveillant est tenu de faire sur ces divers objets un rapport exacte, qu'il mettra sous les yeux de la Direction à chaque assemblée ordinaire.

§. 17. Le surveillant des orfelins se conformera fidèlement aux points ci-dessus mentionnés et signera le présent Règlement couché dans le Protocolle de la Direction.

Provençal, pasteur modérateur. Rubeau.
Fr. Flamary.

Gemeinde - Archiv 24. März 1794.
Lit. K. No. 5.
de 1700.

Frédéric Guillaume,
par la Grâce de Dieu Roi de Prusse etc.

Chers et bien aimés, Salut! Nous n'avons pu qu'apprendre avec surprise par votre rapport du 6. de ce mois, concernant l'introduction dans Votre église du Recueil des Cantiques du Pasteur Henri, que Vous ayez contre la teneur expresse du Circulaire du 27. Juillet 1791 et des Ordonnances précédentes, convoqué les chefs des familles de Votre tropeau sans notre autorisation.

Nous aurions au reste vu avec plaisir que Votre église eut concouru à maintenir l'uniformité dans l'intérieur du Culte, en adoptant le Recueil rédigé par le Consistoire de Berlin: cette uniformité étant surtout convenable entre des Eglises dont les membres sont si souvent dans le cas de passer d'une église de nos états à l'autre et peuvent désirer d'y retrouver les formes et les livres liturgiques auxquels ils sont accoutumés. Nous laissons aussi à Votre jugement à décider, si la bienséance, l'édification générale et la forme de doctrine suivie dans nos Eglises n'exigeraient pas, que Vous retranchiez des exemplaires des Cantiques, que vous fournissez aux particuliers de Votre troupeau, la Préface que le rédacteur a pu croire nécessaire pour l'exécution de son plan, mais qui pourrait blesser ceux qui ne pensent pas comme lui sur les objets qu'il y traite.

Enfin nous supposons, que l'introduction du susdit Recueil dans Votre Eglise ne vous fera point exclure le Psautier tel qu'il est reçu dans toutes nos Eglises.

Sur ce nous Vous demeurons affectionnés.
Berlin, le 24. Mars 1794.

Le Consistoire supérieur français de Sa Majesté.

(gez.) Thulemeier.

LII.

Gemeinde-Archiv
Lit. K. No. 5
de 1700.

1. Mai 1794.

Reçu une lettre de Mr. le Pasteur Erman de Potsdam en date du 26. Avril d. en réponse à la demande que nous avons faite à Mr. le Pasteur Henry, de nous faire parvenir 300 Exemplaires du nouveau Recueil de Cantiques. Mr. Erman annonce que l'envoi desdits exemplaires se fera incessamment.

(gez.) Provençal, Modér.   Bon, Anc. secr.

14. Mai 1794.

On publiera Dimanche prochain de la Chaire l'arrivée des nouveaux Cantiques; qu'on pourra les trouver chez Mr. Rousset, et que ceux qui sont hors d'état d'en acheter, s'annoncent en Consistoire.

(gez.) Provençal.   Maquet.

(Sousscripteurs)

I. Pour le recueil de Potsdam: Crose, Lattel, Jordan, Cuny, Guiraud, Souchon, Bourset, Herbst, Coste, Drouin et fils, du Mesnil, Elie Palis, Cappen, Laurient, Viseur, Bertholin, Berthallot, Guibald, Gans, Soullier, Charles Maquet, Jean et Frédéric L'hermet (pour le père et les deux fils), Charles Nicolas, Courtois, Faucher, André, Weisskopf, Stercki.

II. Pour le recueil de Berlin: Mainadié.

LIII.

Gemeinde-Archiv
Lit. L. No. 1
de 1794.

2. September 1794.

Messieurs,

Nous avons l'honneur de Vous communiquer que Madame Susanne Elisabette Menjolet, veuve David Cuny, par ces dispositions a légué à l'hôpital et aux Pauvres de l'Eglise Française de Votre ville, la somme de Mille florins courant d'Hollande, dont il Vous plaira disposer de la manière que Vous jugerez convenable.

Daignez en même temps agréer les voeux que nous formons pour qu'il plaise à Dieu de répandre sa bénédiction sur Votre pieux Etablissement, de même que sur les travaux que Vous y consacrez.

Nous avons l'honneur d'être avec les sentiments de la plus parfaite considération

Messieurs

Vos très-humbles, très-obéïssants serviteurs
les Exécuteurs Testamentaires
J. Menjolet.
Ja. Teysset.

Amsterdam
ce 2. Sept. 1794.

LIV.

Geh. Staats-Archiv
R. 122. 18a.

Magdebourg 30. Mai 1797.

A.

Sire!

Les informations de Votre Majesté sont de l'augure le plus favorable. Elles nous confirment la protection et les prérogatives dont jouissent nos Colonies, en même tems qu'elles sont un nouveau garant de l'interêt que Votre

Majesté daignera toujours y prendre. Que ne pouvons nous, Sire, en donner des nouvelles plus satisfaisantes!

I. La Colonie se soutient-elle en général et depuis quelques années sur un pied égal, ou bien y remarque-t-on quelque décadence sensible, et quelles causes pourrait-on dans ce cas en assigner?

La Colonie française de Magdebourg subit le sort de toutes les Colonies, qui est, de diminuer insensiblement. Les causes de cet affaiblissement sont:

1. L'extinction totale de plusieurs familles.
2. Les mariages mixtes, qui font que la pluspart des Filles de notre Eglise qui épousent des Allemands passent d'ordinaire à l'église du mari, de sorte que leurs enfans sont perdus pour la nôtre.
3. La translocation de plusieurs personnes qui, soit pour améliorer leur sort ont quitté la ville et se sont fixées dans la Capitale ou ailleurs, soit pour suivre l'usage et les lois de leur métier se sont mises en voyage et n'en sont pas revenues, ayant trouvé occasion de se placer ailleurs plus avantageusement.
4. Le changement de domicile de quelques personnes aisées qui ont acheté des Terres et s'y sont retirées.
5. L'ignorance de la langue qui oblige plusieurs enfans de passer à l'église allemande.

... IV. La Justice et le Consistoire pourraient-ils de concert fournir un tableau où fussent marqués séparément et distinctement

    a. Ceux qui sont en même temps et de la jurisdiction et de l'église française? b. Ceux qui sont de la jurisdiction sans être de l'église et vice versa? c. Ceux qui sont de l'Eglise sans être de la jurisdiction.

Membres de l'église et de la jurisdiction sont 84 hommes, 52 femmes, 68 garçons, 80 filles. Membres de l'église et point de la jurisdiction française 11 hommes, 39 femmes, 12 garçons et 20 filles.

... VII. L'usage de la langue française se conserve-t-il dans la Colonie?

Il se perd de jour en jour et les mariages mixtes en sont la principale cause.

VIII. L'église française est-elle fréquentée par des étrangers et nommément par des personnes de distinction?

Rarement ou dans des occasions extraordinaires.

... XI. Y a-t-il dans le voisinage des familles ou personnes qui sans être domiciliées dans la ville s'y rendent pour y communier dans l'église française?

Quelque fois des gouvernantes placées dans nos environs.

. . . Les très-humbles très-obéissans serviteurs et fidèles sujets, les Pasteurs et les Anciens de l'Eglise française. Pour tous avec charge

    Provençal, p. mod.

    Mainadié, ancien et secrétaire.

B.

6. August 1797.

Réponses aux Questions de la Commission Royale établie à Berlin pour examiner la force et l'état des Colonies françaises.

ad I. La Colonie française de Magdebourg consiste notoirement en moitié Français descendans de Réfugiés et moitié Allemands. La partie française diminue successivement et l'allemande se conserve. L'augmentation, s'il y en a, n'existe que par ces derniers, quoiqu'en très-petit nombre. Surtout depuis la dernière dixaine d'années les étrangers se rangent plus volontiers de la Colonie palatine, parce qu'elle possède des terres. Une autre raison est que la Magistrature allemande et les représentans de la Bourgeoisie font tout leur possible pour empêcher que les étrangers, qui pour la plupart sont des professionistes et autres artisans, ouvriers, domestiques et soldats congédiés, qui s'étant arrêté quelque tems à Magdebourg y forment leur établissement, n'entrent dans les Colonies. Le Magistrat leur accorde non seulement gratis le droit de Bourgeoisie, mais encore il fournit d'autre soulagement, soit par argent, soit d'une autre manière, pour leur faciliter cet établissement; ce que nous ne pouvons point. La diminution des Colons de la nation française surtout a lieu ou par la mort ou par les établissements que forment les jeunes gens en d'autres villes, ou par les mariages des filles françaises à des maris Allemands. Ce n'est que depuis quelque temps que ces dernières en quittant la jurisdiction quittent en même temps l'église et se rangent au troupeau, auquel appartiennent les maris, soit Luthériens, soit Reformés Allemands et Wallons, ce quit ne devrait pas être. Pour ce qui est du nombre de nos Colonistes nous nous en rapportons à notre liste de 1796.

II. Les Fabriques et les Manufactures par lesquelles la Colonie a surtout prospéré ci-devant, sont-elles sensiblement déchues et quelles perspectives ou moyens pourraient s'offrir pour les soutenir, les ranimer?

A mesure que les Fabriquants mêmes ont diminués, les Fabriques sont déchues insensiblement. Il n'existe pour le présent qu'une Fabrique en bas de soye, quatre en bas de laine, quatre fabriquans gantiers, une fabrique en chicorée, une de savon verd et une de cire brulante. Celles de chicorée et de cire brulante sont établies par des Allemands, mais les autres par des Français. Il y a plusieurs bourgeois qui travaillent dans ces fabriques comme compagnons français et allemands, mais ils n'ont pas assez de bien pour former eux-mêmes de pareils établissements. Les susdites fabriques mêmes diffèrent par leur étendue et les maîtres font travailler à mesure que les facultés le permettent. Cependant ces fabriquants moins considérables ont suffisamment, pour subsister médiocrement et il n'y a personne d'entr'eux qui ait prétendu quelque secours public.

III. Existent-ils et peut-il se former des maisons de commerce qui puissent soutenir la Colonie?

Il existe de pareilles maisons de différente sorte tant Françaises qu'Allemandes, plus ou moins considérables. Leur nombre est médiocre. La liste de 1796 l'indique particulièrement.

Il s'en forme de nouvelles parmi les Français lorsque des fils de Colonistes s'établissent, sans continuer le négoce de leur père; mais ces nouveaux établissemens sont fort rares, parce qu'ordinairement les pères de leur vivant s'associent avec leurs enfans, pour conserver une industrie une fois établie et en train, et pour leur former tout de suite un établissement réel. C'est parmi les marchands qu'il arrive plus fréquemment que parmi d'autres branches d'industrie, que les jeunes gens s'expatrient, surtout lorsque dans leur bas âge leurs pères sont morts ou ont manqué et cédé leurs biens à leurs créanciers. Les fils apprenants le négoce et entrant en condition en d'autres villes, soit dans les états prussiens soit hors d'iceux, y trouvent fort souvent de bonne occasion, soit par mariage soit par association pour s'établir et contribuent par là insensiblement à la diminution de la Colonie, en lui faisant perdre non seulement leur propre personne, mais encore leur postérité. C'est la ruine principale des Colonies françaises surtout dans les provinces.

ad IV. La Justice ne saurait que se référer à sa dernière liste de 1796.

> V. La proportion du nombre des maisons possédées par les Français est elle avantageuse ou désavantageuse à la Colonie en proportion du rapport du nombre des Colons avec le reste des habitants?

On ne pourrait dire que la proportion soit désavantageuse ou contraire. La passion des particuliers pour posséder des immeubles n'a jamais été aussi forte qu'elle l'est depuis plusieurs années, quand même leur prix ait augmenté considérablement et même au delà de leur valeur. Et cette passion est générale en cette ville.

> VI. Quelles branches d'industrie pourraient favoriser de nouveaux établissements et attirer des Colons qui y trouvassent des moyens de subsistance?

Magdebourg est une ville fort industrieuse: chacun y trouve de l'occupation et des moyens de subsistance. Le

Commerce, les fabriques, surtout en Tabac et en Chicorée et en Rubans, les Brasseurs, les Brandeviniers, les Commerçants en grains, les Bateliers forment des maisons considérables et employens un grand nombre de personnes. Toutes les branches d'industrie y existent. La population même a aggrandi de beaucoup.

...IX. Les Compagnies bourgeoises françaises existent-elles encore séparées des Compagnies allemandes et en quel nombre?

Autrefois la Colonie française formait quatre Compagnies bourgeoises; présentément elle n'en forme qu'une seule. Celle-ci est séparée des Allemands et Palatins et fait seule des services, lorsque l'absence de la Garnison ou les Revues et Manoeuvres annuels et d'autres relations civiles l'exigent, au nombre desquels nous comptons les possesseurs des maisons qui n'ont aucun trafic, les Veuves et autres personnes du sexe possesseurs de pareils immeubles et les maisons qui sont possédées en plusieurs nombres par un bourgeois. Cette compagnie est dirigée par un capitaine et un adjudant, et elle est d'ailleurs composée de six lieutenants, de douze bas-officiers, deux tambours et cent soixante un fonctionnaires. La proportion du rapport des Colonistes avec les bourgeoisies allemande et palatine est arrangée de façon, que la Colonie française fournit présentement le dix-huitième et la Colonie palatine le huitième homme pour le service public des bourgeois.

X. S'occupe-t-on dans la Colonie de la Culture des meuriers et de vers à soie?

Il n'y a que deux particuliers dans la Colonie qui possèdent des plantations. mais ils n'en font eux-mêmes aucun autre usage que de les donner en rente, parce que leur industrie ne leur permet pas de s'occuper de la culture des vers à soie. Pour le présent il n'y a personne dans la Colonie qui pourrait et voudrait s'occuper de cette culture.

XII. D'où vient que six métiers chôment, et ne pourrait-on pas les remettre en activité?

Ces six métiers chômaient par défaut d'ouvriers ou pour cause de réparation nécessaire, mais non pour cause de la décadence des fabriques.

Magdebourg, ce 6ième Août 1797.

Michel.   George.   L'hermet.   Gaertner.

Im Département français bemerkt de Gaultier 28. December 1797 zu diesen Berichten des Consistoire und der Justice von Magdeburg:
> On est fâché de voir cette Colonie autrefois si nombreuse et si florissante dans un état de décadence.

LV.

Gemeinde-Archiv.   25. August 1804.
Lit. K. No. 4.
de 1804.

Messieurs et très-honorés frères!

Notre Temple n'est plus. — Un fatal incendie le réduisit à nos yeux en cendres le 19e de ce mois. Ce monument respectable de la piété de nos ancêtres, un des plus beaux ornemens de la ville, le fruit de cinq années de travail — la flamme l'a dévoré en moins de trois heures.

Nous ne Vous peindrons pas, Messieurs, la douloureuse impression que cette scène lamentable a faite sur notre troupeau, l'abattement, la consternation et l'effroi qu'elle a jetés dans son sein; la désolation, l'embarras et les craintes qu'elle lui cause; comme elle allarme son existence religieuse dans ces contrées! Troublé dans l'exercice de son culte, il erre maintenant sur les tristes débris de son Temple — il les arrose de ses larmes.

Néanmoins il doit à la reconnaissance qu'il a vouée au zèle de ses pères, il doit au maintien du culte et à la conservation de ses fondations pieuses, — de réparer au moins en partie sa perte. Et s'il n'ose se flatter de voir jamais son temple rétabli dans son antique splendeur, il ose concevoir l'espoir consolant de le remplacer par une modeste maison de prières, et il s'en contenterait. Cet espoir, il le fonde, moins sur ses propres ressources hélas! insuffisantes et trop faibles! que sur les subventions extraordinaires et efficaces de la charité publique. Il le fonde sur Vous, Messieurs, sur Vous issus de la même origine, auxquels l'unissent les liens de la religion et de la confraternité, et qui partagez encore avec lui le souvenir des désastres qui transplantèrent Vos pères et les siens dans des contrées étrangères. Oh, daignez, nous Vous en conjurons par l'attachement religieux que Vous avez pour votre Temple, daignez Vous montrer sensibles à notre sort infortuné — aidez nous à rendre à la piété gémissante l'asyle où elle réchauffe son zèle pour la vertu, le desir de l'immortalité et l'enthousiasme du bien public.*) Credit, influence, sollicitations — n'épargnez aucun des moyens d'une compassion active pour nous seconder dans cette sainte entreprise et pour y intéresser vivement les membres aisés et charitables de Votre troupeau, ainsi que tous les amis de l'humanité,**) auxquels des relations honorables Vous unissent. Pas là, Messieurs, Vous Vous***) érigerez un monument dans notre ville par Votre bienfaisance. Vous immortaliserez Vos noms dans les fastes de notre Eglise, rétablie par le concours de Votre généreuse compassion. Notre temple retentira encore un jour des accens de la piété en même temps que de ceux de la reconnaissance et transmettra aux générations futures le souvenir ineffable de Votre charité avec celui de la sinistre catastrophe qui en fut l'objet.

Puisse la Providence†) veiller sur Vos habitations, sur Votre sanctuaire, sur Vos établissemens et sur Vos personnes.

---

*) Die rationalistische Trias: Tugend, Freiheit und Unsterblichkeit wird hier etwas modificirt.

**) Auf die Freunde Gottes und die Anbeter Jesu Christi kommt es beim Gottesdienst von 1804 nicht an.

***) 1. Mose 11,4.

†) So spricht auch Cicero. Dass es sich um eine Kirche Christi handelt, erhellt aus dem Schriftstück nicht: alles ist heidnisch nivellirt.

Puisse-t-elle Vous épargner à jamais l'affliction profonde, où nous sommes plongés !

Nous avons l'honneur d'être avec la considération la plus distinguée et l'attachement le plus cordial

Messieurs et très-honorés frères,

Vos très-humbles et très-obéissans serviteurs et frères

Les Pasteurs et Anciens de l'église française de Magdebourg.

LVI.
Cantiques
pour la dédicace du Temple François
célebrée le 31. Août 1806.

Magdebourg, au profit des Pauvres.

Service du matin.
1.
Pseaume LXV.

O Dieu! c'est en ta maison sainte,	Hélas! nos erreurs et nos vices
Que tu seras loué.	Allumoient ton courroux ;
C'est là qu'avec respect et crainte,	Mais Seigneur! tes bontés propices
Tout honneur t'est voué.	T'appaisent envers nous.
Et puisque tu daignes entendre	Trop heureux l'homme se peut dire
Nos plaintes, nos soupirs ;	Que tu veux protéger.
Tout peuple à toi viendra se rendre	Dans tes parvis il se retire,
Avec mêmes désirs.	Rien ne peut l'affliger.

2.
Hymne à la Divinité.
Mel. Nun danket Alle Gott.

Père de l'Univers : Suprême intelligence!
Tu révélas ton être à la reconnoifsance :
On t'adore partout, on t'invoque à jamais,
Temple, hommes, nature, publient tes bienfaits.

Ton temple est sur les monts, dans les airs, sur les ondes,
Et sans les occuper, tu remplis tous les mondes.
De ton culte immortel, tout instruit les humains,
Et la reconnoifsance élève à toi ses mains.
Pause.
Souvenir déchirant! dévoré par la flamme
Un temple consumé consterne, attriste l'ame.
Un temple relevé ranime les accens
De la dévotion en toi se confiant.

Nous te le consacrons l'asile où te révère
L'ardente piété et l'infortune amère.
Protège tes autels, verse en nos coeurs l'amour
De la Religion, source de ton secours.

Dissipe nos erreurs, rends nous bons, rends nous justes :
Soumets tous les mortels à tes décrets augustes :
Sur ton culte sacré règle nos sentimens,
Epure nos desirs, adoucis nos tourmens.

3.

Adoration de Dieu.
Mel. Es ist gewisslich an der Zeit.

Etre éternel! nous te rendons	Source de ma félicité,
Un hommage fidèle :	Dieu dont je tiens la vie !
Être clément! nous publions	Que jusques dans l'éternité,
Ta louange immortelle.	Mon coeur te glorifie !
Ton pouvoir est illimité,	Heureux l'homme qui suit ta loi,
Tout respecte ta volonté,	Et bienfesant ainsi que toi
Immuable, éternelle.	Nous offre ton image !

Service du Soir.
1.
Pseaume CXXXVIII.

Il faut, grand Dieu! que de mon coeur	Ton nom est célèbre à jamais,
La sainte ardeur	Par les effets
Te glorifie ;	De tes paroles :
Qu'à toi, des mains et de la voix,	Quand je t'invoque, tu m'entens,
O Roi des Rois!	Quand il est tems
Je psalmodie.	Tu me consoles.
J'irai t'adorer, ô mon Dieu !	Tous les Rois viendront à tes pieds,
En ton saint lieu,	Humiliés,
D'un nouveau zèle ;	Prier sans cesse ;
Je chanterai ta vérité,	Sitôt qu'ils auront une fois
Et ta bonté	Ouï la voix
Toujours fidelle	De ta promefse.

2.
Cantique XXIX.
Mel. Jesus meine Zuversicht.

Mon ame s'élève à toi,
Auteur de mon existence!
Toujours tu pris soin de moi;
Tu veillas sur mon enfance,
Tu me donnes chaque jour,
Des preuves de ton amour.

En esprit, en vérité,
Tu demandes qu'on t'adore,
Oui, qu'avec sincérité
Le foible mortel t'honore:
Que le culte qu'il te rend
Soit celui du sentiment.

Adressons lui nos soupirs
Sans crainte et sans défiance:
Il écoute les désirs
Que nous dicte l'innocence,
Et de l'homme vertueux
Il aime à remplir les voeux.

Mais, si Dieu, dans sa bonté,
N'exauçoit pas ma prière;
Soumis à sa volonté,
Je me dirois: c'est un père
Qui refuse sagement
Ce qui nuit à son enfant.

Quand dans mon adversité
Ton secours se fait attendre,
J'adore encor ta bonté.
Père, aussi juste que tendre!
Guéris moi par tes rigueurs
De mes coupables erreurs.

3.
Cantique XXIV.
Mel. Ps. CXVIII.

O Dieu! dans la nature entière,
Je vois ton temple autour de moi;
Là je t'adresse ma prière,
Te prier, c'est penser à toi.
Te prier, c'est voir ta présence,
Remplir toute l'immensité:
C'est mettre en toi sa confiance,
C'est s'attendrir sur ta bonté.

Je sais que ma foiblesse extrême
N'ajoute rien à ta grandeur,
Mais je remplis envers moi-même
Un devoir qui me rend meilleur.
Je prie, et mon ame attentive
Au souvenir de ta bonté,
S'échauffe et devient plus active
Pour le bien de l'humanité.

LVII.

Mémoire historique
sur la fondation de l'église française
de Magdebourg, p. 51—56.

1806.

Liste

des Membres de l'église française de Magdebourg en 1806.

André, (JeanPhilippe) cordonnier.
André, (Jean Pierre) cordonnier.
André, (Magdelaine).
Arnac, (Louis) teinturier.
Assimont, (Paul).
Bauquier, (Simon) boulanger.
Bertallot, (David).
Bertolin, (Marie) Ve.
M. le Blanc de Souville, (Hercule) Capitaine au Régiment du Prince Louis.
Boigues, (Louis) Teinturier.
M. Bon, (Jaques Louis) Conseiller supérieur des accises.
·M. de Bosse, (Guillaume) Major au Régiment de Kleist.
M. de Bosse, (Charles) Enseigne au Régiment de Kleist.
M. Botzon, (J. J.) Négociant.
Bourset, (Jean) tourneur.
Cappe, (David) facturier.
Clausius, (Caroline Marie Anne).
M. Coste, (David) Teinturier.
M. de Courbière, (Guillaume René l'homme) Capitaine au Régiment du Prince Louis.
M. de Courbière, (Charles Alex. l'homme) Lieutenant au Régiment du Prince Louis.
M. de Courbière, (Fréd. Ernest l'homme) Lieutenant au Régiment de Kleist.
Couriol, (Jaques) gantier.
Courtois, (Barthélemi) Menuisier.
Courtois, (Jaq. Louis) Menuisier.
M. Cuny, (J. Jaq.) Négociant.

M. Cuny, (I. David) Négociant.
M. Cuny, (Pierre Fréd.) Négociant.
Mde. Cuny, (Judith) Veuve.
Dan, (Charles) gantier.
M. Desca, (Louis) Pasteur.
M. Détroit, (Fréd. Raphael) Instituteur.
M. Dihm, (Guill.) Pasteur.
M. Dihm, (Fréd. Guill.) Négociant.
Drouin, gantier.
M. Dumesnil, (I. C.) horloger.
M. Duvignau, (Fréd. Guill.) conseiller de Cour.
Faucher, (Isâac Pierre).
Faucher, (Susanne Marguerite).
M. Flamary, (Simon François) Négociant.
Fournier, (Jaq.) gantier.
Mde. Gaertner née Maquet, (Susan.) Veuve de M. le Cons. privé Gaertner.
M. Gaertner, (Fr. Guill.) Procureur Fiscal et Commiss. de Justice.
M. Gaertner, (Ant. Philip. Ernest) Marchand.
Gans. (Pierre) faiseur de limes.
Gans. (I. Pierre) maçon.
Gimel. (Louis).
Guibal, (Marie Magdelaine) Ve.
M. Guiraud, (Jean) Chapelier.
Henz, (Charles Samuel) coutelier.
Henz, (Louis) Coutelier.
M. Jordan, (Ant.) Gantier.
M. Laborde, (Pierre Marc) gantier.
Labry, (Henri).

M. Lapaume (Fréd.) Assesseur et Marchand.
Lasalle (Justine).
Laurient, (I. Matthieu) cordon.
Lefebure, (Charles) Teinturier.
M. L'hermet, (Fréderic) Négociant.
M. L'hermet. (Guillaume) Manufacturier.
Macaire, (Jean) Gantier.
Macaire, (Louis) peigneur.
M. Maquet (Louis) Négociant.
M. Maquet (Charles) Négociant.
Maréchal (I. Abraham) économe de hôpital.
M. Maréchal (I. Christophe) Instituteur à l'école françoise.
Martin, (Antoine) Gantier.
Martin, (Frédéric).
Maurel, (David) Peintre.
Mlle. Ménard (Charlotte).
Mlle. Ménard, (Esther).
M. Michel, (François) Directeur et Juge de la Colonie.
M. de Nassau, Comte et Lieut. au Régiment de Kleist.
M. Nicolas, (Charles) horloger.
Palis, (Jean Elie) faiseur d'aiguil.
M. Palis, (Samuel) marchand.
M. Paris, (Jean) Négociant.
M. Perret Gentil, (D. Frédéric) horloger.
Mlle. Prin, (Jeanne Louise).
M. Provençal, (Bernard) Pasteur.
Puesch, (Louis) Gantier.
Raffet, (Anne).
Resse, (Caroline).
Mde. Rigoulet, Veuve.
Roi, (Elisabeth).
Roi, (Marie).
Roux, (Pierre).
Roux, (Jaq. Louis).
Roux, (Jean Henri).
Roux, (Jérémie).
Roux, (Lisette).
M. Rubeau, (Louis) Chantre.
Rubeau, (Fréd.) fourbisseur.
Schardt, (Abraham) Gantier et Concierge.
Siméon, (Jaq.) Chapelier.
M. Souchon, (Jaq.) Manufacturier.
Soustel, (Henri) faiseur d'aiguil.
Soulier (Henriette) Veuve.
Mlle. Stercki (Louise Eléonore).
Tieman, (Jean Frédéric) potier.
M. du Trossel, (Louis) Colonel et Commandant de la ville.
Weiskopf, (Fréd. Sam.) factur.
Weiskopf, (Samuel) facturier.
Weiskopf, (Moïse) facturier.
Viseur, (Charles Guillaume).
Viseur, (Jean Charles) March.

Françoises mariées à des Allemands: celles marquées d'une croix ont quitté l'église.

Antouche (Jeanne) mariée au Sr. Muller, tailleur.
— — (Marianne) mariée au Sr. Soellner, tailleur.
— — (Sophie) mariée au Sr. Wunsch, tailleur.
† Mde. Bonte (Anne) épouse de M. Ern. Schwartz, Bourgmestre et Négociant.
† Mde. Bonte épouse de M. Is. Schwartz, Bourgmestre et Négociant.
Bourset (Elisabeth) femme Michels.
Bourset (Louise) femme Doering.
Bonton (Marie Elisabeth) mariée au Sr. Wilke cloutier.

Cappe (Cathérine) Veuve Lehmann.
— — (Cathérine) mariée au Sr. Prickel.
— — (Marianne) Veuve Kober.
Mde. Coudère (I. Conftance Emilie) Veuve de M. le confeiller Hanstein.
Mde. de Courbière (Henriette) épouse de M. le Capitaine de Lescinski.
Couriol (Henriette) Veuve Wilke.
Courtois (Magdelaine Ant.) mariée au Sr. Brechenmacher tanneur.
— — (Marie) mariée au Sr. Balcko, Menuisier.
† Mde. Cuny (Anne Charlotte) épouse de M. Gofsler, conseiller de la Régence.
† Mde. Cuny (Jacobine) Veuve de M. Wieler Négociant.
† Mde. Cuny (Marie Anne) épouse de M. Ursinus conseiller Supérieur des accises.
Mde. Cuny (Susanne) épouse de M. Koch Négociant.
Mde. Cuny (Wilhelmine) Veuve de M. Fritze Négociant.
Deleurans (Marie Elisabeth) femme Steglitz.
† Mde. Dihm (Julie) épouse de M. Zingerlein Négociant.
Mde. Drouin (Sophie) épouse de M. Brandt horloger.
Dubois (Susanne) mariée au St. Ritter brandevinier.
Dumont (Caroline) Veuve.
Girard (Elisabeth) Veuve Haubold.
Mde. Herlan (Anne Marie) Veuve Schüler.
Mde. Lapeaume (Charlotte) épouse de M. le Docteur Lengner.
† Mde. Le Cornu (Susanne) Veuve de M. Steinert Négociant.
Mde. Ménard épouse de M. le Recteur Moewes.
Mde. Pelet (Susanne Elisabeth) épouse de M. Weise Négociant.
Mde. — (Henriette) épouse de M. Schacht Négociant.
Mde. Picot (Susanne Louise) Veuve Wouftrow.
Mde. Rigoulet (Louise) épouse de M. Volkmer Négociant.
Roux (Cathérine) mariée au Sr. Unger, concierge de la Loge des Franc-maçons.
— (Louise) mariée au Sr. Cramm tailleur.
— (Antoinette) mariée au Sr. Helms tailleur.
Mde. Souchon (Marthe) épouse de Lippold Menuisier.
Vignes, Veuve Gottfriedt.
En tout 292 ames: 194 communians.

LVIII.

Gemeinde - Archiv.
A. Ia.

25. Juli 1808.

Jérome Napoléon, par la grace de Dieu et les Constitutions Roi de Westphalie, prince français etc.

Sur le rapport de notre ministre de la justice et de l'intérieur, Nous avons décrété et décrétons

Art. 1: Le Sieur Dihm, pasteur de l'église française de Stendal, est nommé troisième pasteur de l'église française à Magdebourg, département de l'Elbe, en remplacement du Sieur Provençal, qui a resigné.

Art. 2: fehlt. Stellt wohl das Gehalt fest.

Art. 3: Notre Ministre de la Justice et de l'Intérieur est chargé de l'exécution du présent décret.

Donné en notre palais royal à Napoléonshoehe, le 25. Juillet 1808, de notre règne le second. signé: Jérome Napoléon. Par le Roi. — Le Ministre Secrétaire d'Etat. signé: Comte de Fürstenstein. Pour extrait conforme: Le ministre de la Justice et de l'Intérieur: Siméon.

LIX.

Gesetz-Sammlung, Muret etc.

30. Octob. 1809.

Cabinets-Ordre
vom 30. October 1809.

Seine Königliche Majestät von Preussen haben die Verfassung der französischen Kolonie, wie sie ursprünglich war, wie sie allmälig sich gemodelt hat, auch worauf sie fundationsmässig, und überhaupt rechtlicherweise, Ansprüche hat, durch Allerhöchst Dero Ministerium genau erörtern, und sich umständlich vortragen lassen, solche in allen ihren Beziehungen auf die neue Staatsorganisation mit der, Ihren wohlwollenden Gesinnungen eigenen, Sorgfalt erwogen und machen der Kolonie, auf ihre Eingabe vom 25. Januar und 22. März d. J., welche sie durch das französische Konsistorium und ihre Bevollmächtigten an Sr. Majestät hat gelangen lassen, die an die

Ministerien heute ergangenen definitiven Bestimmungen über ihre künftigen Verhältnisse, als unabänderliche Resultate jener Erwägung, im Nachstehenden hiermit bekannt.

Nur die ursprüngliche Verfassung der Kolonie kann mit den neueren Staats-Einrichtungen, mit dieser aber sehr wohl bestehen und nur diese ursprüngliche Grundverfassung der Kolonie begränzt ihren Anspruch. Unverträglich mit der neuen Organisation ist die isolirte Verfassung der Kolonie in sich, besonders die Vereinigung der einzelnen Gemeinden zu einem abgesonderten Ganzen. Diese lag keinesweges in ihrer Stiftung, welche durch das Edikt vom 29. Oktober 1685 bestimmt wird.

Jene Organisation fordert Einheit der Verwaltung, so dass diese überall in ihren verschiedenen Zweigen nur von einem Punkte ausgehe, und eine jede Behörde den ihr angewiesenen Wirkungskreis in seinem ganzen Umfange erhalte.

Nach dem Publikandum vom 16. Dezember v. J. wegen der obersten Staatsbehörden kann es also kein französisches Kolonie-Departement und kein französisches Ober-Directorium mehr geben. Die Verordnung vom 26. desselben Monats, wegen der Provinzial-Verwaltungsbehörden, legt alle geistliche und Schulangelegenheiten, in Rücksicht sämmtlicher Religionsverwandten ohne Unterschied, der Regierung bei, ihrer also sind auch die besonderen geistlichen und Schulaufsichtsbehörden der Kolonie untergeordnet und es fällt dagegen das franz. Oberkonsistorium in Berlin hinweg. Nach eben dieser Verordnung geht die Gerichtsbarkeit, welche die Kolonie bisher ausübte, namentlich die Funktion des Obergerichtes und Revisionstribunals, zu den ordentlichen Gerichten über.

Die Städteordnung vom 19. Nov.. v. J. erkennt in jeder Stadt nur eine Stadtgemeinde, nur Ein Bürgerrecht. Das Bürgerrecht, welches die franz. Kolonie ertheilte, muss also aufhören. Gleiche Rechte und Freiheiten mit den Eingeborenen gewährte das Edikt von 1685 den französischen Eingewanderten; in einem Staate, der diese mit solchen Gesinnungen aufnahm und behandelte, können und werden auch ihre Nachkommen nicht anders als Preussische Unterthanen sein wollen.

Gern bewahren Sr. Königl. Majestät der franz. Kolonie ihre Urverfassung. — Wo also französische Kolonisten besondere Kirchen haben, da bilden die Mitglieder der Kolonie eine besondere Kirchengemeinde: sie wählen ihre Ältesten, ihre Kirchen- und Schulvorsteher; ihre Prediger und Schullehrer und verwalten ihre Kirchen- und Korporationsvermögen. Aber die polizeiliche Aufsicht über die Kirchen und Schulen und deren Vermögensverwaltung, die Disciplin über die Prediger und Schullehrer und die Bestätigung derselben kann nur den ordentlichen Staatsbehörden zustehen.

Das französische Gymnasium steht, gleich den übrigen Gymnasien in Berlin unter der unmittelbaren Aufsicht der Sektion für den öffentlichen Unterricht. — Die Koloniegemeinden verwalten das Vermögen ihrer Armenanstalten; sie bestimmen Hülfsbedürftigkeit, Genussfähigkeit und Dauer der Unterstützung. Sie sollen nicht genöthigt werden, Personen, die nicht zur Kolonie gehören, in ihre Armenanstalten aufzunehmen. Allein den Staatsbehörden steht die Befugniss zu, darauf zu sehen, dass die Verwaltung nur nach solchen Grundsätzen geschehe, die für das Allgemeine nicht nachtheilig sind, und sie entscheiden bei Streitigkeiten, die nicht gütlich zu beseitigen sind.

Dagegen werden wegen der kirchlichen und Schulverfassung auch Mitglieder der Kolonie in die Sektion für den Kultus und öffentlichen Unterricht und in die geistlichen und Schuldeputationen aufgenommen werden, womit auch bereits der Anfang gemacht ist. — Auch bei der Gerichtsverfassung wollen Sr. Königl. Majestät gern die ursprünglichen Friedens- und Schiedsrichter nach ihrer damaligen Bestimmung stattfinden lassen. Allein die Entscheidung, zum förmlichen Prozess gediehener Angelegenheiten, die Führung des gesammten Hypothekenwesens, und die Kriminalgerichtsbarkeit steht nur den ordentlichen Gerichten unter Zuziehung des Kolonie-Friedensrichters zu. Ebensowenig können den ordentlichen Behörden des Staates die obere Aufsicht über die Verwaltung der, nach dem Vorstehenden der Kolonie zu belassenden Gerichtsbarkeit, ingleichen die Prüfung und Bestätigung der, von der Kolonie erwählter, Friedensrichter entzogen werden. Dagegen sollen die Offizianten der Koloniegerichte bei den ordentlichen Gerichten untergebracht, und in so fern sie irgend eigend brauchbar sind, auf keine Weise gegen die übrigen Justizbedienten zurückgesetzt werden.

Sr. Königl. Majestät wiederholen und erklären daher ausdrücklich, dass es Ihr fester Wille ist, die neue Organisation aufrecht zu erhalten, das es folglich bei den Veränderungen, die dadurch in Absicht der Kolonie nothwendig geworden sind, unabänderlich verbleiben, mithin auch die abgesonderte Verfassung, welche die Kolonie in ihrer Gesammtheit gehabt hat, aufhören muss.

Den einzelnen Gemeinden wollen Sr. Königl. Majestät dagegen ihre besondere Gemeindeverfassung und die Ausübung der eigentlichen Korporationsrechte darin, nach den obigen Bestimmungen, und wie es die Grundverfassung der Kolonie bei ihrer Stiftung auch nur mit sich bringt, nach wie vor gestatten.

Es soll aber auch für die Offizianten der bisherigen Behörden der Kolonie in obiger Art gesorgt, die Zuschüsse, welche ihre Kirchen, Schulen und milde Stiftungen aus Staatskassen erhalten, insoweit es irgend geschehen kann, ferner gezahlt, und überhaupt so wenig die Offizianten, Prediger und Schullehrer der Kolonie als ihre Institute und milde Stiftungen gegen die übrigen Staatsbehörden, Institute und milden Stiftungen der Art, irgend zurückgesetzt werden.

Übrigens machen Sr. Majestät der Kolonie bekannt, dass auf die besondere Vorstellung der dortigen französischen Prediger vom 28. März d. J. der Finanzminister Freiherr von Altenstein ausdrücklichen Befehl erhalten hat, für die Bezahlung der Besoldungen sämmtlicher französischer Prediger Sorge zu tragen.

Königsberg, den 30. Oktober 1809.

Friedrich Wilhelm.

LX.

Ges.-Samml., Muret etc.   3. Febr. 1812.

Cabinets-Ordre
vom 3. Februar 1812.

Durch die Kabinets Ordre vom 30. October 1809 ist in Betreff des Vermögens der Armenanstalten der franz. reformirten Gemeinden festgesetzt worden, dass die gedachten Gemeinden dasselbe verwalten, die Hülfsbedürftigkeit, Genussfähigkeit und Dauer der Unterstützung bestimmen und nicht genöthigt werden sollen, Personen, die nicht zur Gemeinde gehören, in ihre Armenanstalten aufzunehmen; den Staatsbehörden ist bloss die Befugniss beigelegt, darauf zu sehen, dass die Verwaltung nur nach solchen Grundsätzen geschehe, die für das Allgemeine nicht nachtheilig sind und ihnen deshalb auch das Recht beilegt, diesfällige Streitigkeiten zu entscheiden.

Nach dem über die Vorstellung der Prediger und Ältesten der französisch reformirten Gemeinde hierselbst, vom 15. Nov. v. J. erforderten und eingegangenen Bericht des Geheimen Staatsraths Sack hat derselbe durch die getroffene Verfügung bloss diese Befugniss auszuüben beabsichtigt, von Entziehung der Armenfonds und Stiftungen ist die Rede nicht gewesen und diese in der Vorstellung vom 15. Nov. v. J. geäusserte Besorgniss ist daher ungegründet. Um indess die franz. reformirte Gemeinde hierselbst gänzlich zu beruhigen, will Ich hierdurch anderweitig festsetzen:

1) Dass die milden Stiftungen und Erziehungsanstalten derselben ihre bisherige Verfassung behalten und die Vorsteher dieser Stiftungen, Armen- und Erziehungs-Anstalten, wie bisher **nur der Gemeinde verantwortlich** sein sollen.

2) Dass die vorhandenen Kapitalien und sonstigen Besitzungen dieser milden Stiftungen und Anstalten in keinem Falle zu andern Zwecken verwendet und ebensowenig die Vorsteher genöthigt werden sollen, Per-

sonen, die nicht zur Gemeinde gehören, in diese Anstalten aufzunehmen.

3) Dass es in Rücksicht der Rechnungs-Abnahme und der zu ertheilenden Decharge bei der bisherigen **Observanz** verbleiben soll, und

4) Dass das Konsistorium die Familienhäupter der Gemeinde nach der vorgeschriebenen Form versammeln soll, um über neue Anlagen oder ausserordentliche Ausgaben ihre Bewilligung nachzusuchen.

Mit dieser Festsetzung kann die der Staatsbehörde beigelegte Aufsicht, so wie die Kabinets Ordre vom 30. Oktober 1809 selbige verordnet, vollkommen bestehen, und Ich hoffe daher um so zuversichtlicher, dass die franz. reformirte Gemeinde hierselbst sich dieser Aufsicht und den daraus sich von selbst ergebenden Anordnungen, die allerdings innerhalb dieser Schranken bleiben müssen, nicht entziehen werde.

Berlin, 3. Februar 1812.

gez. Friedrich Wilhelm.

LXI.

Gemeinde-Archiv Magdeburg, den 14. August 1835.
F. No. 7.

Bei der unter den Mitgliedern der Gemeinde zunehmenden Unkunde der französischen Sprache und bei dem Umstand, dass die Theilnehmer an dem Gottesdienste, wenn er in dieser Sprache gefeiert wird, sich verhältnissmässig sehr vermindert hat, und dass ein Bedürfniss derselben fast garnicht mehr vorhanden ist, wollen wir, nach vorliegendem Vorschlag, da die ganze Gemeinde damit einverstanden ist, gern genehmigen, dass die Feier des Gottesdienstes mit Gebrauch der französischen Sprache nur auf Einen Sonntag in jedem Monat sich beschränke; dass aber an den übrigen Sonntagen

der Gottesdienst in d e u t s c h e r Sprache gehalten werde.
Wir eröffnen dies dem Presbyterio auf die Eingabe vom
2ten curr.

    Königliches Consistorium der Provinz Sachsen.

An
    das Presbyterium
der evangelisch-französischen Kirche
        hier.

LXII.

Gemeinde - Archiv.   10. April 1855.
Litt. L. 1, Vol. II.

Urkunde.

Das von dem, am 10. Decbr. v. J. zu Bordeaux verstorbenen Kaufmann Herrn H e n r y P r o v e n ç a l zu wohlthätigen Zwecken für seine Vaterstadt Magdeburg ausgesetzte Legat von Viertausend Frc. soll nach dem Willen der unterzeichneten Gebrüder C a r l und L o u i s M a q u e t hieselbst, welchen die Verfügung darüber testamentarisch überlassen worden ist, folgende Verwendung erhalten:

§. 1.

Das Legat, welches nach Abzug des an die Französische Regierung bezahlten Stempels N e u n h u n d e r t A c h t u n d V i e r z i g T h a l e r Preuss. Cour. beträgt, wird dem K l o s t e r St. A u g u s t i n i hieselbst eigenthümlich überwiesen.

Das Capital soll nie angegriffen, sondern hypothekarisch belegt werden. Die Z i n s e n davon werden so lange wieder zum Capital geschlagen, bis die Summe von E i n t a u s e n d T h a l e r n erreicht ist.

§. 2.

Mit den Zinsen dieses Capitals wird eine besondere P r ä b e n d e beim Kloster St. Augustini unter dem Namen der

„Provençal - Präbende"

gegründet, welche unangetastet für alle Zeiten fortbestehen und unter dem bezeichneten Namen in den Etats und Jahres-Rechnungen aufgeführt werden soll.

§. 3.

Die Verleihung dieser Präbende geschieht mit Zuziehung der unterzeichneten Gebrüder Maquet und nach ihrem Tode unter der ihrer männlichen Descendenz in nachstehender Weise:

a. Ist in der hiesigen **Französischen Colonie** ein geeignetes Subject zur Theilnahme an der Präbende vorhanden, so soll dasselbe vorzugsweise berücksichtigt werden und auf den Vorschlag der Familie Maquet zur Verleihung gelangen, ohne dass dem Kloster-Vorstande, oder dem Magistrate ein Widerspruchsrecht dagegen zusteht.

b. Ist ein solches geeignetes Subject der Französischen Colonie nicht vorhanden, und ein Vorschlag der Familie Maquet in dieser Beziehung binnen 4 Wochen nach dem Absterben des letzten Präbendaten nicht erfolgt: so steht es dem Kloster-Vorstande frei, drei geeignete Subjecte aus der übrigen Einwohnerschaft den Herren Collatoren in Vorschlag zu bringen, aus welchen dieselben eins zu wählen haben.

c. So lange die Unterzeichneten Beide am Leben sind, steht ihnen gemeinschaftlich und nach dem Tode des Einen dem Ueberlebenden allein das Verleihungsrecht in der eben beschriebenen Weise zu.

Nach dem Absterben beider Brüder verfällt dieses Verleihungsrecht auf ihre am Orte anwesenden männlichen Descendenten. Ist die männliche Descendenz des einen Bruders ausgestorben, oder kein männlicher Descendent desselben am Orte mehr wohnhaft: so steht das Verleihungsrecht dem ältesten männlichen Nachkommen des anderen Bruders allein zu.

Sind von beiden Brüdern keine männlichen Nachkommen mehr am Leben, oder nicht mehr in Magdeburg wohnhaft: so ist der Kloster-Vorstand berechtigt, über die Präbende allein zu verfügen, dergestalt jedoch, dass, wenn ein verarmtes Mitglied

der **Französischen Colonie** vorhanden ist, welches sich nach den Bestimmungen des Statuts zur Aufnahme eignet, dasselbe vorzugsweise zu berücksichtigen ist.
Magdeburg, d. 10. April 1855.
(gez.) Louis Maquet. Carl Maquet.
Anerkannt vom Vorstand des Kloster Augustini allhier 13. April 1855.

LXIII.

Gemeinde-Archiv. 14. Mai 1879.
Protokollbuch.

Anwesend in heutiger Sitzung Herr Prediger Tollin, die Herrn Presbyter Dihm, Coste, Laborde, A. Humbert, Blell, Maquet, Meinecke.

1) Herr Presbyter Coste erhielt das Wort: Zu dem bevorstehenden goldenen Hochzeitsfeste unsres Kaiserpaares haben Ihre Majestäten den Wunsch geäussert, dass dieser Tag nicht durch besondere Ovationen gefeiert werde, sondern durch Stiftung von Hülfsanstalten für Bedürftige oder dergleichen; und beantragt der Herr Coste daher, dass durch unsere Gemeinde eine Summe ausgesetzt wird zu dem hiesigen Kloster Augustini, um in dieser Anstalt eine Stelle zu creïren, für deren **Besetzung** sich das Presbyterium das Vorschlagsrecht bewahrt. Die Höhe dieser Summe wurde auf 3000 Mark festgesetzt.

Vom 9. Juli 1879 datirt die Urkunde, durch welche der Vorstand des Kloster Augustini allhier über die 3000 Mk. quittirt und das **Recht des Presbyteriums,** dafür eine **Stelle** im Kloster zu **besetzen,** anerkennt.

LXIV.

Gemeinde-Archiv Magdeburg, den 19. Mai 1809.
Lit. V. No. 3.
de 1698.

Der Graf v. der Schulenburg-Emden,
Präfekt des Elb-Départ.
An
den Maire, Grafen von Blumenthal

Durch 2 Rescripte des Ministerii des Innern vom 14. April und 12. Mai d. J. ist das Dekret vom 27. Januar 1808 in Ansehung der allgemeinen Verfügungen Art. 5 (No. 34 Gesetz-Bulletins 15) dahin näher erklärt worden, dass den Consistoriis, bis zu deren neuer Organisation, die Verwaltung des Kirchenvermögens verbleiben, mir aber die allgemeine Aufsicht darüber zustehen soll. Hierdurch wird die unter dem 26. März d. J. an Sie von mir erlassene Verfügung, wonach das Kirchenvermögen der teutsch, französisch und wallonisch Reformirten Ihrer Administration unterworfen ist, abgeändert. Ich hebe also diese Verfügungen hiermit auf und setze auf Grund jener deklaratorischen Reskripte hiermit fest, dass, bis zur näheren Organisation der Consistorien, die Verwaltung des vorgedachten Kirchenvermögens den **Presbyterien** der teutsch, französisch und wallonisch Reformirten hierselbst, da dieselben Jura Consistorii haben, nach wie vor verbleibt.

Der Präfekt.
(gez.) Schulenburg.

---

a. a. O. Magdeburg, den 28. August 1820.

Da die Akten des vormaligen Ober-Consistorii ergeben, dass demselben keine Rechnung über die Verwaltung des Vermögens der hiesigen evangelisch-französischen Kirche eingereicht worden, die Gemeinde auch keinen Kirchen-, sondern nur einen Armen- und Waisen-Fonds besitzt, über dessen Verwaltung den Vätern der zur Gemeinde gehörigen Familien Rechnung abgelegt worden ist: so wollen wir es für jetzt bei dieser Einrichtung belassen und das Presbyterium von Einreichung dieser Rechnung hierdurch entbinden.

Königlich Preussische Regierung, Erste Abtheilung.
(gez.) Delbrück.   Schoenwaldt.   Voigtel.

a. a. O.   Magdeburg, den 15. September 1832.

Von Seiten der unterzeichneten Königlichen Regierung wird hierdurch bescheinigt, dass **die Verwaltung des Vermögens der französisch-evangelischen** Kirche hierselbst der Oberaufsicht des Staats bisher nicht unterworfen gewesen; **das Presbyterium** dieser Kirche vielmehr **befugt ist**, die dem Armen- und Waisenhaus-Fonds derselben gehörigen Kapitalien einzuziehen, darüber zu quittiren und in Löschung derselben im Hypothekenbuch zu willigen.

Königliche Regierung, Abtheilung des Innern.
(gez.) Grüel.

LXV.

Königliches Consistorium   Magdeburg, den 30. October 1882.
der Provinz Sachsen.   Nr. 18,326.

Es wird hierdurch amtlich bescheinigt, dass die **französisch-reformirte Gemeinde in Magdeburg**, auf welche nach §. 48 Nr. 1 Kirchen-Gemeinde-Ordnung vom 10. September 1873 die Vorschriften des ersten Abschnittes dieser Ordnung keine Anwendung finden, nach uralter **Observanz** in Bezug auf die kirchliche Vermögensverwaltung einer regelmässigen Controle der staatlichen und kirchlichen Aufsichtsbehörden nicht unterliegt und dass es insbesondere zur Gültigkeit der von dem Presbyterium in kirchlichen Vermögensangelegenheiten ordnungsmässig gefassten Beschlüsse der oberaufsichtlichen Genehmigung nicht bedarf.

Urkundlich unter Siegel und Unterschrift
(L. S.)   (gez.) Moeller.
Bescheinigung.

LXVI.
Liste der Familienglieder
der französisch-reformirten Gemeinde
in Magdeburg, 1889.

1. Balan, Wittwe.
2. Beegen, Kaufmannsfrau.
3. Bertin, Ed., Präbendat.
4. Bertin, Paul, Kaufmann.
5. Bertin, Jean, Agent.
6. Blell, Apothekenbesitzer.
7. Bonin, Maler.
8. Bornhagen, Wittwe.
9. Bourset, Wittwe.
10. Bourset, Marie, unverehelicht.
11. Chevalier, Ww., Rentière.
12. Claus, Louis, Kaufmann.
13. Claus, Georg. Buchbindermstr.
14. Claus, Bertha und Lina, Geschwister.
15. Claus, Adolf, Buchbindermstr.
16. Coste, Wittwe.
17. de la Croix, Wittwe.
18. Damoisy, unverehelicht.
19. Dan, Tischler.
20. Détroit, Wittwe.
21. Détroit, Lehrerin.
22. Diedrich, Heinr., Agent.
23. Dihm, Wittwe.
24. Freye, Kaufmann.
25. Gau, Wittwe.
26. Gau, Eisenbahnbeamter.
27. Granier, Steuerrath.
28. Gose, Wittwe.
29. Hartenstein, Frau Kaufmann.
30. Handschuh, Lehrer u. Kantor.
31. Heinecke, geb. Schardt, Wwe.
32. Hiller, Lehrer und Custos.
33. Hormann, Wittwe.
34. Heyroth, Carl, Kaufmann.
35. Hugo, Carl, Assistent.
36. Humbert, Agent.
37. Jordan, Agentin.
38. Jordan, Paul, Schriftsetzer.
39. Klauer, Tapezier.
40. Klauer, Theod., Maschinenschlosser.
41. Koch, Christian, Weichensteller.
42. Koch, Max, Arbeiter.
43. Laborde, Ad., Partikulier.
44. Laborde, Partikulier-Wittwe.
45. Laborde, Herrm., Kupferschmiedemeister.
46. Laborde, Otto, Partikulier.
47. Lefébure, Wittwe.
48. L'hermet, Paul, Kaufmann.
49. Maquet, Paul, Kaufmann.
50. Maquet, Hans, Kaufmann.
51. Maréchal, Lehrers-Wittwe.
52. Maréchal, Apothekers-Wwe.
53. Dr. jur. Meinecke, Landgerichtsrath.
54. Meyer, Math., Fräulein.
55. Mövius, Kaufmann.
56. Neugold, Todtengräber.
57. Ochs, Reg.-Baumeister.
58. Ortlepp, Aldo, Kaufmann.
59. Polte, Fabrikant.
60. Platt, Carthograph.
61. Pourroy, Wittwe.
62. Pourroy, G. Ad., Kaufmann;
63. Raabe, Ed., Eisenbahnbeamter.
64. de Rège, Wittwe.
65. Reinhardt, Agent.
66. Richter, Kaufmann
67. Roussière, Theod., Arbeiter.
68. Rubeau, Eisenbahnbeamter.
69. Rubeau, Wittwe.
70. Sannemüller, Registrat.-Frau

71. Saxenberger, Kaufmannsfrau.	79. Wedemeyer, Versich.-Beamter.
72. Schmeil, Wittwe.	80. Weisskopf, Agnes, Lehrerin.
73. Schmidt, Christoph, Arbeiter.	81. Weidt, Wittwe.
74. Schwenkert, Kaufmann.	82. Wenig, Alma, Lehrerin.
75. Schüler, Lehrer und Organist.	und Ottilie, Schwester.
76. Tollin, Prediger.	83. Zack, Geschwister.
77. Vilaret, Carl, Fleischermeister.	84. Zack, Buchhalter
78. Villain, Schneidermeister.	

LXVII.

Auszug aus dem Protokoll-Register

des Presbyterii der französisch-reformirten Kirche.

Conferenz-Beschlüsse

vom 21. November 1843, ad 4².

"Es wurde nöthig befunden, fest zu bestimmen, wer fortan als Gemeindeglied anzusehen sei und wer nicht: demnach ward festgesetzt, dass:

ausser den, durch die Natur der Sache zur Gemeinde gehörenden Gliedern, nämlich den von alten Coloniefamilien Magdeburgs Abstammenden und im Kreise Magdeburg Wohnenden,

a. als der Gemeinde angehörend dürfen angesehen werden:
1) alle deutschen Frauen französischer Männer,
2) alle französischen Frauen deutscher Männer,
3) alle Töchter deutscher Väter und französischer Mütter.

b. Zur Gemeinde sich zu halten sind berechtigt und können die Aufnahme jure fordern, wenngleich sie ihren Beitritt dem Presbyterio anzuzeigen und Einschreibung in die Gemeindeliste nachzusuchen haben, folgende:

alle Mitglieder der französischen Colonie anderer Städte Preussens, sobald sie im Kreise Magdeburg wohnen.

c. Der Zutritt zur Gemeinde ist zu gestatten, jedoch nach vorgängiger Berathung des Presbyterii, welches das Recht, eine abschlägige Antwort zu ertheilen, sich für jeden einzelnen Fall, seinem Ermessen gemäss, vorbehält, sodass Exemplificationen nicht als bindend anerkannt werden:
1) allen deutschen Männern französischer Frauen,
2) allen Söhnen deutscher Väter und französischer Mütter,
3) allen Nichtpreussen der französischen Colonie, und
4) allen geborenen Schweizern der französisch-reformirten Cantone, als namentlich Neufchatel, Genf und Pays de Vaud.

LXVIII.
Schreiben Sr. Majestät des Kaisers Wilhelm I.
zum Jubiläum der Gemeinde.

Berlin, den 26. Februar 1887.

Se. Majestät der Kaiser und König haben aus der Immediateingabe des Presbyteriums vom 15. d. M. mit Interesse ersehen, dass die dortige französische Colonie am 27. d. Mts. ihr zweihundertjähriges Bestehen festlich zu begehen gedenkt. Allerhöchstdieselben haben Sich über die warme Anerkennung alles des Guten und Grossen, was der dortigen französischen Gemeinde seitens der brandenburg-preussischen Herrscher bisher zu Theil geworden ist, wie nicht minder über die Versicherung treuer Ergebenheit gefreut, von welcher die Mitglieder der dortigen Colonie für die Allerhöchste Person und das Königliche Haus beseelt sind. Seine Majestät haben daher auch die eingereichten beiden ersten Bände der zur Jubiläumsfeier erschienenen „Geschichte der französischen Colonie in Magdeburg von Henri Tollin" gern entgegenzunehmen geruht und lassen dem Presbyterium für die Allerhöchstihnen damit erwiesene Aufmerksamkeit mit der Zusage freundlich danken, dass Allerhöchstdieselben auch fernerhin an dem Wachsthum und Gedeihen der dortigen Colonie regen Antheil nehmen werden. Im Allerhöchsten Auftrage beehre ich mich, das Presbyterium hiervon ganz ergebenst in Kenntniss zu setzen.

Der Geheime Cabinetsrath,
Wirkliche Geheime Rath
v. Wilmowsky.

An
das Presbyterium der französisch-
reformirten Kirche
zu Magdeburg.

LXIX.
Schreiben Ihrer Majestät der Kaiserin.

Berlin, den 26. Februar 1887.

Mit aufrichtigem Interesse habe Ich die beiden Bände der Festschrift über die zweihundertjährige Geschichte der französischen Colonie von Magdeburg entgegengenommen. Dieselbe umfasst eine bewegte Zeit grosser Erinnerungen, deren treue Bewahrung der Colonie zur Ehre gereicht und von ihrer dankbaren Gesinnung Zeugniss ablegt. Um so mehr freue Ich Mich, die an Mich gerichtete Eingabe des Presbyteriums durch die Versicherung erwidern zu können, dass die französischen Gemeinden, ihrer Väter würdig, heute im deutschen Vaterlande eine geachtete Stellung einnehmen und sich durch ihre Haltung und Gesinnung die allgemeine Anerkennung erworben haben.

Augusta.

An
das Presbyterium der französich-
reformirten Gemeinde
zu Magdeburg.

LXX.

Königl. Consistorium.   27. Februar 1887.
J. No. 5701.

An der Feier des zweihundertjährigen Bestehens, welche heute der französisch-reformirten Gemeinde die gnadenvollste Gottesführung und sehr bedeutsame Erinnerungen vor das Geistesauge stellt, nehmen auch wir innig bewegten Herzens Theil. Die Erinnerungen weisen in eine grosse Geschichte zurück. Die Gemeinde gehört zu den Töchtern einer Kirche, welche vordem in ihrem Heimathlande vor anderen Kirchen den Weg des Kreuzes geführt und mit vielen edlen Blutzeugen, unter denen ein Ahne unseres Königshauses hervorragt, begnadigt worden ist. Sie hat die Heimath unter schweren Bedrängnissen und Gefahren verlassen müssen, um nach längerem Suchen, durch fürstliche Huld und Liebe zu den Glaubensgenossen, hier eine neue Heimath zu finden, in welcher sie unter dem sichern Schutz desselben Wohlwollens, das sie herrief, in Frieden sich erbauen konnte. Sie hat die freundliche Aufnahme, die sie fand, längst und reichlich mit dem Segen ihrer Glaubenstreue, ihrer inneren Zucht, ihrer Betriebsamkeit und Geschicklichkeit in den Werken des Friedens, ihres aufblühenden Wohlstandes wieder vergolten und das Alles mit opferbereiter Liebe zu dem neuen Vaterlande und unserem Königshause gekrönt. Aber diese geschichtlichen Erinnerungen sind getragen, durchwoben und durchleuchtet von reichster Gottesgnade. Gottes treue Gnade hat diese Gemeinde durch die Jahrhunderte geführt, sie unter allen Wandlungen auf dem Glaubensgrund ihrer Väter bewahrt, sie unablässig mit Himmelsspeise genährt aus Wort und Sacrament, sie beschirmt unter den Stürmen, die unser Vaterland oft schwer heimsuchten, und ihre einzelnen Glieder wie ihre Familien Jahr aus, Jahr ein mit dem gesegnet, was für Zeit und Ewigkeit ihnen werth war. Dafür danken auch wir mit der Gemeinde dem Herrn am heutigen Tage. Darum heben auch wir mit der Gemeinde heute unsere Herzen und Hände wünschend und bittend zu dem Herrn empor, dass Er nach wie vor bei der Gemeinde bleiben, sie in seiner Wahrheit und Gnade erbauen und Wege führen möge, auf welchen sie selbst im Frieden und Segen wandelt und unserer Stadt und unserem Vaterlande ein Segen ist. Der Herr walte auch ferner über ihr und in ihr nach dem Reichthum Seiner Gnade!

Das Consistorium der Provinz Sachsen.

Roedenbeck. D. Moeller. D. Schultze.
Kirchner. Anz. Meyer.
v. Bamberg. Dr. Caspar. Nitze.

An
das Presbyterium der französisch-
reformirten Gemeinde
hierselbst
zu Händen des Herrn Predigers
Dr. Tollin
Hochehrwürden
hier.

Inhalts-Verzeichniss.

		Seite
	Vorrede.	
	Die Hugenotten in Magdeburg. S. I.—XXXII.	
I.	Einladungs-Edict aus Potsdam, 29. Oct. 1685.	1.
II.	Gnaden-Privilegium de Hayes	17.
III.	Französisches Collegium in Magdeburg	18.
IV.	Empfehlung des noble Henri de Baudan	22.
V.	Correction des moeurs	24.
VI.	Kirchhofs-Petition	30.
VII.	Unterthaneneid	31.
VIII.	Bückeburger Privilegien	31.
IX.	Kolonie-Aecker	33.
X.	Mémoire über die Kolonie von 1698	34.
XI.	Gegen den Abt von Kloster Bergen	38.
XII.	David Malzac's Hinterlassenschaft	40.
XIII.	Collecte für die Schweizer	42.
XIV.	Tempel-Petition von 1699	43.
XV.	Brief der Galeerensklaven aus Marseille	44.
XVI.	Bürgerliste seit 1700—1807	49.
„	Register	177.
XVII.	Synode Rotterdam über die Nouveaux Psaumes	190.
XVIII.	Gemeinde Halle über dasselbe Thema	191.
XIX.	Ministerium in Berlin desgl.	192.
XX.	Kanzel-Publicandum ebendarüber	193.
XXI.	Ordre du Roi desgl.	195.
XXII.	Role des Réfugiés von 1703	196.
„	Verzeichniss der Namen	214.
XXIII.	Kirchenhäuser betr.	218.
XXIV.	Privilegien von 1709	219.
XXV.	Freiwillige Wachtdienste	224.
XXVI.	Die französischen Bürger-Compagnien	226.
XXVII.	Das Strumpfwirker-Elend	230.
XXVIII.	Kirchweihe 1710	235.
XXIX.	Kolonie-Aecker	237.
XXX.	Claparède	238.

XXXI. Französische Strumpfwirker-Innung . . . . 240.
XXXII. Role des Réfugiés 1721 . . . . 243.
„ Namen-Verzeichniss . . . . 255.
XXXIII. Legat Serres . . . . 258.
XXXIV. Etat français de 1724 . . . . 259.
XXXV. Legat Galhac . . . . 261.
XXXVI. Militairische Grabschriften in dem französischen Gewölbe . 262.
XXXVII. Kirchliche Empfehlungsbriefe . . . . 263.
XXXVIII. Lotterie für die Armen . . . . 265.
XXXIX. Règlement de la Maison des orphelins . . . . 266.
XL. Erbschaft Lugandi . . . . 273.
XLI. Galeerensklaven von Toulon . . . . 276.
XLII. Liste des enfans de l'école 1764 . . . . 278.
XLIII. Communions 1689 sv. et 1764 sv. . . . . 279.
XLIV. Claparède's Fluchtgeld . . . . 281.
XLV. Collecte Plessen . . . . 282.
XLVI. Französische Frauen deutscher Männer . . . . 283.
XLVII. Freie Kassenverwaltung 1774 . . . . 284.
XLVIII. Legat Cuny Menjolet . . . . 285.
XLIX. Recueil des Cantiques Henry . . . . 286.
L. Surveillant des orphelins . . . . 287.
LI. Cantiques du Consistoire de Berlin . . . . 289.
LII. Wahl zwischen beiden Recueils . . . . 290.
LIII. Noch einmal Legat Cuny-Menjolet . . . . . . 291.
LIV. Stand der Kolonie von 1797 . . . . 291.
LV. Aufruf für Wiedererrichtung des Tempels 1804 . . . . . 297.
LVI. Cantiques bei der Tempelweihe 1806 . . . . 299.
LVII. Kolonie-Liste von 1806 . . . . 302.
LVIII. Jérome par la grâce de Dieu . . . . 305.
LIX. Auflösung der bürgerlichen Kolonie 30. Oct. 1809 . . . 305.
LX. Beibehaltung der ursprünglichen Kolonie-Verfassung . . . 309.
LXI. Deutscher Gottesdienst . . . . 310.
LXII. Legat Provençal . . . . 311.
LXIII. Presbyterial-Stiftung . . . . 313.
LXIV. Selbstständige Kassenverwaltung ohne obrigkeitliche Kontrolle
1809 und 1820 . . . . 314.
LXV. Behördliche Anerkennung derselben 30. Oct. 1882 . . . . 315.
LXVI. Gemeinde-Liste von 1889 . . . . 316.
LXVII. Zugehörigkeit zur Gemeinde . . . . 317.
LXVIII. Schreiben Kaiser Wilhelm I. . . . . 318.
LXIX. Dsgl. der Kaiserin Augusta . . . . 319.
LXX. Gratulation des Königlichen Consistorii zum Jubiläum . . . 321.

www.ingramcontent.com/pod-product-compliance
Lightning Source LLC
Chambersburg PA
CBHW020313240426

43673CB00039B/796